铁路科技图书出版基金资助出版

高速铁路无砟轨道
路基设计原理

胡一峰　李怒放　著

中 国 铁 道 出 版 社

2 0 1 0 年 · 北　京

内 容 简 介

本书以保证高速铁路长期稳定性和平顺性为出发点，根据无砟轨道结构的原理和特点，定义了其对路基结构物的基本要求，在此基础上，全面阐述了无砟轨道路基的设计原理，系统地介绍了作者多年来国内外科研和工程实践的成果，特别是以剪应变为参数的高速铁路路基长期动力稳定性分析方法。全书共分10章，内容包括无砟轨道结构对路基结构物的基本要求、高速铁路路基设计荷载和工程经验、路基长期动力稳定性和附加沉降计算理论和分析方法、路基结构物和刚性结构物过渡段设计原理和工程经验、高速铁路路堤条件下CFG桩桩网复合地基设计方法和工程应用、路基沉降变形综合集成分析和工后沉降预测方法，以及无砟轨道路基填料适用性准则、填筑质量控制标准和技术。

本书构思新颖、重点突出，十分注重基本理论与工程实践的结合，适用于设计院所、科研单位、高速铁路建设单位的工程师和研究人员，以及高校师生阅读参考，也可作为无砟轨道路基技术培训和研究生教学用书。

图书在版编目(CIP)数据

高速铁路无砟轨道路基设计原理/胡一峰，李怒放著．北京：中国铁道出版社，2010.11
ISBN 978-7-113-11729-0

Ⅰ.①高… Ⅱ.①胡…②李… Ⅲ.①高速铁路-无砟轨道-铁路路基-设计 Ⅳ.①U213.1

中国版本图书馆CIP数据核字(2010)第146854号

书　　名：高速铁路无砟轨道路基设计原理
作　　者：胡一峰　李怒放　著

责任编辑：时　博　　**电话**：(010)51873141　**电子信箱**：crph@163.com
封面设计：崔　欣
责任校对：孙　玫
责任印制：郭向伟

出版发行：中国铁道出版社(100054，北京市宣武区右安门西街8号)
网　　址：http://www.tdpress.com
印　　刷：北京铭成印刷有限公司
版　　次：2010年11月第1版　2010年11月第1次印刷
开　　本：787 mm×1092 mm　1/16　印张：23　字数：445千
书　　号：ISBN 978-7-113-11729-0
定　　价：120.00元

前言

岩土工程是一门应用性很强的学科，是为基本建设服务的技术科学，它的发展与国家经济建设的需求联系十分紧密。近年来，高速铁路事业的发展对铁路路基工程学科提出了新的要求。一方面，高速铁路、客运专线和城际铁路的建设标准远高于普速铁路，它们对路基在动力、静力荷载和环境因素作用下的安全性、平顺性和长期稳定性有很高的要求，在建设过程中有许多高速铁路特有的路基工程问题需要解决；另一方面，高速铁路路基设计和施工过程中获得的室内外测试数据和工程经验又为岩土工程学者利用土力学理论发展新的设计方法、施工和检测方法提供了一个很好的平台和基础。

高速铁路无砟轨道对路基的要求主要体现在对线路长期稳定性和沉降变形的严格控制上，包括路基和地基在静载作用下的工后沉降，以及在长期动力荷载作用下的附加沉降。这里，要控制的不仅是每个路基断面的工后沉降变形大小，它们沿线路纵向的分布以及与刚性结构物（桥、隧、涵）的平顺过渡也是非常重要的控制参数。路基的动力稳定性，除了要满足轮—轨系统对路基的动力特性要求外，更重要的是要保证路基结构物在反复动力荷载作用下的长期稳定性，限制其附加沉降变形，使无砟轨道结构的基础始终保持良好的几何平顺性。

无砟轨道路基的设计，特别是地基处理方案的选择，常常由地基沉降变形的大小和其与时间的关系控制，地基强度（安全）稳定性一般情况下不再起控制作用。此外，高速铁路的建设对施工工期提出了较高的要求，这就需要选择总沉降量较小、收敛速度快且施工快速方便的地基处理方案，例如高速铁路路基大量采用的桩承式桩网复合地基。对这些新的地基处理方法，采用何种设计理论和方法更为合理，不但对岩土工程理论本身的研究有重要意义，而且对高速铁路优化地基设计、获得技术和经济统一的地基处理方案有现实意义。

由于土的复杂性、多变性、区域性特点和地基勘察的局限性，目前的土工理论和技术水平一般还不可能在设计阶段精确确定路基的沉降变形，所以施工和调整期对路基和地基沉降变形进行系统的监测成为评判设计合理性和路基结构物是否满足工程要求的重要手段和依据。对于高速铁路无砟轨道路基，由于对工后沉降的要求十分严格，所以路基沉降变形观测方案的制定和实施，以及在此基础上进行综合集成分析和工后沉降预测显得更为重要，它是确定路基是否满足铺设无砟轨道结构条件的最重要依据。

路基填筑质量的控制是保证无砟轨道长期稳定性和平顺性的一个重要方面，其中，路基填筑质量控制标准的选用、路基填筑质量均匀性和快速有效的检测技术是三个重要的方面。随着国内外高速铁路建设的发展，路基新的检测标准、方法和技术得到了令人瞩目的发展和应用。

作者从 20 世纪 90 年代中期开始接触、从事与高速铁路路基有关的研究、工程咨询和管理工作，并有幸参与了中、德两国高速铁路无砟轨道路基工程的建设。初期在高校进行的大多为基础性理论和试验研究，这个阶段的工作成果距工程应用有一定的距离，但是这个积累为作者中、后期的工程实践打下了良好的基础。而中、后期参与的国内外大量高速铁路建设工程咨询、研究和实践活动，使作者对无砟轨道路基的设计原理和工程应用有了进一步深刻的认识。在工作过程中，作者始终注意岩土工程理论与工程实践的结合，即理论分析、室内外测试和工程应用三者密切结合。这里，特别要感谢第一作者的中国导师浙江大学曾国熙先生早年的引导。本书的基本内容和框架正是在上述学习、研究和工作的基础上产生和形成的。

本书出版之际，作者对在形成与本书内容有关的研究和工作过程中给予资助、支持和关心的单位和个人表示衷心的感谢！首先，作者要感谢德国莱茵技术集团的同事在有关高速铁路路基工程咨询和研究中愉快而富有成效的合作，特别是 Dr. Erwin Gartung、Dr. Albert Hoch、Dipl.-Ing. Helmut Prühs、Dr. Bernd Müllner 和 Prof. Dr.-Ing. Wolfgang Haupt。在新理论和方法的应用上，德铁集团纽伦堡工程建设分公司以及德国联邦铁路监督管理局采取了开明的姿态，使得例如路基动力长期稳定性分析剪应变理论在纽伦堡—英戈尔施塔特线得以成功应用，作者在此表示感谢。

20 世纪 90 年代中、后期，作者在德国进行有关高速铁路路基研究工作时，曾得到了德国自然科学基金会重点项目的资助，在此期间与卡塞尔大学岩土工程研究所所长 Prof. Dr.-Ing. Hans-Georg Kempfert 进行了合作，在此一并表示感谢！

应德国欧博迈亚咨询集团的邀请，作者参与了中国武广高速铁路建设路基的咨询工作。在武汉工作期间，作者得到了武广高速铁路有限公司和武广高速铁路咨询公司、中铁第四勘察设计院集团有限公司和中铁二院工程集团责任有限公司各位领导和同事的信任和支持，在此表示衷心的感谢！对在武广高速铁路建设路基咨询工作中给予支持和合作的施工单位，如中铁一局集团有限公司武广项目部、中铁八局集团有限公司武广项目部和中铁十四局集团有限公司武广项目部等单位表示感谢！

最后，作者对中国铁道出版社为本书出版所作的努力和支持表示衷心感谢！

胡一峰　李怒放

2010 年 6 月 27 日

目录

Contents

1 绪　　论

中国铁路正在进入高速时代，到 2012 年，新建高速铁路将达到 1.3 万 km，到 2020 年，新建高速铁路将达到 1.6 万 km 以上。也就是说，今后十年，中国铁路通过建设高速铁路和客运专线、发展城际客运轨道交通和既有线提速改造，将初步形成以高速铁路和客运专线为主干，连接全国各主要大、中城市的快速客运网络。

高速铁路建设应达到系统具有安全性、可靠性、高支配性和少维护性的目标。为了达到这个目标，高速铁路对轨道结构提出了高平顺性和高稳定性的要求。无砟轨道结构由于采用了混凝土道床板和水硬性支承层代替碎石道砟道床，在高速条件下，其线路稳定性和耐久性具有明显的优势，与有砟轨道结构相比，维修工作量大大减小，更能满足高速铁路的上述建设目标，所以成为高速铁路轨道结构的发展方向，并在工程中得到越来越广泛的应用。

与任何工程结构物一样，无砟轨道作为高速铁路系统的重要组成部分，首先应满足安全性和使用性两方面的要求。无砟轨道路基结构物的使用性包括功能和耐久性要求，它除了要长期给上部结构提供相应的刚度和完成荷载传递、扩散等功能外，还应满足保证线路长期稳定的"零"或者说"低"后续沉降变形条件(耐久性)。与安全性要求相比，耐久性对无砟轨道系统的设计往往起控制作用，其中路基结构物的沉降变形对无砟轨道系统的耐久性具有关键性的影响。

众所周知，混凝土道床板浇筑完成、硬化后允许发生的后续沉降变形是十分有限的。目前，常规的无砟轨道扣件可调范围为 30 mm，扣除施工误差后，留给后续沉降变形的可调高程总共为 20 mm。以此为基础，设计上一般将其中的 15 mm 作为控制路基和地基工后沉降变形的允许值，剩下的 5 mm 预留给交通荷载在路基中引起的附加沉降变形。这样的划分虽然有一定的人为因素，但目前国外已有的工程实践经验已初步验证了其可行性。需要指出的是，路基后续沉降变形控制不仅仅是轨道高程的可调性问题，还涉及上部结构的应力和强度安全性。如果路基(包括地基)的工后沉降变形明显大于目前允许的 15 mm，意味着沿线路纵向路基的后续不均匀沉降变形相应增大，由此引起的附加强制性荷载(弯矩)和相应的弯曲应力必须由道床板和支承层承受，而轨道上部结构设计并没有考虑这项附加荷载，这时有可能导致轨道发生结构性开裂，影响其耐久性甚至安全性。所以，尽管供货商可以提供可调范围更大的轨道扣件，但确定无砟轨道路基的允许后续沉降变形不能只从轨道高程和扣件可调节范围单方面考虑，还应从路基后续沉降变形对轨道系统可能产生的附加应力和对其强度安全性的影响来确定。总之，路基结构物的后续沉降变形对无砟轨道系统和高速铁路的耐久性具有关键性的影响，本书将围绕这个中心，从不同方面探讨如何通过合理的路基结构物设计和质量技术控制体系来保证路基结构物的后续沉降变形，以满足高速铁路无砟轨道的耐久性要求。

以路堤为例，图 1.1 给出了无砟轨道路基结构物和主要作用因素示意图。无砟轨道系统由上部结构和下部结构（路基结构物）组成。总体上，系统的弹性和变形模量梯度自上而下递减，尤其在动荷载最强的混凝土道床板和水硬性支承层与下部结构的交界区变化最大。这种结构刚度的布置形式与动荷载随深度的衰减趋势基本一致。这样做，一方面可使轮、轨相互作用产生的高应力通过刚度很大的混凝土道床板迅速扩散、下降，使路基结构单元不致承受过大荷载以至破坏其骨架而产生附加变形；另一方面，这样的结构布置使不同高度路基材料性质和质量要求与动荷载衰减相匹配，从而达到经济合理的设计目的；此外，系统自上而下的刚度梯度递减有利于路基吸收动能以降低轨道表面的振动。

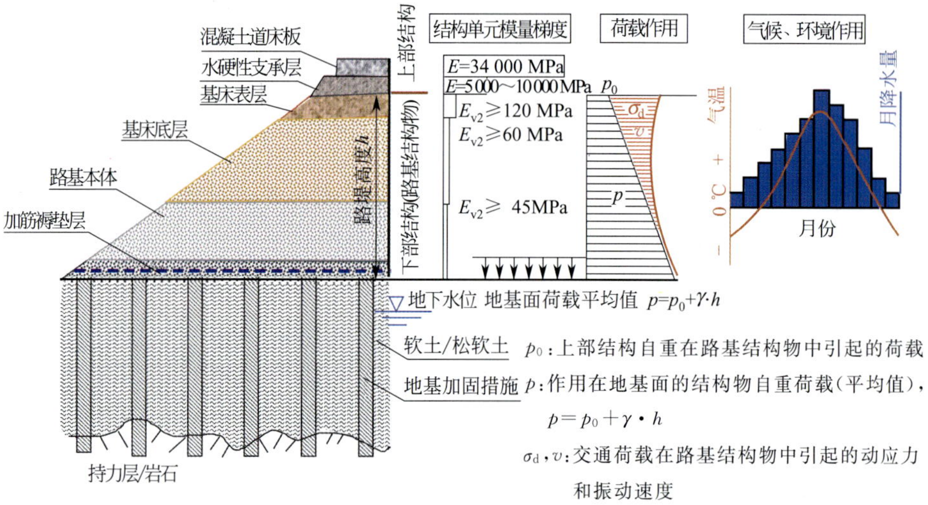

图 1.1　无砟轨道路基结构物系统、静、动荷载和气候环境作用示意图

路基地段无砟轨道下部结构单元分别为基床表层、基床底层、路基本体和地基等，见图 1.1。一般情况下，它们承受的作用因素分为两大类：荷载作用和气候、环境作用。荷载作用分为路基结构物自重（静载）和运营交通荷载（动载）。气候、环境作用主要为雨水、季节性冰冻、地表水、地下水、层间水和毛细水等。这些作用力可在不同阶段、以不同方式和程度对路基结构物的承载力、沉降变形和后续沉降变形（包括工后沉降变形和振动引起的附加沉降变形等）产生影响。

一般情况下，荷载作用下的路基沉降变形由三部分组成，见图 1.2。

第一部分：地基（原状或加固后）在路堤和上部结构自重（$p=p_0+\gamma\cdot h$）作用下发生的沉降变形 s_U；

第二部分：路基包括基床表层、基床底层和本体在上部结构自重(p_0)和本身自重($\gamma \cdot h$)作用下发生的压缩变形 s_E；

第三部分：路基结构物上部(一般限于基床表层和基床底层)在长期、重复交通荷载作用下产生的塑性变形 s_N(附加沉降变形)。

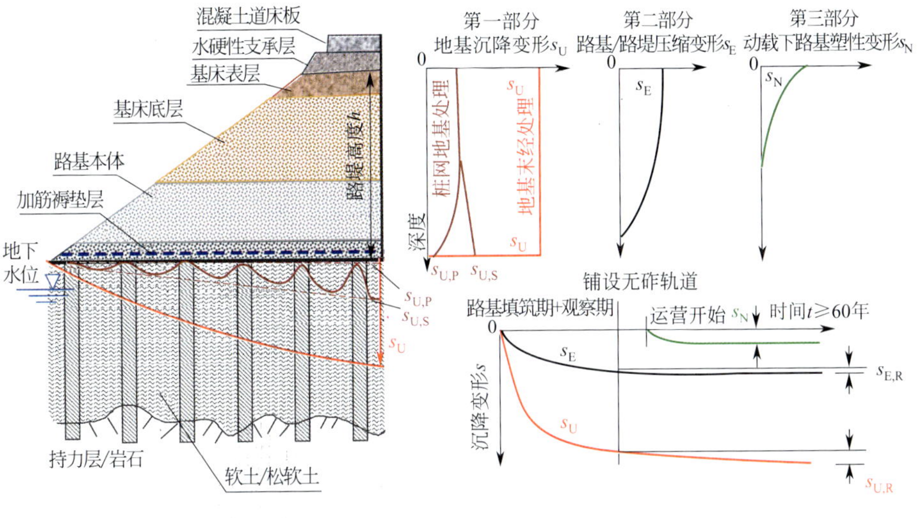

$s_{U,P}$：桩顶沉降；$s_{U,S}$：桩间土沉降

图 1.2 荷载作用下无砟轨道路基结构物沉降变形随深度和时间变化的示意图

第一部分沉降变形 s_U 的大小和与时间的关系取决于路堤的高度、地基土的种类、状态以及采用的地基加固措施，见图 1.2 中的红色示意线。一般情况下，它对路基整体沉降变形起控制作用，决定了允许铺轨的时间表和路基工后沉降值。

当地基采用刚性、半刚性桩加固并设置加筋褥垫层，例如 CFG 桩网结构等时，一般情况可使地基的总沉降变形 s_U 大大降低，沉降变形完成的时间明显缩短。但是，这种情况下地基和路堤间的荷载及沉降变形分布变得更为复杂，地基面(路堤底部)的沉降盆不再是单一形式，而呈现桩间众多小沉降盆，见图 1.2 中的棕色示意线。当桩支承在承载力较好的土层时，路堤通过土拱作用传递给桩顶的部分土压力荷载使桩发生的沉降变形远小于桩间土沉降变形，而作用于桩间土的土压力荷载部分使其发生与时间相关的沉降变形并在路堤底部形成众多小沉降盆。在桩间土沉降发展过程中，这部分土压力荷载经过土工格栅进一步传递给桩。当路堤较高时，路堤底部众多小沉降盆对路基面、轨道非均匀沉降变形的影响可以忽略，见图 1.2 中的棕色示意线。而对低路堤情况，路堤底部众多桩间小沉降盆的变形可能会传递到路基面，并对轨道的工后沉降变形及耐久性产生影响。

路基沉降变形的第二部分，即路基本身在自重作用下的压缩变形 s_E 取决于采用的路基填料和填筑质量。在填料满足相应要求的情况下，如果填筑质量良好，路

堤本身的压缩变形 s_E 约为其高度的 0.2%～0.8%，而且其大部分在施工填筑完成后已经收敛。

路基沉降变形的第三部分涉及路基特别是基床表层和底层在重复性交通荷载作用下的长期动力稳定性以及相应的附加变形 s_N，见图 1.2 中的绿色示意线。根据德国的经验，采用德铁路基规范 Ril 836 标准路基方案时，在填料和填筑质量满足要求的情况下，附加变形一般不会超过 5mm，这也是德铁路基规范 Ril 836 预留给交通荷载引起变形为 5 mm 的基础和背景。对低路堤和路堑情况，动力荷载还可能对地基产生影响，特别是路堑区基床底层存在中、高塑性黏土的情况。这时，应特别注意动力荷载对其长期稳定性和附加变形的影响。当地基采用 CFG 桩网结构加固时，如果路堤较低，动力荷载可能对加筋褥垫层区土压力拱、桩土荷载比以及土工格栅的变形和安全性产生影响。

对无砟轨道耐久性起控制作用的路基沉降变形为铺设无砟轨道后发生的后续沉降变形 s_T。

$$s_T = s_R + s_N = (s_{U,R} + s_{E,R}) + s_N \tag{1.1}$$

式中 s_R——工后沉降变形，$s_R = s_{U,R} + s_{E,R}$，见图 1.2；

s_N——交通荷载产生的附加沉降变形。

当地基采用桩网复合结构加固时，特别是在浅路堤情况，沉降变形的分析较为复杂。这时，桩间土在铺设无砟轨道后发生的工后沉降变形以及向路基面的延伸可能对路基的后续沉降变形产生影响。

无砟轨道路基结构物设计的另一个关键部位是过渡段。轨道沿线路纵向几何形状和刚度的均匀分布是满足高速铁路对轨道结构提出的高平顺性要求的基础。但是，在桥(涵)路、隧路、堤堑等过渡段，由于基础结构形式和材料刚度的不同，轨道刚度的差别不可避免；另一方面，由于刚性结构物基础和路基结构物基础的加固方式不同，可能在过渡段产生差异沉降，这将进一步降低线路的几何平顺性，由此可能产生较大的振动，使线路的耐久性和稳定性受到影响。所以，如何合理地设计过渡段以实现平缓过渡，是保证轨道结构高平顺性和高稳定性的一个重要方面。

在设计阶段，路基沉降变形包括后续沉降变形的分析计算只能根据相应的计算理论和方法以及土力学参数来进行。岩土工程的复杂性、多变性以及室内外试验结果的局限性决定了这些分析计算不可能准确地确定真实的沉降变形，只能粗略地估计其量级。所以，在路基结构物施工和调整期对其沉降变形进行有针对性的观测、分析、评估以及对工后沉降的预测，成为无砟轨道路基建设不可缺少的一部分，它是决定是否可以铺设无砟轨道的关键。

除了静、动荷载作用产生路基沉降变形外，气候和环境作用对路基耐久性的影响同样不可忽视，见图 1.1。在施工和运营阶段，无砟轨道路基可能承受各种来源的水作用，包括雨水、地表水、地下水和毛细水作用等。例如，渗入路基的地表水如果无法从路基结构物通畅地排走，其聚集可能导致孔隙水压力而对路基结构物的稳定性和沉降变形产生不利的影响，特别是在动力荷载作用较强的基床部位，水滞留、聚集可能产生超静孔隙水压力和附加变形。同样，如果地基的地下水位较高、水量丰富时，下部的水可能通过毛细作用上升到路堤部位，也可能对其稳定性和长期变形产生负面的影响。总之，路基结构物中水的存在对其长期耐久性影响很大。这里，首先涉及填料的水稳定性、渗透性和抗冻性等内在因素，所以，一方面设计上应对路基填料在水作用下本身的稳定性（水稳性）和渗透性、抗冻性提出相应的要求，并在施工阶段通过填料适用性试验验证、确认；另一方面，应通过合理规划防排水设施，如侧沟、排水槽、排水井、深排水设施（盲沟）和毛细截断层等，使路基结构物关键部分尽可能与水分离。

本书将对上述与无砟轨道路基耐久性，特别是沉降变形相关的课题，从设计背景和原理、填料适用性控制、填筑质量技术控制体系以及沉降变形监测和评估等不同方面，结合国内外高速铁路无砟轨道理论研究和工程实践的成果来探讨如何保证无砟轨道路基的功能性、耐久性和平顺性。需要指出的是，本书不是以设计手册的思路来构筑的，所以不求全面，而求突出重点、突出新颖、突出理论和工程应用的结合。本书将以专题形式展开，其结构见图 1.3。

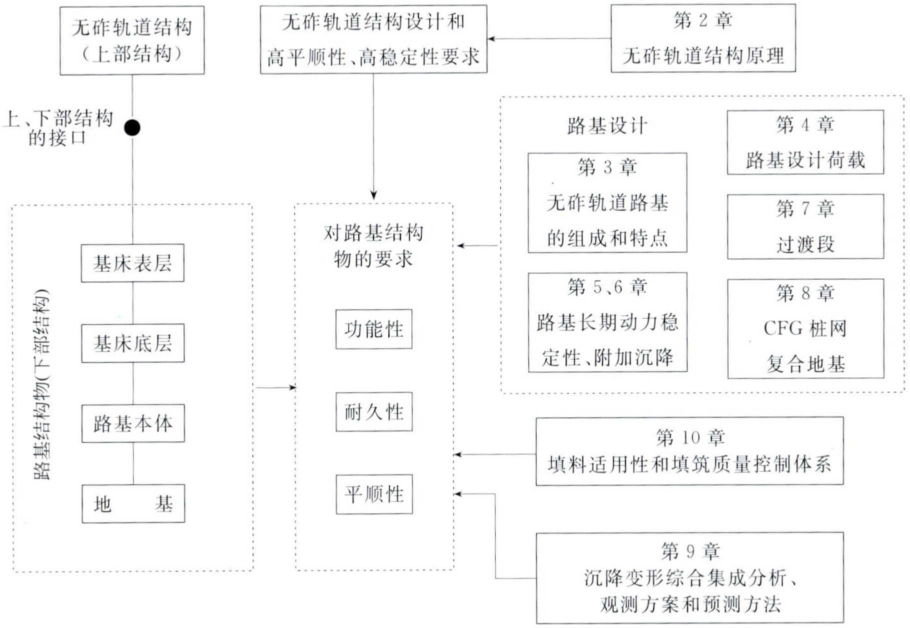

图 1.3 本书的结构：从路基设计背景和原理、填料适用性控制、填筑质量技术控制体系以及沉降变形监测和评估等不同专题来探讨如何保证无砟轨道路基的功能性、耐久性和平顺性

第 2 章代表性地介绍无砟轨道结构的基本原理，着眼点侧重其对路基结构物的要求，特别是耐久性。第 3 章到第 8 章分专题讨论如何从路基结构物设计上满足无砟轨道结构的功能性、耐久性和平顺性要求。其中，第 3 章介绍无砟轨道路基

主体结构的组成和特点；第 4 章在简述国内外经典设计荷载基础上，以行车时路基实测结果为基础，描述动应力、振动速度等动荷载参数与轨道型式、行车速度、深度等的关系，并在此基础上给出路基动力稳定性设计的简化参数；第 5 章讨论路基在动力荷载作用下的长期稳定性，包括理论基础、分析方法、室内外试验方法和工程应用；第 6 章首先介绍交通荷载作用下附加沉降的常规计算方法以及工程经验，然后介绍以拟静力黏弹塑性为基础的非线性有限元模型，包括非黏性土和饱和黏性土模型，在此基础上，将计算结果分别与室内、外试验和现场实测结果进行对比，最后对这些模型的可应用性作出评价；第 7 章介绍路基结构物和刚性结构物过渡段的设计基础和不同设计方案，并利用部分现场模型试验和运营阶段的实测结果对其特性进行比较分析；第 8 章以 CFG 桩为例，详细介绍路堤条件下刚性桩—网复合地基承载力、变形特性和设计方法，重点讨论土压力拱作用、路堤底部应力、沉降分布和路堤内沉降变形的变化规律，并给出工程应用实例和分析结果；第 9 章介绍路基沉降变形综合集成分析、观测方案和工后沉降预测方法等，包括大、小变形条件下国内外高速铁路无砟轨道路基的实例和经验；第 10 章详细介绍无砟轨道路基填料适用性准则和检测评估方法，重点介绍填筑质量控制技术的原理、背景和方法，以及部分最新科研成果和工程应用实例。

2 无砟轨道结构的基本原理和对路基的要求

2.1 无砟轨道结构的定义和分类

无砟轨道采用自身稳定性较好的混凝土或沥青道床代替有砟道床来传递行车时的动、静荷载，而行车时需要的弹性变形主要由设置在钢轨或扣件下精确定义的单元材料提供。无砟轨道结构设计要求其具有足够的抗冻安全性，特别是对其下部结构在铺轨完成后出现的后续沉降变形要求十分严格。所以，无砟轨道线路的长期稳定性较好，特别是在高速行车条件下，属于一种正常情况下很少需要维修的上部结构形式。

根据下部结构的类型，无砟轨道可分为路基上无砟轨道、隧道内无砟轨道和桥上无砟轨道三大类。按下列五个参数，无砟轨道可以分为不同的结构类型，见图 2.1。

(1)按钢轨支承方式可分为点式和连续式；

(2)按支承扣件方式可分为有轨枕和无轨枕；

(3)按轨枕支承方式可分为埋入式、嵌入式和支承式；

(4)按道床板材料可分为混凝土和沥青；

(5)按道床板施工方式可分为预制和现浇。

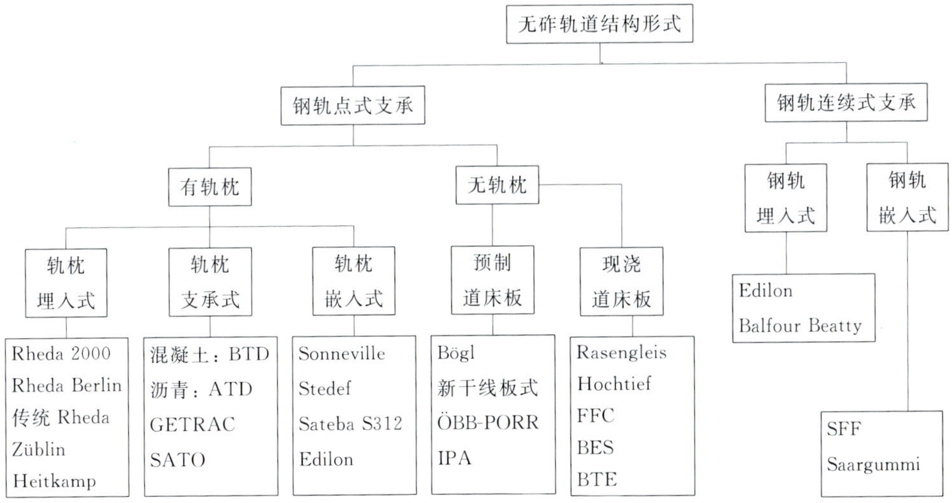

图 2.1 无砟轨道结构形式和分类

无论何种形式的无砟轨道结构，由于采用了刚性较大的黏结硬化材料作为道床板，一方面使得系统的荷载传递、扩散功能显著提高，另一方面其适应下部结构沉降变形的能力却大为下降，所以各种无砟轨道结构对基础或者说路基的要求原则上是一样的。大量的现场测试对比表明[13-16]，在其他条件相同的情况下，行车时，无砟轨道和有砟轨道下基床和路基中的动荷载差别很大，如动应力和振动速度，相比较而言，不同无砟轨道结构条件下路基中动荷载的差别较小。从这两点出发，着眼于无砟轨道路基的设计，本章代表性地以德国轨枕埋入式无砟轨道 Rheda 系统为例，介绍其基本原理和设计方法，并在此基础上推出其对路基结构功能性、耐久性和平顺性的要求。

2.2　轨枕埋入式无砟轨道 Rheda 系统的基本原理和设计理念

德国系统的路基上无砟轨道研发始于 1971 年联邦科技部资助的科研项目“轮/轨系统”。在这个框架下，以在公路和机场跑道应用较多的纵向连续配筋多层混凝土路面系统为基础，慕尼黑工业大学交通道路建设工程所研发了轨枕埋入式无砟轨道系统，这就是所谓的第一代无砟轨道 Rheda 结构。该系统于 1972 年首先在德国 Rheda 车站付诸实施，路基结构的总长为 650 m。图 2.2 为 2010 年 2 月在 Rheda 车站拍摄的传统 Rheda 轨道照片，图 2.3 为 传统 Rheda(1972)的基本结构形式。

图 2.2　1972 年铺设的传统 Rheda 无砟轨道试验结构

（德国 Rheda-Wiedenbrück 车站 9 号站台，2010 年 2 月拍摄）

从 1972 年开始，德国经过多年的对传统 Rheda 系统现场测试和室内单元试验，建立了比较成熟的无砟轨道设计理论和方法。通过近年来的进一步研究和工程应用，这些理论和方法的合理性得以证实。在此过程中，Rheda 系统经过不断的演变和优化，发展成今天的 Rheda 2000 型轨枕埋入式无砟轨道，见图 2.4。在此基础上，根据中国国情设计的 CRTS Ⅰ型双块式无砟轨道系统在武广高速铁路得到了应用，见图 2.5。

图 2.3 传统 Rheda 无砟轨道试验段

(1972，通过销钉使轨枕和现浇混凝土与 11 cm 厚的道床板实现刚性连接[1])

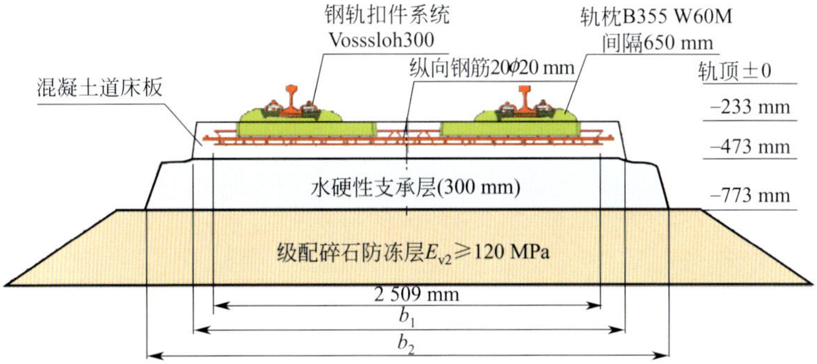

图 2.4 Rheda 2000 型轨枕埋入式无砟轨道结构断面[1]

图 2.5 武广高速铁路 CRTS Ⅰ 型双块式无砟轨道系统

轨枕埋入式无砟轨道的施作过程如下：

一般情况下，首先在工厂预制整体或双块式轨枕，然后在现场经过浇筑新鲜混凝土将预制轨枕埋入到混凝土道床板，使轨枕与混凝土道床板成为一个整体的无砟轨道结构形式。传统 Rheda(图 2.3)采用整体预应力混凝土轨枕，即使现浇部分混凝土出现裂纹，一般也不会影响轨道的整体几何状态。但是，采用这种方案时，新旧混凝土结合面比较大，成为易产生裂纹的弱区，而且轨道的单位质量比较大。与此相比，双块式轨枕预制部分只保留承轨和预埋扣件螺栓部位混凝土的轨枕，使新老混凝土结合面大为减小。传统 Rheda 采用销钉实现轨枕、现浇混凝土和道床板连接(图 2.3)，而 Rheda 2000 型采用预制轨枕钢筋与现浇结构钢筋连接，使预制结构与现浇结构的结合更为理想，其结构整体性更为完善，见图 2.4。

德国无砟轨道的设计理念源于公路路面板和机场跑道的设计原理以及长期工程建设经验。其基本思路可以借助于一放置在支承层上约 200 m 长的混凝土连续板来描述，见图 2.6。在这样的边界条件下，连续板可以近似视为无限长，其两端可以视为固定端，即纵向不可变形。

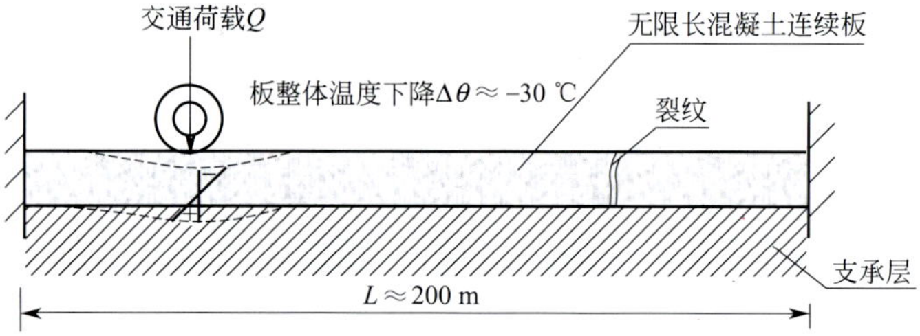

图 2.6　无限长公路混凝土路面连续板典型荷载情况示意图

对连续板设计起控制作用的主要荷载为交通荷载和温变引起的约束应力等。公路工程设计时，交通荷载引起的连续板弯矩和拉应力一般考虑由混凝土承受，而对由温度变化和混凝土徐变收缩等产生的纵向拉应力则有不同的设计方案。

对第二部分荷载(即纵向拉应力)，理论上可以简单地用以下的计算来说明其量级大小：当气温下降使混凝土连续板整体降温 $\Delta\theta=-30$ ℃时，由固定端约束条件下冷缩引起的混凝土板纵向拉应力 $\sigma_\theta=-E\cdot\alpha_\theta\cdot\Delta\theta=34\ 000\times1.2\times10^{-5}\times30\approx+12.0$ MPa。一般情况下，混凝土徐变收缩引起的纵向拉应力 $\sigma_s=+E\cdot\varepsilon_s\approx34\ 000\times25\times10^{-5}\approx+8.5$ MPa。所以，混凝土板纵向拉应力总体水平 $(\sigma_\theta+\sigma_s)\approx12.0+8.5=+20.5$ MPa。这样的拉应力水平，即使最高等级的混凝土也不能承受，这就是说，约束条件下连续混凝土板开裂是不可避免的。问题的关键是如何在结构上采取措施，使裂纹宽度限制在一定范围内并且分布均匀，以保证混凝土板的耐久性。

公路上解决这个问题一般有两种方案[12,17,18]，见图 2.7。方案一是在混凝土路面板隔一定距离设置假缝；方案二是不设置假缝，而在混凝土路面板的中性面配置纵向钢筋。

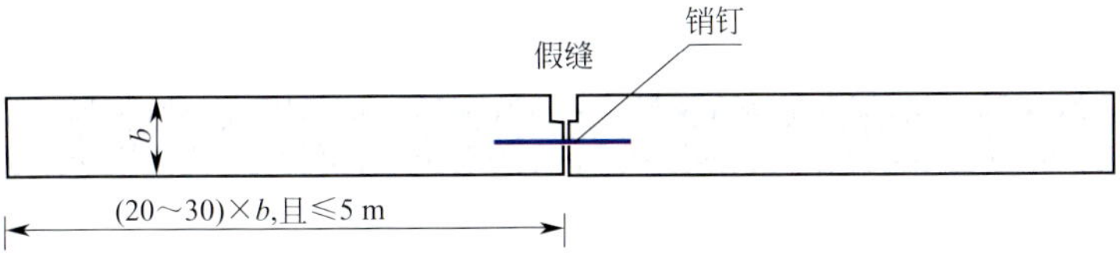

(a) 方案一:混凝土路面板隔一定距离设置假缝

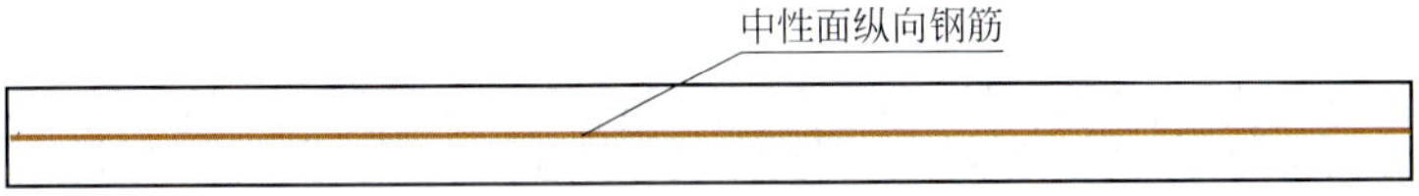

(b) 方案二:混凝土路面板不设置假缝而在其中性面配纵向钢筋

图 2.7 公路混凝土路面板整体降温和收缩拉应力裂纹解决方案示意图

出于经济方面的考虑,德国公路界一般采用方案一[12,18],即人为设置间距为 20～30 倍板厚的假缝。考虑到板缝表面的徐变收缩较强,最大假缝间距一般为 5 m,见图 2.7(a)。假缝两边板与板之间用 50 cm 长的销钉连接,销钉表面的塑料涂层使混凝土板在温度变化时能发生自由伸缩(呼吸)。这样,由整体降温产生的混凝土板中部最大纵向拉应力只约为 0.03 MPa[12]。此外,销钉还有两个力学功能,第一是承受假缝处交通荷载产生的横向剪力;第二,通过销钉使邻近混凝土板纵向相互连接,限制裂纹的进一步开展。假缝一般用沥青材料填塞、密封,假缝处混凝土板下部裂纹宽度一般不小于 2.0 mm。

美国和部分欧洲国家(比利时、荷兰、西班牙等)公路上更多采用第二种方案解决混凝土连续板开裂问题,即不再设置人为假缝,而是在板的中性面设置纵向钢筋,见图 2.7(b)。公路上通常采用在中性面上配置 ϕ16 mm 纵向钢筋,其任务是承受温度变化和徐变引起的约束拉应力,而交通荷载引起的连续板弯曲拉应力则完全由混凝土单独承受。采用这个方案时,混凝土连续板裂纹出现的位置是随机的,设计和施工应使混凝土连续板在长期工作条件下的最大裂纹宽度尽可能控制在 0.5 mm 以下。根据美国和欧洲部分国家的长期公路建设经验,如果混凝土连续路面板中性面纵向配筋率在 0.8%～0.9%时,其裂纹宽度一般不会超过 0.5 mm。公路运营经验表明,在这种条件下,混凝土连续路面板的长期耐久性(≥60 年)是有保证的。

德国无砟轨道的设计理念与上述第二个方案基本相同,即整体降温和徐变收缩引起的混凝土道床板纵向拉应力,由设置在道床板中性面的纵向钢筋承受,而交通荷载引起的长期重复性弯曲应力由道床板的混凝土承受。

除了上述美国和欧洲部分国家的长期公路建设经验(≥60 年)外,第一代传统 Rheda 系统(1972)采用的纵向钢筋也为 ϕ16 mm,而且到目前为止已运营了 38 年,轨道性状仍然完好且满足使用要求，见图 2.2。此外，与公路和机场运营的环境条件相比，铁路上冬天一般不会通过洒盐来消除、减少轨道上的冰、雪，所以其环境条件相对公路来说较为优越，而且优化后的 Rheda 2000 型轨枕埋入式无砟轨道结构中性面采用 ϕ20 mm 纵向钢筋，其配筋率为 0.8%～0.9%，见图 2.4。由此可以推测，在施工质量等条件满足要求的前提下，Rheda 2000 型轨枕埋入式无砟轨道结构本身的耐久性（≥60 年）是有保证的。根据这些工程经验，为了保证无砟轨道结构的耐久性，德国铁路规范给出了轨道板裂纹宽度应小于等于 0.5 mm 的要求[2]。

2.3 轨枕埋入式无砟轨道 Rheda 系统设计方法简述

无砟轨道 Rheda 系统道床板结构力学设计主要由以下两个部分组成：

第一部分：取决于连续道床板的结构形式，设计时必须考虑温变和混凝土徐变产生的约束应力和裂纹对道床板耐久性（钢筋锈蚀、混凝土老化）等的影响；

第二部分：无砟轨道系统设计生命周期（≥60 年）内，连续混凝土道床板在长期重复性交通动力荷载作用下的（疲劳）强度安全性。

2.3.1 温变、徐变约束应力和裂纹控制

由温变和徐变产生的道床板约束应力和裂纹的设计来自公路工程的经验，它是以半理论半经验为基础建立的[19]。由于纵向钢筋设置在道床板的中性面，交通

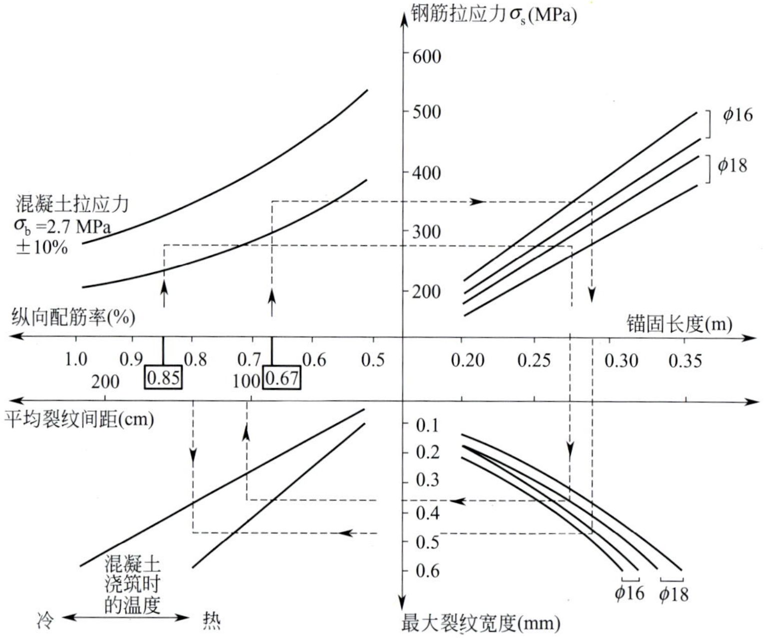

图 2.8　混凝土板中性面纵向连续配筋条件下裂纹控制参数的关系[19]

荷载引起的长期重复性弯曲应力对其没有影响。所以,针对由整体降温和徐变收缩引起的混凝土道床板纵向拉应力荷载,纵向钢筋主要起分散裂纹、限制裂纹宽度的作用。图 2.8 为纵向连续配筋的混凝土板裂纹控制参数之间相互关系设计图。

借助于图 2,8,理论上可以对各种不同情况进行计算和设计。一般情况下,可假定混凝土强度等级为 C35~C37,钢筋为 Bst 500 S,其屈服强度为 500 MPa,纵向配筋率为 0.85%。冬天,由温度变化引起的混凝土有效纵向拉应力约为 3.0 MPa时,相对应的钢筋应力约为 300 MPa,小于假定的钢筋屈服强度 500 MPa。相应的钢筋锚固长度约为 30 cm,计算的最大裂纹宽度小于 0.5 mm,计算的平均裂纹间距约为 1.0~1.5 m。

根据前述公路建设经验和第一代传统 Rheda 系统运营经验,无砟轨道结构本身的耐久性是可以得到保证的,所以,德国铁路规范直接要求中性面纵向配筋率为 0.80%~0.90%[2]。在这种情况下,轨道板裂纹宽度小于等于 0.5 mm,与其说是设计要求不如说是工程经验。

2.3.2 交通荷载作用下道床板和支承层的(疲劳)强度安全性

无砟轨道 Rheda 系统结构设计的第二部分涉及道床板和支承层在长期交通荷载作用下的抗弯疲劳强度安全性。下面,分别就设计荷载、材性参数以及计算模型和方法进行阐述。

2.3.2.1 设计荷载

设计荷载一般以 UIC 71 型标准荷载为基础(德国称为 LM71 荷载图),它由间距为 1.6 m 的 4 个 25 t 轮轴荷载以及强度为 8 t/m 的两侧线荷载组成,见图 4.1。一般来说,它涵盖了重型货运、客货混运以及客运专线条件下的控制荷载。所以,设计时可以根据设计线路的具体类型,相应考虑折减系数。在平面曲线地段应考虑轮轴荷载转移的影响,一般可在基准荷载的基础上附加 20%。此外,轨道结构设计还应考虑由动力作用引起的荷载放大增量 50%。在验算材料的长期疲劳强度时,对于无砟轨道,一般将列车驶过次数视为荷载循环次数,上部结构设计时一般考虑 2×10^6 次荷载循环。

2.3.2.2 材料参数

Rheda 系统无砟轨道设计的基本材料参数列于表 2.1。这里,钢轨采用 UIC 60 型,其名义强度为 900 MPa。在 UIC 71 标准荷载的作用下,当支点刚度为 17 kN/mm 时,钢轨本身具有足够安全度。此外,轨道扣件垫层应满足低温条件下动弹性刚度 $c_{dyn}\leqslant 40$ kN/mm 的条件。道床板和新浇混凝土强度等级为 C35~C37,其弹性模量为 34 000 MPa,弯曲抗拉强度 $\beta_{BZ}\geqslant 5.5$ MPa。由于轨道采用中性面纵向钢筋方案,一般情况下道床板裂纹将以随机的方式出现且间距较小,所以,在设计时只需考虑冬天整体降温引起的纵向拉应力,而不必考虑沿板厚度温度非均匀变化的影响。这里,由降温引起的纵向混凝土拉应力按恒载考虑,即疲劳循环试验时的最小应力值 σ_w。相应的动力疲劳强度允许值 σ_Q 由经典史密斯曲线确定,见图 2.9。

表 2.1 Rheda 系统无砟轨道结构设计材性参数[5]

材　料	特 征 参 数
钢　轨	UIC 60;$E=2.1\times10^5$ MPa 名义强度 900 MPa;$J=3\ 055\times10^4$ mm^4
预应力混凝土轨枕	B301;长度为 2.4 m 或 2.6 m
轨道扣件垫层	低温条件动力弹性刚度 $c_{dyn}\leqslant40$ kN/mm
钢　筋	Bst 500 S;屈服强度 500 MPa
道床板和现浇混凝土	C35～C37 $E=34\ 000$ MPa 弯曲抗拉强度 $\beta_{BZ}\geqslant5.5$ MPa 当冬天温变引起的约束拉应力为 3.0 MPa 时,允许的疲劳动力弯曲抗拉强度为 $\sigma_{Q,1}=0.85$ MPa(荷载循环 2×10^6 次)
水硬性支承层	室内适用性试验确定黏结剂掺量时要求压实度 $D_{Pr}=98\%$ 的试样其 28 d 单轴抗压强度 $\beta_c\geqslant15$ MPa(试样尺寸 $D/H=150/125$ mm) 考虑微裂纹影响,有效弹性模量为 $E=5\ 000\sim10\ 000$ MPa 弯曲抗拉强度 $\beta_{BZ}\geqslant1.6$ MPa 允许的疲劳动力弯曲抗拉强度为 $\sigma_{Q,2}=0.80$ MPa
级配碎石层(抗冻层)	二次变形模量 10%最小分位点值 $E_{v2}=120$ MPa
路基/地基承载力	路基/地基动承载力 $\sigma_{z,per}\geqslant50$ kPa

按 Rheda 系统无砟轨道的设计原理,交通荷载引起的弯曲拉应力完全由混凝土和支承层承受。设计时,混凝土疲劳强度以 2×10^6 次荷载循环为基准。中性面纵向钢筋采用 Bst 500S,其屈服强度为 500 MPa。道床板 C35～C37 混凝土的弯曲抗拉强度 $\beta_{BZ}\geqslant5.5$ MPa。冬天由于降温引起的混凝土纵向拉应力一般不会超过3.0 MPa,可将其视为恒载,即最小应力 $\sigma_W=3.0$ MPa。根据混凝土疲劳强度史密斯设计图,可以得出其剩余的允许弯曲抗拉强度 $\sigma_Q\approx0.85$ MPa,见图 2.9。这部分允许强度用于设计道床板承受交通荷载需要的厚度和强度安全性。

原则上,水硬性支承层(HGT)和 C12～C15 混凝土都可以作为支承层。支承层一般每 5 m 设置一横向切缝,其深度约为支承层厚度的 30%。当施工温度高于 25 ℃时,可将其间距降为 4 m 左右。

传统的支承层为水硬性支承层(HGT),其定义见德国公路规范 ZTVT-StB 95,它属于路基土方工程中掺水泥加固的粗粒土。在室内适用性试验确定黏结剂掺量时,要求压实度 $D_{Pr}=98\%$ (以轻型普氏击实为基准)的试样其 28 d 单轴抗压强度 $\beta_c\geqslant15$ MPa(试样尺寸 $D/H=150$ mm/125 mm)。设计计算时,HGT 的弯曲抗拉强度可采用 $\beta_{BZ}\geqslant1.6$ MPa。根据史密斯图,相应的循环疲劳强度 $\sigma_Q=0.80$ MPa。HGT 施工完成后,其有效弹性模量随着微结构裂纹的开展逐渐降低,根据

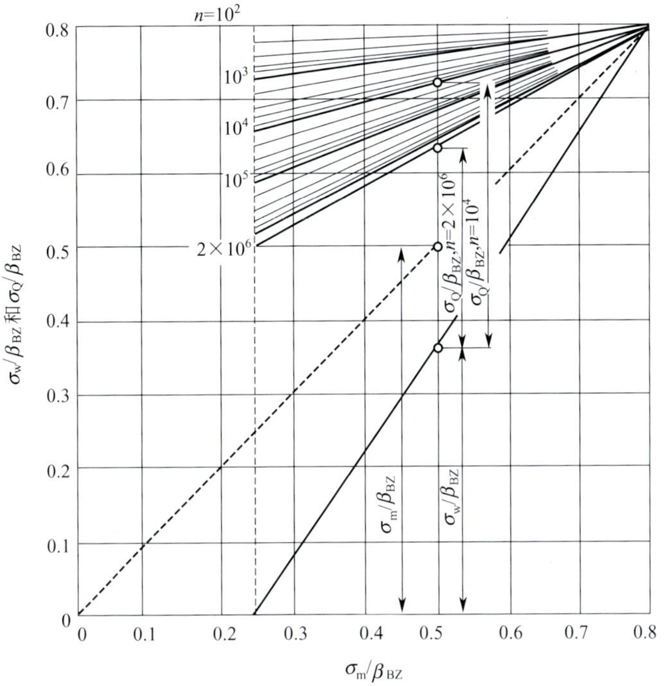

图 2.9 混凝土疲劳强度史密斯设计图[17]

σ_m—平均应力；σ_w—最小应力值；σ_Q—动力疲劳强度允许值

经验，设计时其最终有效值可取 5 000～10 000 MPa。

近年来，支承层采用较多的是 C12～C15 混凝土，主要原因是其施工质量控制指标容易保证，而且 30 cm 厚的支承层可一次施工完成。与此相比，HGT 现场主要控制指标为密实度和最优含水量，要保证其满足压实度要求，一般应将 30 cm 厚度分两层施工。

一般来说，C12～C15 混凝土的有效弹性模量稍高于 HGT，所以其裂纹宽度可能比采用 HGT 时要大一些。支承层的裂纹宽度控制相对道床板要低一些，即使局部超过 0.5 mm，问题也不大。

在对无砟轨道进行结构计算时，路基对轨道系统的支承作用是通过抗冻层（级配碎石层）顶面的力学参数来考虑的，即静态平板载荷试验确定的二次变形模量 $E_{v2}\geqslant$120 MPa 为路基代表性输入参数。这里，虽然基床底层和本体/地基的力学参数并没有直接作为无砟轨道结构计算的输入参数，但是从荷载扩散传递和下卧层对路基表层影响两方面考虑，只有当基床底层（$E_{v2}\geqslant$60 MPa）和本体/地基（$E_{v2}\geqslant$45 MPa）的力学参数满足要求时，才能保证路基的整体刚度满足要求，即 $E_{v2}\geqslant$120 MPa）。此外，由于基床在运营交通荷载作用下承受反复循环荷载作用，所以按静态平板载荷试验卸载再加载确定的变形模量更接近这种加载条件，因为它更多地反映了土体的弹性变形性能。从力学角度讲,采用静态平板载荷试验确定的二次变形模量 E_{v2} 作为路基代表性力学参数较为合理。

对路基的长期承载力,可利用美国公路动力循环试验结果采用下式粗略地估计路基/地基最大允许动压力:

$$\sigma_{z,per}=\frac{0.006\cdot E_{dyn}}{1+0.7\cdot \lg N} \tag{2.1}$$

式中 E_{dyn}——路基的动模量;

N——循环次数。

无砟轨道路基系统对地基面静态平板载荷试验确定的二次变形模量最小值要求为 $E_{v2}\geqslant 45$ MPa。以循环次数 $N=2\times10^6$ 为准,并假定 $E_{dyn}=E_{v2}=45$ MPa(偏安全)为输入参数,可得出路基/地基的最大允许动压力 $\sigma_{z,per}=50$ kPa。从目前已有的无砟轨道条件下路基动荷载测试结果分析,正常情况下无砟轨道路基最大动应力为20~30 kPa ,明显小于 50 kPa。

2.3.2.3 计算模型和方法

交通荷载作用下 Rheda 系统无砟轨道的结构计算模型分为两个部分,见图 2.10。第一部分(子系统Ⅰ)以支承在轨枕上的钢轨连续梁为模型,计算其在 UIC 71 荷载作用下的支点力 S_i,这实际上是文克尔弹性地基梁模型,也称 Zimmermann 法。第二部分(子系统Ⅱ)的计算以道床板、支承层和路基组成的叠梁系统为基础,以子系统Ⅰ的输出结果 S_i 作为输入荷载进行分析。Eisenmann 等人在大量理论和试验研究基础上,将子系统Ⅱ简化为弹性地基上的等价双层叠梁模型(称 Eisenmann 法),见图 2.11。该模型中的地基基床系数 k 由下式确定:

$$k=\frac{E_3}{h^*}=\frac{E_{v2}}{h^*} \tag{2.2}$$

$$h^*=0.83\cdot h_1\cdot\sqrt[3]{\frac{E_1}{E_3}}+c\cdot h_2\cdot\sqrt[3]{\frac{E_2}{E_3}}=0.83\cdot h_1\cdot\sqrt[3]{\frac{E_1}{E_{v2}}}+c\cdot h_2\cdot\sqrt[3]{\frac{E_2}{E_{v2}}} \tag{2.3}$$

其中,c 取值为 0.83 (水泥黏结材料) 和 0.90 (沥青材料)。

道床板和支承层接触面的性状取决于材料、施工方法和质量,具有不确定性,所以计算时应分别考虑接触面光滑和黏结良好两种极端情况,见图 2.12。在结构分析时,应保证道床板和支承层在交通荷载作用下的弯曲拉应力小于或等于相应的疲劳强度允许值。具体的计算步骤见表 2.2。

德国曾对 Rheda 型无砟轨道结构采用上述 Eisenmann 方法与其他计算方法进行了对比,例如弹性地基梁法、基床模量法和有限元法等。计算结果表明,不同方法提供的上部结构断面荷载参数基本在同一数量级。由于 Eisenmann 法简洁且便于操作,德铁无砟轨道设计规范[2]要求一般应采用德国《混凝土手册》(2000

版)给出的 Eisenmann 方法[5]。

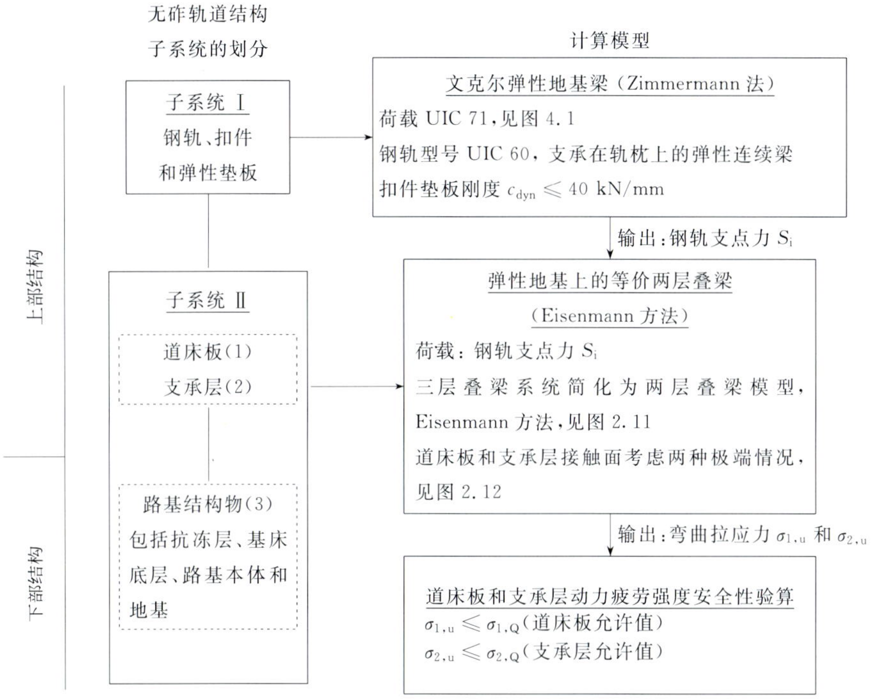

图 2.10 交通荷载作用下 Rheda 型无砟轨道系统的计算模型

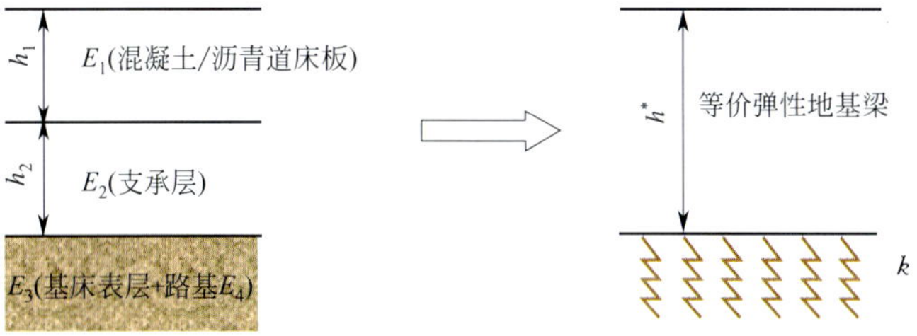

图 2.11 混凝土道床板(h_1, E_1)、支承层(h_2, E_2)和路基(E_3)组成的三层叠梁系统简化模型(Eisenmann 法)

表 2.2 Eisenmann 法计算道床板和支承层弯曲应力的步骤

项 目	极端情况 Ⅰ 道床板与支承层接触面光滑	极端情况 Ⅱ 道床板与支承层接触面完全黏结
确定地基基床系数 k	$h^*=0.83\cdot h_1\cdot\sqrt[3]{\frac{E_1}{E_3}}+c\cdot h_2\cdot\sqrt[3]{\frac{E_2}{E_3}}=0.83\cdot h_1\cdot\sqrt[3]{\frac{E_1}{E_{v2}}}+c\cdot h_2\cdot\sqrt[3]{\frac{E_2}{E_{v2}}}$ $c=0.83$(水泥黏结材料);$c=0.90$(沥青材料) $k=\frac{E_3}{h^*}=\frac{E_{v2}}{h^*}$	

续上表

项　　目	极端情况Ⅰ 道床板与支承层接触面光滑	极端情况Ⅱ 道床板与支承层接触面完全黏结
$E=E_1$ 等价系统的厚度 h	$h_{\mathrm{I}}=\sqrt[3]{\dfrac{E_1\cdot h_1^3+E_2\cdot h_2^3}{E_1}}$	$h_{\mathrm{II}}=h_1+0.9\cdot h_2\cdot\sqrt[3]{\dfrac{E_2}{E_1}}$
计算 k-h-E 等价系统的弯矩 M	用 Westergaard 法计算 k-h-E 等价系统的弯矩 M	
计算道床板和支承层的弯矩拉应力	$M_1=M\cdot\dfrac{E_1\cdot h_1^3}{E_1\cdot h_1^3+E_2\cdot h_2^3}$ $\sigma_{1,\mathrm{u}}=6\cdot\dfrac{M_1}{h_1^2}$ $M_2=M\cdot\dfrac{E_2\cdot h_2^3}{E_1\cdot h_1^3+E_2\cdot h_2^3}$ $\sigma_{2,\mathrm{u}}=6\cdot\dfrac{M_2}{h_2^2}$	等价刚度板梁系统 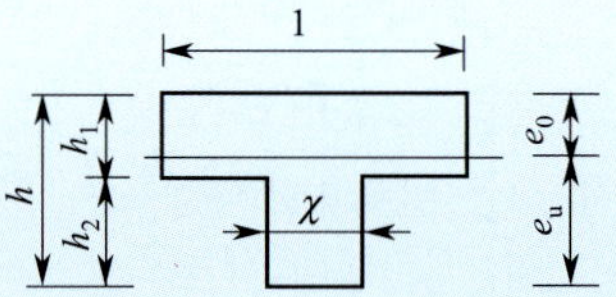 $\chi=E_2/E_1$；$E=E_1$； $J=\sum(J_{\mathrm{i}}+F_{\mathrm{i}}\cdot x_{\mathrm{s}}^2)$；$e_0=(\sum F_{\mathrm{i}}\cdot x_{\mathrm{i}})/(\sum F_{\mathrm{i}})$； $e_0=\dfrac{h}{2}\cdot\dfrac{E_2\cdot h_2}{E_1\cdot h_1+E_2\cdot h_2}+\dfrac{h_1}{2}$； $e_{\mathrm{u}}=h-e_0$； $\sigma_{1,\mathrm{u}}=\dfrac{M\cdot(h_1-e_0)}{J}$； $\sigma_{2,\mathrm{u}}=\chi\cdot\dfrac{M\cdot e_{\mathrm{u}}}{J}$

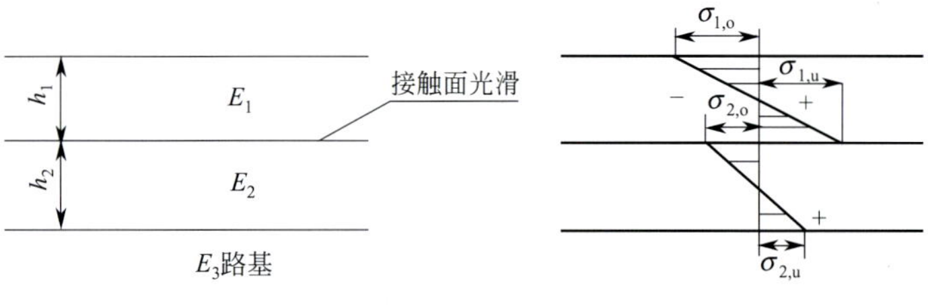

(a) 极端情况Ⅰ:道床板与支承层接触面光滑

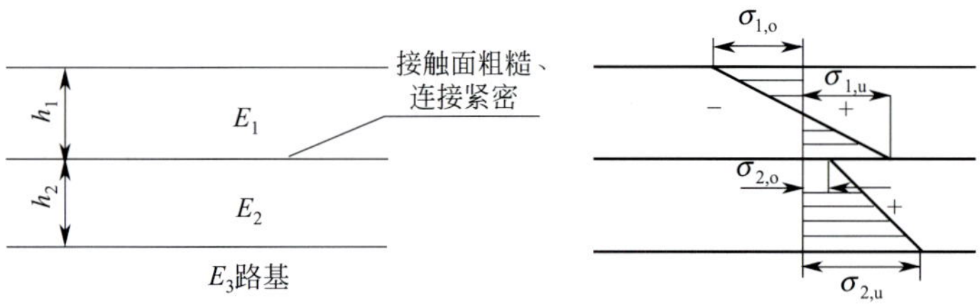

(b) 极端情况Ⅱ:道床板与支承层接触面完全黏结

图 2.12　计算道床板和支承层弯矩和弯曲应力时应考虑的两种极端情况

2.3.3 交通荷载作用下道床板和支承层下缘拉应力参数研究

本节利用 Eisenmann 和 Mattner 在文献[6]中提供的参数研究结果说明路基力学参数对无砟轨道结构强度安全性的影响。轨道结构系统见图 2.13(a)，计算时采用的参数如下：

(1)固定参数：

— UIC71 标准荷载，考虑曲线地段轮轴荷载偏移和动力放大系数；

— 扣件弹性垫层刚度 c＝40 kN/mm；

— 混凝土道床板弹性模量 E_1＝34 000 MPa；

— 混凝土道床板厚度 h_1＝180 mm；

— 水硬性支承层 HGT 厚度 h_2＝300 mm。

(2)变动参数：

— 路基面静态平板载荷试验二次变形模量 $E_3=E_{v2}$＝50～150 MPa；

— 水硬性支承层 HGT 有效弹性模量 E_2＝5 000 和 10 000 MPa。

根据文献[6] 的计算结果，图 2.13 给出了混凝土道床板和水硬性支承层 HGT

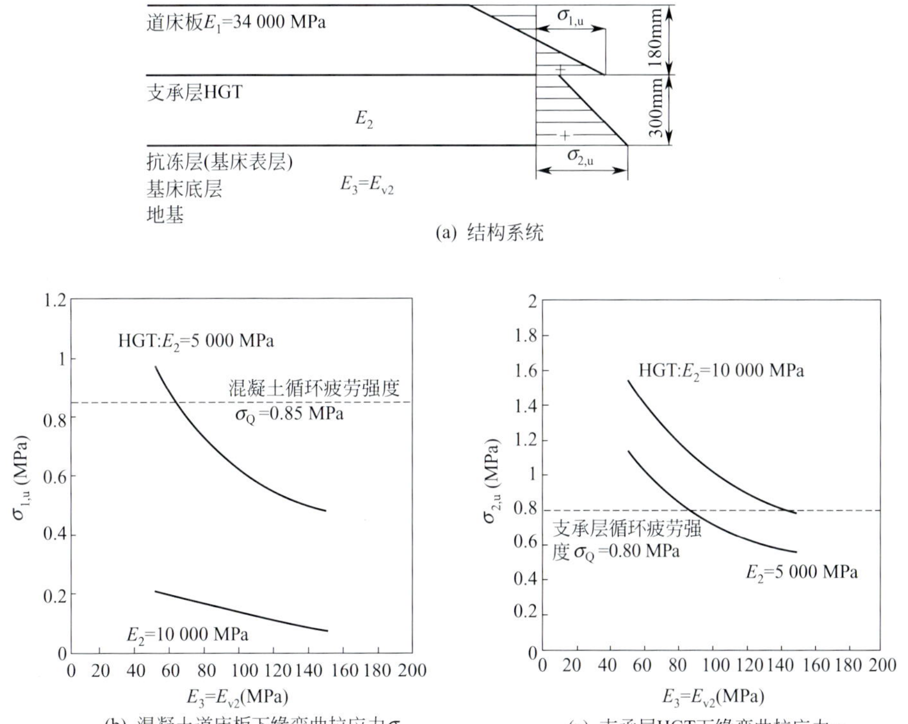

(a) 结构系统

(b) 混凝土道床板下缘弯曲拉应力$\sigma_{1,u}$

(c) 支承层HGT下缘弯曲拉应力$\sigma_{2,u}$

图 2.13 UIC71 标准荷载作用下道床板和支承层下缘最大弯曲拉应力与支承层有效弹性模量 E_2 和路基面二次变形模量 $E_3=E_{v2}$ 的关系

下缘弯曲拉应力($\sigma_{1,u}$和$\sigma_{2,u}$)与路基面二次变形模量($E_3 = E_{v2}$)的关系,可见:

(1)随着路基面力学参数E_{v2}的提高,道床板和支承层下缘弯曲拉应力显著下降。

(2)考虑支承层施工完成后,其有效弹性模量随结构微裂纹开展从10 000 MPa逐渐降低到5 000 MPa,道床板下缘弯曲拉应力明显增加,同时支承层下缘弯曲拉应力减小。

(3)当支承层最终有效弹性模量$E_2 = 5\ 000$ MPa时,如果路基面二次变形模量$E_3 = E_{v2}$小于60 MPa,那么混凝土道床板和HGT支承层的疲劳抗弯强度均不满足要求,而当$E_3 = E_{v2} \geqslant 100$ MPa时,两者都满足长期疲劳强度要求,所以,当路基面静态平板载荷试验确定的二次变形模量$E_3 = E_{v2} \geqslant 120$ MPa时,上部轨道结构满足长期疲劳强度安全性要求。

从这个计算例子可知,在整个无砟轨道系统中,由路基材质和填筑质量决定的路基表面力学参数,对上部结构的长期安全性和耐久性起着十分重要的作用。

2.4 路基动力稳定性和沉降对轨道上部结构安全性影响示例

无砟轨道建设对路基工程最大的挑战在于如何有效地控制其后续沉降变形和保证其长期动力稳定性。本节以德国柏林—汉诺威高速铁路无砟轨道事故区段DK120.3处为例,说明在非正常动力荷载作用下,路基可能出现的动力失稳现象,以及由此产生的超量附加沉降对无砟轨道上部结构安全性的影响,见图2.14。

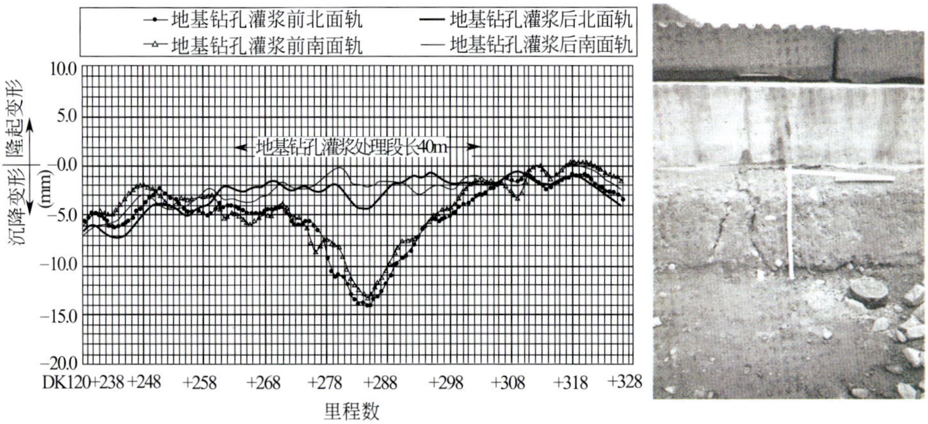

(a) 钻孔灌浆前、后沉降盆

(b) 水硬性支承层开裂后状态

图2.14 柏林—汉诺威高速铁路无砟轨道Rheda改良系统(槽式)路基区段DK120+283处地基动力失稳引起的超量附加沉降[22]

根据文献[22]的报道，2000 年 10 月，当城际列车 ICE 以约 250 km/h 的速度驶过柏林—汉诺威线 DK120.3 区段时，列车司机发现该处轨道动力反应异常。德国铁路公司和德国铁路监督管理局联合对该路段进行了现场调查和测试，在此基础上发现并确认以下情况：

(1)异常附加沉降出现在北线，南北轨高差达 7 mm，北轨附加沉降最大值约 18 mm，沿线路纵向沉降盆延伸范围约 30 m。

(2)南线情况正常，没有发现异常附加沉降。

(3)轨道板和水硬性支承层多处出现裂缝，其中 DK120.283 处水硬性支承层出现楔形双裂缝，见图 2.14(b)。

(4)列车驶过时，道床板和水硬性支承层发生明显的上、下移动式变位。

(5)水硬性支承层和抗冻层交接面出现水平向微裂缝。

(6)北线南、北轨钢轨顶面约 2.5 m 长度范围有明显的损伤痕迹，车轮踏面呈无规则或椭圆形压痕和凹槽。在这些轨顶受到扰动、破坏的位置，估计行车时产生很高的动力荷载并传入无砟轨道和路基结构。

根据对现场情况的详细分析，调查方认为钢轨的损伤很可能由其表面不明原因的异(杂)物引起。根据这个分析推断，钢轨上的异(杂)物在列车驶过时被车轮碾碎，使钢轨踏面受损并出现塑性变形，相应产生的压痕和凹槽使轮轨在相互作用时，对轨道产生很大的冲击动力荷载并最终传入地基。

地基勘察和现场试验(轻型动力触探和标准贯入器取样)表明[22]，在基床底层以下约 6.5 m 范围的地基土属更新世沉积砂，地下水位离轨顶距离约 2.7 m。距离轨顶 3 m 以下的饱和砂土颗粒级配较差(级配均匀)，对动力荷载的作用特别敏感。根据轻型动力触探试验结果，距轨顶约 3～6m 深度范围，以沉降盆最低点为基准东西向各 10 m 范围(即沿线路纵向 20 m 区段)，饱和砂土的贯入击数 $n_k \approx 3 \sim 10$ 击/10 cm(正常区段 $n_k \geqslant 15$ 击/10 cm)，见图 5.16。这说明，该路基区段距轨顶约 3～6m 深度范围砂土的密实度明显较低。

根据以上事实可以估计，该路基区段异常附加沉降(盆)的出现很可能源于轨顶异物引起的轮轨系统非正常动力荷载，而路基中级配较差的低密实度砂土是内在原因。内、外两个因素的同时出现使路基中的低密实度砂土在强烈振动作用下，其土骨架发生体积塑性变形而产生超量的附加沉降(盆)。

调查过程的测试结果表明，在钢轨车轮踏面临时打磨处理后(地基钻孔灌浆处理前)，当列车仅以 140 km/h 的速度驶过时，实测的合成有效振动速度仍然达到 45 mm/s，远远高于正常情况下无砟轨道路基的振动速度(<5 mm/s)。这显然是由于超量附加沉降引起的轨道几何不平顺性对轮轨动力相互作用产生的影响。以 2.5 节的行车舒适度准则为基准，运营速度为 250 km/h 时，40 m 长度区段($\Delta L=$ 20 m)不均匀沉降允许值 $\Delta s \approx (\Delta L)^2/(4r_a) = (\Delta L)^2/(4 \times 0.4 \times v_e^2) = 20^2/(1.6 \times$

250^2)=4 mm。本例实测附加不均匀沉降约为 15 mm－5 mm＝10 mm,见图 2.14(a),明显高于允许值。

尽管对该区段线路纵向 40 m 范围的地基进行钻孔灌浆处理使轨道恢复了设计高程,见图 2.14(a),但所花费的时间和费用很大,并对运营产生了十分不利的影响[21-23]。

从本案例的分析可见,无砟轨道路基的后续沉降变形对轨道结构安全性、稳定性和耐久性的影响是致命性的,并且可能对线路的可支配性造成极为不利的后果。尽管本案例无砟轨道动力失稳的原因是非正常动力荷载引起的地基超量附加沉降,但同样可以预示,如果路基和地基的工后沉降超出系统允许的范围,其对轨道上部结构安全性和耐久性的影响同样可能是灾难性的。所以,路基后续沉降变形和动力稳定性的控制是无砟轨道建设成败的重要条件和基础。对本案例深层次的理论分析见 5.5 节。

2.5 无砟轨道结构对路基的基本要求

本节以无砟轨道建设对线路高稳定性和高平顺性目标为基础,结合 2.3 节轨枕埋入式无砟轨道 Rheda 系统结构设计中涉及路基的参数要求,以及 2.4 节对路基动力失稳引起的附加沉降变形对轨道结构安全性案例的分析,讨论、阐述无砟轨道结构对路基的基本要求和背景。

无砟轨道对路基结构物的要求可以分为功能性和适用性两个方面,见图 2.15。从功能性上讲,路基结构应长期为上部结构提供足够的支持力或刚度,以保证道床板和支承层在交通动力荷载作用下的疲劳强度安全性。作为轨道结构计算的路基力学输入参数之一,这个要求具体直观地通过基床表层顶部二次变形模量 E_{v2} 综合地反映出来。为了满足系统的这项要求,一般可通过控制路基填料的材质、级配和填筑质量来实现,见图 2.15。对路基结构物的适用性要求,尽管在轨道的结构设计中并没有定量、显式地表示,但是保证路基以及其与刚性结构物过渡段线路位置稳定平顺并使轨道长期保持在设计高程是路基上建设无砟轨道的必要条件。这个要求主要体现在对路基/地基沉降变形特别是后续沉降变形的严格控制上,它决定了路基结构物的组成和基本形态包括地基处理措施。从 2.4 节案例的讨论可知,路基的动力稳定性和后续沉降变形对无砟轨道上部结构的安全性、耐久性具有控制作用,所以应将其视为建设无砟轨道的最基本条件之一。要满足路基适用性要求,除了与满足路基功能性要求共有的填料适用性和填筑质量要求外,特别应重点考虑路基动力承载力、长期动力稳定性和沉降变形方面的要求,见图 2.15。

中、德两国铁路规范对无砟轨道结构下路基沉降变形控制等方面的基本要求在表 2.3 中给出。这里需要说明的是,表 2.3 是按地基工后变形以沉降为前提确定的。当地基工后变形以隆起为主时，例如路堑区膨胀性地基土，对路基的工后变形控制要求应根据具体情况单独处理。

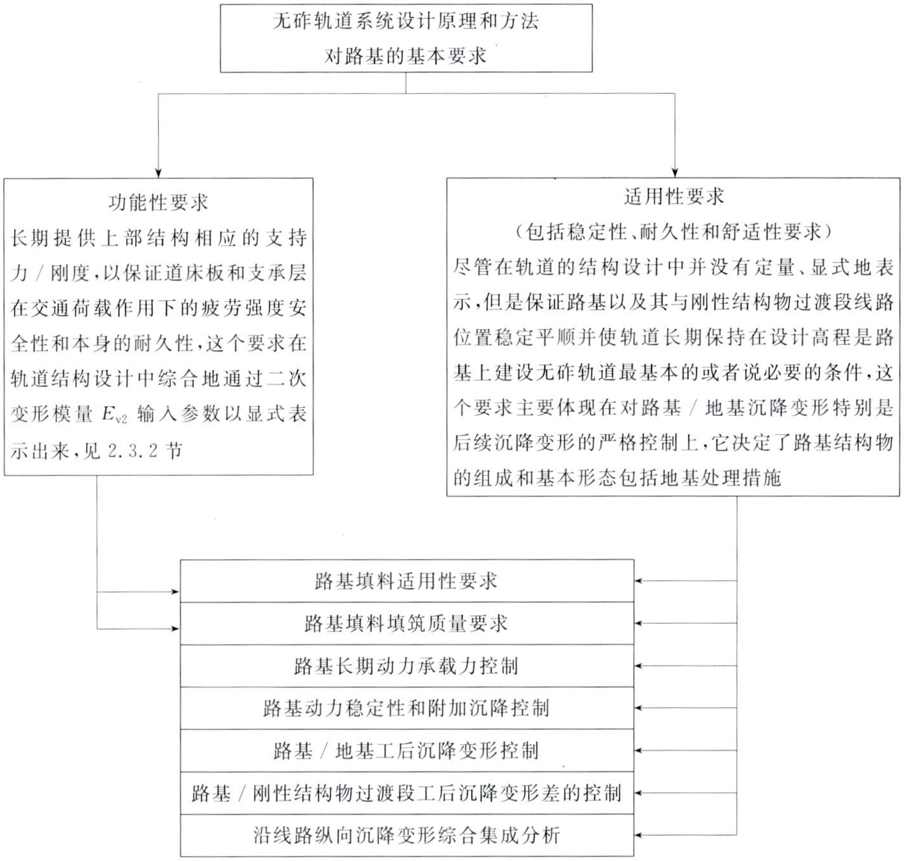

图 2.15　无砟轨道系统的基本条件、设计原理和方法对路基的基本要求

对路基的长期动力承载力，中德两国规范都没有明确给定验算要求和允许值。根据 2.3.2 节非常保守的估计（假定 $E_{dyn}=45$ MPa 和 $N=2\times10^6$），无砟轨道路基结构长期动承载力允许值为 50 kPa。无砟轨道条件下路基大量的实测结果表明，运营条件下基床最大竖向动应力一般为 20～30 kPa，所以，路基长期动承载力一

表 2.3　高速铁路无砟轨道路基动力承载力、沉降变形控制等要求

路基长期动力承载力允许值	路基/地基允许竖向动压力 $\sigma_{z,per}=50$ kPa	
路基/地基长期沉降变形控制	高速铁路设计规范（试行）（TB10621—2009）	德国铁路路基规范（Ril 836—2008）
路基动力稳定性	—	$v_e>200$ km/h 时应通过振动速度或动剪应变参数验证

续上表

允许附加沉降	$s_N \leqslant s_v = 5$ mm	$s_N \leqslant s_v = 5$ mm
路基/地基允许工后沉降变形	一般情况：$s_R \leqslant 15$ mm 特殊情况[1]：$s_R \leqslant 30$ mm	一般情况：$s_R \leqslant 15$ mm 和 $\Delta s_R / \Delta L \leqslant 1/500$ 特殊情况[2]：$s_R \leqslant 30$ mm 例外情况[3]：$s_R \leqslant 60$ mm
路基/刚性结构物过渡段的允许工后沉降变形	交界处差异工后沉降小于等于 5 mm $\Delta s_R / \Delta R \leqslant 1/1\ 000$	路桥或路隧交界处差异工后沉降小于 5 mm 时无须设置例如搭板等附加工程措施 $\Delta s_R \leqslant 20$ mm($L = 0 \sim 30$ m) $\Delta s_R / \Delta L \leqslant 1/1\ 000$($L = 0 \sim 30$ m)
综合集成沉降变形的分析	沿线路纵向所有工程结构物的沉降变形长期满足协调性要求	

注：1 沉降比较均匀，且满足调整轨面高程后的竖曲线半径 $r_a \geqslant 0.4 v_e^2$；

2 沿线路纵向长度大于 100 m 范围地基相对均匀且该范围内工后沉降差 $\Delta s_R \leqslant 5$ mm；

3 对个别路堤高度高于 10 m 且路堤到低路堤乃至平坦区域的过渡平缓有足够长度，轨道高程调整后的竖曲线半径满足行车舒适性要求 $r_a \geqslant 0.4 v_e^2$。

般都能满足要求。

对基床和路基在交通动力荷载作用下的长期动力稳定性，德国铁路路基规范(Ril 836—2008)要求对运营速度高于 200 km/h 的线路进行验算，指出可以采用振动速度或动剪应变作为控制参数来分析，但是并没有给出具体的评判准则。

理论上，假如不考虑路基与刚性结构物过渡的区段，当路基出现均匀沉降变形时，除了线路高程外，它对轨道上部结构的应力和安全性基本没有影响。但实际情况是，即使在理想的条件下，例如沿线路纵向较长范围地基条件均匀，路基/地基的沉降变形一般也不会是完全均匀的。路基结构沿线路纵向过大的不均匀沉降变形可能使上部轨道结构承受附加弯曲荷载，某些情况下合成弯曲拉应力可能超过抗弯强度，使轨道板发生结构性开裂。此外，路基/地基工后不均匀沉降变形使线路竖向偏离设计高程，降低了轨道的几何平顺性和行车舒适性，有时甚至出现较大的附加动力荷载，对系统的动力稳定性产生不利的影响。可见，控制路基的沉降变形是无砟轨道路基建设的关键之一。最理想的情况是实现路基“零后续沉降变形”。这一条应作为无砟轨道路基建设的核心理念来看待，并贯穿在设计、施工和管理的实施过程中。但是，这取决于岩土工程的特点，一方面，目前路基工程的设计理论和方法以及施工水平还达不到完全准确地实现“零后续沉降变形”的条件；另一方面，路基结构物的设计按“零后续沉降变形”来控制在经济上不甚合理。所以，人们通过在无砟轨道上部结构设置轨道扣件垫板的方式，使在小范围内调整平衡由路基后续沉降变形引起的高程偏差成为可能。目前较为通用的标准是图 2.16 中 VOSSLOH 300-1 扣件，其竖向可调空间共为 30 mm，基本上决定了路基后续沉降变形控制的可能范围。

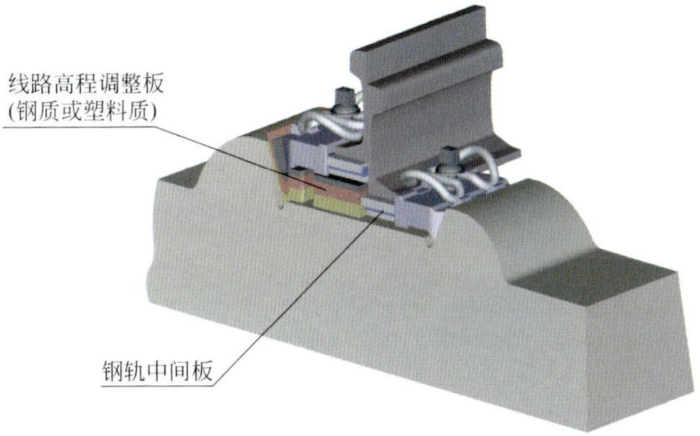

图 2.16　轨道扣件系统 VOSSLOH 300-1

中德两国无砟轨道路基规范都是以 VOSSLOH 300-1 扣件系统的可调空间(30 mm)为基础来确定路基的允许工后沉降和允许附加沉降值的。扣除由于施工过程产生的几何误差(+6,−4 mm),剩下可用于调整由后续沉降变形引起的竖向几何偏差范围为 20 mm。根据德国高速铁路无砟轨道建设经验,满足德铁路基规范(Ril 836)要求的标准路基结构物,例如 300 km/h 等级客运专线,由交通荷载产生的附加沉降一般不会超过 5 mm。以此为基础,可以得出附加沉降允许值s_v 为 5 mm,余量 15 mm(20 mm−5 mm)即为一般情况下路基工后沉降变形控制值 s_R,见表 2.3 和图 2.17(a)。除了控制路基工后沉降变形绝对值,Ril 836—2008 还对沿线路纵向不均匀工后沉降与对应长度的比值提出了要求,即 $\Delta s_R/\Delta L \leqslant 1/500$,其中 ΔL 为两个沉降观测点沿线路纵向间距。

应当特别指出的是,尽管上述控制条件起初是由轨道扣件系统本身的可调空间确定的,但是经过多年的工程实践,就其对路基后续沉降变形包括不均匀沉降的控制,以及轨道上部结构对该标准的适用性而言,它的合理性和有效性已经得到工程验证。所以,现在不应再将它们仅视为完全由轨道扣件系统确定的标准。

在某些特殊情况下,例如地基沿线路纵向至少 100 m 范围内相对均匀,而且区段内任意两点的最大工后沉降差 $\Delta s_R \leqslant 5$ mm,最大工后沉降绝对值可放宽到 30 mm。

当轨道扣件可调空间不足以抵消、平衡后续沉降变形,而地基在较长范围相对比较均匀,且工后沉降值不大于 60 mm 时,理论上还可以利用行车舒适度准则来确定允许的最大后续沉降变形,见图 2.18。当加速度 $a=0.2$ m/s^2 时,满足行车舒适度要求的关系为 $r_a \geqslant 0.4v_e^2$,其中,r_a 的单位为 m,v_e 的单位

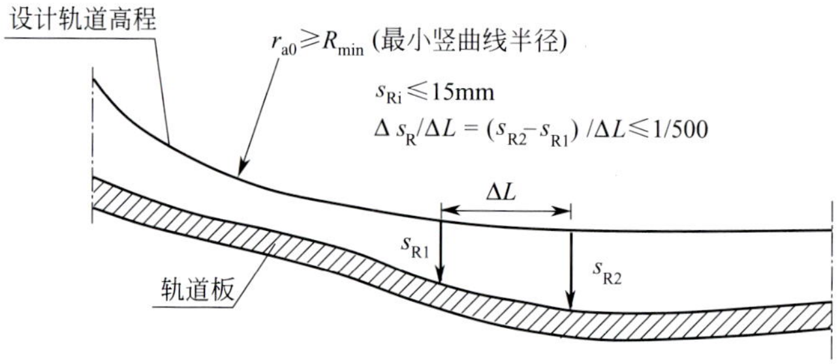

(a) 通过轨道扣件调整板修复轨道高程(一般情况)

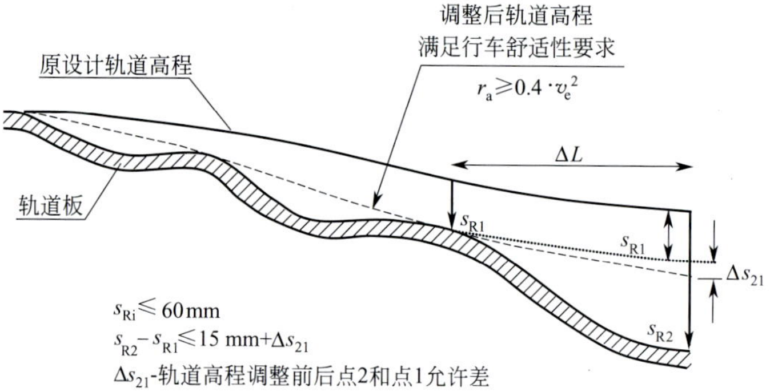

(b) 调整设计轨道高程(例外情况)

图 2.17 轨道高程调整的可能性和方式

为 km/h)[24,13],见图 2.18。例如,当行车速度为 300 km/h 时,利用这个关系可以计算得出与工后沉降变形标准为 30 mm 和 60 mm 相应的沉降盆长度至少为 130 m 和 190 m。根据德铁路基规范(Ril 836—2008),这种处理方式仅限例外情况,例如路堤高度大于10 m且路堤到低路堤乃至平坦区域的过渡较为平缓且有足够长度的情况。这时,允许设计轨道高程(竖向曲线)与工后沉降变形线进行叠加,调整后的竖曲线半径须满足行车舒适性要求 $r_a \geqslant 0.4v_e^2$,见图 2.17(b)。实际上,这种例外情况的处理是非常复杂的,因为叠加处理的前提是在设计阶段能确定和控制路基/地基后续沉降变形的大小、分布以及与时间的关系,这对岩土工程师来说并不是一件容易的事。因此,这种处理方式只能根据不同时期沉降变形监测的结果分时、分段逐步进行,这在实际工程中很少见到。

无砟轨道路基和工程结构物过渡段的设计标准是保证行车时线路安全性、稳定性和舒适性的重要基础。设计上一般采用设置过渡段的方案,这样一方面使线路的刚度沿纵向呈现渐变的性态,另一方面使刚性结构物邻近的路基结构物沉降变形从跳跃式变为连续斜坡式分布。对工后沉降差异控制值的

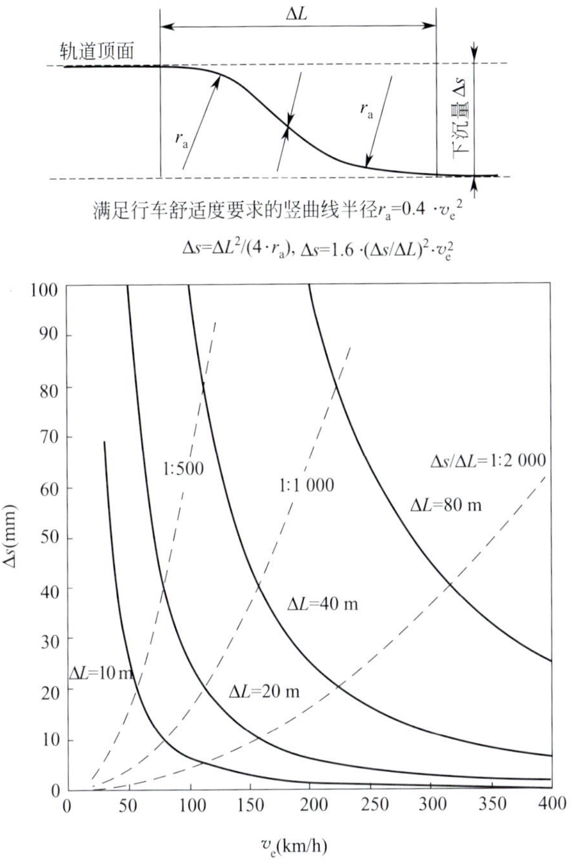

图 2.18　行车舒适度准则(根据竖曲线半径 r_a 确定轨道高程允许偏差 Δs)

确定,一般以下述构造措施为前提:在刚性结构物例如桥梁结构物的混凝土保护层上铺设硬质泡沫塑料,如 50 mm 厚 5000 号聚苯乙烯塑料。采取这种措施后,通常可以平衡工后差异沉降约 5 mm[2]。如果交界处工后差异沉降大于 5 mm,设计上应考虑工程措施,以避免过大的工后差异沉降可能引起轨道和路基系统的附加动力荷载。同时,德国铁路公司考虑了该控制值大小的设定对无砟轨道路基过渡段设计、施工可操作性和经济性的影响,给出了刚性结构物台后 30 m 长路基范围工后差异沉降设计控制值 $\Delta s_R \leqslant 20$ mm(15 mm + 5 mm)。这里,15 mm为轨道扣件系统预留的允许工后沉降变形,而附加的 5 mm 可以看成采用上述构造措施(硬质泡沫塑料)后平衡差异沉降的可能范围。对刚性结构物台后由路基工后不均匀沉降造成的折角,中德两国的规范都要求不大于 1/1 000,见表 2.3。

保证沿线路纵向无砟轨道的长期稳定性和平顺性是高速铁路无砟轨道建

设的目标。这里，涉及的不仅是路基及其与刚性结构物过渡段的沉降变形，还包括桥梁、隧道和涵洞等刚性结构物区域轨道的沉降变形，以及沿线路纵向沉降变形的协调性。为此，德国工程界提出了“综合集成沉降变形分析”的概念。虽然目前中德两国的规范都没有十分明确、具体地定义综合集成沉降变形分析的概念和实施方法，但是在两国高速铁路无砟轨道的建设中已或多或少地阐述、实施了这个概念和分析方法。一般情况下，前述有关路基长期沉降变形的要求在具体设计、施工和观测过程中是以沿线路纵向间隔一定距离的控制横断面来实施的，刚性结构物的沉降变形根据结构物特点和相应的设计方法计算。这取决于岩土工程的复杂性和多变性，设计阶段只能根据土工勘测资料和试验结果粗略地估计工程结构物总沉降和工后沉降的大小。在此基础上，初步确定沿线路纵向所有工程结构物沉降变形的大小分布及其与时间的关系，并从计算上估计满足系统后续沉降变形以及沿线路纵向变形协调性要求的时间表。实际上，这些计算和分析只能作为确定系统是否满足铺轨要求的第一个（粗略）基础。最终对系统长期沉降变形分析、预测和判断起控制作用的是在施工和沉降变形调整期对工程结构物沉降变形的观测，这需要一个有针对性、全面的施工期和观测期沉降变形监控方案。借助于沿线所有工程结构物的沉降变形观测结果，就可能对工后沉降变形进行较为接近真实情况的预测和评估，包括沿线路纵向变形协调性（平顺性）。必要时，可采取附加措施来加速沉降变形的发展、改善沉降变形沿线路纵向的分布，以满足铺设无砟轨道的要求。综合集成沉降变形分析过程是以迭代方式来逐步贴近真实的，在某些情况下，有可能需要对线路的部分区段在运营阶段（特别是初期）进行相应的监控，以确认前期的预测。

参考文献

［1］ 中华人民共和国铁道部．高速铁路设计规范(试行)(TB 10621—2009)［S］．北京：中国铁道出版社，2009.

［2］ German Railway Standard AKFF. Anforderungskatalog zum Bau der Festen Fahrbahn［S］. 3. und 4. überarbeitete Auflage. 1995, 2002.

［3］ German Railway Standard Ril 836. Erdbauwerke planen, bauen und instand halten［S］. 1999, 2008.

［4］ Darr E, Fiebig W. Feste Fahrbahn, Konstruktion und Bauarten für Eisenbahn und Straßenbahn［M］. Eurail press, 2006.

［5］ Eisenmann J, Leykauf G. Feste Fahrbahn für Schienenbahnen, Beton-Kalender 2000［M］. Ernst & Sohn Berlin, 2000.

［6］ Eisenmann J, Mattner L. Konstruktion und Bemessung von Festen Fahrbahnen, FESTE FAHRBAHN［M］. Sonderveröffentlichung der ETR., Hestra-Verlag, 1997.

[7] Freudenstein S, Haban F. Dimensioning of ballastless tracks [C], European Slab Track Symposium, 2005.

[8] 赵国堂．高速铁路无砟轨道结构[M]. 北京: 中国铁道出版社,2006.

[9] Leykauf G, Lechner B, Stahl W. Trends in the use of slab track ballastless tracks [J]. SLAB TRACK, Track System Development, RTR Special, Eurailpress, 2006.

[10] Freudenstein S. RHEDA 2000 The ballastless track system for high-speed rail traffic of Rail. One [J]. SLAB TRACK, Track System Development, RTR Special, Eurailpress, 2006.

[11] Engler M. Erdbauwerke für Hochgeschwindigkeitsstrecken mit Fester Fahrbahn-Konzept zur wirtschaftlichen und qualitätsgesicherten Erstellung [D]. Dissertation der Bergischen Universi-tät Wuppertal, 2003.

[12] Velske S, Mentlein H, Eymann P. Straβenbautechnik, 5. neu bearbeitete Auflage [M]. Werner Verlag, 2002.

[13] Kempfert H-G, Vogel W. Bodenmechanische und erdbautechnische Randbedingungen bei Feste Fahrbahn-Konstruktionen im Eisenbahnbau [C]. Vorträge zur Baugrundtagung in Dresden, 1992.

[14] Hu Y, Kempfert H-G. Unterbau-und Untergrundbeanspruchung infolge Eisenbahnve-rkehrslasten sowie Langzeitverhalten von gering tragfähigen Böden. 1. Zwischenbericht zum DFG-Schwerpunktprogramm, Systemdynamik und Langzeitverhalten von Fahrwerk, Gleis und Untergrund [R]. 1997.

[15] Hu Y, Kempfert H-G. Unterbau-und Untergrundbeanspruchung infolge Eisenbahnverkehrslasten sowie Langzeitverhalten von gering tragfähigen Böden. 2. Zwischenbericht zum DFG-Schwerpunktprogramm, Systemdynamik und Langzeitverhalten von Fahrwerk, Gleis und Untergrund [R].1999.

[16] Mailänder Ingenieur Consult GmbH. Optimierte Feste Fahrbahn, Betriebserprobung von sieben Bauarten, Strecke Mannheim-Rastatt Gemarkung Waghäusel, Dokumentation des Bauablaufes [R]. 1996.

[17] Eisenmann J, Leykauf G. Bau von Verkehrsflächen, Beton-Kalender 1987 [M]. Ernst & Sohn Berlin, 1987.

[18] Hersel O, Kretz R, Meier S. Durchgehend bewehrte Fahrbahndecke aus Beton auf der BAB A5 Darmstadt-Frankfurt am Main [J]. Straβe und Autobahn 2007,9.

[19] CROW kenniscentrum voor verkeer. Doorgaand gewapende betonverhardingen, Autosnelwegen en overige toepassingen [R]. vervoer en infrastructuur, publicatie 160, December 2001.

[20] Heukelom W, Klomp A J G. Dynamic testing as a mean of construction [C]. Proceedings of the 1st international conferrence on the structural design of asphalt pavements, Ann Arbor, Michigan, University of Michigan, 1962.

[21] Kocan D. Reparaturverfahren für Feste Fahrbahn Systeme [M]. Veräffentlichung EI Kalender, RV FF, 2004.

[22] Von Eschenbach H Ebner, Tost S, Maiwald B. Verformungen an Bahnstrecken der Deutschen Bahn AG mit Fester Fahrbahn: Ursachen, Sanierung, Vermeidung-Ein Erfahrungsbericht [C]. Vorträge der Baugrundtagung, Mainz, 2002.

[23] Maiwald B, Krentz M. Sanierung eines Setzungsschadens an der ICE-Hochge-schwindigkeitsstrecke Berlin-Hannover [J]. Eisenbahningenieur, 2002,53(6).

[24] German Railway Standard DS 800 02. Bahnanlagen entwerfen-Neubaustrecken [S]. Ausgabe 1991.

[25] http://www.vossloh.de

3 无砟轨道路基主体结构的组成和特点

从第 2 章的讨论可见，无砟轨道上部结构和高速行车对路基结构物提出了很高的功能性和适用性要求，包括长期稳定性和耐久性。与常规普速有砟轨道路基相比，这种情况下路基主体结构包括地基的强度破坏一般不再是设计的控制因素，而动、静荷载和环境等因素作用下路基的几何平顺性（铺轨后的后续沉降变形）、路基的刚度和长期稳定性是无砟轨道路基结构物设计的关键因素。要达到这个设计目的，规范对无砟轨道路基主体结构物的组成、填料选用、填筑质量和防排水系统提出了相应的要求。此外，在构筑无砟轨道路基主体结构物时，除了满足上述要求，路基横断面几何尺寸的确定还应考虑对高速行车条件下安全性和舒适性有影响的线间距，以及设置通信信号、电力电缆槽、接触网立柱基础、声屏障基础等设施所需要的位置和空间等。

无砟轨道路基工程包含路堤、路堑、半挖半填和与刚性结构过渡段等类型。除了路基主体工程外，还包括附属工程如路堑边坡、支挡结构、防排水设施等。例如武广高速铁路路基设计工点的主要类型有：深路堑（包括无不利结构面影响的软硬岩互夹层高边坡路堑）、高路堤、陡坡路基、边坡防护路基（无支挡及特殊防护设计的路基）、浸水路基（包括水塘路堤、水库路基、山洪冲刷路基、滨河路基等）、基床处理路基（包含低填浅挖路基的基底处理等）、不良地质路基（包括岩溶、人为坑洞、滑坡、岩堆、危岩落石、顺层、地震液化地基等）、特殊地质路基（包括地基处理路基，如软土松软土路基、红黏土地基、花岗岩全风化层、厚层第四纪非饱和黏性土地基和人工填土地基，膨胀土路基、水塘路堑、地下水发育路堑）等。本章仅简述无砟轨道路基主体结构的组成、特点和防排水系统。

规划路基上无砟轨道时，首先要考虑的因素是地下水位，在地下水位较高的地基区域规划无砟轨道路基有一定的技术风险。这是因为，当地下水位较高或接近基床表层时，地下水有可能以毛细水方式进一步向上迁移并在路基上部聚集，这对路基和轨道上部结构的长期动力稳定性和冻融稳定性都会产生十分不利的影响，所以，工程界对此采取了比较慎重的态度。例如，德国铁路标准规定地下水位高于轨顶以下 1.5 m 时，一般不宜规划无砟轨道线路（中国铁路路基设计规范目前要求无砟轨道路基的地下水位应低于路基面 1.5 m）。

下面以工程上常用、典型的路堤和路堑为例进行分析。图 3.1～图 3.3 分别给出了中国双线路基路堤和路堑横断面示意图、德国铁路路基规范（Ril 836）无砟轨道客运专线 P300 等级双线路基路堤和路堑标准横断面。

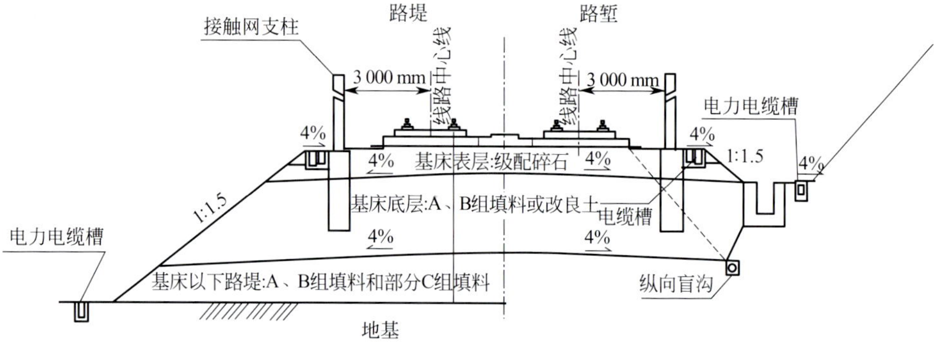

图 3.1　中国无砟轨道双线路基路堤和路堑横断面示意图

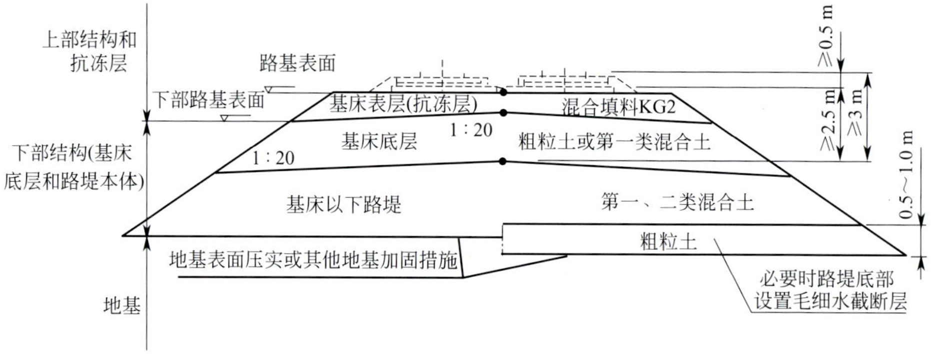

图 3.2　无砟轨道客运专线 P300 等级双线路基路堤标准横断面(德铁路基规范 Ril 836)

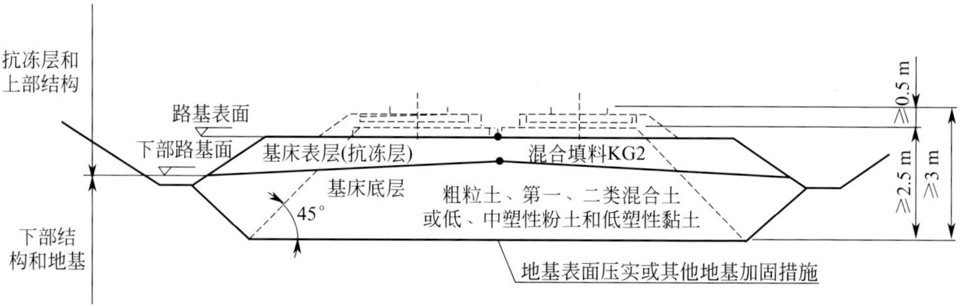

图 3.3　无砟轨道客运专线 P300 等级双线路基路堑区标准横断面(德铁路基规范 Ril 836)

无砟轨道路堤横断面一般为正梯形结构。为了加强基床防排水能力、确保施工质量,路堑地段多采用路堤式路堑结构。正梯形路基结构两侧的边坡坡度一般采用 1∶1.5～1∶1.8。从几何和力学角度分析,这种结构布置在动、静荷载作用下，具有较好的荷载分配传递性能和路基强度稳定性，并适合于路基排水。轨道支承层底座范围内的路基面一般设计为平面，而轨道支承层边缘以外的路基面和路基内部各单元分界面则呈三角形，即设置自中心向两侧倾斜的横向排水坡，坡度分别为 4%（中国）和 5%（德国）。

区间路基面宽度是指轨道线路间距加上两侧轨道中心至路肩的距离。这个参数应根据线间距、轨道结构断面稳定性、人员安全距离、接触网立柱基础、声屏障基础以及通信信号和电力电缆槽布置，并结合路基防排水等因素综合考虑确定。线间距大小的确定，主要考虑相邻线路列车高速相向运行时产生的空气动压力对行车安全性和舒适性的影响，其大小由车体宽度、轨距和行车速度等因素确定。德国将水平方向距轨道中心 3 m 的范围定义为危险区，而从这点到路基表面边缘的距离称为路肩部分（安全区），其宽度一般为 0.8 m。无砟轨道正线曲线地段路基面一般不考虑加宽，当轨道结构和接触网支柱等的设置有特殊要求时，应根据具体情况计算确定。图 3.4 和图 3.5 分别为德国高速铁路科隆—莱茵/美茵以及纽伦堡—因戈尔斯达特无砟轨道双线路基标准横断面。表 3.1 为《高速铁路设计规范（试行）》（TB 10621—2009）中双线路基线间距和路基面宽度标准，以及德国上述两条线的设计值。可见，在设计速度为 300 km/h 条件下，中国双线路基线间距比德国值高出 30 cm，而路基面宽度则高出 1.3 m，这主要是因为中国方案电缆槽布置在接触网支柱基础的外侧，路肩宽度相应增加，见图 3.1、图 3.4 和图 3.5。从技术上讲，线间距、路肩宽度和路基面宽度的增加，对行车的安全性和舒适性、路基的稳定性和养护人员的安全是有利的。

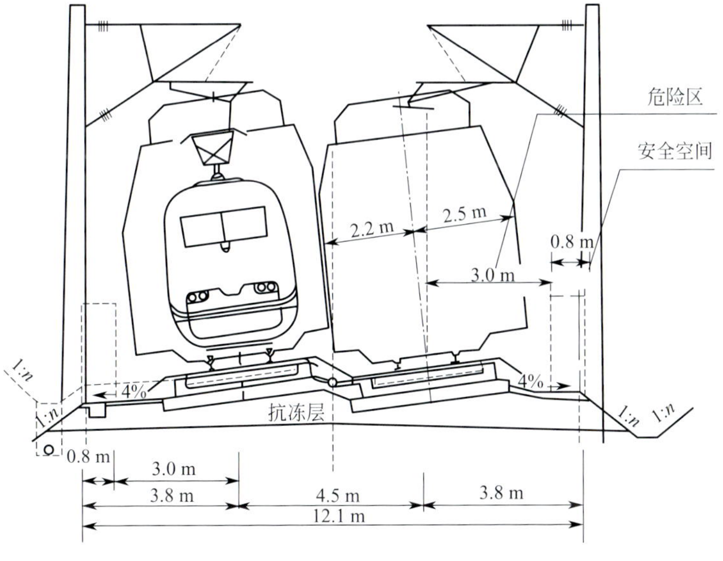

图 3.4　德国科隆—莱茵/美茵无砟轨道双线路基横断面（超高 160 mm）

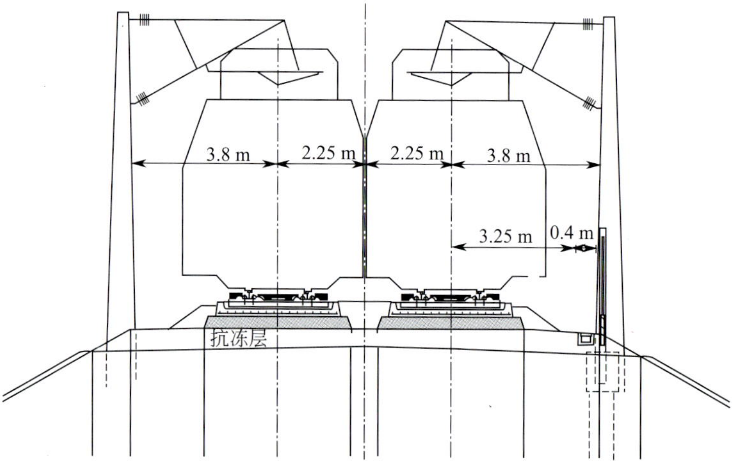

图 3.5 德国纽伦堡—因戈尔斯达特无砟轨道双线路基标准横断面

表 3.1 无砟轨道双线路基线间距和路基面宽度

设计速度	线间距			路基面宽度		
	中国规范	K-R/M	N-I	中国规范	K-R/M	N-I
300 km/h	4.8 m	4.5 m	4.5 m	13.4 m	12.1 m	12.1 m
350 km/h	5.0 m	—	—	13.6 m	—	—

注:K-R/M 为科隆—莱茵/美茵线;N-I 为纽伦堡—因戈尔斯达特线。

无砟轨道路基结构物从上到下一般由基床表层(抗冻层)、基床底层、基床以下路堤(本体)和地基组成。德铁对离轨顶 3 m 范围内的路基(即基床)给予了特别的关注,称为路基安全保障区。基床范围的路基单元,特别是基床表层,是路基结构中承受动力荷载和环境影响(雨水、表面水和冰冻)最大的区域,所以,对基床表层填料的材质、压实质量等提出了很高的要求。例如,中国采用的级配碎石和德国采用的混合填料 KG2 都是以粗颗粒为主的优质填料,见 10.2.2 节。理论上,基床表层的厚度应根据设计动力荷载大小、冻胀影响深度、基床底层刚度和承载力等因素确定。德铁对 P300 等级路基基床表层厚度要求为 40 cm,武广高速铁路路基表层厚度采用了 40 cm。此外,德铁还对混合填料 KG2 的渗透系数最小值提出了要求,其目的是使渗入路基的雨水和表面水尽快向路基横向和深部转移,以避免路基上部填料积水对其抗冻性和动力稳定性产生不利的影响。中国路基方案在混凝土支承层以外的基床表面设置厚为 5~10 cm 的沥青混凝土或 C25 混凝土盖板。这个方案的优点是减少了渗入路基的水量,但在排水盖板层和混凝土支承层的接缝处易出现裂缝。

与基床表层相比,基床底层范围受冰冻的影响较小,而运营交通动力荷载仍然不可忽视。此外，由于基床表层相对较薄，基床底层的变形特性(力学参数)对路基在动力荷载作用下的整体刚度有重要影响，所以，对基床底层的厚度、填料材质、压实质量和力学参数等提出了较高的要求。一般情况，中国设计采用的基床底层厚度为2.3 m，德国约为2.1 m。对基床底层填料的材质可通过限制细颗粒含量和最大粗颗粒粒径等措施，从源头上保证其在动、静荷载作用下的长期稳定性、水稳定性、可压实性和均匀性。中国规范规定采用A、B组填料或改良土，例如武广高速铁路路基基床底层实际采用的大多为细颗粒($d\leqslant 0.075$ mm)含量小于20%的粗粒土(绝大部分小于15%)。德国铁路对基床底层分别规定采用粗粒土或第一类混合土(路堤区)以及第一、二类混合土或低、中塑性粉土和低塑性黏土(路堑区)，土类的定义见表10.7。根据德国工业规范DIN 18196，粗粒土和第一、二类混合土的细颗粒($d\leqslant 0.063$ mm)含量上限分别为5%、15%和40%，最大颗粒粒径一般为63 mm。

无论是基床表层还是基床底层，压实度的控制对其长期稳定性包括工后沉降变形和附加变形都具有十分关键的意义，所以，应对基床表层和底层采用相同的密实度标准。例如，德铁对路堤区要求基床的压实度至少达到相应填料轻型普氏击实试验确定的最大干密度的100%($D_{Pr}\geqslant 100\%$)。对路堑区的基床表层，德铁对压实度的要求为$D_{Pr}\geqslant 100\%$，底层则根据不同的土类界定为$D_{Pr}\geqslant 98\%$(粗粒土)、$D_{Pr}\geqslant 97\%$(第一类混合土)以及$D_{Pr}\geqslant 97\%$和空气孔隙率$n_a\leqslant 12\%$(第二类混合土、低、中塑性粉土和低塑性黏土)。

对基床以下的路堤部分，由于动力荷载的影响已经较小，所以主要应控制其在路堤静力荷载作用下的长期稳定性。相应地，规范对该区域填料的材质和压实指标给出了与此相匹配的要求。例如，中国将基床以下路堤填料可选范围扩大到部分C组填料，而德国允许基床以下的路堤区采用第二类混合土、低、中塑性粉土和低塑性黏土作为填料。当地基地下水位较高时，德国要求在路堤底部设置厚度为0.5～1.0 m的毛细水截断层，以防止地下水以毛细水方式上升到路堤内部，从而降低其长期稳定性。毛细水截断层应采用粗颗粒填料，其压实度至少达到相应填料轻型普氏击实试验确定的最大干密度的98%。

除了低填浅挖路基等特殊情况，无砟轨道路基地基(处理)的设计主要应考虑地基在路基(堤)自重和上部结构静力荷载作用下的稳定和沉降变形是否满足铺设无砟轨道的要求，特别是工后沉降变形，而交通运营动力荷载的影响一般可以忽略。地基处理的方式很多，应根据原地基土的物理力学性质、路堤高度、环境和地质条件等因素来确定技术、经济和工期要求统一的地基处理方案。一般来说，基底(指路堤底部、路堑换填底部)的力学参数应满足静态平板载荷试验二次变形模量$E_{v2}\geqslant 45$ MPa的要求。而对低填浅挖路基地段，由于运营动力荷载对地基上部的动力稳定性可能产生影响，还应根据具体情况进行分析，并采取相应的措施来保证其长期动力稳定性。

水是无砟轨道的天敌，这已成为铁路工程界的共识，这不仅仅是针对无砟轨道上部结构的耐久性而言，同样适用于路基结构物的长期稳定性。水在路基结构物特别是基床部位的滞留，会对其强度、稳定性和沉降变形产生十分不利的影响，尤其是在水与动力荷载同时出现的条件下。所以，路基排水是路基工程和无砟轨道系统的重要组成部分，应与上部结构、桥梁、隧道、车站等排水设施统一形成完善、通畅和持久的排水系统。长期有效的排水系统是保证无砟轨道系统耐久性非常重要的条件之一。尽管从工程量上看，路基排水系统相对土方工程来说是很小的一部分，但其对路基和轨道结构的重要性是不可忽视的。在实施时，应重视排水系统的设计和施工质量。

无砟轨道系统包括路基结构物受到地表和地表以下（土中）两大类水的作用，见图 3.6，其中，地表水为降雨时到达轨道和路基结构表面的水以及路堑边坡和邻近地面流向路基的水，而地表以下（土中）的水为地下水、滞水、毛细水、层间水和渗流水等。设计防排水设施的目的是使地表水以及地表以下（土中）水尽快与无砟轨道和路基基床分离。原则上，排水设施的设计，例如过水能力，应以当地雨量、地下水等气候和水文地质资料为基础通过计算确定。

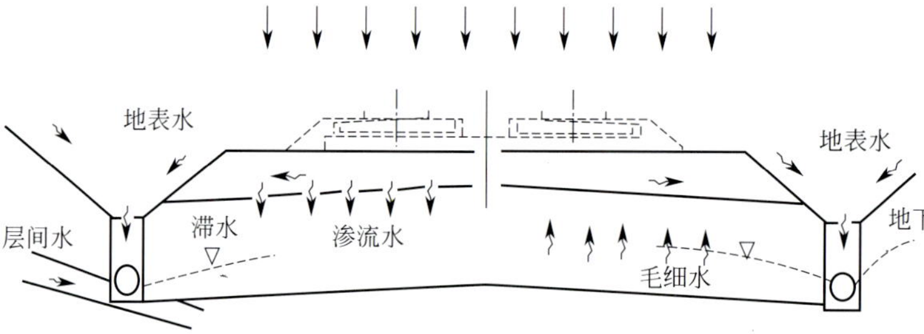

图 3.6　无砟轨道和路基结构物受各种环境水作用示意图

排水方案一般分为地表防排水和深排水两大类。高速铁路无砟轨道排水工程主要由地表排水、路基面和线间防排水以及地下排水系统等组成，它们互相联系、有机结合形成完整的防排水体系。

为避免地表水对路基的侵蚀，路堤地段坡脚应设置排水沟，路堑地段应设置侧沟、天沟、边坡平台截水沟、吊沟等。地表排水设施的纵坡，如有条件应尽可能使其与线路纵坡相同，一般情况不应小于 2‰。

路基面防排水，即路基基床表层及两侧护肩的防排水，其目的是防止地表水渗入基床及路基本体。如前所述，轨道支承层边缘以外的路基面和路基内部各单元的分界面都呈三角形，自中心向两侧形成横向排水坡，坡度分别为 4%（中国）和 5%（德国），使水能流入路基侧沟或路堤外的排水沟。此外，有时还在路基基床表层铺设沥青混凝土防水层（无砟轨道路基为轨道基座边缘起）。

无砟轨道线间排水一般采用横向直排、排水槽或集水井等方式。直线地段，一般在两线轨道之间填筑级配碎石，并在其表面设置具有横向坡度的不透水人字形覆盖层，将线间范围和轨道表面的地表水从侧面通过路基顶面边缘排走。曲线地段，线间范围汇集的水通过线路纵向坡度流向进水口或集水井排到横向排水管，最后导入地下排水设施或者通过路堤边坡排走。因此，线间排水设施的纵向坡度尽可能与线路纵向坡度一致。如果线路纵向坡度太小，那么中间排水设施应设置较大的底部坡度。线间设置集水井时，间距一般为 50 m，其底部的横向排水管位置应低于抗冻层且向外排水的坡度大于等于 4%。图 3.7 为无砟轨道曲线地段线间集水井排水方式示意图。

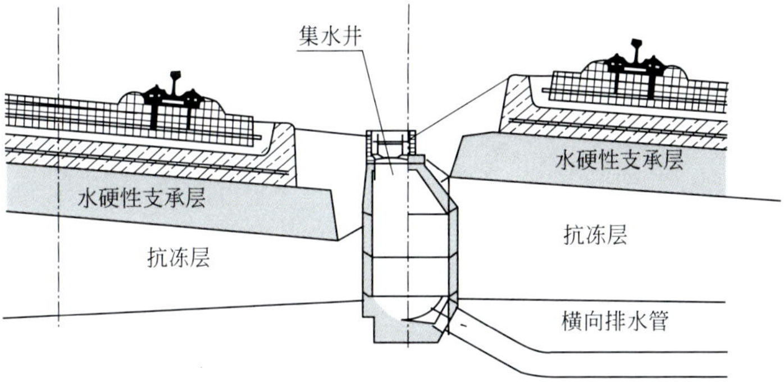

图 3.7 无砟轨道曲线地段线间排水集水井方式示意图

在地表以下（土中）水较为发育的情况（图 3.6），如地下水位较高、层间水等自由水较丰富时，应规划、设计深排水设施，以便及时、有效地收集、排导路基中的各种自由水，使地下水位始终位于轨顶以下 1.5 m 范围以外。深排水设施一般由渗水管、过滤排水材料（粗颗粒填料）、集水管、集水井、出水口和排水渠组成。对深排水系统的设计，德国铁路路基规范（Ril 836）给出了详细的方法[3]。图 3.8 为无砟轨道路堑区深排水横断面示意图。

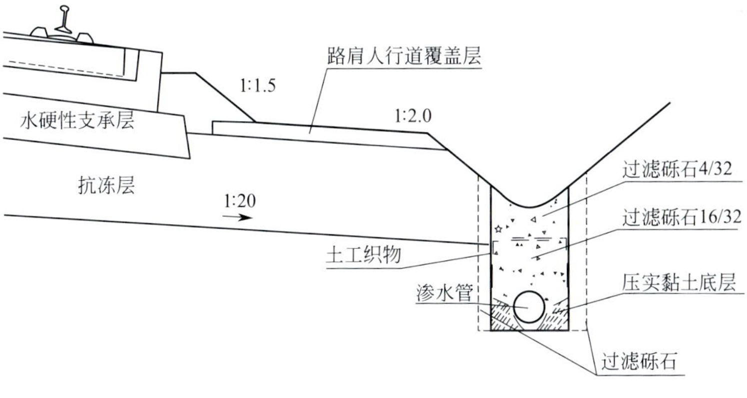

图 3.8 无砟轨道路堑区深排水方案示意图

在铁路路基工程领域，应用聚氯乙烯 PVC-U 管作为渗水管和排水管的情况越来越多。国外的工程实践表明，尽管 PVC-U 管有较高的强度和刚度，但其韧性较差，特别是在冲击、动力荷载作用下。在路基施工时，由于振动碾压产生的冲击荷载使切缝 PVC-U 渗水管的管缝端部出现较高的弯曲拉应力集中，在某些情况下可能使 PVC-U 渗水管发生脆性断裂破坏。施工完成后，如果不对 PVC-U 渗水管内部的状态进行摄像检测一般是无法了解是否发生了这种破坏的，而渗水管的破坏将降低其排水的功能和效果，有可能对路基的长期稳定性产生不利的影响。此外，深排水系统一旦损坏不易修复，修复工程不仅影响运营，还可能对路基主体结构的稳定产生不利的影响，所以，应慎用切缝 PVC-U 管作为路基渗水管或盲管。

特别需要指出的是，在地表以下水较为发育的情况下，深排水设施其功能的持久有效性对路基和轨道结构的长期稳定有十分重要的意义。所以，除了在设计、施工过程保证其质量外，在运营阶段应定期对其进行监控、维修和养护。

图 3.9 为武广高速铁路无砟轨道路堑区地下水发育情况防排水方案的一个例子，它较为形象、综合地展示了轨道和路基各个防排水单元的功能和相互之间的联系。

参考文献

[1] 中华人民共和国铁道部．高速铁路设计规范(试行)(TB 10621—2009)[S]．北京：中国铁道出版社，2010.

[2] German Railway Standard AKFF. Anforderungskatalog zum Bau der Festen Fahrbahn [S]. 3. und 4. überarbeitete Auflage. 1995, 2002.

[3] German Railway Standard Ril 836. Erdbauwerke planen, bauen und instand halten [S]. 1999, 2008.

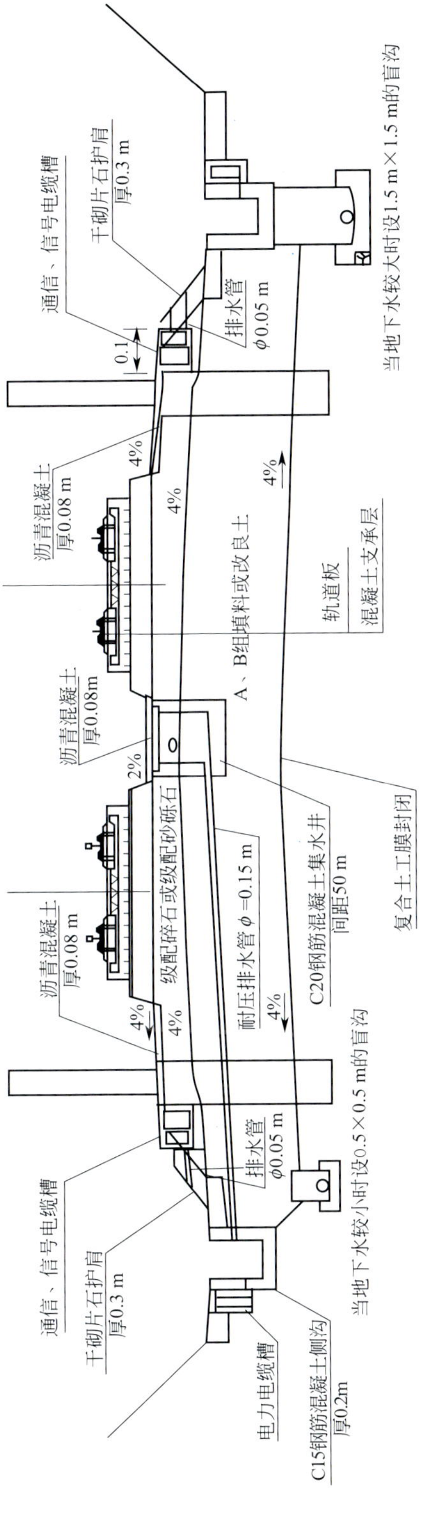

图 3.9　武广高速铁路无砟轨道路堑区地下水发育情况防排水方案示意图

4 高速铁路路基交通荷载设计标准和工程经验

4.1 铁路交通荷载设计基础

铁路交通荷载是轨道上部结构和路基结构物设计的主要荷载之一。行车时，轮轨动力相互作用产生的竖向、横向和纵向荷载通过轨道上部结构传入基床和地基，或者说它们由轨道结构和路基结构共同承担。一般情况，其中的横向和纵向荷载主要由轨排、道床（板）等组成的上部结构承受，所以设计时上部结构应考虑有足够的水平刚度以及抵抗横向和纵向荷载的能力。而竖向荷载则自上而下从道床（板）、基床一直传入地基。一般情况下，铁路交通荷载引起的轨道竖向荷载对路基结构物本身和路基内工程结构物（例如涵洞和过轨管道）来说是一种主要荷载，对其稳定性和变形有控制性影响。

由于车辆—轨道—路基系统的复杂性，行车时产生的动力荷载大小和形态受多种因素的影响，例如车型和其运行状态、轨道类型和其状态以及环境因素等，要通过理论计算准确地确定相应的设计荷载并不十分容易。

以竖向荷载为例，在轨道上部结构、桥梁结构设计时，一般采用以下方式来确定：

(1)约定一基本静荷载图，其控制荷载为 P_0，例如国际铁路联盟的 UIC 71 活载图和日本的 P 活载图。

(2)对与基本静荷载图不相符的线路荷载，采用放大或折减系数 α 使其对应。

(3)在此基础上，通过系数 ϕ_d 考虑由运营速度、轮轨类型和状态、竖向偏心荷载、曲线地段轮重的重分布等因素引起的荷载动力放大作用的影响。

轨道竖向荷载一般表达式为

$$P_d=\phi_d \cdot \alpha \cdot P_0 \tag{4.1}$$

德国铁路采用以国际铁路联盟 UIC 71 为基础的标准荷载图 LM71[4]，见图 4.1。标准荷载 LM 71 为正常行车时作用在线路上竖向荷载的静力部分 P_0，其控制荷载由四个间距为 1.6 m 的轮轴荷载组成，共为 1000 kN(4×250 kN)。控制荷载的前后分别是强度为 80kN/m 的无限长线荷载。中国铁路尚无统一的基本荷载图，目前无砟轨道高速铁路设计大多采用图 4.2 所示的京沪高速铁路 ZK 活载图，其特征值为德国 LM 71 相应值的 80%。

当设计线路的静荷载不同于基本荷载图时，应通过折减或提高荷载特征值来考虑。例如，对轮轴最大荷载为 30 t、运营最高时速为 300 km 的情况，可分为高速

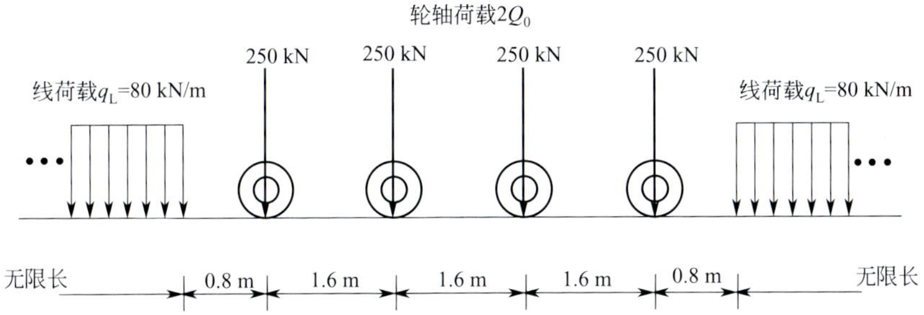

图 4.1 德国铁路标准荷载图 LM71 和竖向荷载特征值

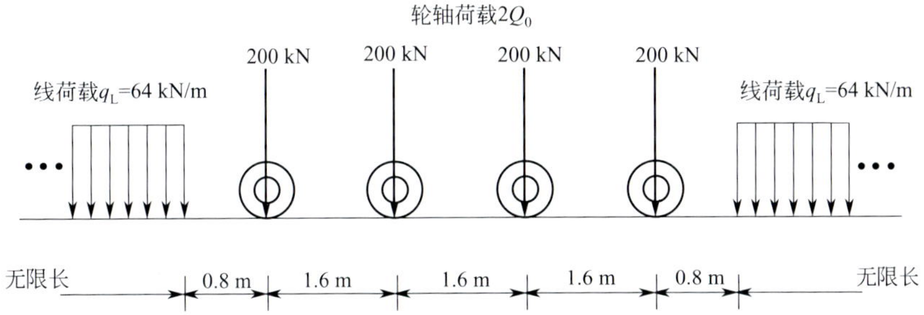

图 4.2 中国京沪高速铁路 ZK 荷载图和竖向荷载特征值

线(HGV)、客运专线(PV)、货运线(GV)和重型线(SV),相应的轮轴荷载分别为200kN(HGV/PV),225kN(PV/GV),250kN(SV_{I})和 300kN(SV_{II})。设计上,德国采用所谓竖向荷载分级系数 α 来匹配,即采用给定的分级系数 0.75、0.83、0.91、1.0、1.10、1.21 和 1.33。

对于铁路交通动力荷载放大系数 ϕ_d,德国一般采用以下关系来确定:

$$\phi_d = \xi \cdot (1 + t \cdot \delta \cdot \eta) \tag{4.2}$$

式中 ξ——曲线荷载系数;

δ——轨道状态系数;

η——运营速度系数;

t——统计安全度系数。

曲线荷载系数 ξ 用于考虑曲线地段轮重荷载重分布产生的附加影响。这个系数的大小取决于行车速度、线路平面曲线半径、超高和车辆重心等因素,一般为1.10~1.20,对新线或既有线改造提速情况可采用 1.20。

轨道状态系数 δ 考虑轨道上部结构状态对动力荷载大小的影响,包括磨损、约束和轨道变形,其值随着轨道质量的下降而上升。一般情况,高速铁路和主要干线由于建设标准高、维护质量好,取值为 0.15,次要干线和其他一般线路取值分别为0.20 和 0.25。

行车速度对动力荷载的影响一般采用以下公式考虑:

$\eta=1$　　$v_e \leqslant 60\ \mathrm{km/h}$　　(4.3-1)

$\eta=1+0.5\cdot(v_e-60)/190$　　客车 $60<v_e \leqslant 300\ \mathrm{km/h}$　　(4.3-2)

$\eta=1+0.5\cdot(v_e-60)/80$　　货车 $60<v_e \leqslant 140\mathrm{km/h}$　　(4.3-3)

统计安全度系数 t 的取值与置信度 UCL 的关系为

$$\mathrm{UCL}=67\%(t=1)$$

$$\mathrm{UCL}=95\%(t=2)$$

$$\mathrm{UCL}=99.7\%(t=3)$$

对轨道上部结构，特别是钢轨，其失效可能给系统带来十分严重的后果，所以一般取置信度 UCL＝99.7％，对应的安全度系数 $t=3$；对下部结构，例如路基，失效带来的风险相对较小，所以采用置信度 UCL＝67％，对应的安全度系数 $t=1.0$。

以式(4.2)为基础，假定新建高速铁路速度 $v_e \leqslant 300\ \mathrm{km/h}$，相应的系数为

直线地段　$\xi=1.0$；$\delta=0.15$；$t=3.0$（轨道上部结构）；$t=1.0$（路基）

曲线地段　$\xi=1.2$；$\delta=0.15$；$t=3.0$（轨道上部结构）；$t=1.0$（路基）

$\eta=1$　　$v_e \leqslant 60\ \mathrm{km/h}$

$\eta=1+0.5\cdot(v_e-60)/190$　　$60<v_e \leqslant 300\mathrm{km/h}$

相应轨道上部结构和路基结构的设计动力系数 ϕ_d 与运营速度 v_e 的关系表示在图 4.3。对时速等级为 300 km 的高速铁路，上部结构的动力放大系数 ϕ_d 约为 1.7～2.1，而路基结构的数值约为 1.24～1.5。这里，上、下部结构动荷载放大系数的区别主要是通过与置信度 UCL 相关的统计安全度系数 t 来体现的。

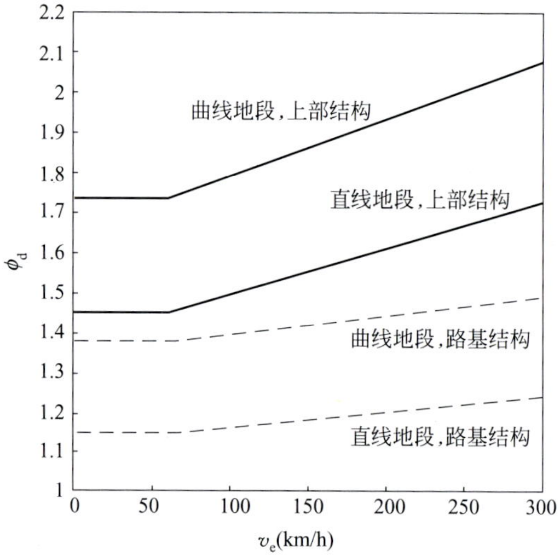

图 4.3　新建高速铁路动力系数 ϕ_d 与行车速度 v_e 的关系

应当指出，式(4.2)的动力荷载系数对上部结构较为适合，特别是轨道结构，但对路基结构物，式(4.2)没有体现或区分轨道上部结构形式对动力荷载系数的影响。而从4.3.2节有关实测地基动应力的分析中，我们将会看到轨道上部结构形式对地基动荷载(应力)的影响是很大的。

4.2 无砟轨道路基结构物动力荷载设计标准

在对路基结构物进行稳定性和适用性验证时，根据分析的具体目的，可分别取纵向和横截面模型。这时，常常对图4.1的基本荷载图以及特征值进行相应的简化。纵向模型将四对轮轴荷载理想化成强度为(4×250 kN)/(4×1.6 m)=156 kN/m的线荷载，见图4.4(a)，而横截面模型进一步将该线荷载简化成平均压力为52 kPa(156/3)的面荷载，见图4.4(b)。对无砟轨道路基结构，这个面荷载作用在级配碎石抗冻层的顶面，距轨顶约0.7 m。

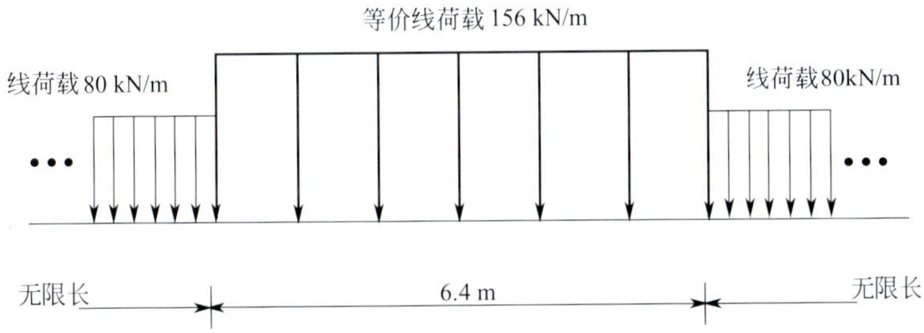

(a) 路基单轨竖向标准荷载简化图(沿线路纵向分布)

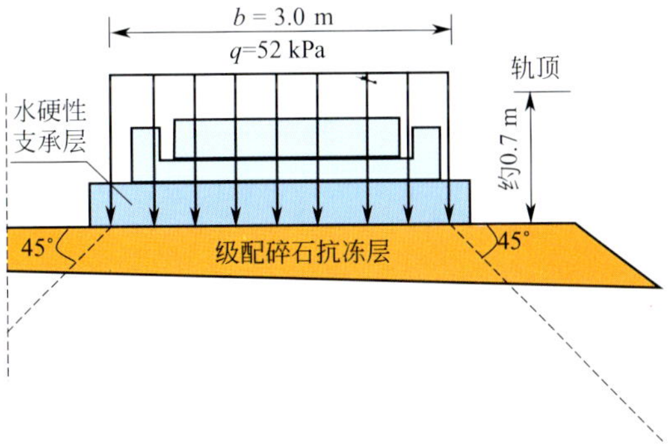

(b) 路基单轨竖向标准荷载横截面简化图(无砟轨道)

图4.4 根据荷载图LM71简化的德国铁路路基竖向标准荷载图

在对路基结构物进行稳定性和适用性分析时，作用荷载范围长6.4 m、宽3 m，它沿线路纵向两侧连接宽3 m的无限长条形荷载26.7 kPa(80/3)。多数情况下，可采用荷载强度为 52 kPa 的平面应变模型来进行简化分析。

对于动力荷载系数，德国铁路路基规范（Ril 836—2008）采用以下方式来考虑：

(1)路基内埋置的工程结构物（如涵洞和管道）采用德国工业标准 101 号专业报告中的动力系数 ϕ_2。

轨道维护标准严格情况 $\phi_2=\dfrac{1.44}{\sqrt{L_\phi}-0.2}+0.82 \qquad 1.0\leqslant\phi_2\leqslant1.67$

一般轨道维护标准情况 $\phi_2=\dfrac{2.16}{\sqrt{L_\phi}-0.2}+0.73 \qquad 1.0\leqslant\phi_2\leqslant2.0$

式中 L_ϕ——控制长度(m)。

当路基内埋置的工程结构物为管道时，L_ϕ 采用最大净宽（内径）；当工程结构物为拱形结构物时，L_ϕ 为其净宽的两倍；其他情况，采用埋置结构的支挡宽度。

(2)对新建路基结构物的稳定性验算，如果基床和地基采用对振动不敏感的填土，可以不考虑动力荷载放大系数的影响。例如，加筋或无筋路堤结构物以及路堑换填区、大面积实心板式基础（无桩结构）、承受土压力荷载作用的支挡结构。

对运营时速大于 200 km 以及轮轴荷载大于 22.5 t 的线路，动力荷载放大系数应根据具体情况确定。

对采用土工格栅加固的路基结构物、桩板结构和设在桩基上或通过拉伸单元悬挂的刚性槽形结构物，应根据具体情况经过分析确定动力荷载系数的大小。

对路基横向荷载，一般情况下，在采用图 4.4(b)所示横截面模型时，曲线地段离心（水平）力和侧向冲击作用力可用相应位置（高度）竖向动应力的 20%简化考虑。在计算管道强度和稳定性时，水平动力荷载的影响一般可以忽略不计；对无砟轨道下的框架式涵洞，当其覆盖层厚度大于 1.0 m 时，可忽略交通荷载产生的水平荷载的影响。

交通动力荷载在路基结构物中引起的应力随深度的衰减可用弹性半空间静力模型来近似确定。德国铁路路基规范（Ril 836—2008）采用图 4.5 所示的简化模型作为计算的基础。

这里，支承区定义为保证轨道上部结构稳定的路基范围，其宽度大于压力区，见图 4.5。无砟轨道条件下，轨道支承宽度 b_G 为水硬性支承层外缘分别添加 0.5 m后的总距离，边坡区为其斜率小于等于 1∶1.5 的斜坡线，而整个压力区是由以 1∶1 和 2∶1 斜线划分的内压力区和外压力区组成的。内压区影响深度为 5 m。对埋置在内压区范围内的工程结构物进行设计时，应将交通荷载视为长期重复出现的动力荷载，即应考虑对工程结构物材料进行疲劳强度验算；而对在外压力区范围埋置的工程结构物，交通荷载只需作为拟静力荷载考虑，无需考虑疲劳作用的影响。

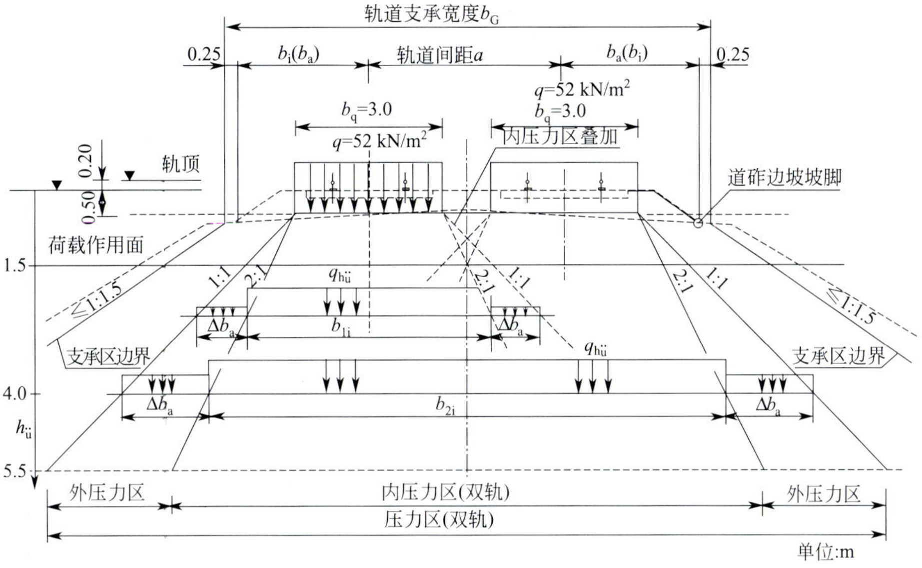

图 4.5　竖向荷载扩散方式以及压力区和支承区

表 4.1～表 4.3 为德国铁路路基规范(Ril 836—2008)给出的根据基本荷载图 LM 71 确定的内、外压力区不同深度竖向应力特征值,表中的应力值已包含离心力或侧向冲击产生的竖向荷载偏移的影响。

表 4.1　单轨条件下内压力区均匀分布竖向压力特征值

填土高度 $h_ü$ (m)	宽度 b_{1i} (m)	竖向压力(kN/m²)	
		$q_{hü}$作用面荷载为 52	$q_{hü}$作用面荷载为 26.7
1.5(1.7)	4.0	48.0	24.6
2.5(2.7)	5.0	39.0	16.0
4.0(4.2)	6.5	26.0	12.4
5.5(5.7)	8.0	19.0	10.0

注:括号内数值为距轨顶距离。

表 4.2　双轨条件下内压力区均匀分布竖向压力特征值

填土高度 $h_ü$(m)	宽度 b_{1i} (m)	竖向压力(kN/m²)	
		$q_{hü}$作用面荷载为 52	$q_{hü}$作用面荷载为 26.7
1.5(1.7)	8.0	49.0	25.1
2.5(2.7)	9.0	41.0	21.0
4.0(4.2)	10.5	33.0	16.9
5.5(5.7)	12.0	26.0	13.3

注:括号内数值为距轨顶距离。

表 4.3 外压力区最大竖向压力特征值

填土高度 $h_{ü}$(m)	宽度 Δb_a(m)	竖向压力 (kN/m^2)
1.5(1.7)	0.5	7.5
2.5(2.7)	1.0	6
4.0(4.2)	1.75	5
5.5(5.7)	2.5	4

注:括号内数值为距轨顶距离。

4.3 高速铁路路基动荷载实测结果综合分析

4.3.1 概　　述

从 4.1 节的讨论可见,对铁路交通荷载,一般是以轮轴静荷载为基础确定动力系数 ϕ_d 的。但是,式(4.2)主要是以对轨道上部结构的研究为基础给出的,其对下部结构(路基)的适用性有待进一步验证,特别是该式没有区分上部轨道形式对路基动力系数的影响。此外,仅仅考虑最大动应力值参数还不能较为完整地描述铁路交通荷载对路基的影响,还应包括诸如振动速度和频率等参数。

德国自 20 世纪 80 年代以来对高速铁路路基的动力荷载进行了大量的理论分析和现场测试,取得了一些成果。理论分析可以解决一些机理问题,即对一些基本现象进行分析和解释,为解决工程问题提供宏观上的指导,但是,真实的路基和交通运营情况相当复杂,按目前的技术水平,它们还不能完全根据理论计算描述、分析和确定。实际上,理论计算本身又是非常复杂的,而且只能在比较理想的条件下分析列车驶过时路基中产生的动力荷载和反应。所以,用于路基长期动力稳定性设计的动力荷载主要还是应该在分析、总结大量实测数据的基础上,结合理论分析的结果,经过简化加以确定。这样得出的路基动力荷载设计参数比纯理论分析可靠、实用。所以,本节将不涉及复杂的动力学理论模型,而是在分析、总结部分路基动荷载实测结果的基础上,给出简化的路基动荷载设计参数。表 4.4 为德国部分高速铁路路基动力测试项目的基本信息,这些工作为建立接近真实的高速铁路路基动力荷载设计参数提供了一个基础,特别是无砟轨道高速铁路新线科隆—莱茵/美因和纽伦堡—因戈尔斯达特的实测结果,为系统全面地检验目前路基设计理论和方法的合理性提供了依据。

表 4.4 德国部分铁路路基动荷载测试项目基本情况汇总

项　　目	轨道形式	测试断面路段情况	路基土类	列车速度(km/h)	测试项目	测试深度(m)
汉诺威—威尔斯堡新线	有砟轨道	平缓区段,路堤区段,浅路堑区段	砂土,部分含砾,含粉,含黏土	~400	动应力、振动加速度和动位移	轨顶以下 0.85 m,1.15 m和 1.75 m

续上表

项目	轨道形式	测试断面路段情况	路基土类	列车速度(km/h)	测试项目	测试深度(m)
库茨豪泽既有线改建	无砟轨道 有砟轨道	平缓区段	粉土和含砂粉土	90～160	动应力和振动速度	至轨顶以下1.48 m
赫斯巴赫既有线改建	无砟轨道 有砟轨道	路堤区段	黏土，含细砂	～140	动应力和振动速度	至轨顶以下1.43 m
维藤贝格—德根厅	无砟轨道	路堤区段	细、中砂，夹有机层，道砟碎石桩处理	～160	附加沉降、振动速度和动位移	至轨顶以下5.0 m
瓦格豪斯尔	无砟轨道 有砟轨道	平缓区段	含砾砂土，含砂砾石土	80～200	动应力和振动速度	至轨顶以下5.0 m
新线科隆—莱茵/美因 B 标段	无砟轨道 雷达 2000	路堑区段(第四纪黏土)	可塑～局部软塑基床底层 0.7 m 范围用 2%～4%水泥石灰改良	140～326	振动速度、动应力和变形	至轨顶以下4.5 m
新线纽伦堡—因戈尔斯达特北标段	无砟轨道 Rheda 2000 博格板	路堑区段(第三纪黏土)	硬塑～坚硬的中、高塑性黏土，基床底层换填深度 0.5～0.8 m	160～330	振动速度、动应力和附加沉降	至轨顶以下4.05 m

4.3.2 路基动应力实测结果分析

列车驶过时在基床和路基中引起的动应力，其大小和随深度的分布主要受车型及状态、轮轴荷载大小、列车速度、轨道形式及状态等因素的影响，其中，轮轴轴重由车型决定，作为静荷载可以视为确定的。下面的讨论侧重于行车速度、轨道形式和深度这三个因素对路基动应力的影响。

图 4.6 为高速铁路汉诺威—威尔斯堡线试车时，测试断面 1 基床中距轨顶 1.15 m 处土的竖向动应力和行车速度的实测关系，轨道形式为有砟轨道。图 4.7 为库茨豪泽既有线改造工程的测试断面 2 和 3 处距轨顶 1.48 m 处竖向动应力与车速的关系，其中测试断面 2 为无砟轨道，测试断面 3 为有砟轨道。

从这两个实测结果的分析可见，列车在低速或普速运营时，路基中的动应力随行车速度的增加并不明显，而当列车运营速度高于 150 km/h 时，动应力幅值增加较为明显，见图 4.6。此外，当行车速度在 300～320 km/h 范围以上时，动应力幅值则基本保持在同一水平。在其他条件不变的情况下，无砟轨道下路基的竖向动应力幅值明显低于有砟轨道，而且测试结果的离散性明显减小，见图 4.7。

图 4.8 为汉诺威—威尔斯堡新线有砟轨道路基竖向最大动应力和深度关系的测试结果，两个阴影区分别为行车速度 10 km/h 和 280 km/h 时动压力最大值的实测波动范围。此外，图中还给出了对系统按拟静力线弹性有限元分析得出的计算值，计算时分别考虑了动力系数 $\phi_d=1.0(v_e=10\ \text{km/h})$ 和 $1.6(v_e=280\ \text{km/h})$ 的情况。可见，路基动应力最大值随深度的变化可近似地用拟静力线弹性模型估计。

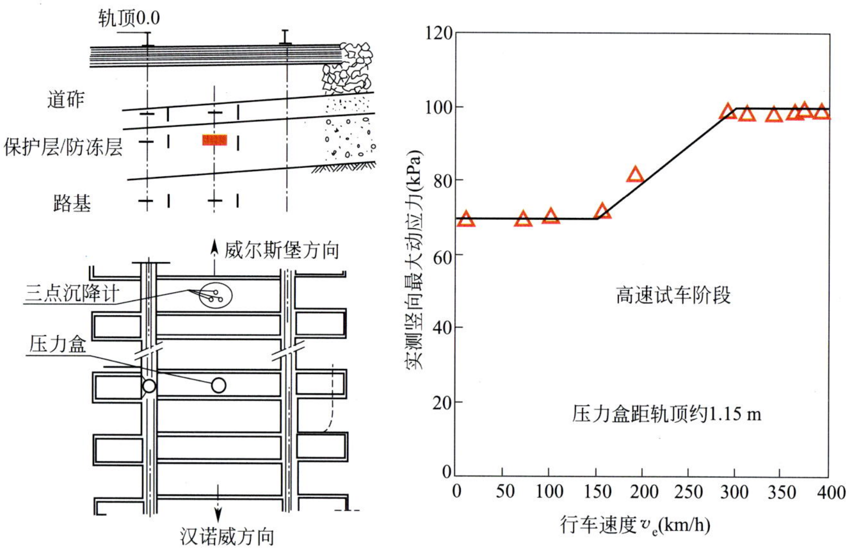

图 4.6　路基竖向动应力幅值和列车运营速度的关系(根据慕尼黑工大实测结果整理[23])

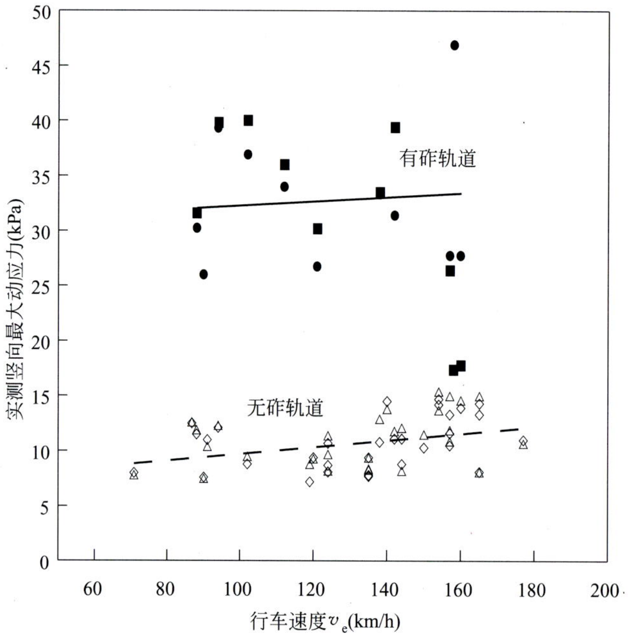

图 4.7　路基竖向动应力幅值和列车运营速度的关系(根据慕尼黑工大实测结果整理[29])

△—测试断面 2,无砟轨道,距轨顶 1.48 m;◇—测试断面 2,无砟轨道,距轨顶 1.48 m;

●—测试断面 3,有砟轨道,距轨顶 1.48 m;■—测试断面 3,有砟轨道,距轨顶 1.48 m

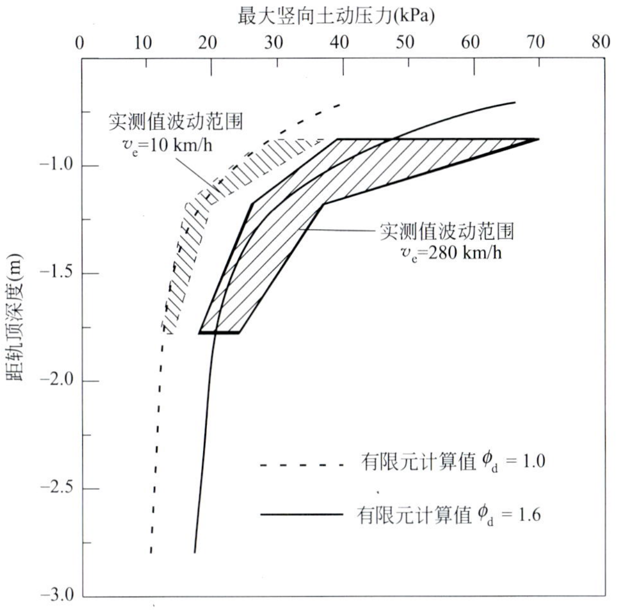

图 4.8　路基竖向动应力幅值和深度的关系

（根据慕尼黑工大实测结果整理[23]）

图 4.9 为瓦格豪斯尔无砟轨道试验段在城际列车 ICE 72 以 156 km/h 通过时，路基竖向最大动应力随深度变化的实测结果。这个测试结果表明，在上部结构

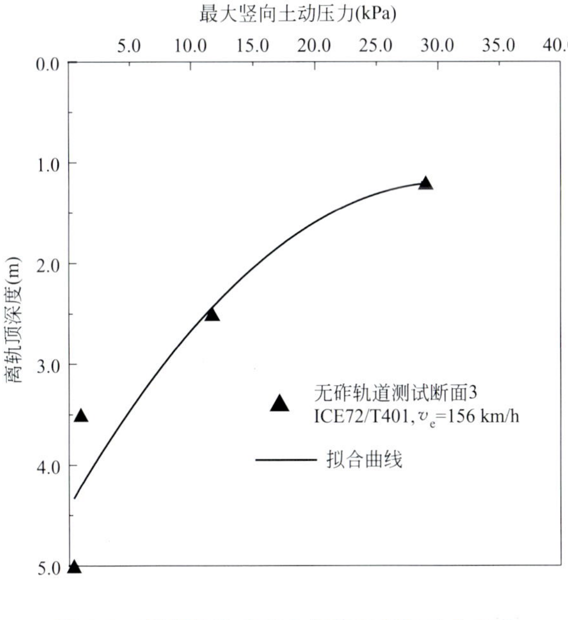

图 4.9　路基竖向动应力幅值和深度的关系[12]

为无砟轨道的条件下，动载影响深度约为 3.5 m(以轨顶为零起算)。

库茨豪泽既有线改建采用了三种不同的轨道形式，即无砟轨道 Rheda 系统、无砟轨道 SBV 系统和有砟轨道系统。大量的路基动应力测试是在行车速度为 90～160 km/h 进行的。各种轨道形式下路基最大动应力的平均值与深度关系的对比表明，竖向动应力幅值受轨道形式的影响较大，特别是有砟和无砟轨道条件下的差别很大，见图 4.10。无砟轨道由于轨道板刚度大，应力扩散快，所以同一深度路基中最大动应力幅值远小于有砟轨道条件，但是，无砟轨道下的路基最大动应力随深度的衰减相对较慢。

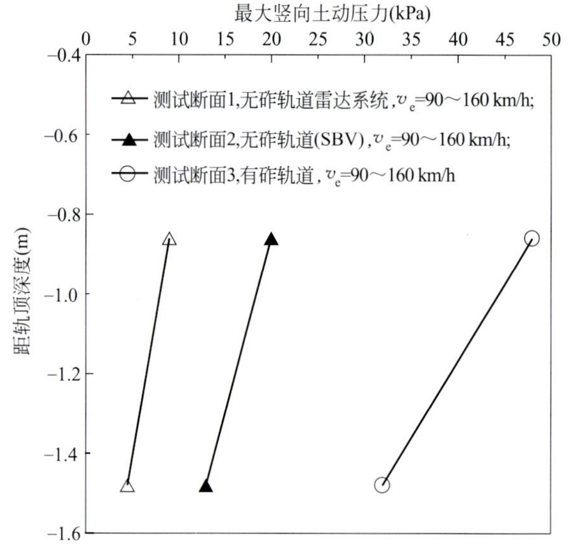

图 4.10 不同轨道形式下路基竖向动应力幅值和深度关系的比较

(根据慕尼黑工大实测结果整理[29])

德国两条高标准无砟轨道高速铁路新线，即科隆—莱茵/美因线和纽伦堡—因戈尔斯达特线（轨道以 Rheda 2000 系统为主)，分别于 2002 年 8 月和 2006 年 5 月投入运营。科隆—莱茵/美因线在 2001 年 9 月(运营前)借助现场试验装置对部分路基试验段进行了长期动力稳定性的试验，2002 年 8 月和 2004 年 9 月(运营后)在行车速度为 140～326 km/h 条件下（车型为 ICE S 和 ICE 3)，对相应路基断面的动力反应进行了测试[36-38]。测试结果表明，基床和路基范围的竖向动应力最大值为 15～20 kPa。

纽伦堡—因戈尔斯达特线在 2006 年 4 月试车和 2006 年 9 月运营期间，对北标段和南标段几个监测断面路基的动力荷载进行了三次测试，车型分别为 ICE-T.7 和 ICE 3。实测结果的分析表明，行车速度为 220 km/h 和 297 km/h 时，基床和路基范围竖向动应力最大值分别为 13～17 kPa 和 15～20 kPa（f<15 Hz)。

这两条线到目前为止的实测结果表明，随着无砟轨道路基设计和施工标准的提高，交通荷载引起的路基动应力比德国20世纪80、90年代无砟轨道路基试验阶段的实测结果进一步下降，线路的平顺性和稳定性更为理想。

以上有关高速铁路路基动应力实测数据的分析、讨论基本上限于竖向荷载情况，而列车通过时在路基中引起的真实动应力是三维的。对某一土单元而言，其动主应力方向是与轮轴的相对位置有关的，即随时间发生变化的，这反映为其动主应力 σ_1、σ_2 和 σ_3 是随时间发生旋转的。

图4.11为汉诺威—威尔斯堡高速铁路有砟轨道条件下路基中土单元动主应力 σ_1 和 σ_3 与轮轴相对位置的关系。该土单元位于第五测试断面，距轨顶1.15 m深处。动主应力 σ_1 和 σ_3 是以同一区域内各方向布置的土压力盒量测结果为基础，通过计算确定的，可见列车驶过时，路基中土单元的动主应力旋转是十分明显的。

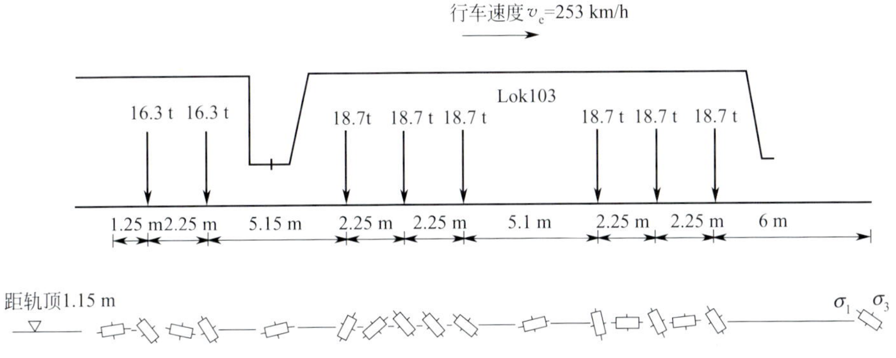

图4.11 路基中距轨顶约1.15 m深处土单元沿线路纵断面方向动主应力旋转情况（根据慕尼黑工大实测数据分析整理[13,23]）

4.3.3 路基振动速度和加速度实测结果分析

铁路运营条件下基床和路基的振动速度首先取决于列车的车型、时速和轨道形式，此外还与轨道的状态（位置和平顺性以及是否设置减振单元）以及车辆的状态（维护）有关。

图4.12为汉诺威—维尔斯堡有砟轨道高速铁路在20世纪90年代中期实测的有效振动速度合成值与列车时速的关系，包括了城际列车和货车驶过时的测试数据。可见，在其他条件完全相同的情况下，轨枕底部的有效振动速度合成值与行车速度基本成线性关系。

不同轨道形式对基床和路基振动速度的影响，可利用库茨豪泽既有线改建后大量的实测结果来说明，见图4.13和图4.14。由于无砟轨道线路位置的稳定性和平顺性优于有砟轨道，所以同一深度处路基的最大竖向振动速度明显低于有砟

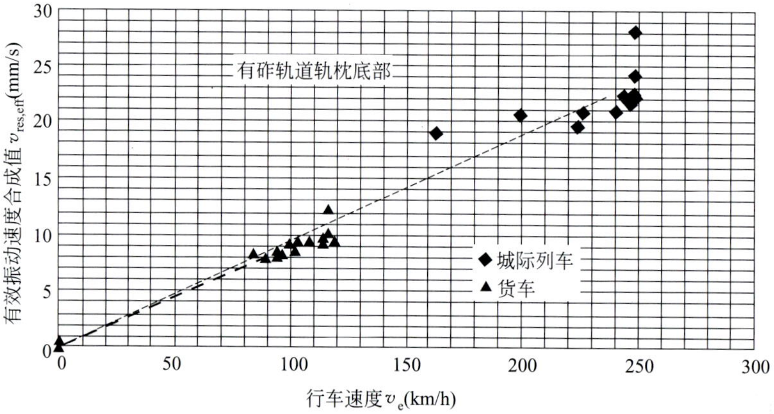

图 4.12 轨枕底部有效振动速度合成值与行车速度的实测关系[32]

轨道条件，而且规律性较好，基本与列车速度成线性关系，见图 4.13。此外，在相同条件下，有砟轨道路基振动速度实测数据的离散性较大。

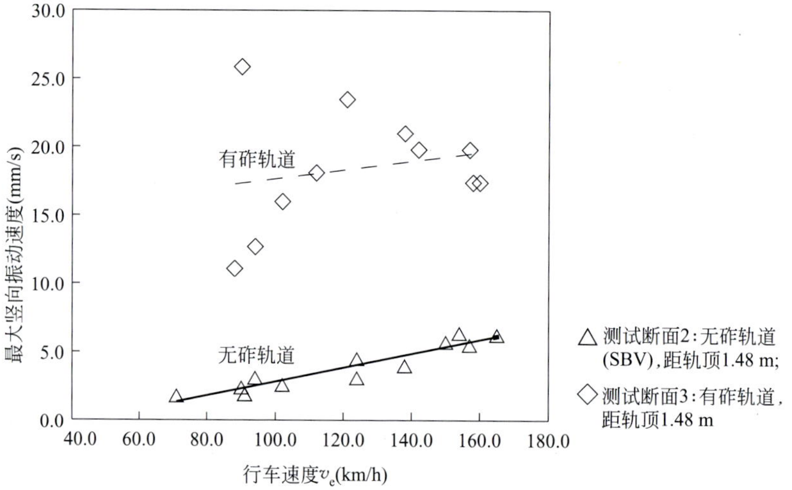

图 4.13 不同轨道形式下基床最大竖向振动速度和行车速度的实测关系(根据慕尼黑工大实测数据整理[29])

图 4.14 为三种轨道形式条件下，列车时速在 95～160 km 时实测的最大竖向振动速度波动范围。图中还区分了既有线改建后初测(1988)和运营两年后(1990)复测的结果。分析图 4.14，可以得出以下结论：

(1)轨道形式对路基振动速度影响很大，在其他条件相同时，无砟轨道下的路基振动速度大约只有有砟轨道下路基的 1/4。

(2)无砟轨道条件下路基的振动速度随深度的衰减慢于有砟轨道条件。

(3)从有砟轨道路基振动速度初测(1988)和终测(1990)的差别上看,随着运营时间的增加,同样条件下有砟轨道位置(沉降变形)和平顺性的变化明显大于无砟轨道。

相比之下,无砟轨道 SBV 系统和雷达系统,运营两年前后路基振动速度的变化很小,这说明无砟轨道系统的稳定性明显优于有砟轨道系统。

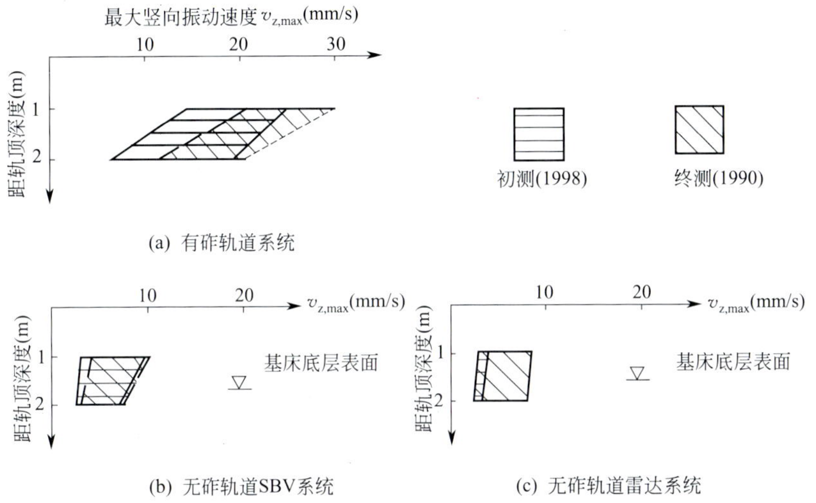

图 4.14 不同轨道型式下基床最大竖向振动速度和深度的实测关系[33](车型 Lok 103、111、140)

自 20 世纪 90 年代以来,德国铁路路基行业逐渐用振动速度合成有效值 $v_{res,eff}$ 来代替振动速度最大值 v_{max} 作为路基动力荷载参数。振动速度有效值是以实测振动速度—时间函数为基础,通过 0.125 s 时间窗口积分过滤平滑处理后获得的参数(平均值),它反映了振动荷载中对路基动力稳定性起控制作用的部分。

一般来说,振动速度的有效值小于实测振动速度最大值。图 4.15 为瓦格豪斯尔无砟轨道试验段旭普林无砟轨道系统下路基最大和有效竖向振动速度随深度的变化,可见,有效竖向振动速度值约为最大值的 1/3。

大量的实测数据分析表明,行车时路基振动速度随深度的变化可以近似地用指数函数来表示。图 4.16 为汉诺威—维尔斯堡线有砟轨道条件下路基有效振动速度合成值 $v_{res,eff}$ 与距轨顶深度 z 的实测关系,测试深度最大约为 5.5 m。

与振动速度相对应,理论上同样也可以用加速度来描述路基在铁路交通荷载作用下的振动反应,因为振动位移、振动速度和加速度之间可以通过数学处理加以换算。用加速度参数有以下的好处:第一,在同样的条件下,加速度幅值比振动速度高出一个数量级,因此实测获得的数据精度较高;第二,振动加速度与动应力联系紧密,两者较易换算。为了说明基本的对应关系,图 4.17 给出了汉诺威—威尔斯堡有砟轨道高速铁路试车阶段路基振动加速度与行车速度关系的实测结果。

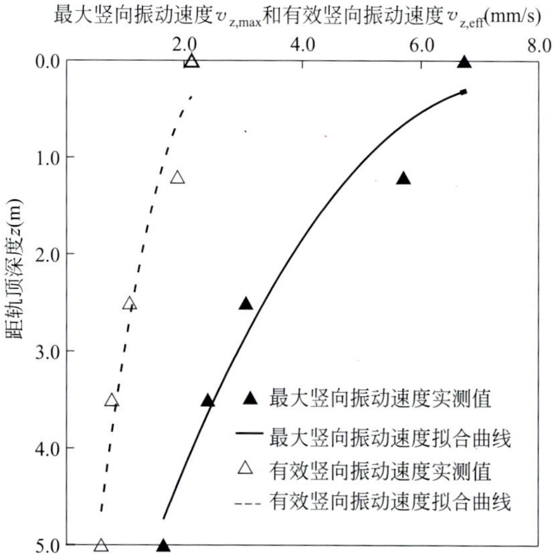

图 4.15　实测最大竖向振动速度和有效竖向振动速度随深度关系的比较
（城际列车 ICE 72/T401，时速 156 km）

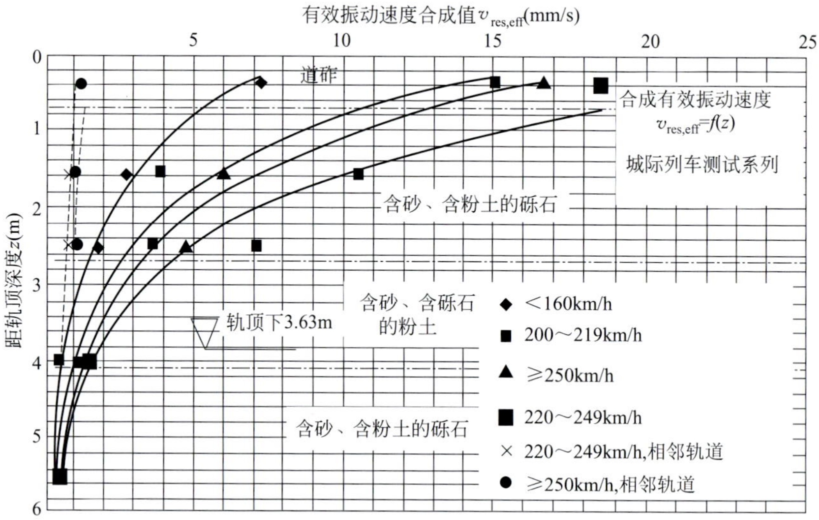

图 4.16　有效振动速度合成值随深度变化的指数关系[32]

汉诺威—威尔斯堡有砟轨道高速铁路试车阶段，分别在基床/路基三个不同深度的土压力盒中安装了加速度拾振器，见图 4.6。图 4.17 为当城际列车以不同速度通过时，测试断面上三个不同深度土的竖向振动加速度实测幅值与行车速度的关系。可见，路基的竖向振动加速度幅值随行车速度的提高而增加，两者基本成线性关系。当列车时速达到 280 km 时，距轨顶 0.85 m 处

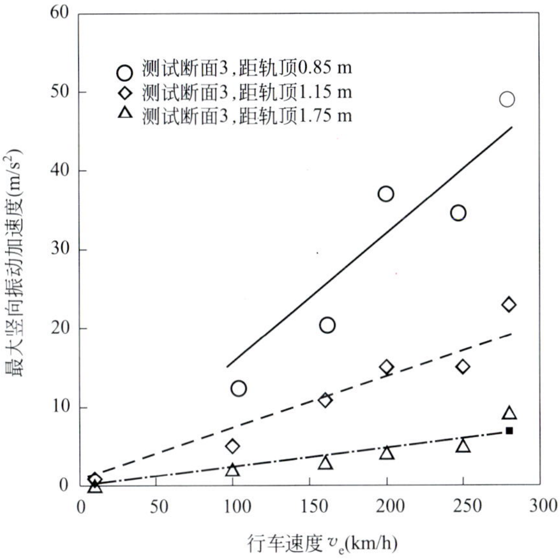

图 4.17 路基不同深度最大竖向振动加速度与行车速度的关系
（根据慕尼黑工大实测结果整理[23]）

的加速度峰值约为 50 m/s^2。如果将土压力盒实测的土动压力幅值与加速度实测幅值对应起来，它们之间近似成直线关系，而且不同深度的对应关系基本平行，见图 4.18。

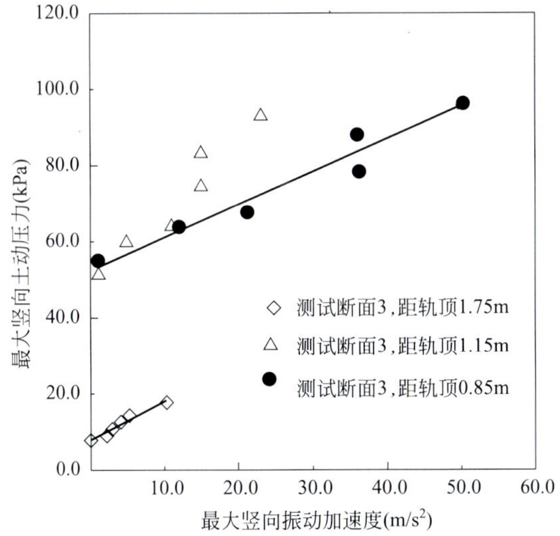

图 4.18 路基不同深度最大竖向振动加速度与最大竖向土动压力的关系（根据慕尼黑工大实测数据整理[23]）

4.3.4 路基动荷载简化设计参数

对基床/路基进行长期动力稳定性和附加变形分析时，常常需要对相应土样进行动三轴试验或共振轴试验。这两种室内试验的荷载输入方式，除了静应力（围压）外，一般分别要求给定相应的动应力幅值/频率以及动剪应变幅值/频率。下面，以这两个动力试验要求的输入参数为基准，以前面介绍的铁路路基实测动力荷载为基础，给出简化路基动荷载设计参数。

4.3.4.1 动应力参数

在轨道（包括有砟和无砟）状态良好以及设置轨道弹性垫层（静力弹性系数为20～40 kN/mm）的条件下，均匀区段（包括无异常冲击振动的路基区段和路基/刚性结构物过渡段）基床/路基的最大动应力值可简化为图 4.19 所示的形式，其动力荷载放大系数 ϕ_d 与轨道形式和列车时速的关系为

有砟轨道	$\phi_d=1.0$	$0\leqslant v_e\leqslant 150$ km/h	(4.4-1)
	$\phi_d=1.0+(v_e-150)/150\times 0.7$	150 km/h$<v_e\leqslant 300$ km/h	(4.4-2)
	$\phi_d=1.7$	$v_e>300$ km/h	(4.4-3)
无砟轨道	$\phi_d=1.0$	$0\leqslant v_e\leqslant 150$ km/h	(4.5-1)
	$\phi_d=1.0+(v_e-150)/150\times 0.3$	150 km/h$<v_e\leqslant 300$ km/h	(4.5-2)
	$\phi_d=1.3$	$v_e>300$ km/h	(4.5-3)

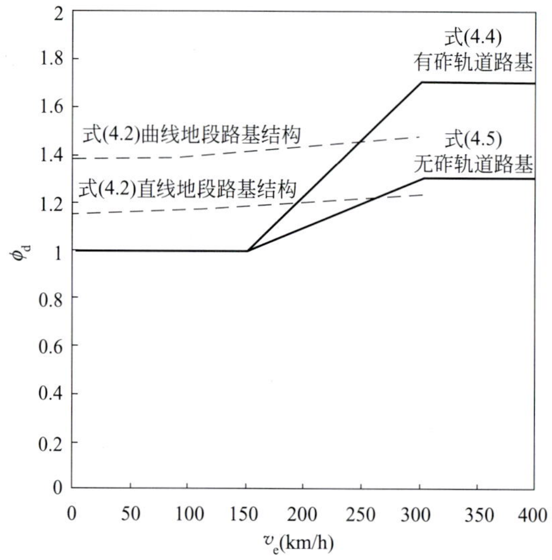

图 4.19 基于实测结果建议的简化路基动应力放大系数 ϕ_d 与轨道结构及运营速度的关系

路基中动应力随时间的变化是很复杂的，它与车型、时速、轨道形式以及深度有关。室内试验一般以动应力幅值和控制频率为基础，用正弦函数来近似地模拟

路基动应力随时间的变化。真实的频率受各种激振因素影响，由多个部分组成。许多研究表明，就路基的长期动力稳定性而言，一般情况低频部分起控制作用。所以，在为室内试验选择动应力—时间关系时，应将低频作为控制频率。激振频率可分为与行车速度相关的部分和无关的部分。与行车速度有关的激振频率 f 可用下式计算：

$$f = v_e / L \tag{4.6}$$

式中 v_e——行车速度(m/s)；

L——扰动波长度(m)。

图 4.20 给出了文献[34]建议的的无砟和有砟轨道条件下路基不同深度各种扰动波长度的简化确定方法。由此可以估计路基相应深度土单元的动应力控制频率，作为动三轴试验的输入参数之一。

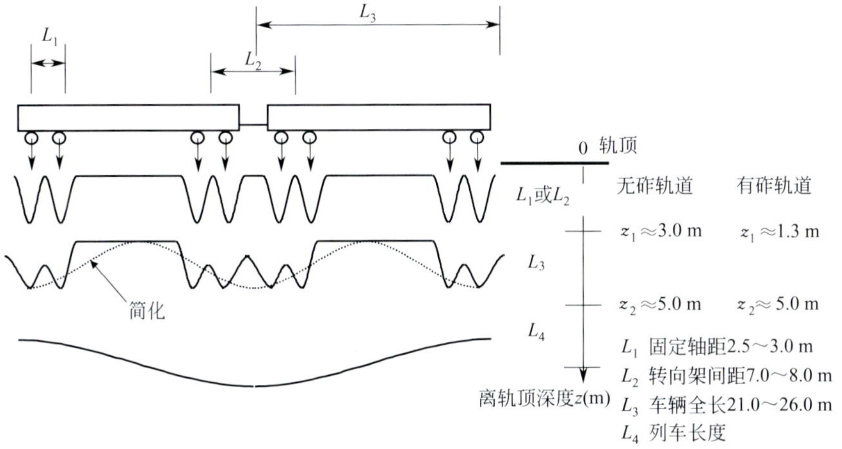

图 4.20 简化的路基动应力控制频率 f 确定方式[34]（基于实测结果建议的扰动波长度 L）

4.3.4.2 有效振动速度合成参数

在室内对土样进行共振柱试验以研究其长期动力稳定性时，要求给定动剪应变幅值和频率。理论上，动剪应变幅值可以通过振动速度和土的剪切波速度确定。与动剪应变幅值和静应力(围压)相比，动剪应变频率对土的长期动力稳定性的影响相对较小。所以，下面只介绍有效振动速度合成值设计参数。

德国铁路路基规范(Ril 836)的前身 DS 836[5]曾根据当时路基上无砟轨道试验阶段的经验建议了有效振动速度合成值与上部结构形式、车型和运营速度等参数的关系，可以作为路基动力稳定性分析时的参考值。

根据 DS 836 (1997)[5]，当行车速度 $v_e = 100$ km/h 时，如果过渡段状况良好，一般情况路基的振动速度可以忽略不计；当 $v_e > 100$ km/h 时，通常应考虑路基的振动速度和对其长期动力稳定性的影响；如果经过实测证明有效振动速度合成值小于 5 mm/s,那么就不必考虑振动对路基的影响。

作为分析路基长期动力稳定性的荷载参数,路基参照点有效振动速度合成值 $v_{res,eff,0}$ 可用表 4.5 中的数值估计。它主要取决于列车速度、车型、轨道的结构形式、轨道状态(均匀区段或潜在扰动区段)以及地基情况。表 4.5 中的数值是以轮轴荷载 200 kN 且轨道设置有弹性垫层或单元(刚度系数 20～40 kN/mm)为条件的。从目前的经验看,对新建无砟轨道路基结构,该表中的参数是相当保守的。

表 4.5　路基参照点有效振动速度合成值 $v_{res,eff,0}$ 设计值[5]

上部结构形式	区　域	地基情况	城际列车 ICE 或类似车型					其他车型			
			v_e(km/h)					v_e(km/h)			
			100	160	200	250	300	60	100	160	200
无砟轨道	均匀区段	有利情况	4	6	8	10	12	3	5	8	10
		不利情况	5	8	10	13	15	4	6	10	12
	潜在扰动区	有利情况	5	8	10	13	15	4	6	10	12
		不利情况	7	11	14	18	21	5	8	13	16
有砟轨道	均匀区段	有利情况	7	11	14	18	21	6	9	14	18
		不利情况	9	14	18	23	27	7	11	18	22
	潜在扰动区	有利情况	11	17	22	28	33	8	14	22	28
		不利情况	13	21	26	33	39	10	16	26	32

注:路基参照起点 $z=0$,无砟轨道指水硬性支承层顶部,有砟轨道指轨枕底部。

表 4.5 中几个术语的定义说明如下:

有利情况:

—无黏性土,其颗粒分布的不均匀系数 $C_u>3$,相对密实度 $I_D\geqslant 0.5$;

—黏性土,有预压历史,液性指数 $I_L\leqslant 0.25$;

—岩石地基;

—最高地下水位低于轨顶 2 m 以下。

不利情况:

—砂类土、砾石类土,其相对密实度 $I_D<0.5$;

—黏性土,其液性指数 $I_L>0.25$;

—有机质土;

—最高地下水位在轨顶下 1.2～2 m。

潜在扰动区:指刚性结构物与路基、无砟轨道与有砟轨道过渡段或道岔区、伸缩缝连接区等。

有效合成振动速度随深度的变化可以近似地用式(4.7)的指数函数估计,见图 4.21。

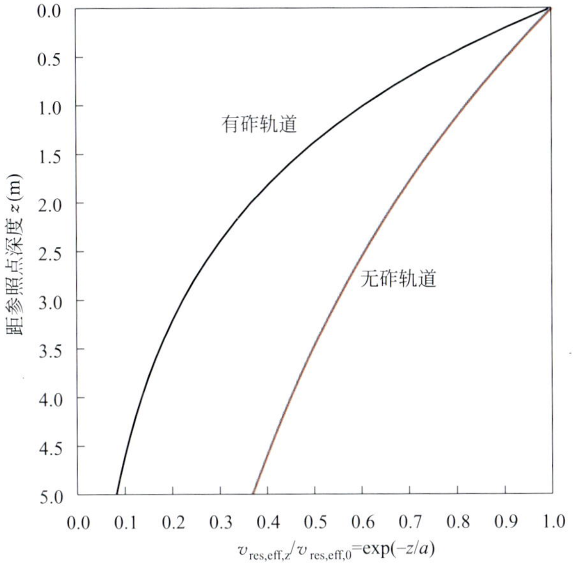

图 4.21 有砟轨道、无砟轨道路基合成有效振动速度随深度的变化

$$v_{res,eff,z} = v_{res,eff,0} \times \exp(-z/a) \tag{4.7}$$

式中 z——深度(m),无砟轨道以水硬性支承层顶部为参照起点,有砟轨道以枕底为参照起点;

a——衰减系数(m),如无实测资料供参考,无砟轨道可采用 $a \approx 5$,有砟轨道 $a \approx 2$;

$v_{res,eff,0}$——参照点有效合成振动速度,如无可靠资料,可采用表 4.5 的数值(对新建无砟轨道路基为保守的估计)。

参 考 文 献

[1] 中华人民共和国铁道部. 高速铁路设计规范(试行)(TB 10621—2009)[S]. 北京:中国铁道出版社,2010.

[2] German Railway Standard AKFF. Anforderungskatalog zum Bau der Festen Fahrbahn [S]. 3. und 4. überarbeitete Auflage. 1995, 2002.

[3] German Railway Standard Ril 836. Erdbauwerke planen, bauen und instand halten [S]. 1999, 2008.

[4] DIN Deutsches Institut für Normungung, e. V. DIN-Fachbericht 101, Einwirkungen auf Brücken, 2. Auflage [S]. Beuth Verlag GmbH Berlin Wien Zürich, 2003.

[5] DB Netz Deutsche Bahn Gruppe. Vorschrift für Erdbauwerke, Entwurf von Richtlinie 836 (DS 836) [S]. Januar 1997.

[6] Fendrich L (Herausgeber). Handbuch Eisenbahninfrastruktur [M]. Springer Verlag, 2006.

[7] Freystein H, Muncke M, Schollmeier P. Handbuch Entwerfen von Bahnanlagen: Linienführung, Oberbau, Ingenieurbauwerke, Tunnel, Personenverkehrsanlagen, Bahnübergänge, Container-Terminals (Gebundene Ausgabe, 1. Auflage) [M]. Eurailpress in DVV Media Group GmbH, 2005.

[8] Gäbel C, Lieberenz K. Handbuch Erdbauwerke der Bahnen [M]. Eurailpress Hamburg, 2004.

[9] Brandl H. Geotechnics of railtrack structures [G]. Geotechnics for roads, rail racks and earth structures 2001. ISBN 90 2651 844 7 A. A. Balkema Publishers Lisse/Abingdon/Exton (PA)/ Tokyo.

[10] 赵国堂．高速铁路无砟轨道结构[M]. 北京: 中国铁道出版社, 2006.

[11] Lichtberger B. Track Compendium, Formation, Permanent Way, Maintenance, Economics [M]. Eurailpress, 1st edition, 2005.

[12] Hu Y, Kempfert H-G. Unterbau-und Untergrundbeanspruchung infolge Eisen-bahnverkehrslasten sowie Langzeitverhalten von gering tragfähigen Böden. 1. Zwischenbericht zum DFG-Schwerpunktprogramm, Systemdynamik und Langzeitverhalten von Fahrwerk, Gleis und Untergrund [R].1997.

[13] Hu Y, Kempfert H-G. Unterbau- und Untergrundbeanspruchung infolge Eisen-bahnverkehrslasten sowie Langzeitverhalten von gering tragfähigen Böden. 2. Zwischenbericht zum DFG-Schwerpunktprogramm, Systemdynamik und Lang-zeitverhalten von Fahrwerk, Gleis und Untergrund [R]. 1999.

[14] Prüfamt für Grundbau, Bodenmechanik und Felsmechanik der TU München. Versuchsbericht Teil 1 zu den bodenmechanischen Messungen bei Lokzugfahrten im Jahr 1987, Neubaustrecke Hannover-Würzburg [R]. 1987.

[15] Prüfamt für Grundbau, Bodenmechanik und Felsmechanik der TU München. Versuchsbericht Teil 2 zu den bodenmechanischen Messungen bei Fahrten des ICE/V im Jahr 1987, Neubaustrecke Hannover-Würzburg [R]. 1987.

[16] Prüfamt für Grundbau, Bodenmechanik und Felsmechanik der TU München. Versuchsbericht zu den bodenmechanischen Messungen bei Hochtastphase des ICE/V im Jahr 1988, Neubaustrecke Hannover-Würzburg [R]. 1988.

[17] Prüfamt für Grundbau, Bodenmechanik und Felsmechanik der TU München. Bericht zum Versuchsprogramm Feste Fahrbahn Kutzenhausen, Einbau von Meβkomponenten, Ausbaustrecke Günzburg-Augsburg [R]. 1988.

[18] Prüfamt für Grundbau, Bodenmechanik und Felsmechanik der TU München. Bericht zum Versuchsprogramm, Feste Fahrbahn Kutzenhausen, Nullmessung August 1988, Durchführung von Druckspannungs-und Schwinggeschwind-igkeitsmessungen, Ausbaustrecke Günzburg-Augsburg [R]. 1988.

[19] Prüfamt für Grundbau, Bodenmechanik und Felsmechanik der TU München. Bericht zum Versuchsprogramm, Feste Fahrbahn Hösbach, Einbau von Mess-komponenten, Durchführung von Druckspannungs-und Schwinggeschwindigkeitsmessungen HAS Würzburg-Frankfurt [R]. 1988.

[20] Prüfamt für Grundbau, Bodenmechanik und Felsmechanik der TU München. Bericht zum Ver-

suchsprogramm, Feste Fahrbahn Kutzenhausen, Folgemessun-gen Juli 1989, Durchführung von Druckspannungs-und Schwinggeschwind-igkeitsmessungen, Ausbaustrecke Günzburg-Augsburg [R]. 1989.

[21] Prüfamt für Grundbau, Bodenmechanik und Felsmechanik der TU München. Bericht zum Versuchsprogramm, Feste Fahrbahn Häsbach, Nullmessung Januar 1989, Durchführung von Druckspannungs-und Schwinggeschwindigkeitsmes-sungen HAS Würzburg-Frankfurt [R]. 1989.

[22] Prüfamt für Grundbau, Bodenmechanik und Felsmechanik der TU München. Bericht zum Versuchsprogramm, Feste Fahrbahn Häsbach, Folgemessungen Juli 1989, Durchführung von Druckspannungs-und Schwinggeschwindigkeitsmes-sungen HAS Würzburg-Frankfurt [R]. 1989.

[23] Prüfamt für Grundbau, Bodenmechanik und Felsmechanik der TU München. Schlussbericht zu den bodenmechanischen Messung-en bei Fahrten mit ICE/V und Lokzug in den Jahren 1987 und 1988, Neubaustrecke Hannover-Würzburg [R]. 1989.

[24] Prüfamt für Grundbau, Bodenmechanik und Felsmechanik der TU München. Bericht zum Versuchsprogramm, Feste Fahrbahn Kutzenhausen, Folgemessun-gen Januar 1990, Durchführung von Druckspannungs-und Schwinggeschwind-igkeitsmessungen, Ausbaustrecke Günzburg-Augsburg [R]. 1990.

[25] Prüfamt für Grundbau, Bodenmechanik und Felsmechanik der TU München. Bericht zum Versuchsprogramm, Feste Fahrbahn Kutzenhausen, Folgemessun-gen Juli 1990, Durchführung von Druckspannungs-und Schwinggeschwind-igkeitsmessungen, Ausbaustrecke Günzburg-Augsburg [R]. 1990.

[26] Prüfamt für Grundbau, Bodenmechanik und Felsmechanik der TU München. Bericht zum Versuchsprogramm, Feste Fahrbahn Häsbach, Folgemessungen, Folgemessungen Januar 1990, Durchführung von Druckspannungs-und Schwinggeschwindigkeitsmessungen HAS Würzburg-Frankfurt [R]. 1990.

[27] Prüfamt für Grundbau, Bodenmechanik und Felsmechanik der TU München. Bericht zum Versuchsprogramm, Feste Fahrbahn Häsbach, Folgemessungen Juli 1990, Durchführung von Druckspannungs-und Schwinggeschwindigkeitsmes-sungen HAS Würzburg-Frankfurt [R]. 1990.

[28] Prüfamt für Grundbau, Bodenmechanik und Felsmechanik der TU München. Bericht zum Versuchsprogramm, Feste Fahrbahn Häsbach, Folgemessungen Dezember 1990, Durchführung von Druckspannungs-und Schwinggeschwind-igkeitsmessungen HAS Würzburg -Frankfurt [R]. 1990.

[29] Prüfamt für Grundbau, Bodenmechanik und Felsmechanik der TU München. Schlussbericht zum Versuchsprogramm, Feste Fahrbahn Kutzenhausen, Ausbaustrecke Günzburg-Augsburg [R]. 1991.

[30] Prüfamt für Grundbau, Bodenmechanik und Felsmechanik der TU München. Schlussbericht zum Versuchsprogramm Feste Fahrbahn Hösbach, HAS Würzburg-Frankfurt [R].1991.

[31] Hu Y. Zum Verformungsverhalten von wassergesättigten, bindigen Böden unter zyklischer Belastung [D]. Schriftenreihe Geotechnik Universität Kassel, Heft 8, 2000.

[32] Rehfeld E. Erfahrungen mit Festen Fahrbahnen aus geotechnischer Sicht [C]. Vorträge zum 3.

Darmstädter Geotechnik-Kolloquium am 21. März 1996, Feste Fahrbahn für die Schnell-bahnstrecken der deutschen Bahn AG, Mitteilungen des Institutes und der Versuchsanstalt für Geotechnik der TH Darmstadt, Heft 35, 1996.

[33] Kempfert H-G. Untergrundverformungen und dynamische Beanspruchungen bei ausgeführten Festen Fahrbahnen im Eisenbahnbau [C]. Tagungsband Donaueuropäische Konferenz für Grundbau und Bodenmechanik, Mamaia, Rumänien, Vol. 4, 1995.

[34] Jaup A. Anwendung von 1g Modellversuchen auf das Setzungsverhalten im Hinterfüllungsbereich von Brückenwiderlagern [D]. Schriftenreihe Geotechnik Universität Kassel, Heft 7, 1999.

[35] Rücker W, Richter T. Endbericht zum Vorhaben "Weiterentwicklung von schotterlosen Fahrbahnen auf Erd-und Kunstbauwerken, Teilprojekt Erdbau" [R]. Bundesanstalt für Materialforschung und-prüfung (BAM) Berlin, 1991.

[36] Neidhart TH, Fischer R, Hotz C, Johmann S. Optimierung des Unterbaus der Festen Fahrbahn-Messtechnische überprüfung unter Betrieb [C]. Vortrag Bahnbau, Berlin, 2002.

[37] ARCADIS CONSULT GmbH. Bericht zu Verformungs-und Erschütterungsmessungen unter Betrieb im Versuchsfeld 2, Versuchsfeld 4 und an der EÜ Petersberg, BA Mitte der NBS KRM vom Okt. 2004 [R], 2004.

[38] Kocan D. Erfahrung mit der Fahrbahn der SFS Köln-Rhein/Main nach drei Jahren Betrieb [J]. EI -der Eisenbahningenieur, 2005,56(11).

5　无砟轨道路基的长期动力稳定性

5.1　概　　述

路基在铁路交通动力荷载作用下的稳定性，特别是长期动力稳定性，一直是人们十分关心的问题，因为它直接关系到列车运营的安全性、舒适性和铁路的维护费用。本书 2.4 节给出了一个有关路基动力稳定性和附加沉降对轨道上部结构安全性影响的典型案例。

随着高标准铁路特别是无砟轨道高速铁路建设的开展（图 5.1、图 5.2），学术界和工程界积极开展了大量的理论和试验研究，在此基础上提出了对高速铁路路基长期动力稳定性进行验算的要求和方法。

图 5.1　武广高速铁路

（设计时速 350 km/h，2009 年 12 月投入运营）

德国铁路公司 DB AG 在 1997 年版的路基规范（DS 836）草案中引入了以临界振动速度为控制参数的动力稳定性分析方法[4]。这种方法是以机器基础下砂类土地基模型试验结果为基础结合经验提出的，并扩展到其他土类。对于铁路路基，它缺乏充分的理论基础和经验支撑，其普遍适用性尚待工程实践的检验。2000 年版的德国铁路路基规范（Ril 836）[3] 没有给出路基动力稳定性分析的控制参数和方法，但特别留出 836.0402 节作为路基动力稳定性设计的指导原则。尽管该版 Ril 836 没有采纳 DS 836 草案的具体方法，或者说当时还没有成熟的工程经验，但为了保证铁路建设和运营的安全性和经济性，要求铁路路基设计原则上应考虑运

图 5.2　德国高速铁路无砟轨道纽伦堡—因戈尔斯达特线
(时速 300 km,2006 年投入运营)

营交通动力荷载的影响。对一些不利的路基情况,特别是高速铁路路基情况,应请有关方面专家对其动力稳定性进行具体的分析和咨询。

本书作者在 20 世纪 90 年代中后期曾参加德国自然科学基金会(DFG)重点科研项目“机车、轨道和路基系统动力特征及长期稳定性”的部分研究,并在 2000～2004 年参与德国高速铁路纽伦堡—因戈斯塔特线的建设。在此期间,受德国铁路公司 DB AG 和德国铁路监督管理局(EBA)委托,对纽伦堡—因戈斯塔特线南标段路堑区的第三纪沉积黏土开展了长期动力稳定性的工程研究,首次较为系统地提出了理论上较为合理、操作上比较方便的以动剪应变参数为基础的分析方法[15,16]。在此基础上,通过室内共振柱试验确定了该标段中、高塑性黏土在相应边界条件下评判其长期动力稳定性的指标,以作为现场决定是否换填和确定换填深度的依据。德国铁路公司和德国铁路监督管理局确认了这项针对南标段路堑区第三纪沉积黏土的研究结果,并批准用于该项工程。这项研究结果的工程应用,为该线路堑区建设节省投资、缩短工期提供了技术保证。

在此以后,德国铁路界逐渐采用以动剪应变参数为基础的动力稳定性分析方法,见文献[18-20]。2008 年版的德国铁路路基规范(Ril 836)明确提出了对时速高于 200km 的铁路路基进行动力稳定性分析验算的要求(表 2.3),同时,引入了振动速度和动剪应变两个参数供选择,但没有给出相应的评判准则。应当指出,从土动力学理论看,就路基长期动力稳定性分析而言,动剪应变是比振动速度具有更深一层次物理意义的参数,它同时包含了振动荷载的大小和土动刚度的影响,而且对典型土类的动剪应变临界值已有大量土动力学试验结果供参考,所以值得推荐。

路基长期动力荷载作用的结果最终体现在附加沉降的大小上,即交通荷载长期作用下的附加变形,这是控制轨道耐久性的关键指标之一。所以,除了建立路基长期动力稳定性分析的理论和方法这条途径外，也可通过直接确定路基在动力荷载作用下附加沉降的思路来研究。

本章对以动剪应变为参数的路基长期动力稳定性分析理论和方法进行详细的阐述，并通过室内外试验对其适用性加以验证，最后，通过介绍该方法在无砟轨道路基工程中的应用实例展示其可操作性和实用价值。而第6章将结合德国部分铁路路基工程长期观测的结果，对计算路基附加沉降的常规和数值方法进行介绍和分析，在此基础上对直接确定附加沉降这条途径的可操作性和实际意义进行评价。

5.2　高速铁路路基长期动力稳定性分析的理论和方法

5.2.1　路基动力稳定性的定义

路基的长期动力稳定性，是指在铁路设计生命周期内，道砟、基床和地基土在轮轨动力相互作用引起的荷载作用下不发生明显的颗粒重分布和颗粒粉碎现象以及相应的塑性变形，即路基长期保持在低后续变形状态。颗粒重分布和颗粒粉碎现象是指同一材料内部土结构和颗粒对动力作用的反应，而不同土材料的交界面在动力荷载作用下也可能发生接触侵蚀，导致细颗粒向粗颗粒土结构孔隙迁移，并使土结构发生变化而产生附加变形。一般情况，铁路路基的长期动力稳定性问题可分为以下三大类：

（1）第一类问题：在动力荷载作用下，土体反复受剪后其骨架可能发生变化（颗粒重分布）。这时，路基将发生相应的体积变化和塑性变形，导致附加沉降。对饱和黏性土，还可能出现残留的超静孔隙水压力。第一类问题在上部结构为无砟和有砟轨道条件下都可能发生。

分析无砟轨道路基的这类长期动力稳定性时，如果没有可靠的实测值作为依据，可采用4.3.4节给出的动应力系数 ϕ_d 和控制频率 f 以及表4.5和式(4.7)给出的合成有效振动速度作为动力荷载设计参数估计值。

（2）第二类问题：土在强振作用下发生颗粒粉碎，导致颗粒形状的变化和细颗粒增加，使路基出现明显的附加变形。这类问题在有砟轨道的道砟结构内，特别是在高速运营条件下，显得十分突出。对基床表层，根据长期的研究和工程经验，德国铁路公司一般采用控制同批填料样品连续5次击实试验前、后细颗粒含量来解决这类稳定性问题，而对基床表层以下的路基单元或填料，一般不必考虑强振使颗粒粉碎引起的长期动力稳定性问题。

（3）第三类问题：动力接触稳定，即不同材料界面在动力荷载作用下发生颗粒迁移和侵蚀现象，并引起附加变形。第三类问题一般只对有砟轨道的道砟床和下卧基床的接触面有意义。在实际工程中，这类动力稳定性问题一般是通过限制上下不同材料的颗粒级配和粒径或设置起隔离作用的土工合成材料来解决的。

下面只讨论具有普遍意义的第一类长期动力稳定性问题。

5.2.2 路基动力稳定性分析的理论基础

由于土类、土的状态和前期加载历史不同，各种土在循环(动力)剪切加载作用下的反应是不同的。土动力学的研究表明，这些反应可以大致归纳为几种典型的情况。图 5.3 示意性地给出了土样在静应力(σ_v，$K_0 \cdot \sigma_v$)作用下完成固结后承受循环双向等剪应变作用的反应。

当剪应变$\pm\gamma_c$大于某个临界值时，例如饱和土在不排水条件下其相应的剪应力$\pm\tau_c$随着循环次数 N 的增加而下降，见图 5.3，即其剪切模量 G_d 相应减小。在不排水条件下，根据土的不同先期加载历史，饱和土还会出现累积增加的超静孔隙水压力或超静负孔隙水压力。干土或含水量低的土在反复受剪作用下会出现塑性体积应变，见图 5.3。这三种现象，原理上都可以归于同一原因，即当剪应变幅值超过某一临界值时，土结构或骨架将发生永久性(塑性)变形，也就是发生塑性体积应变，土将被迫适应这个变化。在相应的边界条件下，根据土的种类、初始状态、饱和度以及排水条件，可以分别表现为图 5.3 中某种或多种形式。

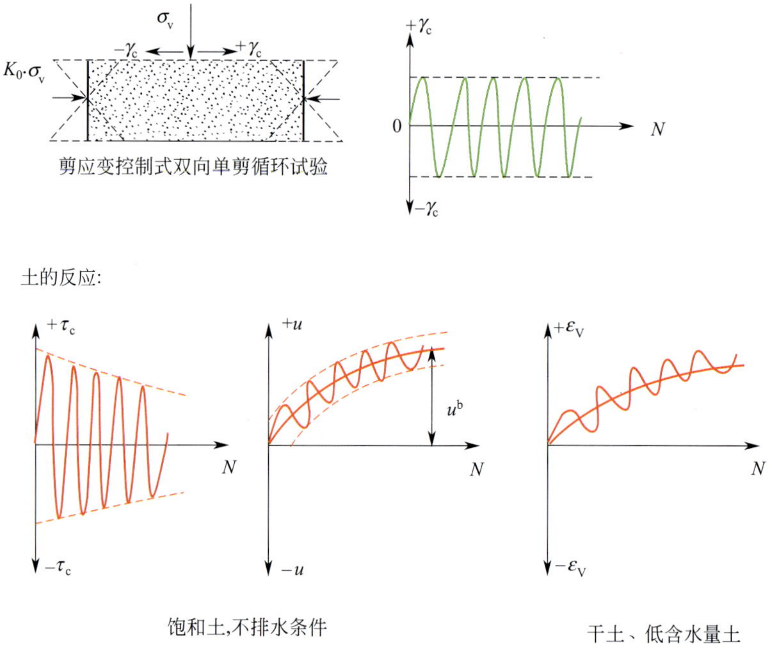

图 5.3　土在循环双向剪切应变作用下的性状示意图

可见，路基的动剪应变幅值 γ 是分析其动力稳定性的关键参数。根据剪切波传播理论，动剪应变幅可以表达为

$$\gamma = \frac{v}{c_s} \tag{5.1}$$

式中 v——土的振动速度(mm/s);

c_s——土的剪切波波速(m/s),其值为

$$c_s=\sqrt{G_d/\rho}$$

其中 G_d——土的动剪模量(MPa),

ρ——土的密度(kg/m^3)。

可见,动剪应变作为一个无量纲参数,同时反映了振动荷载的大小(振动速度)和土的动力刚度(剪切波速)的影响。

Vucetic在分析、统计大量不同类型的土在动力或循环荷载作用下室内试验结果的基础上,将土的反映用两个剪应变门槛参数来分类[5],即体积剪应变门槛 γ_{tv} 和线性剪应变门槛 γ_{tl}。分析表明,如果动力荷载作用引起的动剪应变幅值超过体积剪应变门槛 γ_{tv},那么土骨架在短时加载条件下将发生不可恢复的体积变形(塑性变形)。利用这个关系可以评判土在短时、高强度动剪应变作用下的反应,例如强烈地震或爆炸引起的地基振动破坏。体积剪应变门槛 γ_{tv} 的大小和土的种类有关,趋势上,粗颗粒土的体积剪应变门槛低于细颗粒土的相应值。

分析表明,砂类土在排水条件下的体积剪应变门槛 γ_{tv} 的值约为 $2\times10^{-4}\sim4\times10^{-4}$,门槛值的大小受砂土相对密实度 I_D 的影响不明显;在不排水条件下,饱和砂土的体积剪应变门槛值约在 1×10^{-4} 周围,而且受围压和相对密实度大小以及土结构的影响很小。对超固结压力比 $OCR=8$ 的砂土,试验得出的体积剪应变门槛值约为 3×10^{-4},高于同类砂土在 $OCR=1$ 时的相应值。砾类土的室内动力试验表明,其体积剪应变门槛值约为 $0.5\times10^{-4}\sim2\times10^{-4}$。一般趋势,砾类土的体积剪应变门槛值低于砂类土的相应值。对粗颗粒无黏性土,从量级上说一般可将 $\gamma_{tv}=1\times10^{-4}$ 作为其体积剪应变门槛参考值。

对饱和黏性土,例如中、高塑性黏土,当动剪应变超过其体积剪应变门槛 γ_{tv} 时,根据试验前土的加载历史(例如不同的超固结比 OCR 和结构),土样内会出现超静或超静负孔隙水压力。试验研究表明,超固结比 OCR 对黏性土体积剪应变门槛值大小的影响是有限的,而且,随着动力加载时间的增加,超固结比 OCR 较大的土样会从加载初期出现的超静负孔隙水压力逐渐过渡到与正常固结黏土在相同条件下出现的超静孔隙水压力状态。

一般趋势,随着颗粒变细和塑性指数 I_P 的增加,土的体积剪应变门槛值 γ_{tv} 上升,这意味着,与细颗粒土相比,粗颗粒土在相对较低的剪应变水平已出现不可恢复的塑性变形。在统计大量室内试验结果的基础上,Vucetic给出了体积剪应变门槛 γ_{tv} 和塑性指数 I_P 的相关关系[5],见图5.4。由于文献[5]中的统计结果呈现一定的离散性,所以对体积剪应变门槛 γ_{tv} 分别给出了统计结果的平均值 $\gamma_{tv,M}$(红线)和下限值 $\gamma_{tv,U}$(黄线)。对粗颗粒无黏性土($I_P=0$),图5.4还给出了根据表5.1和图5.5统计分析获得的体积剪应变门槛平均值 $\gamma_{tv,M}=1.3\times10^{-4}$ 和下限值 $\gamma_{tv,U}=5.0\times10^{-5}$。

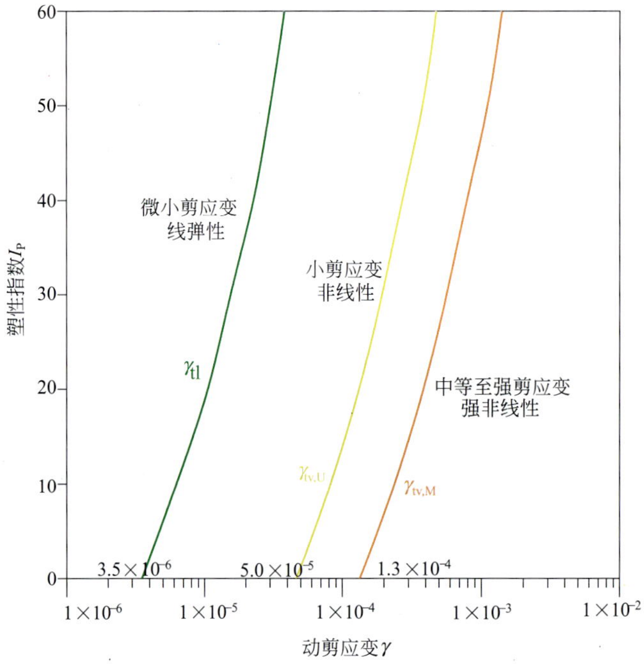

图 5.4　体积、线性剪应变门槛和塑性指数 I_P 的关系

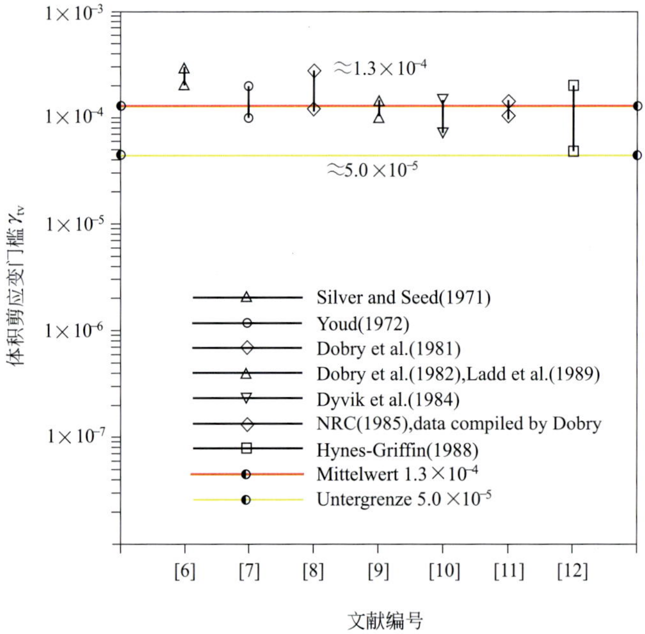

图 5.5　粗颗粒无黏性土体积剪应变门槛 γ_{tv} 统计分析

表 5.1 用于确定体积剪应变门槛统计值 γ_{tv} 的土类和边界条件(粗颗粒无黏性土)

文献编号	作　　者	土　　类	试验种类	土样初时状态 相对密实度和超固结比
[6]	Silver and Seed(1971)	级配较差的干砂	排水(动)循环直剪试验	$I_D=0.45\sim0.80$
[7]	Youd(1972)	饱和砂土试样	排水(动)循环直剪试验	$I_D=0.77$
[8]	Dobry et al. (1981)	饱和砂土试样	不排水动三轴试验	$I_D=0.60$ $OCR=1\sim8$
[9] [13]	Dobry et al. (1982) Ladd et al. (1989)	三种不同饱和砂土试样	不排水动三轴试验	$I_D=0.45\sim0.80$ $OCR=1$
[10]	Dyvik et al. (1984)	两种不同饱和砂土试样	不排水动三轴试验	$I_D=0.20\sim0.60$ $OCR=1$
[11]	NRC(1985)	八种不同饱和砂土试样	不排水动三轴试验	试样状态为松散至密实 采用不同的制样方法
[12]	Hynes-Griffin(1988)	砾土	不排水动三轴试验	$I_D=0.25\sim0.45$ $OCR=1\sim2$

文献[6,8,9,13]的研究表明,体积剪应变门槛值 γ_{tv} 随土的相对密实度 I_D、超固结比 OCR 和静固结压力 σ_0 的增加只有(微)少量的上升,所以它们对解决工程问题的影响居次要地位,一般情况可以忽略不计。对特别重要的工程项目,可以针对具体的土和相应边界条件,通过室内试验确定更为接近实际的体积剪应变门槛值用于设计和评判。

此外,Vucetic 在文献[5]中还给出了与 $\gamma_{tv}-I_P$ 几乎平行的 $\gamma_{tl}-I_P$ 相关性曲线,见图 5.4。借助于线性剪应变门槛 γ_{tl} 曲线,可以区分土的线弹性和非线性反应。如果动剪应变位于线性剪应变门槛 γ_{tl} 的左边,土的反映将呈现线弹性性状。

图 5.6 将一般情况下交通荷载在路基中引起的动剪应变幅值范围与上述体积和线性剪应变门槛值统计值叠加在同一系统上。可见,大多数情况,交通荷载作用下路基中动剪应变幅值小于体积剪应变门槛下限值 $\gamma_{tv,U}$。在某些情况下,其值可处于平均值 $\gamma_{tv,M}$ 和下限值 $\gamma_{tv,U}$ 之间。在列车正常运营条件下,路基的动剪应变多数属于小剪应变范围。高标准高速铁路路基的动剪应变 γ 一般位于 γ_{tl} 和 γ_{tv} 之间。在这样的条件下,尽管每次动力加载循环土体基本上处于非线性弹性范围,但可能已呈现微量的结构变化。如果这种动力加载只是短期的,那么发生的塑性变形量可以忽略不计。在高速铁路无砟轨道路基设计时,人们关心的是,在这类小幅剪应变长期作用下,土骨架是否能够持久保持稳定而不产生轨道系统无法承受的累积附加变形。在长期动力加载条件下,这种微量的塑性变形可能不断累积,某些情况下出现的附加沉降可能会大于系统的允许值。在浅挖低填区段,如果地基是饱和黏性土,在某些情况下还可能产生超静孔隙水压力。

为了限制这类附加沉降或者超静孔隙水压力的出现,保证路基的长期动力稳定性和适用性,有必要引入一个特别的评判准则。

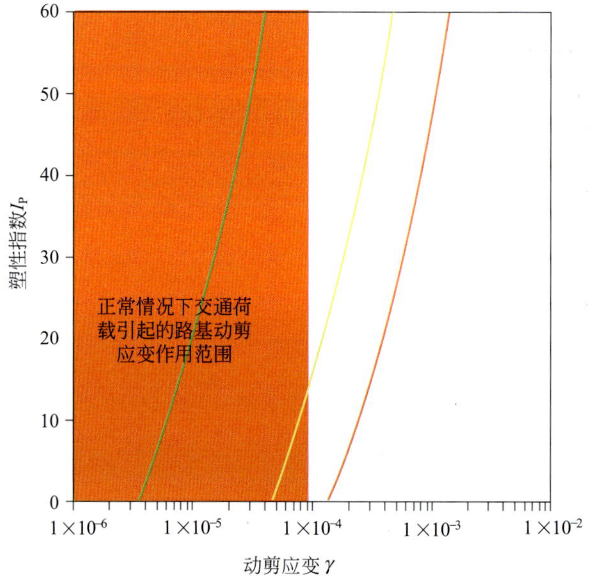

图 5.6 交通荷载作用下路基动剪应变幅值范围和线性、体积剪应变门槛线(γ_{tl},γ_{tv})的对比

可利用线性和体积剪应变门槛γ_{tl}、γ_{tv}初步确定路基在动荷载作用下相应的反映类别:

如果运营时路基的动剪应变幅值γ小于其线性剪应变门槛γ_{tl},那么它的反映将是弹性的,即其长期动力稳定性是有保证的。如果动剪应变γ超过体积剪应变门槛γ_{tv},路基将在短时动力加载条件下发生破坏或出现较大的塑性变形。

如果γ处于γ_{tl}和γ_{tv}之间,那么路基中的土体在长期动力荷载作用下将会发生随时间或循环次数逐渐增加的永久(塑性)变形。这时,路基是否满足长期稳定性要求取决于动剪应变γ的大小。如果运营时路基的动剪应变幅值γ接近线性剪应变门槛γ_{tl},那么塑性变形累计量可能是很小的,路基很可能满足系统的长期稳定性的要求。相反,如果运营时路基的动剪应变γ接近γ_{tv},这个塑性变形累积量可能会较大,在某些情况下满足不了轨道系统对附加变形限值的要求。这时,应该对路基的长期动力稳定性做进一步的研究。

5.2.3 路基动力稳定性分析的方法

以 5.2.2 节的理论为基础,本节给出了铁路路基长期动力稳定性分析的评判准则,见表 5.2。

这里,动力荷载控制参数剪应变γ可采用表 4.5 给出的振动速度合成有效值(保守估计)和式(4.7)确定,一并代入式(5.1)得出:

表 5.2 路基长期动力稳定性评判准则

动剪应变大小($\gamma=v_{res,eff}/c_s$)	$\gamma\leqslant\gamma_{tl}$	$\gamma_{tl}<\gamma<\gamma_{tv}$	$\gamma\geqslant\gamma_{tv}$
土的性状	线弹性	小剪应变 非线性	中等至强剪应变 强非线性
短时动力荷载作用条件下土的稳定性	稳定	稳定	不稳定
长期动力荷载作用条件下土的稳定性	稳定	稳定，如果 $s_N\leqslant s_V$	不稳定
动力荷载作用引起的附加沉降 s_N	无需分析	需要进一步分析	动力失稳破坏

注：s_V 是路基由于交通荷载引起的附加沉降允许值，其大小取决于轨道系统，例如无砟轨道 300 km/h 等级条件下一般为 5 mm，见表 2.3。

$$\gamma=v_{res,eff,z}/c_s \tag{5.2}$$

确定具体填料或土在相应静围压作用下的剪切波波速 c_s 可利用共振柱试验技术。当缺乏试验条件或初步分析时，可用以下公式估计：

$$c_s=\sqrt{\frac{G_d}{\rho}}=\sqrt{\frac{\alpha\cdot\beta\cdot(1-\upsilon)\cdot E_{v2}}{2\rho}} \tag{5.3}$$

式中 E_{v2}——二次变形模量(MPa)；

υ——土的泊松比；

α——动、静荷载条件下土的侧限压缩模量比 E_{sd}/E_s，可参考德国岩土工程学会推荐的经验曲线估计，见图 5.7；

β——非线性折减系数，见图 5.8，当剪应变 γ 在 $3.5\times10^{-6}\sim5\times10^{-5}$ 时约为 1.0～0.8；

ρ——土的密度(kg/m^3)；

G_d——土的动剪模量(MPa)。

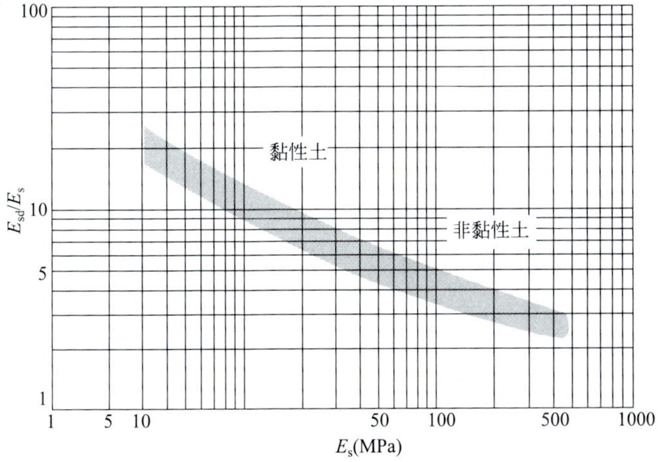

图 5.7 土的动、静侧限压缩模量比(E_{sd}/E_s)与压缩模量 E_s 的相关性[13]

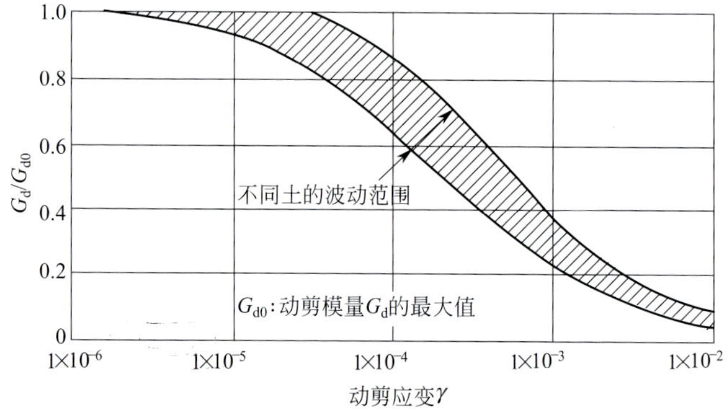

图 5.8　土的归一化动剪模量与动剪应变的关系[14]

式(5.3)的优点在于路基力学参数检测指标 E_{v2} 可直接用于估计其剪切波波速 c_s，而 E_{v2} 值同时反映了土的种类、密实度和填筑碾压方式的综合影响。

从 5.2.2 节的理论分析可见，路基的长期动力稳定性需要利用前述的两个剪应变门槛参数 γ_{tl} 和 γ_{tv}。首先，应分析铁路运营时路基中出现的动剪应变幅值 γ 是否小于体积剪应变门槛 γ_{tv}，然后分析路基在长期动力荷载作用下的塑性变形(附加沉降)是否超过允许值。如果土的动剪应变幅 γ 小于等于其线性动剪应变门槛 γ_{tl}，就不必再进行长期动力荷载下的塑性变形分析。

在初步设计时，如果缺乏具体土的动力试验结果，可以利用图 5.4 的相关关系估计其体积剪应力门槛 γ_{tv}，并核算以下关系：

$$\gamma \leqslant \gamma_{tv} \tag{5.4}$$

技术和经济统一的解答可在满足以下两个条件的范围内寻找，即

$$\gamma_{tl} < \gamma < \gamma_{tv} \tag{5.5}$$

$$s_N \leqslant s_v \tag{5.6}$$

式中　s_N——交通荷载引起的附加沉降(塑性变形)；

s_v——允许的附加沉降，取决于采用的轨道系统。

如果要寻求技术上可靠、经济上合理的方案，例如对路堑区出现中、高塑性黏土确定基床底层是否要换填以及换填深度时，可针对具体的土样进行土动力学室内试验(例如共振柱试验)，以确定其在相应边界条件下接近真实的剪切波波速 c_s、线性和体积剪应变门槛 γ_{tl} 和 γ_{tv}，为路基长期动力稳定性的分析提供可靠的参数。

长期动力稳定性分析的第二步，即式(5.6)的验证是较为复杂的，详见第 6 章。特别是在高速铁路无砟轨道条件下，尽管路基的填筑标准高，但允许的附加沉降非常小，这样的附加沉降量级按目前的技术水平是很难准确计算确定的。所以，一般情况可以通过共振柱技术对土样进行动剪应变作用下的疲劳试验，观察土样在长期循环剪应变作用下的性状，例如动力参数和塑性变形随循环次数或加载时

间变化，以界定土的塑性变形量级并判定其长期动力稳定性。

5.3 动力稳定性分析方法的室内外试验验证

5.3.1 低塑性黏土室内动三轴试验结果分析

本节利用文献[21]报道的某非饱和低塑性黏土室内动三轴试验结果，对动力稳定性分析方法的适用性进行检验。

该动三轴试验采用的试样为人工制成的非饱和低塑性黏土，其基本的土力学参数为：细颗粒含量75%($d \leqslant 0.063$ mm)，液限 $w_L=32.5\%$，塑限 $w_P=19.8\%$，塑性指数 $I_P=12.7$，轻型普氏击实试验参数 $\rho_{Pr}=1.83\ t/m^3$，$w_{opt}=15\%$，最优含水量状态下抗剪强度指标 $c=75\ kN/m^2$，$\varphi=30.5°$。

人工制样以击实试验结果为基础，根据不同的压实度对应的含水量计算确定相应的干土质量。为了保证试样的均匀性，采用了特制圆筒形成样设备。制样过程如下：首先将干土和相应水量混合均匀，并以松铺方式装入圆筒内，然后将两个活塞与土的接触面涂抹减粘剂，并从圆筒两侧同时以 0.225 mm/min 的速度缓慢推进，直至土料达到预计的压缩量(压实度)；试样在约束条件下维持稳定 60 min，以防止过早抽出土样产生反弹变形。成形后试样的尺寸为 $H=100$ mm，$D=100$ mm。试验结果表明，以这种方式制作的试样在三轴试验条件下接近破坏前的变形比较均匀。用于动三轴试验的三组主要试样制样参数为

(1)含水量 $w=10\%$，饱和度 $S_r=47\%$，干密度 $\rho_d=1.72\ t/m^3$；

(2)含水量 $w=15\%$，饱和度 $S_r=84\%$，干密度 $\rho_d=1.83\ t/m^3$；

(3)含水量 $w=18\%$，饱和度 $S_r=47\%$，干密度 $\rho_d=1.76\ t/m^3$。

完成制样后，土样上下分别安放加压板，其与土样接触的表面涂加硅脂以减小界面摩擦。试样在三轴室内受 $\sigma_{3,0}=30$ kPa 围压作用稳定约 1 h，使试样上下与加压板接触均匀，然后对试样施加竖向荷载，使其竖向静压力 $\sigma_{1,0}=50$ kPa。完成对土样施加各向异性静力荷载后，开始叠加竖向正弦式动应力，其幅值分别为 100，150 和 200 kPa。试验竖向动应力频率，除了对含水量为 15% 的试样进行了 $f=1.5$，5 和 15 Hz 的对比研究外，其他情况均采用 $f=5$ Hz。大部分试验的循环总数达到 100 000 次。由于试验时没有测试土样内的孔隙气压和水压，所以分析时以总应力为参数进行。

除了对试样在动力循环加载过程中出现的竖向可恢复(弹性)应变 ε_1^e 和竖向塑性应变 ε_1^p 进行测定外，还采用光学技术实测土的侧向应变(分弹性和塑性两部分)。图 5.9 为根据文献[21]的试验结果整理得出的两个不同含水量条件下，试验循环 10 000 次时实测竖向塑性应变 ε_1^p 和竖向弹性应变 ε_1^e 的关系。如果对这两个试验结果用 $\varepsilon_1^p=C\cdot(\varepsilon_1^e)^n$ 来拟合，可以得出：

$$\varepsilon_1^p = 55 \times (\varepsilon_1^e)^{1.43} \quad (w = 10\%) \tag{5.7-1}$$

$$\varepsilon_1^p = 898 \times (\varepsilon_1^e)^{1.71} \quad (w = 15\%) \tag{5.7-2}$$

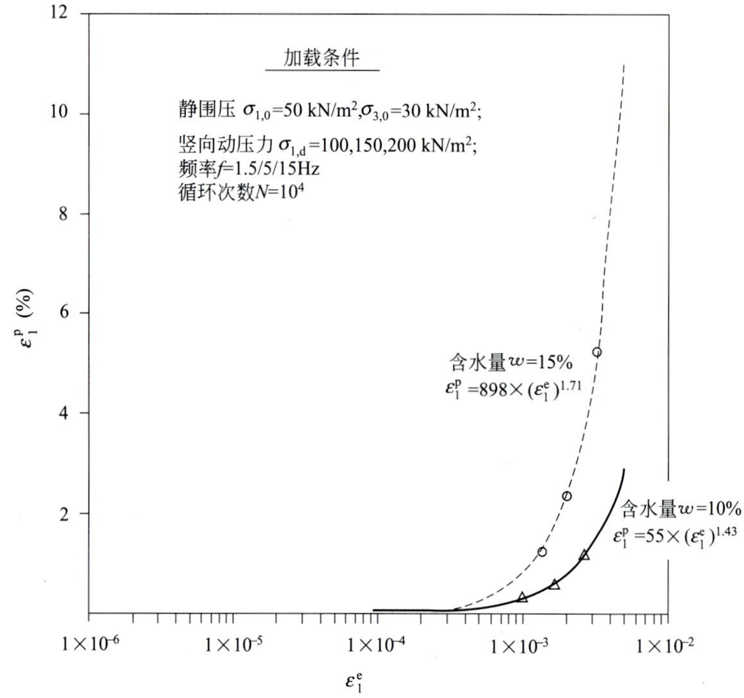

图 5.9　动三轴条件下非饱和低塑性黏土竖向塑性应变 ε_1^p 与弹性应变 ε_1^e 的试验关系(循环次数 N=10 000,根据文献[21]的试验数据整理)

从图 5.9 和以上的拟合公式可见,含水量对该非饱和低塑性黏土在动力荷载作用下的竖向塑性应变有控制性影响。随着土样含水量 w 的增加,竖向塑性应变 ε_1^p 明显上升。根据文献[21],竖向塑性应变可以近似地用 $\varepsilon_1^p = f(w) \cdot (\sigma_{1,d}/\sigma_{3,0})$ 来描述,其中 $f(w) = 2.2 \times 10^{-4} \cdot e^{0.195w}$。与含水量参数 w 相比,振动频率 f 的影响可以忽略。此外,当可恢复应变部分 ε_1^e 达到一定水平时,竖向塑性应变 ε_1^p 增加很快,这个现象将在下文中利用剪应变理论进一步分析。

文献[21]的试验结果还表明,对泊松比参数 υ 来说,土样的含水量 w 影响最大。

$$\upsilon = 0.2 \sim 0.3 \quad (w = 10\%) \tag{5.8-1}$$

$$\upsilon = 0.25 \sim 0.4 \quad (w = 15\%) \tag{5.8-2}$$

$$\upsilon = 0.4 \sim 0.5 \quad (w = 18\%) \tag{5.8-3}$$

众所周知,动三轴技术一般适用于应变幅值大于 1×10^{-4} 的情况。除非土样有明显的破坏迹象,一般情况可视竖向塑性应变 $\varepsilon_1^p = 2\% = 2 \times 10^{-2}$ 为破坏应变的界限。图 5.9 中土样的竖向弹性应变 ε_1^e 为 $1 \times 10^{-3} \sim 3 \times 10^{-3}$,竖向塑性应变 ε_1^p

为 $3\times10^{-3}\sim5\times10^{-2}$。这样的弹性应变量级已明显超过正常情况下高速铁路无砟轨道路基受到的循环动力荷载，而塑性应变量级则远远大于无砟轨道系统能承受的附加变形。所以，动三轴技术一般不适合用于研究以小剪应变为主的高速铁路无砟轨道路基情况。因此，下面只是利用上述动三轴试验结果（中、强应变）拟合的曲线外推小应变情况来分析。这样的做法尽管可靠性不高，但作为对变形趋势的分析仍具有一定的意义。

首先，将动应力作用下的循环剪应变 γ 视为对土样塑性应变 ε_1^p 控制性的参数。利用摩尔应变圆和试验结果可以近似计算土样中的循环剪应变幅值。

$$\gamma\approx\varepsilon_1^e-(-\varepsilon_3^e)=\varepsilon_1^e-(-\upsilon\cdot\varepsilon_1^e)=(1+\upsilon)\cdot\varepsilon_1^e \tag{5.9}$$

代入式（5.7）得出：

$$\varepsilon_1^p=55\times[\gamma/(1+\upsilon)]^{1.43}\qquad(w=10\%) \tag{5.10-1}$$

$$\varepsilon_1^p=898\times[\gamma/(1+\upsilon)]^{1.71}\qquad(w=15\%) \tag{5.10-2}$$

将式（5.10）外推表示在 $\gamma=1\times10^{-6}\sim1\times10^{-3}$ 范围，见图 5.10。可见，当 γ 在 $5\times10^{-5}\sim5\times10^{-4}$ 时，土样的竖向塑性应变 ε_1^p 分别约为 0.0‰～0.8‰（$w=10\%$）和 0.0‰～1.2‰（$w=15\%$）。由循环动力荷载引起的剪应变 γ 和竖向塑性应变 ε_1^p，其量级落在铁路路基长期动力荷载引起的剪应变幅值和附加沉降允许值范围。从图 5.10 可见，长期动力循环荷载作用下，竖向塑性应变 ε_1^p 约在循环剪应

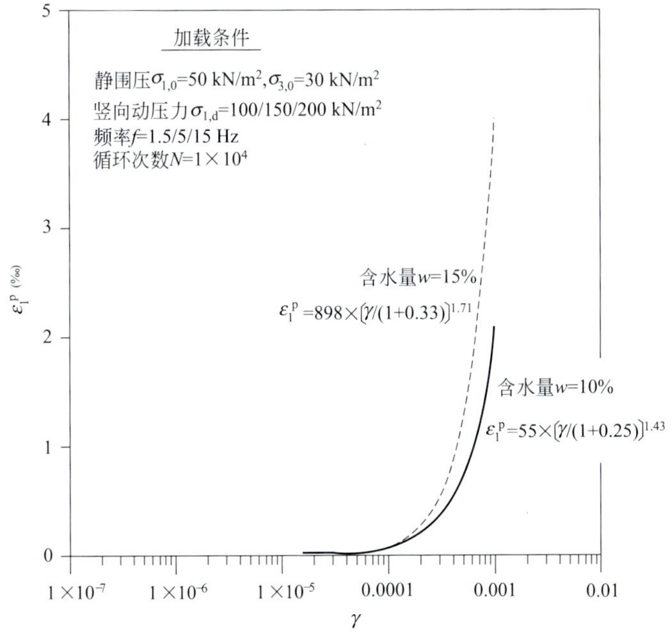

图 5.10 动三轴条件下非饱和低塑性黏土竖向塑性应变 ε_1^p 与剪应变 γ 的关系（根据中、大应变试验结果外推）

变水平 $\gamma\approx6\times10^{-5}$开始出现。所以，这个值可以视为该非饱和低塑性土满足长期动力稳定性要求的剪应变控制值。

根据图 5.4 的相关关系，该低塑性黏土($I_P=12.7$)的体积剪应变门槛平均值和下限值分别可估计为 $\gamma_{tv,M}\approx3\times10^{-4}$ 和 $\gamma_{tv,U}\approx1\times10^{-4}$。所以，满足长期动力稳定性要求的剪应变控制值 $\gamma(\approx6\times10^{-5})$与其比例关系：$\gamma/\gamma_{tv,M}\approx6\times10^{-5}/(3\times10^{-4})\approx1/5$；$\gamma/\gamma_{tv,U}\approx6\times10^{-5}/(1\times10^{-4})\approx3/5$。

在其他条件相同的情况下，含水量对剪应变水平的影响是通过动模量大小体现的。根据文献[21]，该低塑性黏土的动模量与含水量具有十分密切的相关关系，可用 $E_d\approx146-5.4w$ 近似表示，这里，E_d的单位为 MPa，含水量 w 为百分比值。

以上对非饱和低塑性黏土动三轴试验结果的外推分析表明，满足长期动力稳定性要求的循环剪应变幅约为体积剪应变门槛统计平均值和下限值的 1/5 和 3/5。尽管上述分析是基于中等以上应变水平的动三轴试验结果外推得出的，但其趋势和量级基本上与目前的经验一致。

5.3.2 基床底层砂土现场动力稳定性试验结果分析

本节对在德国埃尔富特—莱比锡线路基施工现场进行的动力稳定性试验结果进行分析，以检验前述理论和方法的适用性。

图 5.11 为德国铁路公司委托阿卡迪斯德国公司(当时的特力希勒公司)和克

图 5.11 路基动力稳定性现场试验装置，DYSTAFIT 系统[22-24]

虏伯公司合作开发的移动式路基动力稳定试验装置[22-24]，它由支撑设备、导杆和高频激振器组成。激振器使振动荷载通过圆形钢板（$D=2$ m）均匀地传递到所要试验的路基面。

图 5.12 为试验场地的地基情况。该场地天然地基由 0.5 m 厚的表土、约 1 m 厚的砂性亚黏土以及河流冲积沉积土（主要由级配不良的中、细砂组成，密实度为松散至中密不匀）组成。试验场地的地下水位距离原始地面约 4.5 m。从经验可知，位于动荷载影响范围的中、细砂土，由于其级配均匀（$C_u<3$）并处于松散～中密状态，对动力荷载比较敏感，容易发生颗粒重分布并产生相应的附加沉降。

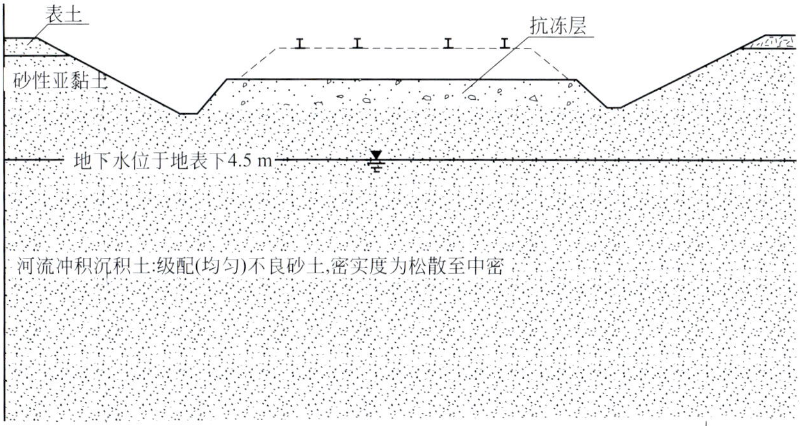

(a) 试验现场地基情况

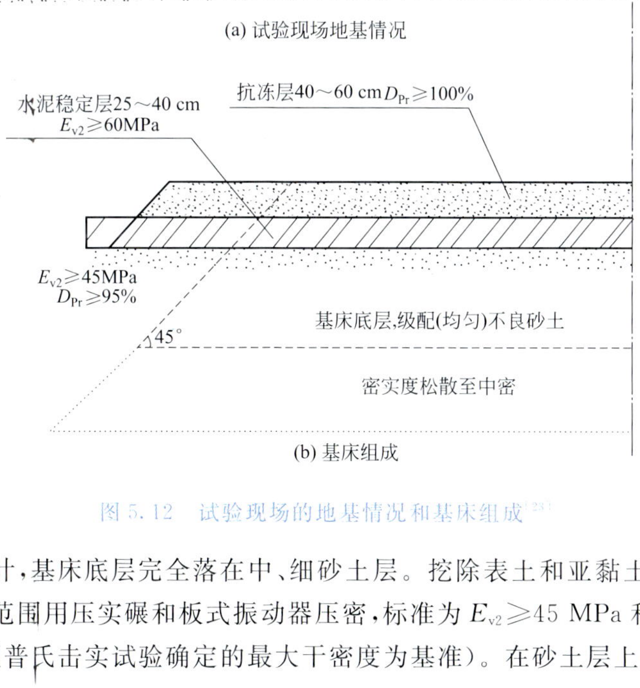

(b) 基床组成

图 5.12 试验现场的地基情况和基床组成[23]

根据设计，基床底层完全落在中、细砂土层。挖除表土和亚黏土层后，砂层土上部 20 cm 范围用压实碾和板式振动器压密，标准为 $E_{v2}\geq 45$ MPa 和压实度 $D_{Pr}\geq 95\%$（以轻型普氏击实试验确定的最大干密度为基准）。在砂土层上面施工一层厚度为 25～40 cm 的水泥稳定层，这个稳定层的标准为 $E_{v2} \geqslant 60$ MPa，它使整个基床底层的动力刚度得以提高并且在完全硬化后可以阻止表面水渗入路基。然后，在水泥稳定层上铺施了一层厚度为 40～60 cm 的抗冻层（级配良好的砾类土 GW），达到的压实度 $D_{Pr} \geqslant 100\%$。文献[23]没有给出该抗冻层达到的力学参数值，下面的分析计算根据德国铁路路基规范（Ril 836）的一般规定采用 $E_{v2} = 120$ MPa。

现场动力稳定性试验是在水泥稳定层凝固时间达一个月以后进行的。试验时，先通过圆钢板给地基面（$D = 2$ m，抗冻层表面）试加约 50～60 kPa 的静力荷载，用以模拟上部（轨道）结构的自重荷载和交通荷载静力部分。然后通过高频激振器逐级施加频率为 25～35 Hz 的正弦式振动荷载，以检测路基的长期动力稳定性。振动荷载分四级施加，每一级振动荷载下的循环次数为 1×10^5。各级荷载下圆钢板实测的有效竖向振动速度分别为：第 1 级：$v_{eff} = 6 \sim 8$ mm/s；第 2 级：$v_{eff} = 15 \sim 20$ mm/s；第 3 级：$v_{eff} = 30 \sim 40$ mm/s；第 4 级：$v_{eff} \geqslant 60$ mm/s。

在下面的分析计算中，将钢板实测振动速度作为抗冻层表面的振动速度来应用。表 5.3 给出了基床底层中、细砂的基本参数，以及由式（5.3）估计的剪切波波速 c_s。分析时，振动速度随深度的变化根据式（4.7）估计，这里只考虑竖向振动速度的有效值。文献[23]给出了衰减系数的实测范围（$a = 3.3 \sim 5.0$ m），计算时取其平均值 4.0 m。

表 5.3　粗粒土抗冻层和基床底层采用的计算参数

参　数	E_{v2} (MPa)	ρ (kg/m^3)	υ	α	β	c_s (m/s)
抗 冻 层	120	2 000	0.33	3.0	0.8	220
基床底层	45	1 800	0.33	5.0	0.8	183

因为没有对基床表层土和基床底层的中、细砂土进行相应的室内动力试验，这里直接采用图 5.4 中的经验关系来估计它们的线性和体积应变门槛：$\gamma_{tv,M} \approx 1.3 \times 10^{-4}$（统计平均值），$\gamma_{tv,U} \approx 5.0 \times 10^{-5}$（统计下限值），$\gamma_{tl} \approx 3.5 \times 10^{-6}$（统计平均值）。

图 5.13 将四个荷载等级下动剪应变随深度变化的计算结果以及这两个门槛以对比的方式表示出来，相应振动荷载下的实测附加沉降 s_N 在图 5.14 给出。实测的附加沉降直接反映了路基在不同等级振动荷载长期作用下的反应，是长期稳定性的具体表征。

在第 1 级荷载作用下，即 $v_{eff} = 6 \sim 8$ mm/s 时，基床表床和底层的控制动剪应变 γ 计算值都小于体积剪应变门槛的统计下限值 $\gamma_{tv,U}$，见图 5.13，约为体积剪应变门槛统计平均值 $\gamma_{tv,M}$ 的 1/4～1/5。荷载作用下的附加沉降收敛很快，循环加载 1×10^5 次后的总附加沉降值仅为约 2 mm，见图 5.14。可见，在第 1 级动力荷载长期作用下，路基具有足够的长期动力稳定性。

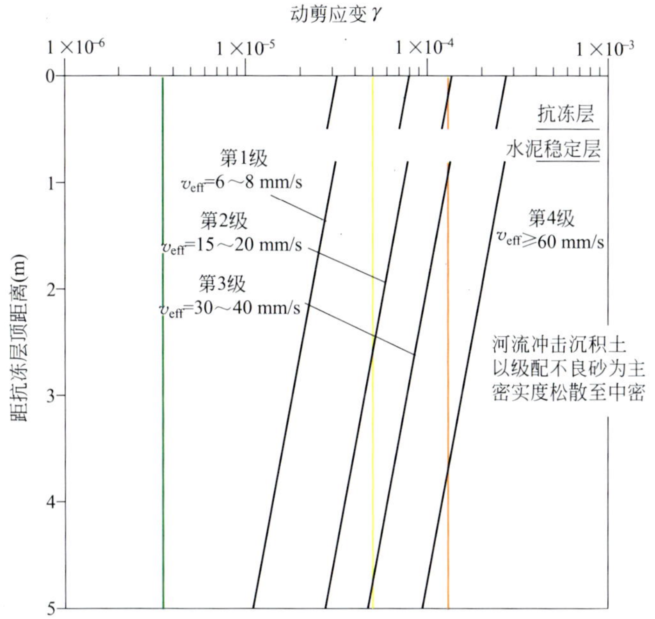

图 5.13 试验现场动力稳定性分析结果

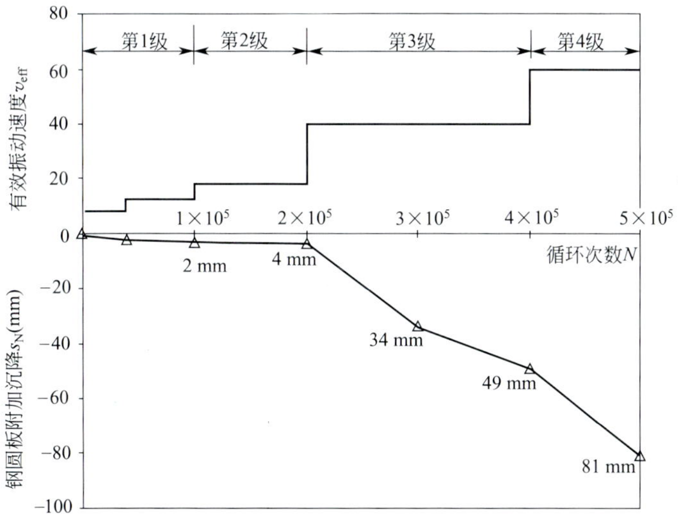

图 5.14 有效振动速度 v_{eff}—附加沉降 s_N 现场试验结果[23]

在第 2 级动力荷载作用下，即 $v_{\mathrm{eff}}=15\sim20$ mm/s 时，基床表层顶部以下约 2.5 m 范围内，动剪应变已超过体积剪应变门槛的统计下限值 $\gamma_{\mathrm{tv,U}}$，约为体积应变门槛统计平均值 $\gamma_{\mathrm{tv,M}}$ 的 3/5。这级动力荷载作用下的附加沉降的增量为 2 mm（循环加载 1×10^5 次)，可见其量级仍然很小且完全收敛，所以路基的长期动力稳定性仍然可以视为满足。

当有效振动速度 v_{eff} 提高到 30～40 mm/s(第 3 级)时，相应的计算动剪应变落在剪应变体积门槛统计平均值 $\gamma_{tv,M}$ 线上。这时，路基直至 5 m 深处，体积剪应变门槛统计下限值 $\gamma_{tv,U}$ 完全被超过。路基附加沉降突然增加很快，在 2×10^5 次循环后一共增加了 45 mm(49－4)，而且与循环次数 N 几乎成线性关系。从图 5.14 可见，在第 2 级和第 3 级荷载之间，塑性变形的速率和大小出现了明显的变化(突变)，即路基发生了很大的附加沉降且没有收敛的迹象。这说明，基床底层的中、细砂土在第 3 级振动荷载的长期作用下，其结构发生了明显的变化，不再稳定。

在第 4 级荷载作用下，路基出现了更大的塑性变形，而且圆钢板周边的土出现了隆起现象，这说明加载圆钢板下的路基出现了冲切滑动，表明所试验的路基已发生完全动力失稳破坏。

以上试验结果的分析可以归纳为：虽然没有具体的室内动力试验结果和完整的现场路基刚度参数作为分析的基础，但采用前述理论和方法分析现场长期动力稳定试验的结果是可行的。该现场长期动力稳定性的控制剪应变幅值约为文献[5]中的体积剪应变门槛统计平均值 $\gamma_{tv,M}$ 的 3/5。

5.4 德铁 Ril 836 标准路基方案动力稳定性分析

德国铁路路基规范(Ril 836)中的无砟轨道 300 km/h 等级标准路基方案见图 5.15，本节对其长期动力稳定性进行分析。

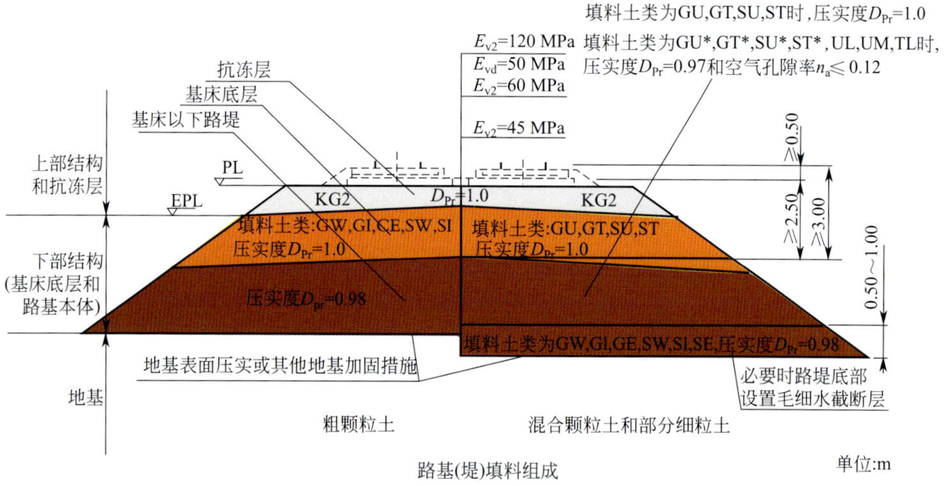

图 5.15 德国铁路路基规范(Ril 836)无砟轨道 300 km/h 等级标准路基横断面

在确定路基参照点(这里指水硬性支承层顶部)有效振动速度合成值 $v_{res,eff,0}$ 时,没有采用保守的 DS 836 值(见表 4.5),而是采用了高标准无砟轨道路基较新的实测结果[34,26]。

$$v_{res,eff,0}=k_1\cdot\exp(k_2\cdot v_e) \tag{5.11}$$

式中 $v_{res,eff,0}$——水硬性支承层顶部有效振动速度合成值(mm/s);

v_e——列车运营速度(km/h);

k_1 和 k_2——经验系数,高标准无砟轨道可采用 $k_1=0.2$、$k_2=0.011$。

假设无砟轨道高速铁路的等级为 300 km/h,参照式(5.11)和式(4.7)可以计算路基各个控制面相应的有效振动速度合成值,见表 5.4。可见,高标准无砟轨道路基中的最大有效振动速度合成值约为 5 mm/s。根据 Ril 836 对路基各层填料的土类、压实度特别是力学参数 E_{v2} 的最低要求(图 5.15),利用式(5.3)以及图 5.7 和图 5.8 的经验关系,得出相应土层的剪切波速度 c_s(保守值),见表 5.5。由此可计算路基中受动力荷载影响最大的基床表层和基床底层的控制动剪应变幅值为 $2.5\times10^{-5}\sim1.8\times10^{-5}$,见表 5.4。

表 5.4 Ril 836 中无砟轨道时速 300 km/h 条件下路基控制高程有效振动速度合成值和相应的剪应变幅值

路基控制面	深度 z (m)	有效振动速度合成值 $v_{res,eff,z}$ (mm/s)	剪应变幅值 γ
水硬性支承层顶部	0	5.4	—
级配碎石抗冻层顶部	≈0.3	5.1	2.3×10^{-5}
级配碎石抗冻层底部	≈0.7	4.7	2.1×10^{-5}
基床底层顶部	≈0.7	4.7	2.5×10^{-5}
基床底层底部	≈2.5	3.3	1.8×10^{-5}

表 5.5 Ril 836 中无砟轨道时速 300 km/h 条件下路基单元各层静态载荷试验二次变形模量 E_{v2} 和剪切波速度估计值 c_s

项 目	E_{v2} (MPa)	ρ (kg/m³)	υ	α	β	c_s (m/s)
级配碎石抗冻层	120	2 000	0.33	3.0	0.8	220
基床底层	60	1 850	0.33	4.0	0.8	186
路基本体	45	1 800	0.33	5.0	0.8	183

根据图 5.4,以非黏性土的体积剪应变门槛统计平均值 $\gamma_{tv,M}=1.3\times10^{-4}$ 为基准,德国铁路路基规范(Ril 836)中无砟轨道 300 km/h 等级标准路基的控制动剪应变幅值与该门槛值的比值约为 1/5。

根据德国经验,按德国铁路路基规范(Ril 836)中 300 km 时速无砟轨道等级标准路基方案进行设计和施工(图 5.15),由运营交通荷载引起的路基附加沉降一般不超过 5 mm,即满足表 2.3 中 $s_N \leqslant s_v$ 的要求。可见,$\gamma \approx 1/5 \cdot \gamma_{tv,M}$ 可视为满足 300 km时速无砟轨道等级路基长期动力稳定的最大剪应变幅值。与此相应的合成有效振动速度值为 5 mm/s (见表 5.4),这个值与德国铁路工程界公认的经验是一致的,即当路基在交通运营荷载作用下的有效振动速度合成值小于 5 mm/s 时,可忽略其对路基长期动力稳定性的影响。

5.5 地基动力失稳案例分析

本书 2.4 节曾对德国柏林—汉诺威无砟轨道线 DK120.3 处路基动力失稳案例的基本情况作了介绍,并初步分析事故是由无砟轨道受非正常动力荷载作用引起的,见图 2.14。本节以 5.2 节的理论和方法为基础,根据文献[27]所述数据,对该案例进行定量的路基动力失稳分析。

图 5.16 为 DK120+283 处地基土层分布、修复方案和地基钻孔灌浆处理效果。以此为基础,根据文献[27]对地基情况的描述(见 2.4 节),将路基沿深度划分为五层,见表 5.6。从表中的轻型动力触探结果 n_k/10 cm 可见,距级配碎石层顶 2.1~5.1 m 处的更新世雪水砂土 SE 不但级配较差而且处于松散状态,对动力荷载特别敏感。根据半理论半经验关系式(5.3)以及相关关系

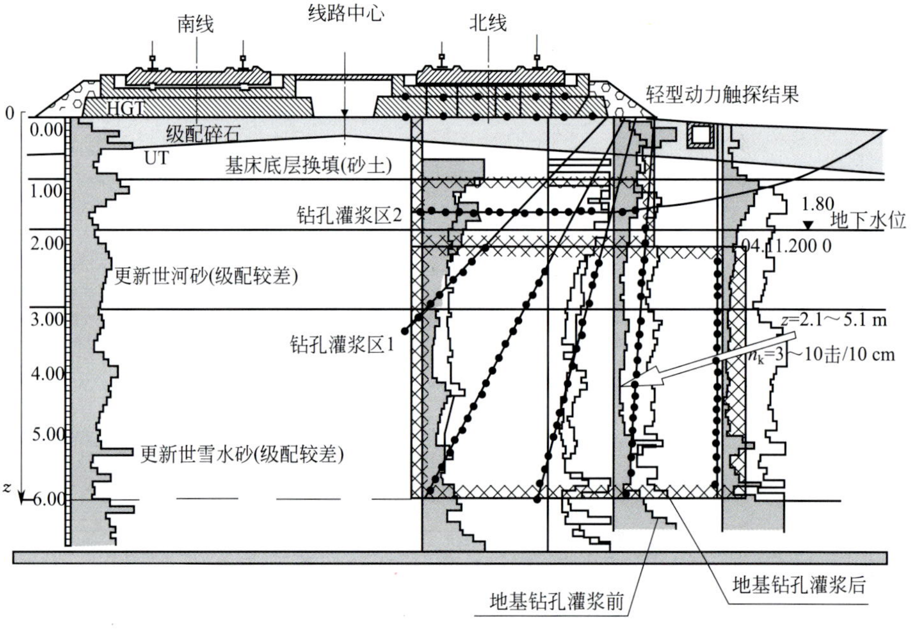

图 5.16　柏林—汉诺威高速铁路无砟轨道 DK120+283 处地基土层分布、修复方案和地基钻孔灌浆处理效果[27]

(图 5.7 和图 5.8),通过迭代计算估计了各层在相应剪应变水平时的剪切波波速 c_s,见表 5.7。

表 5.6 柏林—汉诺威高速铁路无砟轨道 DK120+283 区段路基分层

土层名称	深度 z(m)	E_{v2}(MPa)	n_k/10 cm(击)
级配碎石	0～0.5	≥120	—
基床底层换填(砂土 SE)	0.5～1.0	≥60	—
更新世河砂(砂土 SE,级配较差)	1.0～2.1	≥45	≥15
更新世雪水砂(砂土 SE,级配较差)	2.1～5.1	—	3～10(松散)
更新世雪水砂(砂土 SW-SI,级配较好)	>5.1	—	≥15(中密)

表 5.7 路基各层在相应剪应变水平时的剪切波波速 c_s 估计值

土层名称		ρ (kg/m³)	υ	E_{v2} (MPa)	E_d (MPa)	c_s (m/s)
级配碎石		2 000	0.33	120	—	≈220
基床底层换填(砂土 SE)		1 850	0.33	60	—	≈190
更新世沉积砂(SE)	n_k/10 cm≥15	1 800	0.33	≈45	≈150	≈160
	n_k/10 cm=3～10	1 600	0.40	—	≈70	≈95

有关该案例的振动速度测定,文献[27]只说明了钢轨踏面临时打磨处理后(地基钻孔灌浆处理前),实测合成有效振动速度为 45 mm/s(行车速度 140 km/h)。可以估计,如果列车以该区段设计正常时速 250 km/h 运营,合成有效振动速度要明显高于 45 mm/s。下面的分析将以水硬性支承层顶面合成有效振动速度等于 45 mm/s 为基础进行。利用式(4.7),可以估计该处路基合成有效振动速度沿深度的分布。

$$v_{\mathrm{res,eff},z}=45\cdot\exp\left(-\frac{z+0.3}{5}\right) \tag{5.12}$$

式中 $v_{\mathrm{res,eff},z}$——合成有效振动速度(mm/s);

z——以水硬性支承层底面为起点的深度(m),见图 5.16。

将式(5.12)和表 5.7 路基相应各层剪切波波速 c_s 估计值代入式(5.2),得出地基动应变幅值随深度的变化,见图 5.17 中的黑色粗线。

对本案例路基各层土,没有进行任何室内动力试验以确定其线性和体积应变门槛 γ_{tl}、γ_{tv}。由于涉及的土基本上为非黏性土(砂),所以直接采用图 5.4 中与 $I_P=0$ 相关的值作为分析的基本参数,即 $\gamma_{tv,M}\approx1.3\times10^{-4}$(统计平均值),$\gamma_{tv,U}\approx5.0\times10^{-5}$(统计下限值),$\gamma_{tl}\approx3.5\times10^{-6}$(统计平均值)。这些经验值在图 5.17 分

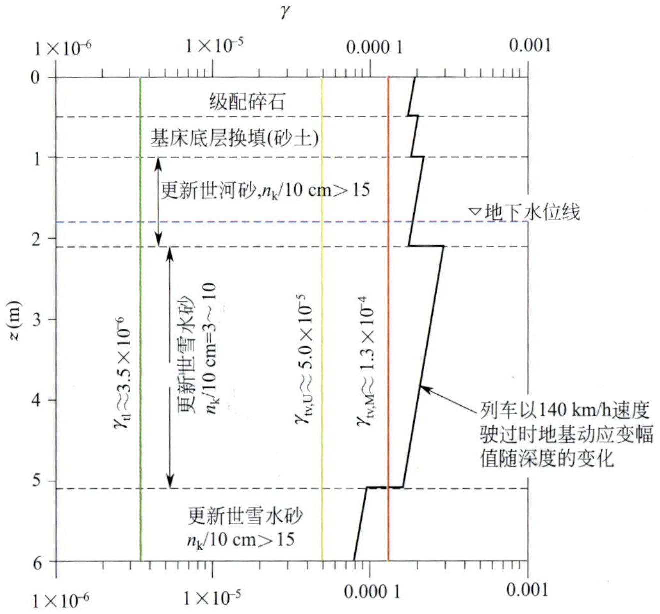

图 5.17　柏林—汉诺威高速铁路无砟轨道 DK120+283 处动力失稳案例分析结果

别用红、黄和绿色实线表示。

图 5.17 的对比分析表明，在确认轨道动力反应异常并对钢轨踏面进行临时处理后，行车速度降为 140 km/h 的情况下，根据实测合成有效振动速度 45 mm/s 计算、估计的路基内动应变幅值已明显超过体积剪应变门槛值 γ_{tv}。其中，路基各层直至 6 m 深范围动剪应变幅值远远超过体积应变门槛统计下限值(图中的黄色实线)，而包括处于松散状态雪水砂在内的土层，其动应变幅值均超过体积剪应变门槛统计平均值(图中的红色实线)，根据 5.2.2 节的理论和表 5.2 的评判准则，在这种情况下，路基将在短期动力加载作用下发生破坏或出现很大的塑性变形(附加沉降)，这就从理论上较为合理地解释了柏林—汉诺威高速铁路无砟轨道 DK120+283 处动力失稳的机理和深层次原因。

5.6 动力稳定性分析方法的工程应用实例

5.6.1 概　　述

德国新建无砟轨道高速铁路纽伦堡—因戈尔斯达特线是欧洲高速铁路网柏林—慕尼黑干线的组成部分，其运营速度为 300 km/h，最高速度为 330 km/h，总长 89 km，2006 年投入运营。

该线路的站前工程分为三个标段，从纽伦堡向南分别为北标段、中标段和南标段，见图 5.18。穿过的地质层系分别为三叠纪、侏罗纪和第三纪沉积土，部分区域被第四纪沉积土覆盖。

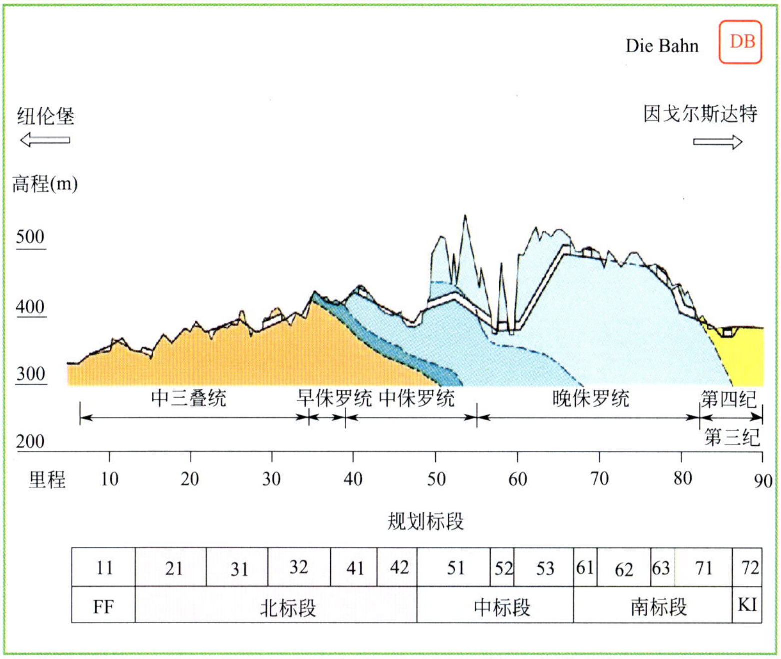

图 5.18　高速铁路无砟轨道纽伦堡—因戈尔斯达特新线地质纵剖面图(德国铁路公司 DB AG)

根据地质勘探和土工试验结果，南标段路堑区基床底层范围内的第三纪沉积土属中、高塑性黏土，见图 5.19。

图 5.19　南标段路堑区基床底层范围第三纪沉积黏土(中塑、高塑)现场(德国高速铁路无砟轨道纽伦堡—因戈尔斯达特线)

根据德国铁路无砟轨道建设的有关规范[2,3]，路基基床部分塑性黏土一般应换填，如果要保留这类塑性黏土，必须在试验研究的基础上证明其长期动力稳定性和适用性，然后报请德国铁路监督管理局 EBA 审查批准(单项准许 ZiE)。为此，德铁委托有关专家开展了大量的试验研究，土的长期动力稳定性是其中的一个专题。

本书作者以 5.2 节理论和方法为基础，应用共振柱试验技术，对上述塑性黏土的长期动力稳定性进行了深入细致的试验研究。在此基础上，给出了评判其长期动力稳定性的现场控制指标。本节详细介绍具体的试验分析过程和结果。

5.6.2 土的基本物理参数和试验方案

首先，对现场取样原状土 5 个试样进行了常规土工试验，其基本土力学参数试验结果列于表 5.8，代表性试样的照片见图 5.20。

表 5.8 常规土力学试验结果

组 别	A 组		B 组		
试样编号	33907	33908	34234	34235	34236
(DIN 18196)土的分类	高塑性土	高塑性土	中塑性土	中塑性土	中塑性土
土密度 ρ(g/cm^3)	2.04	1.94	1.96	1.91	1.99
颗粒密度 ρ_s(g/cm^3)	2.70	2.70	2.58	2.58	2.61
天然含水量 w(%)	22.1	26.1	25.0	27.4	23.5
孔隙率 n(%)	41.0	42.8	39.4	42.0	38.4
孔隙比 e	0.70	0.75	0.65	0.72	0.62
饱和度 S_r(%)	85.7	94.1	99.4	97.6	98.6
液限 w_L(%)	61.8	62.1	43.8	44.0	46.4
塑限 w_P(%)	24.8	24.1	14.7	16.2	18.6
塑性指数 I_P	37.0	38.0	29.1	27.8	27.9
液性指数 I_L	−0.06	0.05	0.40	0.44	0.24

图 5.21 是这 5 个试样的颗粒分布曲线。根据德国工业标准 DIN 18196，它们分别为高塑性黏土(A 组，2 个试样)和中塑性黏土(B 组，3 个试样)。A 组土的饱和度 S_r 为 85.7%～94.1%，B 组为 97.6%～99.4%，相应的液性指数 I_L 分别为 −0.06～0.05 和 0.24～0.44。可见，A 组试样土的状态处在半坚硬～硬塑之间，而 B 组土的状态为可塑。

在试样安装完成后，没有对土样进行进一步的人工饱和，试验是在天然含水量条件下进行的。本研究的主要试验手段为共振柱技术，基本的试验方案和边界条件归纳如下：

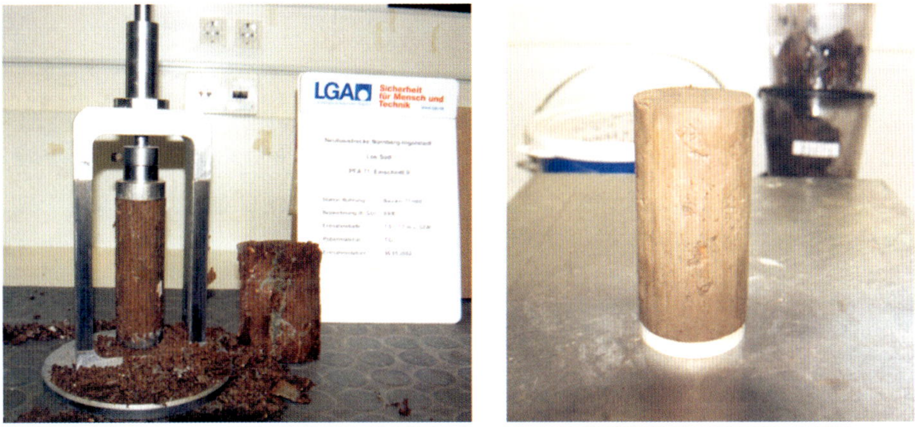

(a) 中塑性土,土样编号No.33908　　(b) 高塑性土,土样编号No.34235

图 5.20　第三纪沉积黏土,试验用代表性土样

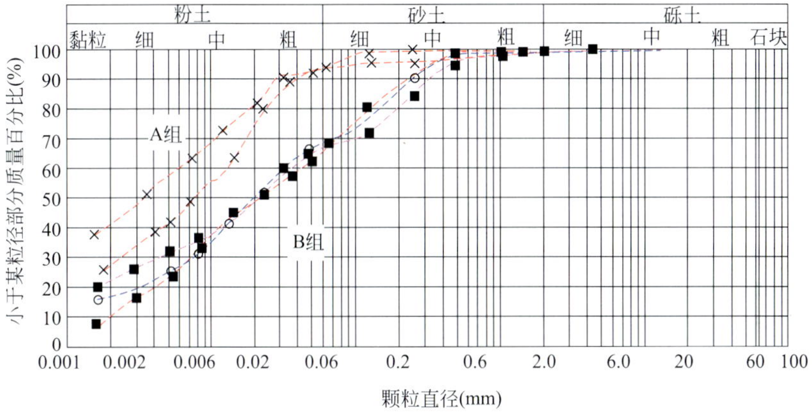

图 5.21　第三纪沉积黏土颗粒分布曲线

(1)根据上部结构自重和轮轴荷载估计土的最小静围压 σ_s 约为 35 kPa(最不利条件,即不考虑换填),试样在这个围压作用下经过 24 h 完成固结。

(2)动剪应变试验采用分级技术确定土动力学基本参数剪应变 γ 从 1×10^{-6} 逐步提高到 1×10^{-3}。

(3)等剪应变短时动力试验,确定土的体积剪应变门槛 γ_{tv},每级加载持续时间 t 为 10 s(从剪应变到达设定值时起算)。

(4)等剪应变疲劳动力试验加载持续时间 $t>1\ 000$ min,约为 3×10^6 次循环。

试样完成固结后,动力加载以 $\gamma=1\times10^{-6}$ 开始逐级提高。每级荷载下首先通过调整激振频率,使试样达到共振状态,以确定其相应的一级共振频率,然后在相应的剪应变作用下使试样受载 10 s，同时测定试样的竖向塑性变形 $\Delta\varepsilon_1^p$。以这种方式继续下一级剪应变水平的试验，直至理论分析所估计的运营状态控制剪应变水平。完成短时动力试验后，让试样在静围压作用下稳定 24 h，以部分消除短时剪切对其结构的损伤和影响，使试样在长期动力试验前基本恢复其结构。

根据短时动力试验的结果，即 c_s—γ 关系，计算确定相应条件下路基基床底层顶部区域在运营条件下的控制剪应变幅值，然后以该值为基础进行相应的动力疲劳试验。

完成运营条件下控制剪应变幅值动力疲劳试验后，继续短时动力试验，即在动剪应变大于运营条件时的控制剪应变幅值情况下，分级施加直至共振柱设备所能达到的最大剪应变。这样，短时动力试验结果 c_s—γ 关系曲线得以完整。

等剪应变短时和疲劳动力试验时，试样底部的滤石和排水阀门始终打开。在短时动力试验条件下，由于所试验的土渗透性很小，加载时间很短($t\approx10$ s)，可以视其为完全不排水条件。而动力疲劳试验时($t>1\,000$ min)，尽管试样在加载初期处于不排水状态，当加载到一定时间后，试样内部出现的孔隙水压力通过滤石和排水阀门发生局部排水是可能的。由于列车运营时的动力荷载是间歇性的，用完全不排水条件过于保守，所以这里采用了折中方案。

5.6.3 土动力学基本参数试验结果分析

5.6.3.1 剪切波波速 c_s 和动剪模量 G_d

短时动剪应变作用下共振柱试验确定的基本土动力学参数，即剪切波波速 c_s 和动剪模量 G_d 与动剪应变幅值的关系，分别表示在图 5.22 和图 5.23 中。可见，当剪应变很小时($\gamma\approx 1\times10^{-6}$)，A 组试样的剪切波波速 c_s 为 200～225 m/s，B 组为 125～130 m/s。围压 $\sigma_s=35$ kPa 下的最大动剪模量分别为 80～97 MPa(A 组)和 30～34 MPa(B 组)。随着动剪应变幅值的提高，剪切波波速 c_s 和动剪模量 G_d 逐渐下降。当动剪应变幅值约为 5×10^{-4}时，剪切波波速分别下降到 139～154 m/s(A 组)和 28～75 m/s(B 组)，相应的动剪模量分别为 37～47 MPa(A 组)和 1.6～10.2 MPa(B 组)。

5.6.3.2 剪应变门槛 γ_{tv} 和 γ_{tl}

土的体积剪应变门槛 γ_{tv} 主要根据试样在每级剪应变短时动力作用下是否出现竖向塑性变形来确定，因为它们直接表征了在相应剪应变短时作用下土结构是否发生了变化。作为比较，在分析时还利用了文献[5]中给出的经验关系作为辅助准则，即体积剪应变门槛约在 G_d—γ 关系中 $G_d/G_{d,max}$ 为 0.6～0.85，以这个方式确定的门槛值 γ_{tv} 比直接根据塑性变形准则确定的值稍微低一些。

图 5.24 和图 5.25 代表性地给出了 33907 号试样按照以上两个标准确定的

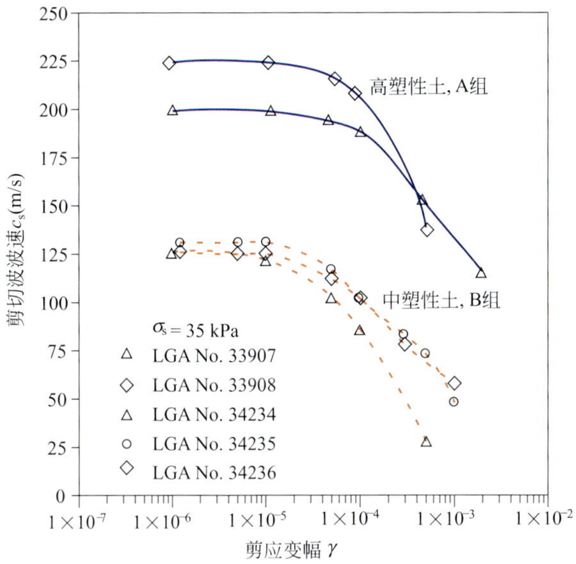

图 5.22 剪切波速 c_s 与剪应变幅 γ 的关系

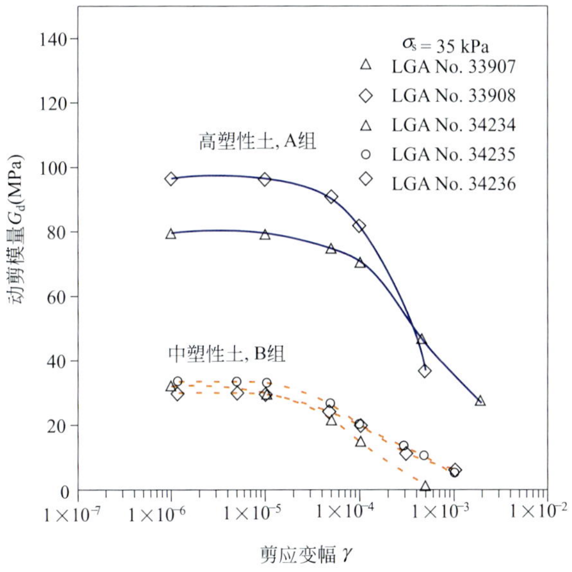

图 5.23 动剪模量 G_d 与剪应变幅 γ 的关系

γ_{tv}。可见，当剪应变幅值从 1×10^{-6} 逐级加大到 1×10^{-4} 时，试样没有发生竖向塑性变形，而当剪应变幅值提高到 4.5×10^{-4} 时，10 s 加载后发生的竖向塑性变形 $\Delta\varepsilon_p^1$ 约为 1.5‰。根据这个结果，体积剪应变门槛 γ_{tv} 应为 $1\times10^{-4}\sim4.5\times10^{-4}$，确定为 2.5×10^{-4}，这与根据文献[5]给出的经验关系平均值确定的体积剪应变门槛

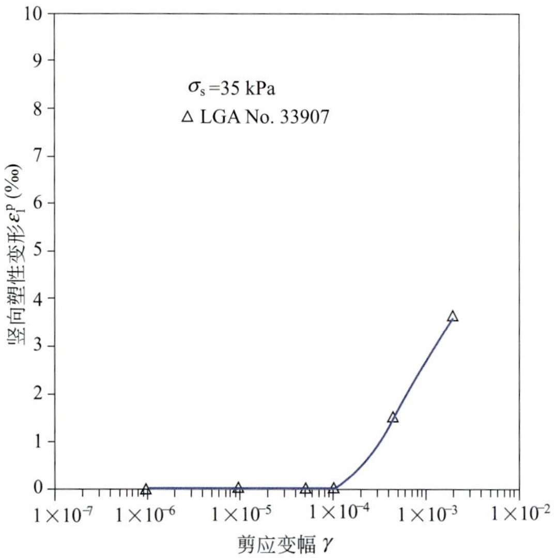

图 5.24　33907 号土试样在剪应变短时作用下的竖向塑性变形试验结果

γ_{tv}基本一致，见图 5.25。

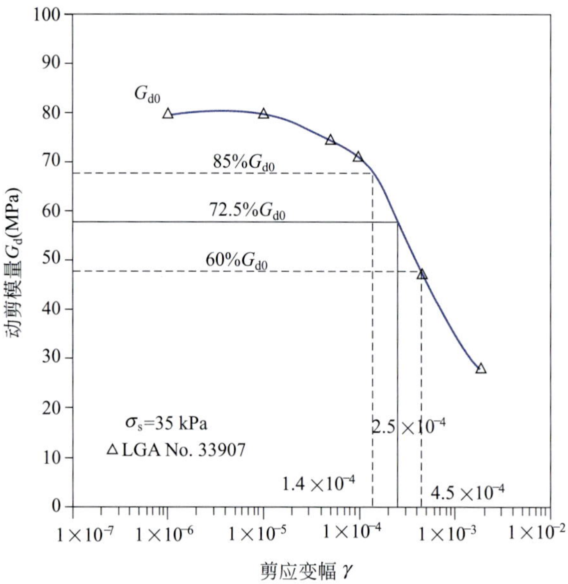

图 5.25　以文献[5]的经验关系为辅助准则确定体积剪应变门槛 γ_{tv}

图 5.26 给出了所有 5 个试样各级剪应变短时加载(t=10 s)后测得的竖向塑性变形，可见，转折点或者说体积剪应变门槛 γ_{tv} 与试样的状态(液性指数 I_L)关系

并不大，它们基本处于 2×10^{-4}～3×10^{-4} 的范围。

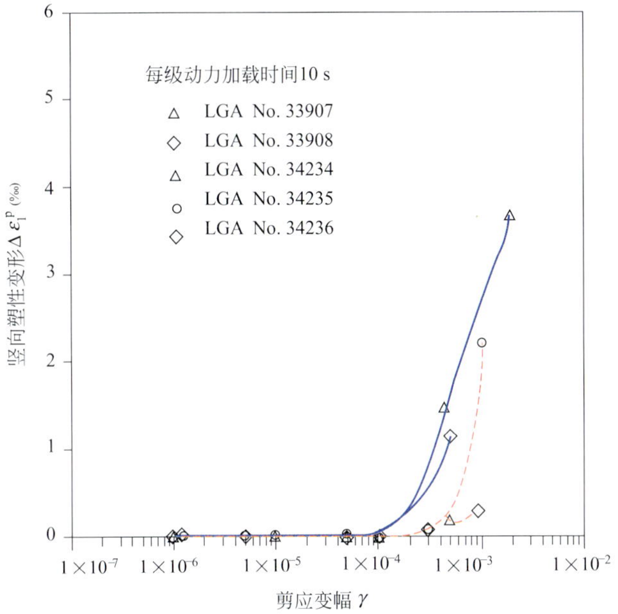

图 5.26 剪应变短时作用下五个试样的竖向塑性变形试验结果

确定线性剪应变门槛采用了以下方式，即 γ_{tl} 等于 G_d—γ 关系曲线上动剪模量 G_d 开始发生微小下降时的剪应变值。由图 5.22 得出线性剪应变门槛 γ_{tl} 分别为 1×10^{-5}（A 组）和 5×10^{-6}（B 组）。

将以上根据短时共振柱试验得出的两个剪应变门槛值 γ_{tv} 和 γ_{tl} 标示在文献[5]给出的统计曲线上，见图 5.27，可以得出以下结论：对所研究的中、高塑性黏土，体积剪应变门槛 γ_{tv} 试验结果处于文献统计下限值和平均值之间，靠近下限值。线性剪应变门槛 γ_{tl} 与文献[5]的统计曲线基本平行，但小于它们的平均值。

5.6.4 反复(疲劳)剪切试验结果分析

根据 5.2.3 节的内容，评判路基动力稳定性的基本参数动剪应变取决于有效合成振动速度 $v_{res,eff}$ 和土的剪切波波速 c_s，见式(5.2)。这意味着，在相同的合成有效振动速度作用下，由于土的动刚度（这里为剪切波波速 c_s）不同，运营条件下的剪应变幅值是不同的。根据 5.6.3 节中介绍的试验结果，可以计算确定所研究的塑性黏土在无砟轨道 300 km 时速下的动剪应变控制值为（详见 5.6.5 节）5×10^{-5}（A 组）和 2×10^{-4}（B 组）。第二阶段的试验研究是以这两个动剪应变幅值为基础进行动力疲劳试验（循环剪切试验）的。

图 5.28 为 A 组试样在 $\gamma=5\times10^{-5}$ 和 $\gamma=1\times10^{-4}$ 剪应变反复作用下，其一级

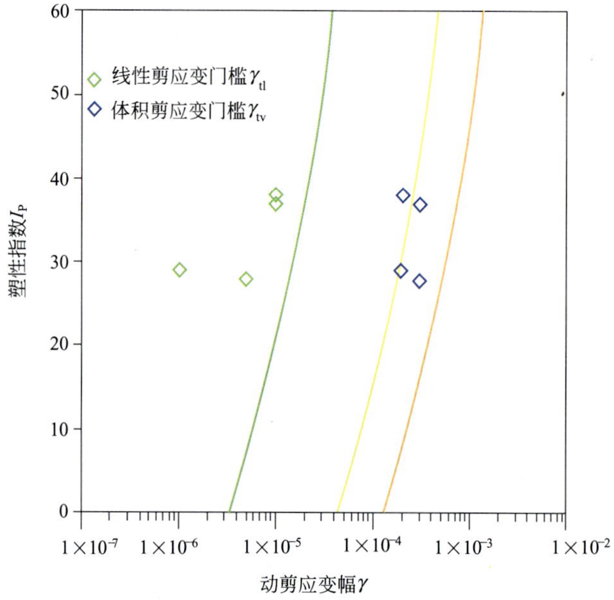

图 5.27　剪应变门槛 γ_{tv} 和 γ_{tl} 的试验结果与文献[5]中统计结果的比较

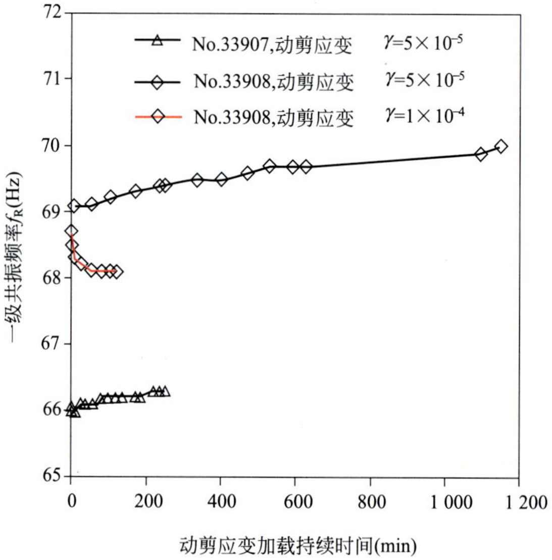

图 5.28　试样一级共振频率随动剪应变加载持续时间变化的试验结果

共振频率 f_R 随时间的变化。可见，当剪应变为 5×10^{-5} 时，随加载时间的增加，试样的一级共振频率（反映土的动刚度）稳定并略有增加，这意味着土样的结构没有发生明显的变化且略有硬化。与此相反，当剪应变幅为 1×10^{-4} 时，试样的一级共振频率随加载持续时间出现下降现象，这个衰减表征了土结构在长期动剪应变作用下发生了一定的变化。

图 5.29 为 33908 号试样在动剪应变为 5×10^{-5} 和 1×10^{-4} 作用下的实测竖向塑性应变随加载持续时间的变化。可见，试样在 $\gamma=1\times10^{-4}$ 反复作用下的塑性变形明显大于 $\gamma=5\times10^{-5}$ 的情况，而且没有收敛的迹象。这就是说，A 组试样（高塑性黏土）在 $\gamma=5\times10^{-5}$（即 $\gamma/\gamma_{tv}\approx1/5$）长期作用下，土的结构是稳定的，而当 $\gamma=1\times10^{-4}$（即 $\gamma/\gamma_{tv}\approx2/5$）时，其长期稳定性就不一定能够得到保证。B 组试样的试验结果也有类似的趋势。

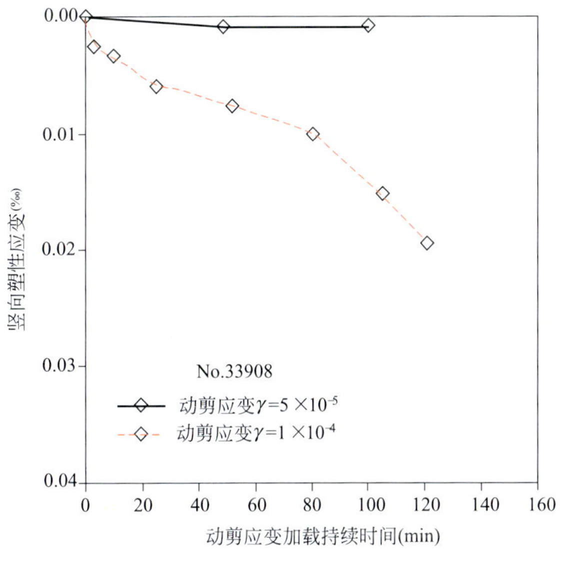

图 5.29　在不同动剪应变作用下竖向塑性应变与加载持续时间的关系

总结起来说，利用共振柱试验技术确定黏性土试样的长期动力稳定性，应同时考虑两个准则：

(1)在加载初期，试样不出现动刚度（一级共振频率）随时间下降的现象；

(2)在动剪应变持续作用下，试样竖向塑性变形很小且呈收敛趋势。

对所试验的第三纪沉积土（中、高塑性黏土）可以得出以下结论：

在 $\gamma=5\times10^{-5}$ 动剪应变的长期作用下，其结构是稳定的，这个剪应变幅值约为短时动力试验确定的体积剪应变门槛 γ_{tv} 的 1/5。表 5.9 是最重要的试验结果汇总。

表 5.9 动力稳定性试验结果

组 别	A 组	B 组
土的分类(DIN 18196)	高塑性土	中塑性土
土密度 ρ(g/cm^3)	1.94 ~ 2.04	1.91 ~ 1.99
液性指数 I_L	0.05～－0.06(硬塑～半坚硬)	0.44～0.24(可塑)
$c_{s0}(\gamma\leqslant10^{-6})$	200～225 m/s	125～130 m/s
$G_{d0}(\gamma\leqslant10^{-6})$	80～97 MPa	30～34 MPa
$c_s(\gamma\approx5\times10^{-4})$	139～154 m/s	28～73 m/s
$G_d(\gamma\approx5\times10^{-4})$	37～47 MPa	1.6～10.2 MPa
γ_{tv}	2.6×10^{-4}(平均值)	2.6×10^{-4}(平均值)
γ_{tl}	1×10^{-5}(平均值)	5×10^{-6}(平均值)
长期动力稳定性	在 $\gamma\leqslant5\times10^{-5}(\gamma/\gamma_{tv}\approx1/5)$ 长期作用下土结构保持稳定 在 $\gamma\geqslant1\times10^{-4}(\gamma/\gamma_{tv}\approx2/5)$ 长期作用下土结构发生变化	在 $\gamma\geqslant1\times10^{-4}(\gamma/\gamma_{tv}\approx2/5)$ 长期作用下土结构发生变化

5.6.5 路基长期动力稳定性分析和现场评判指标

下面以 5.6.3 节和 5.6.4 节描述的试验结果为基础，利用剪应变理论对该工程南标段路堑区基床底层第三纪沉积黏土是否可以保留进行长期动力稳定性分析，横断面见图 5.30。

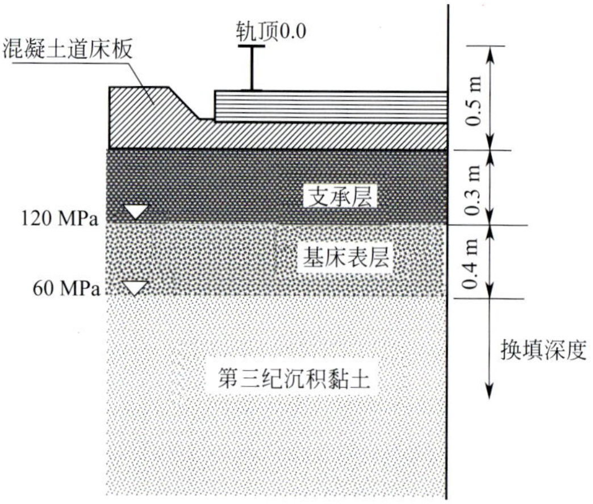

图 5.30 路堑区第三纪沉积黏土长期动力稳定性分析横断面示意图

分析以下列给定条件为出发点：

(1)上部结构为无砟轨道；

(2)运营速度 300 km/h；

(3)轮轴荷载 20 t;

(4)支承层顶部合成有效振动速度 $v_{res,eff,0}=12$ mm/s,见表 4.5;

(5)衰减系数 $a=5$。

假设基床底层的土为第三纪沉积高塑性黏土(A组),其状态处于半坚硬与硬塑之间。计算时采用的剪切波波速为 $c_s=190$ m/s,见图 5.22,相应的控制动剪应变幅值 γ 为 5.8×10^{-5}。线性和体积剪应变门槛 γ_{tl}、γ_{tv} 的统计下限值和试验值(5.6.3 节)以及运营条件下计算剪应变幅值随深度的变化,一同表示在图 5.31 中。可见,体积剪应变门槛的试验值 γ_{tv} 和文献统计下限值 $\gamma_{tv,U}$ 基本一致(分别为 2.6×10^{-4} 和 2.5×10^{-4}),而线性剪应变门槛试验值 γ_{tl} 试验值小于文献值(分别为 1×10^{-5} 和 2×10^{-5})。运营条件下动剪应变控制值 γ 与 γ_{tl} 和 γ_{tv} 的关系为

$$\gamma_{tl}=1\times10^{-5}<\gamma=5.8\times10^{-5}<\gamma_{tv}=2.6\times10^{-4}$$

$$\gamma_{tl}/\gamma\approx1/5,\gamma/\gamma_{tv}\approx1/5,\gamma_{tl}/\gamma_{tv}\approx1/25$$

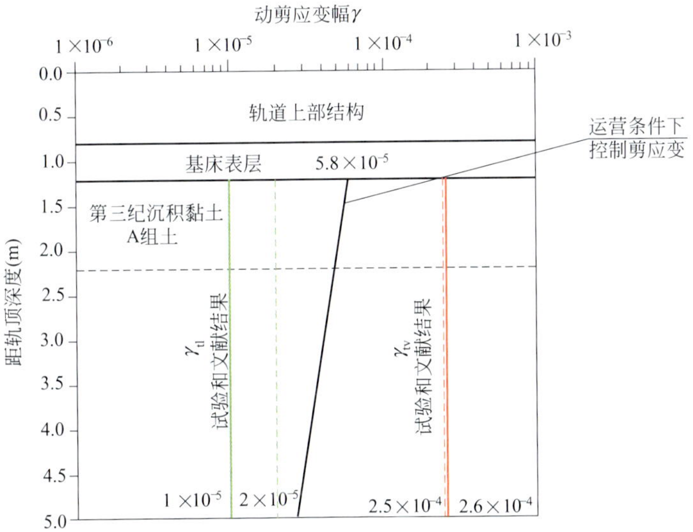

图 5.31 运营条件下剪应变幅值与体积剪应变门槛 γ_{tv} 和线性剪应变门槛 γ_{tl} 试验、文献结果的对比(A组黏土)

在此情况下,根据 5.2.3 节提出的方法,或直接证明附加沉降 $s_N\leqslant s_v=5$ mm,或通过室内循环(疲劳)剪切试验确定土的结构是否长期稳定。5.6.4 节的试验结果表明,A组黏土($I_L=-0.06\sim0.05$),其结构在剪应变 $\gamma=5\times10^{-5}$ 的长期作用下是稳定的。这就是说,单纯从长期动力稳定性角度看,A组黏土可以保留,不必换填。

在分析B组黏土($I_L=0.24\sim0.44$)时,应用图 5.22 的试验结果 $c_s=63$ m/s,其相应的剪应变幅 γ 约为 2×10^{-4}。计算得出的运营条件下动剪应变幅 γ 随深度的变化见图 5.32,图中同时给出了相应的剪应变门槛试验值和文献统计下限值。

可见，运营条件下控制剪应变幅值 $\gamma=2\times10^{-4}$ 与体积剪应变门槛试验值 $\gamma_{tv}=2.6\times10^{-4}$ 很靠近（即 $\gamma/\gamma_{tv}\approx4/5$）。5.6.4 节的动力剪切疲劳试验结果（见表 5.9）表明，当剪应变幅 $\gamma\geqslant1\times10^{-4}$，即 $\gamma/\gamma_{tv}\geqslant2/5$ 时，B 组黏土的长期动力稳定性不能满足要求。

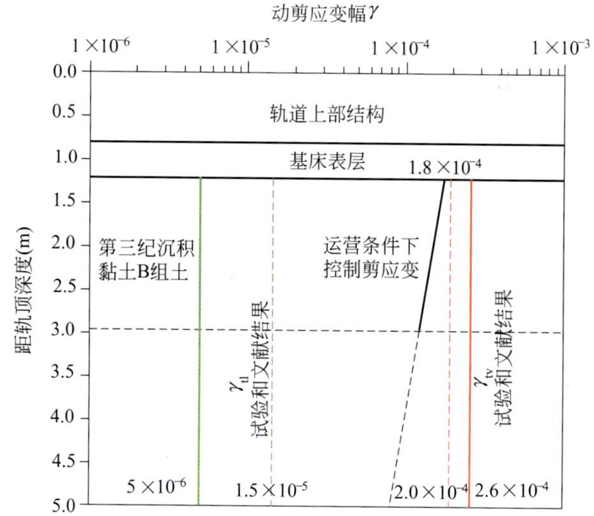

图 5.32　运营条件下控制剪应变与体积剪应变门槛 γ_{tv} 和线性剪应变门槛 γ_{tl} 试验、文献结果对比（B 组黏土）

比较表 5.8 和表 5.9 中 A、B 组黏土的基本土力学参数，并结合以上分析可以确定，对所研究的中、高塑性黏土来说，液性指数 I_L 表征的黏土状态对其长期动力稳定性起控制作用。这是因为，黏土的状态对其动刚度（剪切波波速 c_s）影响很大，进而对运营条件下的动剪应变大小起控制作用。根据这个试验结果，可以给出这类土不换填的现场控制条件为 $I_L\leqslant0.0$ 和 $\rho\geqslant1.95\ g/cm^3$。

在进行共振柱试验前，为了满足工程施工进度的要求，曾利用 5.2.3 节建议的近似方法，通过计算估计了第三纪沉积中、高塑性黏土满足基床底层长期动力稳定性要求的力学参数指标：$E_{v2}\geqslant60$ MPa。如果以 5.6.3 节和 5.6.4 节的共振柱试验结果为基础，即其长期动力稳定性控制剪应变幅应小于等于 $1/5\cdot\gamma_{tv}$，那么利用式（5.3）和 5.2.3 节的经验关系反算推出的路基力学参数指标为 $E_{v2}\approx60$ MPa。可见，两者的大小基本相同。所以，对所研究的第三纪沉积中、高塑性黏土，现场可同时采用以下三个控制条件保证基床底层的长期动力稳定性。

$$I_L\leqslant0.0 \tag{5.13-1}$$

$$\rho\geqslant1.95\ g/cm^3 \tag{5.13-2}$$

$$E_{v2}\geqslant60\ MPa \tag{5.13-3}$$

5.6.6 试车和运营阶段路基实测动力稳定性分析

前面详细介绍了长期动力稳定性理论和方法在无砟轨道高速铁路纽伦堡—因戈尔斯达特线南标段路堑区的工程实际应用。这项工程研究为解决该标段基床底层区域第三纪沉积土(中、高塑性黏土)的去留问题(是否换填)提供了科学依据,这个方法在该线北标段路堑区也得到了应用。

为了监测路基在运营条件下的长期动力稳定性,同时验证理论和试验方法的合理性,在该线北标段基床底层范围局部保留中、高塑性黏土的区段布置了两个监测断面,测试项目包括三向拾振器、三点沉降计和土压力盒,测试深度至轨顶以下约 4 m。

从 2006 年初开始的试运营 4 个月到正式运营 5 个月,这 9 个月内一共进行了三次测试。试运营时的车型为 ICE-S,正式运营时的车型为 ICE 3 和 ICE-T. 7。测试时,行车速度根据不同情况为 160～330 km/h。第三次测试结果表明,当行车速度为 297 km/h 时,基床和路基范围合成有效振动速度 $v_{res,eff}<5$ mm/s,低于 DS 836 给出的 12 mm/s。从 2005 年 12 月 1 日初测到 2006 年 9 月 12 日第二次复测,其中 4 个月为试运营,9 个月累计的无砟轨道附加沉降小于 1 mm。

2002 年 8 月,德国投入运营的另一条无砟轨道高速铁路科隆—莱茵/美因线路基动力测试结果表明[31-33],对基床底层第四纪可塑状黏土采用 2%～4% 水泥石灰混合改良的区段(改良厚度为 0.7 m),当行车速度在 140～326 km/h 时,基床和路基范围合成有效振动速度 $v_{res,eff}<3$ mm/s,沿深度衰减不明显。至 2004 年 9 月,交通荷载引起的累计附加沉降基本保持在测量精度以内(<1 mm)。

截至目前的工程经验,以德国铁路路基规范(Ril 836)为原则设计的 300 km/h 等级纽伦堡—因戈尔斯达特线无砟轨道,运营状态下路基的振动和附加沉降都很小。可以初步推测,根据本章长期动力稳定性理论和试验方法确定的基床底层范围局部保留中、高塑性黏土的现场控制条件是合适的。高标准设计和施工的路基一方面保证了线路的平顺和稳定,同时使路基在运营交通荷载作用下的振动明显减小,这又为减小附加沉降、保证路基的长期动力稳定性提供了十分有利的条件。

5.7 总结和评述

本章从土动力学原理出发,对高速铁路路基具有普遍意义的第一类长期动力稳定性问题,提出了以动剪应变为控制参数的理论和方法,并给出了具体的分析步骤。

在此基础上,首先利用文献中的室内外试验结果,对该理论和方法的适用性进行了验证，然后应用该理论对高速铁路无砟轨道路基的工程经验包括动力失稳案例进行了分析和检验，最后利用共振柱试验技术，将该理论和方法应用于无砟轨道高速铁路纽伦堡—因戈尔斯达特线工程，为确定第三纪沉积黏土的长期动力稳定性以及换填指标提供了科学依据。

表5.10列出了以上这些分析得出的路基长期动力稳定性条件。如果以图5.4的统计相关关系平均值$\gamma_{tv,M}$为基准，符合路基长期动力稳定的条件为$\gamma/\gamma_{tv,M}\approx 1/5\sim 3/5$。

表5.10　动剪应变理论和方法适用性的验证、工程经验分析和工程应用结果汇总

目　　的	项　　目	土　　类	体积剪应变门槛值 γ_{tv}*	路基长期动力稳定条件
验证理论和方法的适用性	室内动三轴试验（文献[21]）	非饱和低塑性黏土，$I_P\approx 13$	$\gamma_{tv,M}=3\times 10^{-4}$ $\gamma_{tv,U}=1\times 10^{-4}$	$\gamma/\gamma_{tv,M}\approx 1/5$ $\gamma/\gamma_{tv,U}\approx 3/5$
	现场动力试验DYSTAFIT（文献[23]）	级配较差的河流冲积砂土(SE)松散至中密状态	$\gamma_{tv,M}=1.3\times 10^{-4}$ $\gamma_{tv,U}=5\times 10^{-5}$	$\gamma/\gamma_{tv,M}\approx 3/5$
工程经验的检验和分析	Ril 836无砟轨道300 km/h等级标准路基方案	基床表层和底层为粗颗粒土(GW,GI,GE,SW,SE)	$\gamma_{tv,M}=1.3\times 10^{-4}$ $\gamma_{tv,U}=5\times 10^{-5}$	$\gamma/\gamma_{tv,M}\approx 1/5$
	无砟轨道路基动力失稳案例（文献[27]）	级配较差的更新世河砂(SE)松散状态	$\gamma_{tv,M}=1.3\times 10^{-4}$ $\gamma_{tv,U}=5\times 10^{-5}$	—
工程应用实例	时速300 km无砟轨道路堑区塑性黏土换填	中、高塑性黏土 $I_P\approx 28\sim 38$	$\gamma_{tv}=2.6\times 10^{-4}$ 共振柱试验确定	$\gamma/\gamma_{tv}\approx 1/5$

注：* $\gamma_{tv,M}$和$\gamma_{tv,U}$值根据文献[5]的统计值估计。

从本章的讨论可见，取决于路基振动速度（合成有效振动速度值$v_{res,eff}$）和动刚度（剪切波波速c_s）的动剪应变幅值γ，可视为决定路基长期动力稳定性的控制参数。以动剪应变参数为基础的理论和方法可用于分析路基的长期动力稳定性。动剪应变幅值的大小，或者说其与体积剪应变门槛γ_{tv}线的相对位置，决定了路基在动力荷载长期作用下的稳定性和附加沉降。具体分析时，一般可以采用以下四种方式之一来直接或间接地验证：

(1)对经过工程实践检验的路基方案，例如德国铁路路基规范(Ril 836)中的无砟轨道300 km/h等级标准路基方案，可认为满足长期动力稳定性要求（见5.4节）；

(2)通过现场试验直接检验路基的长期动力稳定性（见5.3.2节）；

(3)通过室内共振柱试验检验土在相应的动剪应变长期作用下其结构的稳定

性(见 5.6 节);

(4)直接证明式(5.6),即 $s_N \leq s_v$,见第 6 章。

根据目前的经验,采用方式(1)、(2)、(3)之一来评价或验证路基的长期动力稳定性较为有效。

参考文献

[1] 中华人民共和国铁道部.高速铁路设计规范(试行)(TB 10621—2009)[S].北京:中国铁道出版社,2010.

[2] German Railway Standard AKFF.Anforderungskatalog zum Bau der Festen Fahrbahn[S].3.und 4.überarbeitete Auflage.1995,2002.

[3] German Railway Standard Ril 836. Erdbauwerke planen, bauen und instand halten[S]. 1999, 2008.

[4] DB Netz Deutsche Bahn Gruppe.Vorschrift für Erdbauwerke,Entwurf von Richtlinie 836 (DS 836)[S].1997.

[5] Vucetic M. Cyclic threshold shear strain soils[J]. J. Geotech. Engrg., ASCE, 120(12), 1994.

[6] Silver M L,Seed H B.Volume changes in sand during cyclic loading[J].J.Soil Mech.And Found. Div.,ASCE 97 (9),1971.

[7] Youd L T.Compaction of sands by repeated shear straining[J].J.Soil Mech.And Found.Div.,ASCE 98 (7),1972.

[8] Dobry R,Yokel F Y,Ladd R S.Liquefaction potential of overconsolidated sands in moderately seismic areas[C].Proc.Conf.on Earthquakes and Earthquake Engrg.,Knoxville,Tenn.,Vol.2,1981,Ann Arbor Science Publishers Inc.Ann Arbor Mich.

[9] Dobry R,Ladd R S,Yokel F Y,Chung,R M,Powell,D.Prediction of pore water pressure buildup and liquefaction of sands during earthquakes by the cyclic strain method[R].Nat.Bureau of Standards Build.Sci.Series 138,Washington D.C.,1982.

[10] Dyvik R,Dobry R,Thomas G E,Pierce W G.Influence of consolidation shear stresses and relative density on threshold strain and pore pressure during cyclic straining of saturated sands[R]. Miscellancous Paper GL-84-15,Department of the Army,U.S.Army Corps of Engineers,Washington D. C.,73,1984.

[11] NRC (data compiled by R.Dobry).Liquefaction of soils during earthquakes[R].Rep.No. CETS-EE-0001,Nat. Res. Council, Committee on Earthquake Engrg., Washington, D. C., 240,1985.

[12] Hynes-Griffin M E. Pore pressure generation characteristics of gravel under undrained cyclic loading[D].PhD thesis,University of California,Berkeley,Calif.,1988.

[13] Ladd R S,Dobry R,Dutko P,Yokel F Y,Chung R M.Pore water pressure build up in clean sands because of cyclic straining [J].ASTM,Geotech.Test.J.,1989,12(1).

[14] Empfehlungen des Arbeitskreises 9 "Baugrunddynamik" [S]. Deutsche Gesellschaft für Erd-und

Grundbau e.V.,Ausgabe 2002.

[15] Hu Y,Gartung E,Prühs H,Müller B.Bewertung der dynamischen Stabilität von Erdbauwerken unter Eisenbahnverkehr [J],Geotechnik 26(1),2003.

[16] Hu Y,Haupt W,Müllner B.ResCol-Versuche zur Prüfung der dynamischen Langzeitstabilität von TA/TM-Böden unter Eisenbahnverkehr [J].Bautechnik 81,Heft 4,2004.

[17] Studer J, Ziegler A.: Bodendynamik [M]. Springer-Verlag Berlin- Heidelberg-New York. 1986.

[18] Vogel W,Lieberenz K.Gebrauchstauglichkeit von Bahnstrecken auf weichem Untergrund[J].EI-Der Eisenbahningenieur 9,2008.

[19] Wegener D, Weisemann U, Neidhart T, Neumann G. Ertüchtigung von Eisenbahnstrecken auf Weichschichten[J].EI-Der Eisenbahningenieur 12,2008.

[20] Fischer R,Kipper R,Moede M,Mortag M,Wegener D.Untergrundertüchtigung eines Streckenabschnittes über Weichschicht[J].EI-Der Eisenbahningenieur 6,2009.

[21] Schwarz P,Floss R.Elastische und bleibende Verformungen bei dynamischen Triaxialversuchen [R].Forschungsbericht der von der Deutschen Forschungsgemeinschaft geförderten Forschungsarbeit F1 136/1-1,1986.

[22] ARCADIS. Maßstabsgerechter Feldversuch zur Überprüfung der dynamischen Untergrundstabilität DYSTAFIT[R].Dokument der Firma ARCADIS,1999.

[23] Neidhart T, Watzlaw W. Überprüfung der dynamischen Untergrundstabilität und Optimierung von Bodenverbesserungsmaßnahmen[C]. Vorträge der Baugrundtagung, Stuttgart, 1998.

[24] ARCADIS.Erdbauwerke für Hochleistungsstrecken DYSTAFIT [R].BahntechnikInnovationspreis, 2005.

[25] Hettler A.Schottertriaxialversuche mit statischem und zyklischem Belastungsverlauf [J].ETR 36, Heft 6,1987.

[26] Gotschol A.Veränderlich elastisches und plastisches Verhalten nichtbindiger Böden und Schotter unter zyklisch-dynamischer Beanspruchung[D].Schriftenreihe Geotechnik Universität Kassel,Heft 12,2002.

[27] Von Eschenbach H Ebner,Tost S,Maiwald B.Verformungen an Bahnstrecken der Deutschen Bahn AG mit Fester Fahrbahn: Ursachen,Sanierung,Vermeidung-Ein Erfahrungsbericht[C].Vorträge der Baugrundtagung,Mainz,2002.

[28] Maiwald B,Krentz M.Sanierung eines Setzungsschadens an der ICE- Hochgeschwindigkeitsstrecke Berlin-Hannover[J].EI-der Eisenbahningenieur(53)6,2002.

[29] Kocan D.Reparaturverfahren für Feste Fahrbahn Systeme[M].Veröffentlichung EI Kalender,RV FF,2004.

[30] Haupt W.Dynamische Bodeneigenschaften und ihre Ermittlung, Bodendynamik-Grundlagen und Anwendung [M].Friedr.Vieweg & Sohn Braunschweig Wiesbaden,1986.

[31] Neidhart T, Fischer R, Hotz C, Johmann S. Optimierung des Unterbaus der Festen Fahrbahn-Messtechnische Überprüfung unter Betrieb [C].Vortrag Bahnbau,Berlin,2002.

[32] ARCADIS CONSULT GmbH.Bericht zu Verformungs- und Erschütterungsmessungen unter Betrieb im Versuchsfeld 2,Versuchsfeld 4 und an der EÜ Petersberg,BA Mitte der NBS KRM vom Okt. 2004 [R],2004.

[33] Kocan D.Erfahrung mit der Fahrbahn der SFS Köln-Rhein/Main nach drei Jahren Betrieb[J]. EI-der Eisenbahningenieur(56)11,2005.

[34] Rehfeld E. Wirkung der Zugüberfahrt auf Oberbau, Unterbau und Untergrund [J]. EI-der Eisenbahningenieur,2000,51(12).

6　无砟轨道路基在长期动力荷载作用下的附加沉降

6.1　概　　述

高速铁路无砟轨道路基的附加变形是指在交通动力荷载长期作用下路基出现的塑性变形。从第5章有关路基长期动力稳定性的讨论(表5.2)可见,如果运营状态下土的动剪应变幅值处于线性和体积剪应变门槛之间(大部分情况),为了证明路基的长期动力稳定性,需要确定路基在交通荷载作用下的附加沉降是否小于轨道系统给定的允许值,即

$$s_N \leqslant s_v$$

理论上,可以通过直接确定附加变形的大小来判断路基结构是否满足长期动力稳定性的要求,通常的做法是在室内动三轴试验或室内模型试验基础上[5,11,20],直接建立计算模型,以确定动力荷载长期作用下的附加沉降。

本章结合无砟轨道路基的特点对这类方法进行选择性介绍,并对其工程实际应用的合理性进行评述。首先介绍在高速铁路工程中常用的长期动力荷载引起的附加沉降计算方法,并结合几个无砟轨道路基附加沉降长期实测结果,对该方法的适用性和实际意义进行评价,然后针对非黏性土填料,介绍以动三轴试验为基础的非线性数值计算模型和方法,并通过工程实例分析讨论这种方法的适用性包括它的局限性。本章6.4节在总结文献结果的基础上,对黏性土在循环动力加载条件下的基本性状进行了描述。在此基础上,6.5节以高速铁路无砟轨道路基为背景,给出了动三轴条件下正常固结饱和黏性土拟静力非线性计算模型,并利用室内试验结果对其适用性进行检验,随后应用该计算模型对无砟轨道下饱和黏性土地基在长期动力荷载作用下的孔隙水压力和沉降变形规律进行理论分析计算,并通过参数研究确定换填土深度对计算附加沉降的影响。最后,评述了附加沉降计算方法在路基长期动力稳定性分析中的可操作性和实际意义。

6.2　常规计算方法与实测结果的比较

德国铁路公司DB AG以大量室内模型试验研究结果为基础[21-24,5],在DS 836草案(1997)[4]中给出了路基在交通荷载作用下的附加沉降计算公式。

$$s_N = s_1 \cdot (1 + c_N \cdot \ln N) \tag{6.1}$$

式中　s_1——列车第一次驶过后($N=1$)路基残留的沉降(塑性变形);

c_N——循环系数，取决于轨道上部结构形式和轮轴荷载的大小；

N——交通荷载循环次数，有砟轨道采用驶过轮轴数为基准，而无砟轨道则以列车通过次数为基准。

式(6.1)是20世纪80、90年代多个有关轮/轨系统基础理论和工业研究项目室内模型试验的结果，例如圆形基础、刚性单轨枕、有砟轨道、板式轨道上部结构等条件。文献[5]对这些结果做了较为系统的总结和评述。在结合部分工程经验的基础上，DS 836(1997)将式(6.1)的应用范围扩展到其他轨道形式和边界条件。

用式(6.1)计算所需确定的两个系数 s_1 和 c_N 受很多因素影响，例如轮轴荷载、轨道结构形式、列车速度、路基的土类、密实度和碾压填筑方式等。在实际工程中，除了土类外，一般能提供的土力学参数为压实度 D_{Pr}、静态平板载荷试验二次变形模量 E_{v2}，以及侧限压缩模量 E_s 和抗剪强度参数 c 和 φ 等。要用这些静态土力学参数比较真实地确定动力荷载条件下计算附加沉降的这两个系数，实际上是很困难的。

DS 836草案根据室内模型试验结果，建议用以下关系确定循环系数 c_N：

$$\text{有砟轨道}\quad c_N = 0.029\,5 \cdot \sqrt{P} \tag{6.2-1}$$

$$\text{无砟轨道}\quad c_N = 0.022\,5 \cdot \sqrt{P} \tag{6.2-2}$$

当轮轴荷载 $P=200$ kN时，相应的循环系数分别为

$$\text{有砟轨道}\quad c_N = 0.43 \tag{6.3-1}$$

$$\text{无砟轨道}\quad c_N = 0.32 \tag{6.3-2}$$

在工程设计时，列车第一次驶过($N=1$)后路基残留的竖向塑性变形 s_1 没有普遍认可的方法来确定。DS 836草案建议采用动力放大系数 ϕ_d 和动模量 E_d 计算路基静力沉降，作为等价的 s_1。这里，动模量一般用2～3倍静态平板载荷试验确定的二次变形模量 E_{v2} 代替。

下面以两个实际工程的附加变形实测结果为基础，讨论式(6.1)的实际可应用性。文献[5]曾用式(6.1)对达豪—卡尔斯菲尔德无砟轨道试验段(Rheda式、支撑格床式和支撑板式)以及慕尼黑北环实测附加沉降进行了反算，发现现场循环系数 c_N 不是一个常数，它随着循环次数 N 的增加而提高，见图6.1(a)，而且，反算确定的循环系数都高于DS 836草案中对无砟轨道给出的0.32。具体的结果为

$c_N=0.43$(起始到运营160天，平均每天驶过60列)

$c_N=0.70$(起始到运营700天，平均每天驶过60列)

柏林—汉堡既有线改造维藤贝格—德根厅标段，其附加沉降实测结果也有类似的现象，见图6.2。

如果将这两个实测结果表示在双对数坐标系下，它们很接近直线，见图

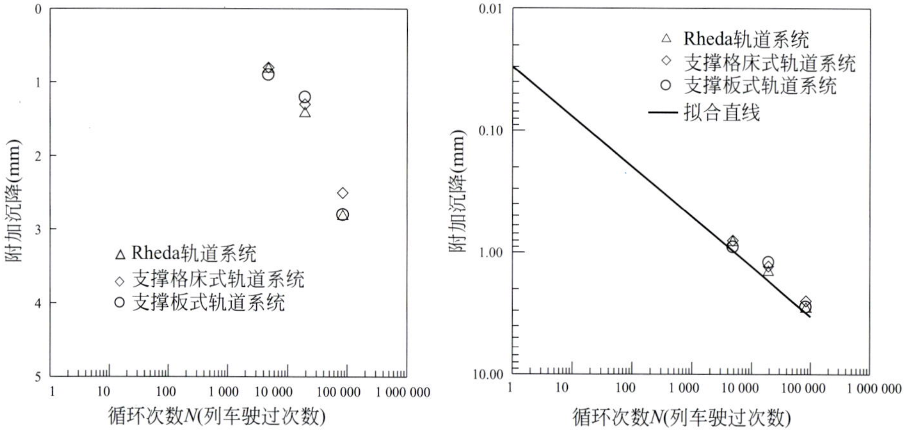

(a) 半对数座标系　　(b) 双对数座标系

图 6.1　达豪—卡尔斯菲尔德无砟轨道试验段附加沉降实测值分析（根据文献[5]的数据整理分析）

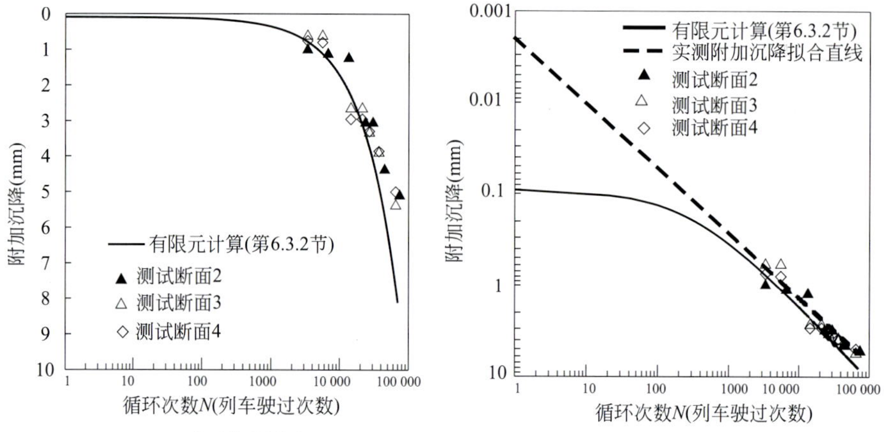

(a) 半对数座标系　　(b) 双对数座标系

图 6.2　柏林—汉堡既有线改造维藤贝格—德根厅标段附加沉降实测值的分析（旭普林式无砟轨道）

6.1(b)和图 6.2(b)。如果对拟合直线进行外推，得出的 s_1 分别为 0.03 mm（达豪—卡尔斯菲尔德）和 0.002 mm（维藤贝格—德根厅）。这两个实测结果的分析表明，列车第一次驶过（$N=1$）后路基的塑性残留变形小于目前一般量测技术所能达到的精度。

工程经验和分析表明，正常情况下无砟轨道路基在运营初始阶段出现的附加沉降远小于根据室内模型试验预测的结果。出现这个差距的可能原因是：以室内试验为基础的理论模型无法考虑现场施工过程，特别是动力碾压、超载预压等因素对土的初始动力变形特性的影响。目前,工程上尚没有可靠的方法确定它们的变化规律。根据经验,一般认为这些因素的影响在运营前期($N<1\ 000\sim2\ 000$)比较明显。

可见,由于涉及的影响因素太多,以式(6.1)计算的附加沉降变形无法考虑现场填料真实的变形机理,特别是两个系数的确定没有相对可靠的方法和依据。所以,它不能合理地确定长期动力荷载作用引起的附加沉降 s_N,对工程设计没有太大的实际意义。事实上,德国铁路路基规范(Ril 836—2008)并没有推荐这个公式。

6.3 以动三轴试验为基础的非黏性土填料数值计算方法

6.3.1 拟静力非线性计算模型

与 6.2 节的常规计算方法相比,以室内单元土动三轴试验结果为基础,用数值方法(例如有限单元法)作为工具的附加沉降计算方法相对较为合理。从理论上讲,这类方法能较为确切地考虑路基中不同部位土体在各种动应力和静应力水平下的塑性变形特征。但是,这类计算模型的预测准确性仍然是有局限性的,目前仍不能广泛地在工程实际中得到应用。主要原因,一是现场施工的方式还无法准确地在室内试验条件下模拟,例如振动碾压对路基初始动力变形特性的影响等;二是这类计算模型需要以动三轴试验结果为基础来确定计算的输入参数,目前在工程中大量采用动三轴技术尚有困难,特别是对粗颗粒土填料。

针对高速铁路无砟轨道路基常用的低含水量非黏性土填料,下面介绍一个以动三轴试验结果为基础、以工程应用为目地的拟静力非线性简化计算模型[7,8]。6.3.2 节利用这个计算模型对一个工程实例进行分析,在此基础上讨论这个方法的基本特点和局限性。

运营交通荷载引起的路基动力作用以及土在这种荷载条件下的变形机理是十分复杂的,要建立一个能考虑各方面影响因素且易于确定参数的理想模型目前是不现实的,所以,在建模过程中进行合理的简化是必要的。这里介绍的拟静力非线性模型仅适用于低含水量非黏性土,图 6.3 为该模型在一维条件下的示意图,它由弹簧单元 E、非线性黏滞单元 η_1、线性黏滞单元 η_2 和塑性滑动单元 σ_k 组成,作用在系统上的荷载为路基中土单元动应力幅值 σ_c。

一般情况下,土在动三轴试验条件下出现的可恢复的变形部分 ε^{qe} 远远小于不可恢复或塑性变形部分 ε^{cp}、ε^{p}。图 6.3 的概念模型将土的可恢复部分变形的真实反应简化为拟静力弹性模量 E,其值只与初始静应力水平有关,不随动力荷载循环次数变化。

当动应力幅值 σ_c 小于塑性滑动单元强度 σ_k,不同于经典的弹塑性材料,土单元仍会发生随循环次数增加的塑性变形 ε^{cp},但它随循环次数逐渐趋于稳定,见图

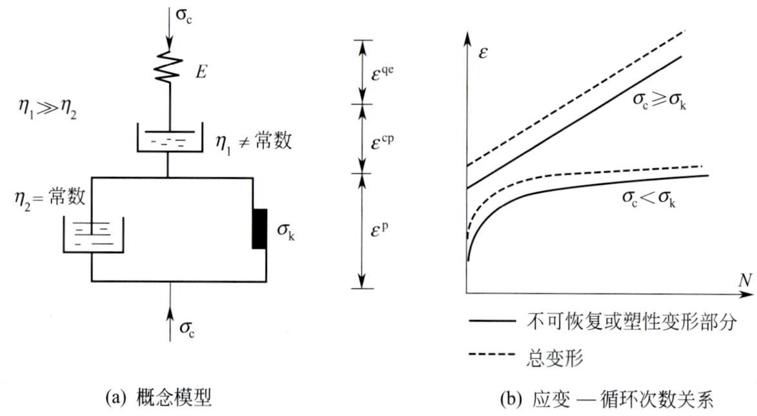

图 6.3 拟静力非线性模型示意图(用于模拟低含水量非黏性土在动力循环荷载下的应力—变形—强度特性)

6.3(b)。为了描述这个性状,这里引入了非线性黏滞系数 η_1,见图 6.3(a)。这部分塑性变形可以借助循环动三轴试验确定,其常用关系见表 6.1。

表 6.1 动三轴试验条件下非线性塑性变形部分 ε^{cp} 的基本关系

半对数曲线	$\varepsilon_1^{cp}=a\cdot(1+\alpha\cdot\lg N)$ α 为同一起始密实度时为常数 $a=\beta\cdot(\sigma_3/P_a)^{\chi}\cdot q^2$
双对数曲线	$\lg\varepsilon_a^{cp}=\lg a+\alpha\cdot\lg N$ α 为同一起始密实度时为常数 $a=\beta\cdot(P_a/\sigma_3)^{1/3}\cdot q^{\chi}$ 或 $a=\beta\cdot(\sigma_3/P_a)^{\chi}\cdot q^2$

注:1 适用条件为 $q=(\sigma_1-\sigma_3)_c/(\sigma_1-\sigma_3)_{s,f}<K$(抗剪强度折减系数);
2 $P_a=100$ kPa;
3 参数 K、α、β 和 χ 由动三轴试验确定。

当土单元动应力幅值 σ_c 达到其抗剪强度 σ_k 时,将出现随循环次数线性增加的塑性变形 ε^p,见图 6.3。这部分塑性变形及相应的应力重分布可通过经典弹黏塑性理论来确定。土的循环动抗剪强度 σ_k 则以其在静力条件下抗剪强度参数为基础通过折减系数 K 确定。

上述简化的概念模型可一般化为三维力学模型,并借助于有限单元法实施。

6.3.2 工程实例分析

本节利用 6.3.1 节的拟静力非线性模型来分析德国汉堡—柏林既有线改造维藤贝格—德根厅标段附加沉降与运营时间的实测关系。

该既有线原为有砟轨道,标段总长为 6 km,原有轨道状况不良,改建后采用旭普林式无砟轨道，设计运营速度为 160～200 km/h。图 6.4 为该区段的典型横断面以及路基加固方式。其中旭普林式无砟轨道的混凝土道床板厚 28 cm，其下的支承层厚 30 cm；支承层下的抗冻层（级配碎石层）厚度为 40～60 cm，横向坡度为 1∶20。无砟轨道的排水是通过设置在两轨道之间的排水管实现的，排水管埋置在不透水的沥青层内，集水通过集水井和间距为 50 m 的横向排水管导走。

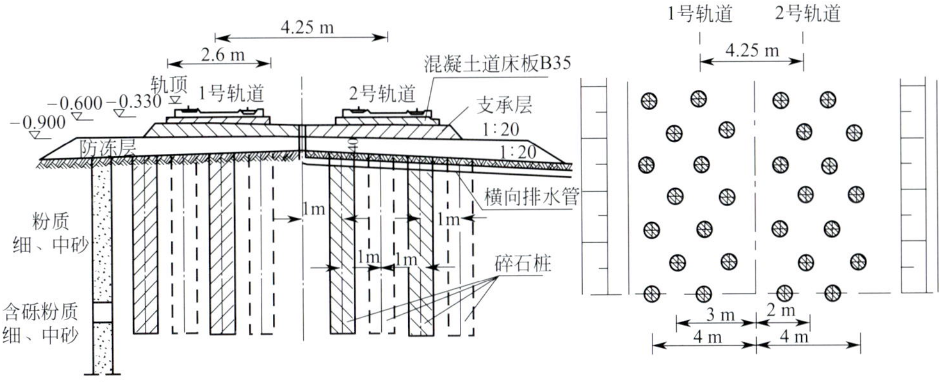

(a) 典型横断面　　(b) 碎石桩网平面布置

图 6.4　挤密法加固地基示意图

（维藤贝格—德根厅标段[illegible]，旭普林式无砟轨道）

本路基地段为路堤区段，路堤的高度为 0～6 m，边坡横向坡度为 45°～50°。路堤填料为粉质细-中砂，初始状态为松散～局部中密。路堤以下的地基土为处于中密状态的粉质细-中砂，地下水位于轨顶以下 3～7 m。

根据设计要求，加固后的路基应达到以下要求：

(1)抗冻层（级配碎石）：压实度 $D_{Pr} \geqslant 1.0$；二次变形模量 $E_{v2} \geqslant 100$ MPa；渗透系数 $k_f \geqslant 1 \times 10^{-5}$ m/s。

(2)基床底层和路基本体：压实度 $D_{Pr} \geqslant 0.97$（0～0.5 m），$D_{Pr} \geqslant 0.95$（0.5～2.5 m）；二次变形模量 $E_{v2} \geqslant 45$ MPa。

考虑到原有路堤填料处于松散状态以及改建无砟轨道对路基刚度的要求，路堤加固采用了德国 Keller 公司的振冲挤密法，振冲挤密形成的碎石桩利用了原有的道砟，提高了路堤的强度和刚度。碎石桩的平面和剖面布置见图 6.4。

轨道系统的改建按左、右线先后进行，即在一侧施工时，另一侧仍要保持运营状态。为了保证施工过程线路运营的安全，需监测路堤的稳定性和变形。改建完成后，还需进一步监测无砟轨道系统在运营条件下的长期稳定性。因此，在这个标段一共布置了四个监测断面，监测方案见图 6.5。

为了监测无砟轨道的附加沉降绝对值，在轨道板顶部沿线路纵向左右两侧间隔 5 m 布置了沉降监测桩，见图 6.5(b)。为了监测附加沉降沿路基深度的变化，以道床板为起点安装了三点式沉降计，锚固点距轨顶距离约 9.0 m。此外，在抗冻

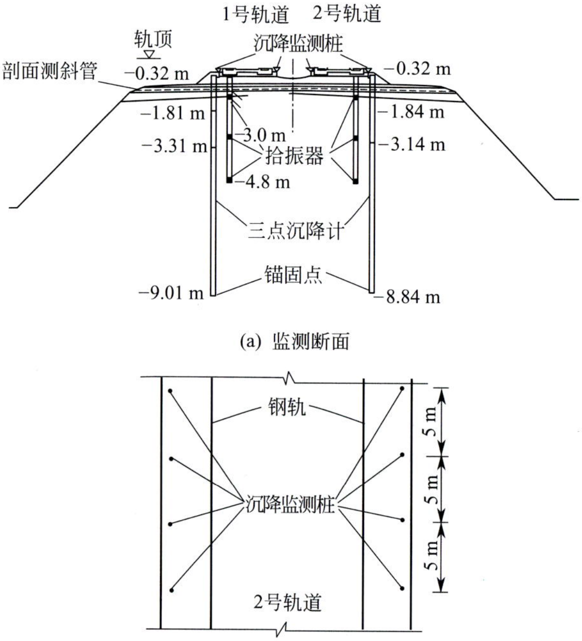

(a) 监测断面

(b) 轨道板沉降监测桩平面布置

图 6.5　路基监测方案[10]

层(级配碎石)内布置了剖面测斜管用于测定附加沉降的横向分布。其他测试项目,如振动速度等,其布置见图 6.5。

对路堤原有的填料粉质细-中砂曾进行过室内振动台试验,见图 6.6。土样的初始高度为 20 cm,直径为 11 cm,初始密实度指数 I_D 为 0.49。试验时,首先施加 5 kPa 的静力竖向荷载,然后叠加一个频率为 50 Hz 的竖向正弦式振动荷载,其振幅分别为 30 mm/s 和 60 mm/s。持续动力加载时间为 300 min,如果假定每列列车驶过时间平均为 6 s,相当于 3 000 列列车通过。持续动力加载完成后土样的密实度指数 I_D 分别提高到 0.61(振幅为 30 mm/s)和 0.79(振幅为 60 mm/s)。试验结果,即土样的竖向循环塑性应变 ε^{cp} 与列车驶过等价次数 N 的关系表示见图 6.6(b)。

为了利用振动台试验结果确定表 6.1 中有关非线性塑性变形 ε^{cp} 的关系,首先应用达郎贝尔原理确定等价动应力幅值 $\bar{p}$,然后通过反算确定相应的参数,见图 6.6。分析表明,表 6.1 中的双对数曲线适合描述该路堤填料粉质细-中砂土在以上加载条件下的循环塑性变形部分 ε^{cp}。图 6.6(b)给出了反分析确定的参数以及计算和实测土样竖向循环塑性变形的对比。在这个基础上,外推地基处理后($D_{Pr}=97\%$,$I_D=0.8$)土的循环非线性塑性变形函数。结果表明,表 6.1 中的半对数曲线比较合适,确定的参数见图 6.7。

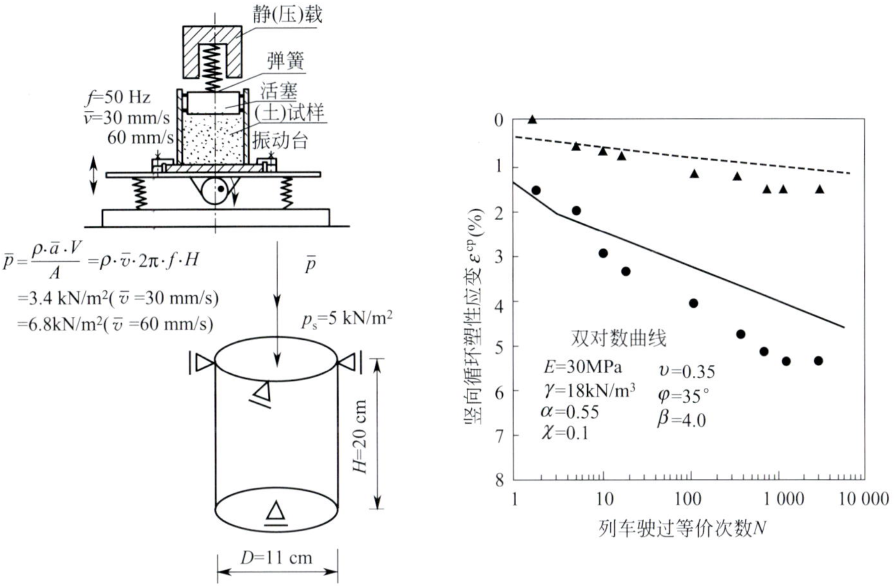

(a) 振动台试验和计算模型　　(b) 计算和实测土样竖向循环塑性变形

图 6.6 利用振动台试验结果反算循环非线性塑性变形参数,维藤贝格-德根厅标段

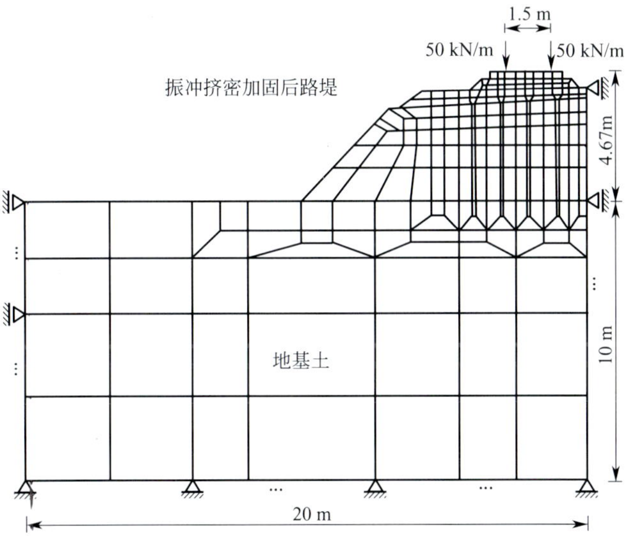

无砟轨道道床板：$\gamma=24\ \mathrm{kN/m^3}$，$E=30\ 000\ \mathrm{MPa}$，$\upsilon=0.16$；

支承层 HGT：$\gamma=22\ \mathrm{kN/m^3}$，$E=5\ 000\ \mathrm{MPa}$，$\upsilon=0.25$；

抗冻层(级配碎石层)：$\gamma=20\ \mathrm{kN/m^3}$，$E=100\ \mathrm{MPa}$，$\upsilon=0.30$，$\varphi=40°$；

振冲挤密加固后路堤：$\gamma=19\ \mathrm{kN/m^3}$，$E=45\ \mathrm{MPa}$，$\upsilon=0.35$，$\varphi=40°$；

(半对数曲线)$K=0.8$，$\alpha=0.84$，$\beta=0.000\ 5$，$\chi=3$；

地基土：$\gamma=19\ \mathrm{kN/m^3}$，$E=45\ \mathrm{MPa}$，$\upsilon=0.35$，$\varphi=40°$

图 6.7 有限元计算截面和参数(维藤贝格—德根厅标段)

为了分析计算路堤加固后无砟轨道系统在运营条件下由交通荷载引起的附加沉降，采用图 6.7 所示的有限元模型。这里，假定系统是几何对称的，轨道的交通荷载同时作用在双线上（不利条件）。单列列车的荷载被理想化为两个等价的线荷载 $p/2=50$ kN/m，这个值已包含了动力放大系数 ϕ_d 的影响。由于缺乏碎石桩的参数，计算时将路堤作为均匀体考虑，即统一采用砂土振冲挤密后反算外推确定的参数。在图 6.7 给定的路堤高度条件下，动力荷载对地基土的影响可以忽略，计算时地基土按传统的线弹—塑性计算模型考虑。

图 6.2 中的实线为根据有限元方法计算确定的轨道板附加沉降与循环次数（列车驶过次数）的关系，图中的点分别为监测断面 2、3、4 实测附加沉降平均值。

当 $N<3\ 000$ 时，由于附加沉降很小，没有实测值可供对比。根据双对数座标系下（图 6.2）附加沉降实测值（$N>3\ 000$）外推第一次列车驶过后路基残留的塑性沉降变形 s_1 仅为 0.002 mm，而以室内振动台试验反算确定的参数为基础的有限元计算得出附加沉降 s_1 为 0.09 mm。两者差别的原因很可能是以室内试验为基础的计算模型无法考虑现场地基振冲挤密处理对其初始动力变形特性的影响。此外，由于将碎石桩简化为路基填料使系统的刚度小于实际情况也是影响因素之一。

相比之下，当 $N>3\ 000$ 时，有限元计算确定的附加沉降，其发展趋势与实测值相近；当 $N=70\ 000$ 时，总的附加沉降实测值约为 5 mm，计算值稍大于实测值。

图 6.8 给出了 $N=70\ 000$ 时抗冻层（级配碎石）沿线路横向附加沉降的分布。

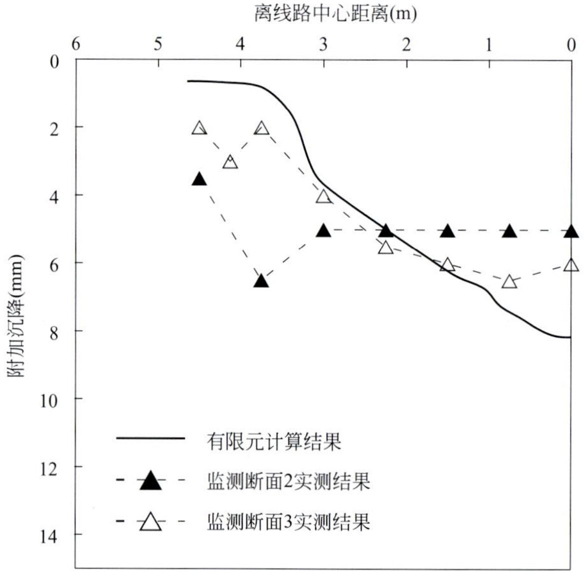

图 6.8　列车驶过 $N=70\ 000$ 次时抗冻层高程沿横断面附加沉降的分布，有限元计算结果和实测结果比较（维藤贝格—德根厅标段）

总体上，理论计算和实测附加沉降两者的趋势和量级是一致的。线路中心位置处有限元计算结果大于实测值，这可能是由于假定系统几何对称，即双线荷载同时作用引起的。实际情况是两列列车同时驶过的可能性很小。与此相比，路肩部位实测附加沉降则大于有限元计算值。

从以上的对比分析可见，对高速铁路无砟轨道路基大量采用的低含水量无黏性土填料，6.3.1 节介绍的以室内单元土动力试验结果为基础的拟静力非线性模型能考虑路基中不同部位土体在各种循环应力水平下的塑性变形特征，而且能给出路基内附加变形的空间和时间分布。所以从原理上讲，这个方法比 6.2 节介绍的常规计算方法有进步，但是，它与常规计算方法一样，仍然无法考虑现场施工方式，例如振动碾压等因素，对路基初始动力变形特性的影响。所以，这类计算模型的预测可靠性仍然是有条件的。经验表明，运营初期出现的附加沉降一般小于计算值，而经过一定的循环动力加载后，例如 $N>3\,000$，采用拟静力非线性有限元法计算的路基附加沉降与实测值相近。

6.4 循环加载条件下黏性土的基本性状

本节以文献结果为基础，对黏性土在循环(动)荷载作用下的基本力学性状作一归纳性总结，详细的叙述见文献[11]。

6.4.1 概念和定义

研究黏性土在动荷载作用下的强度和变形特性，常用的试验手段为循环动三轴、循环直剪和共振柱试验。为了便于说明，这里先对有关试验技术的概念和方式进行定义。

理论上，当振动频率 $f<10$ Hz 时，惯性力的影响可以忽略不计，一般称为循环三轴试验；当振动频率 $f\geqslant 10$ Hz 时，应考虑惯性力的影响，称为动三轴试验。由于大部分设备的功能限于低频情况，习惯上通称为动三轴试验。

图 6.9 为以总应力表达的 p—q 平面上五种常用的动三轴试验方式，它们的加载条件在表 6.2 中给出。试验方式主要的不同点为排水条件、初始静应力状态和动剪应力方向。

就排水条件而言，在静三轴条件下，尽管不同设备施加荷载的方式对土样的变形和超静孔隙水压力均匀性有一定影响，但是通过控制加载速度和排水条件，一般能根据给定的试验目的，较好地控制土样内超静孔隙水压力和变形的均匀性，即静三轴试验可相对明确界定为排水或不排水条件。动三轴情况比静三轴试验要复杂。在动三轴条件下，由于动力加载速度是试验给定的参数，而不是以控制排水条件为目的确定的，所以在循环动力作用下，即使土样底部或周边以排水条件控制，由于黏性土的低渗透性，理论上土样内部各点的超静孔隙水压力分布本身就是不均匀的。一般情况，开始时超静孔隙水压力随着动荷载循环次数的增加处于上升状态。一定时间后，其变化则取决于试样的大小和表面排水条件。如果试样表面以不排水条件控制，那么试样内超静孔隙水压力不会消散，这种试验称为不排水动三轴试验。如果试样底部或周边为排水条件，那么随后其空间和时间的发展规律，原则上类似静力作用下的超静孔隙水压力消散、固结过程，这种情况称为部分排水条件。所以，在动三轴条件下，排水条件分“完全不排水”和“部分排水”两种情况。

动荷载作用前，试样受到的静力作用一般分为各向同性固结和各向异性 K_0 固结，见图 6.9 和表 6.2。理论上，各向异性固结更接近于土样的天然应力状态，但试验过程相对较为复杂。

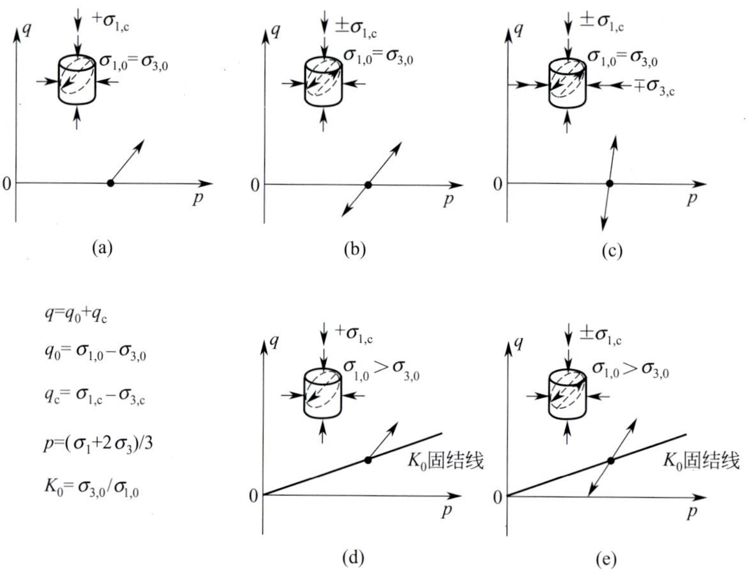

图 6.9　应力控制条件下动三轴试验的不同方式，$p-q$ 平面示意图

表 6.2　动三轴试验的加载条件

试验方式	静力初始加载条件	循环(动)应力条件	45°平面上的剪应力
图 6.9(a)	各向同性 $\sigma_{1,0}=\sigma_{3,0}$	$\sigma_{1,c}\geqslant 0(q=q_c\geqslant 0)$ $\sigma_{3,c}=0$	单向剪切
图 6.9(b)	各向同性 $\sigma_{1,0}=\sigma_{3,0}$	$\pm\sigma_{1,c}(\pm q=\pm q_c)$ $\sigma_{3,c}=0$	双向剪切
图 6.9(c)	各向同性 $\sigma_{1,0}=\sigma_{3,0}$	$\pm\sigma_{1,c}$和$\mp\sigma_{3,c}$ $(\pm q=\pm q_c)$	双向剪切
图 6.9(d)	各向异性 $K_0=\sigma_{3,0}/\sigma_{1,0}<1$	$\sigma_{1,c}\geqslant 0(q_c\geqslant 0)$ $\sigma_{3,c}=0$	单向剪切
图 6.9(e)	各向异性 $K_0=\sigma_{3,0}/\sigma_{1,0}<1$	$\pm\sigma_{1,c}(\pm q_c)$ $\sigma_{3,c}=0$	双向剪切

对循环动力荷载的作用方式，一般通过竖向动应力 $\sigma_{1,c}$、水平向动应力 $\sigma_{3,c}$，以及相位差等参数控制，见图 6.9。利用竖向和水平向动应力的相位差可以模拟图 4.11 所示列车驶过时，路基中土单元动主应力旋转的情况。图 6.9(c)是动三轴试验条件下相位角为 180°时的特殊情况。

以试样在 45°方向特征面上的剪应力作用方式来定义，一般可分为单向剪切和双向剪切，见图 6.9 和表 6.2。单向剪切循环作用条件是指特征面上，剪应力以初始静剪应力 $1/2q_0=1/2(\sigma_{1,0}-\sigma_{3,0})$ 为起点，以增幅为 $1/2q_c=1/2(\sigma_{1,c}-\sigma_{3,c})$ 进行的上升/消退循环。这里，循环剪应力部分不发生方向逆转。与此相比，双向剪切循环作用条件下特征面上循环剪应力部分 $1/2q_c$ 出现正、反向作用。在各向同性静力固结条件下，土样特征面上的剪切方向只由循环剪应力部分决定，而在各向异性静力固结条件下，其剪应力合成后的方向还取决于初始静剪应力部分 $1/2q_0$ 的大小。

图 6.10 示意性地表示了正常固结饱和黏性土在单向、双向剪切循环作用下剪切荷载 q、竖向应变 ε_1 以及超静孔隙水压力 u 的关系。这里，剪切荷载参数 q 可分为静力作用部分 q_0 和循环动力作用部分 q_c，而试验结果参数可划分为循环(可恢复)部分 ε_1^c 和 u^c，以及残留(不可恢复)部分 ε_1^b 和 u^b。

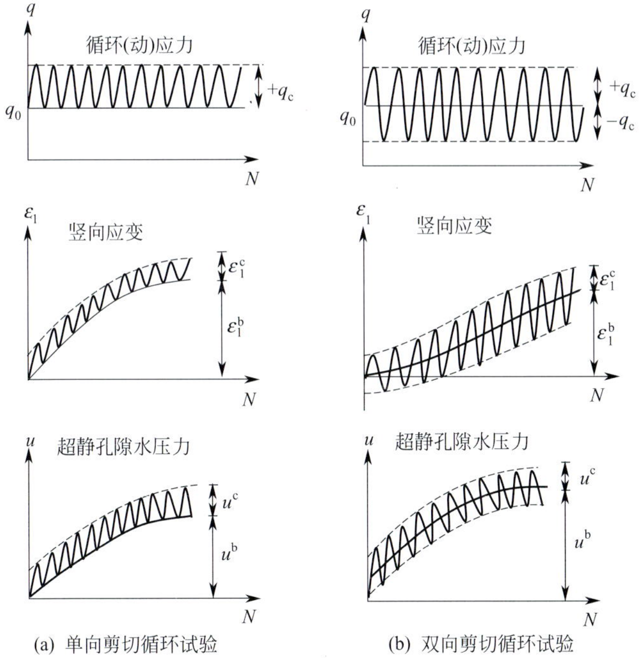

图 6.10 不排水条件下动三轴试验输入、输出参数示意图

研究黏性土循环(动)力特性的第二种试验方式为循环直剪试验，见图 6.11。试验土样一般先在给定竖向静压 σ_V 条件下完成 K_0 固结，然后施加水平向循环剪切荷载。根据不同的设备条件和试验要求，可分为剪应力控制式和剪应变控制式，

见图 6.11。剪切荷载又可分为恒定部分 τ_a 或 γ_a，以及双向循环剪切部分 $\pm\tau_c$ 或 $\pm\gamma_c$。根据不同的试验边界条件，类似动三轴试验，循环直剪试验又可分为“完全不排水”和“部分排水”两种情况。图 6.11 示意性地表示了不排水条件下饱和土循环直剪试验的输入、输出参数。

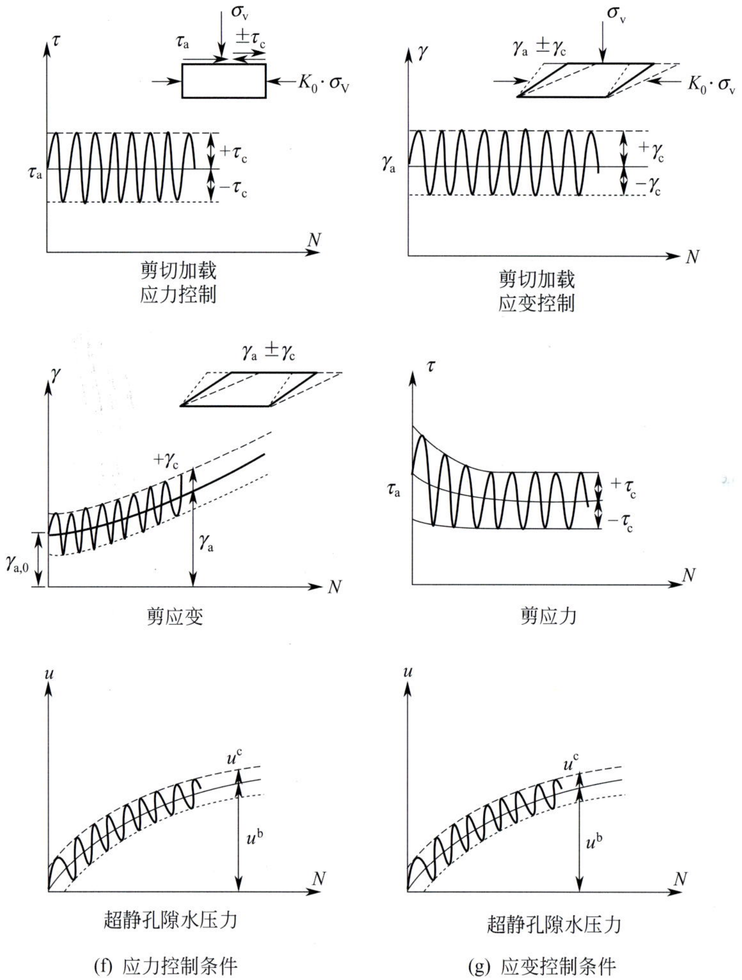

图 6.11　循环直剪仪条件不排水双剪试验输入、输出参数示意图

注：(f)和(g)可视为表 6.2 中试验方式编号的延续。

6.4.2　不排水条件下黏性土的性状

表 6.3 列出了有关黏性土在不排水条件下动力试验结果的部分文献。表中给出了所试验黏土的基本土力学指标和试验方式、条件等信息。本节以这些文献的试验结果为基础，对不排水条件下黏性土的基本性状作一归纳性总结：

(1)破坏机理、循环平衡和破坏条件(准则);
(2)残留孔隙水压力和塑性应变的相关关系;
(3)加载速度(频率)的影响。

表 6.3 不排水条件下黏性土循环(动)荷载试验,土类和试验条件

文献和编号	土 类	w_L (%)	I_P	灵敏度 S_t	试样[1]	试验方式	周期 T 或频率 f
Sangrey et al. (1969)[25]	Newfield 黏土	28	10	<10	u	(a)[2]	T=10 h
Wilson & Greenwood(1974)[26]	Lacustrine 黏土	34	14	3~4	u	(a)[2]	T=1 min
Andersen(1975)[27]	Drammen 海相黏土	55	27	—	u	(f)[6]	f=0.1 Hz
Brown et al. (1975)[19]	泥灰土	32	14	—	rc	(a)[2]	f=0.1~10 Hz
Mitchell & King(1977)[29]	Champlain 海黏土	34~41	18	15~25	u	(a)[2]	T=4~30 s
Sangrey et al. (1978)[30]	旧金山湾黏土	—	—	—	—	(a)[2]	—
Matsui et al. (1980)[31]	Senri 黏土	93	55	—	rm	(c)[2]	f=0.02~0.5 Hz
Meimon & Hicher(1980)[32]	高岭土 膨润土	70 105	30 54	— —	rm	—[3]	f=0.1 Hz
Takahashi et al. (1980)[33]	北海沉积黏土	—	—	—	rc	(a)[2] (b)[2]	T>10 min
Goulois(1982)[34]	Drammen 海相黏土	55	27	—	u	(f)[4]	f=0.1 Hz
Goulois et al. (1985)[35]	Drammen 海相黏土	55	27	—	u	(f)[4]	f=0.1 Hz
Yasuhara et al. (1982)[16]	Ariake 黏土	115	58	—	rm	(a)[2] (d)[2]	f=0.1~1 Hz
Dyvik & Zimmie(1983)[36]	墨西哥黏土 阿拉斯加黏土 太平洋伊利土	105 50 86	30 27 30	— — —	u u rc	(f)[7] (f)[7] (f)[7]	f=0.25 Hz
Procter & Khaffaf(1984)[37]	Derwent 黏土	—	26	—	rm	(b)[2]	T=1,5,20,120 s
Malek et al. (1987)[38]	波士顿 清灰色黏土	44	21	灵敏	u	(f)[4]	f=0.1 Hz
Andersen et al. (1988)[39]	Drammen 海相黏土	55	27	—	u	—[5]	f=0.1 Hz
Ansal & Erken(1989)[40]	高岭土	65	40	—	rc rm	(f)[6]	f=0.01,0.1,1 Hz
Cao & Law(1992)[41]	Champlain 海相黏土	—	—	—	u	(b)[2]	f=1 Hz
Konrad & Wagg(1993)[42]	粉质黏土	—	—	—	rc	(e)[2]	f=0.05~0.5 Hz

续上表

文献和编号	土　类	w_L (%)	I_P	灵敏度 S_t	试样[1]	试验方式	周期 T 或频率 f
Hoeg & Andersen(1995)[43]	Drammen 海相黏土	55	27	—	u	—[5]	f=0.1 Hz
Matasovic & Vucetic(1992)[44]	黏土	—	—	—	—	(g)[8]	—
Hyodo & Yasuhara(1995)[45]	Ariake 黏土	123	69	灵敏	rc	(b)[2]	f=0.1 Hz
Samang et al. (1995)[46]	Ariake 粉质黏土	86	47	—	u	(e)[2]	f=0.1 Hz
Hyodo(1997)[47]	海相黏土	—	—	灵敏	u rc	(b)[2]	f=0.02 Hz

注：1　u：未扰动，rm：重塑土，rc：人工制样；
2　见图 6.9；
3　静、动组合三轴试验；
4　见图 6.11(f)($\tau_a>0$)；
5　详见相应文献；
6　见图 6.11(f)($\tau_a=0$)；
7　见图 6.11(f)($\tau_a=0$)，$\varepsilon_V=0$(σ_V 变化)；
8　见图 6.11(g)($\gamma_a=0$)。

大量的循环(动)三轴和直剪试验结果表明，黏性土在不排水条件下，存在一个所谓的循环荷载极限值 q_{cu}。利用这个参数可以将土的力学性状分为两种情况，即“循环破坏”和“循环稳定”。为了说明这一点，图 6.12 引用了文献[30]给出的旧金山湾黏土代表性试验结果。其中，试验方式为图 6.9 和表 6.2 中的动三轴条件下方式(a)。图 6.12 分别给出了循环试验条件下正常固结黏土试样的有效应力路径(p',q)，残留(不可恢复)孔隙水压力 u^b 和竖向应变 ε_1 的关系，以及偏应力 q 和竖向应变 ε_1 的关系。为了对比，图 6.12 中还给出了静三轴条件下的相应曲线(以字母 A 标识)。

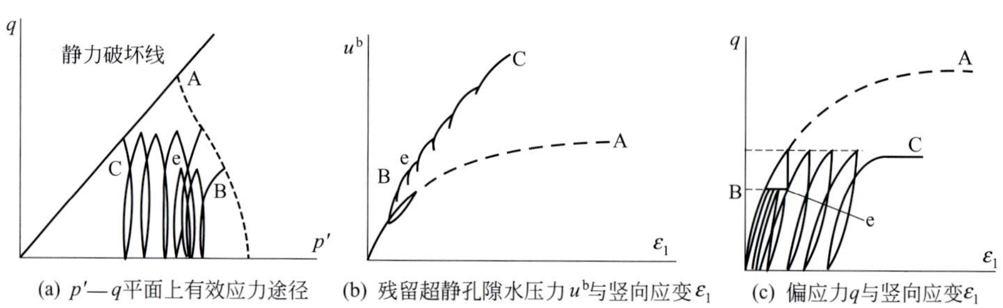

(a) p'—q平面上有效应力途径　(b) 残留超静孔隙水压力u^b与竖向应变ε_1　(c) 偏应力q与竖向应变ε_1

图 6.12　不排水条件下循环偏应力 q、有效平均应力 p'、残留孔隙水压力 u^b 和竖向应变 ε_1 随循环加载次数的关系示意图[30]

A—静力三轴试验条件加载直至破坏 q_{su}；B—动三轴试验条件 $q<q_{cu}$ 循环稳定(e：循环稳定状态)；C—动三轴试验条件 $q>q_{cu}$ 循环直至破坏情况

对正常固结黏土，当循环剪切荷载 q 小于循环极限值 q_{cu} 时（图 6.12 中 B），试样内孔隙水压力随着循环次数逐渐增加，使其有效应力向极限破坏线方向运动，但并没有达到破坏，而是逐渐稳定在一个状态（图 6.12 中 e），称为循环平衡状态。这时，试样在循环剪切荷载作用下的反应类似弹性材料，其残留应变和孔隙水压力不再增加（见图 6.12 的路径 B 和状态 e）。根据文献[30]，在这个状态时，试样的残留孔隙水压力 u^b 与循环剪切荷载 q 成线性关系。图 6.13 中 $p'-q$ 平面上的斜率为 ρ_0 的线即代表了土的这个状态。类似的现象同样可以在不排水循环直剪试验条件下观察到。

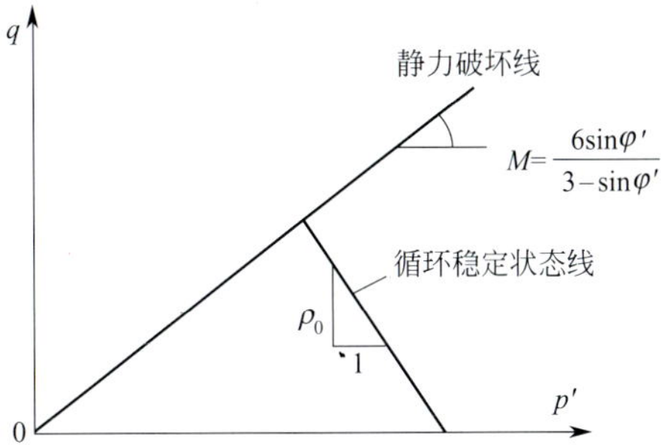

图 6.13　不排水动三轴试验条件下满足 $q<q_{cu}$ 时的循环稳定状态线

当循环剪切荷载 q 大于循环极限值 q_{cu} 时（情况 C），随着循环次数的增加，试样内超静孔隙水压力不断上升，同时其可恢复和不可恢复部分的应变相应增加，直至试样达到破坏极限，见图 6.12。

对强超固结黏土，在循环加载的初始阶段，试样内出现负的超静孔隙水压力。随着循环次数的增加，土样的结构发生破坏，同时其内部的超静孔隙水压力逐渐从开始阶段的负孔压过渡到超静孔隙水压力状态。

可见，饱和黏性土在不排水条件下的破坏机理和控制参数是由循环加载引起的超静（或负）孔隙水压力。

循环（动）三轴条件下黏性土的极限值 q_{cu} 小于静三轴条件下的极限值 q_{su}。表 6.4 代表性地给出了部分文献提供的试验结果比值 q_{cu}/q_{su}，可见，循环和静三轴条件下极限值的比与土类、试验方式和土样的灵敏度有关，一般在 0.5～0.8。

表 6.4　不排水条件下黏性土循环（动）偏应力极限值

文献和编号	土　类	q_{cu}/q_{su}
Sangrey et al. (1969)[25]	Newfield 黏土	0.67
Wilson & Greenwood(1974)[26]	Lacustrine 黏土	0.75～0.8
Mitchell & King(1977)[29]	Champlain 海相黏土	0.5
Matsui et al. (1980)[31]	Senri 黏土	0.5
Takahashi et al. (1980)[33]	北海沉积黏土	0.75
Ansal & Erken(1989)[40]	高岭土	0.5

在不排水循环直剪条件下，饱和黏性土的极限值取决于恒定剪切荷载 τ_a 和循

环剪切荷载 τ_c 两部分，以及破坏时最小应达到循环数 N_f。以文献[38]中剪应力控制式试验结果为例(试验方式为图 6.11 中的(f))，图 6.14 给出了 $\tau_a/\tau_s-\tau_c/\tau_s$ 平面上的循环极限线 $N_f>10^6$(τ_s 为不排水条件下静力直剪强度)。当剪切荷载(τ_a/τ_s，τ_c/τ_s)在该线以下(图中阴影区)时，试样在 1×10^6 次循环后不会发生破坏；当剪切荷载高于该线时，试样超静孔隙水压力增长明显加快，在相应较低次数的循环加载后，试样将达到破坏极限。此外，从图 6.14 中可见，随着给定破坏循环次数的减小，破坏线沿 τ_c/τ_s 轴向上移动，不同循环次数下的破坏线相互平行。

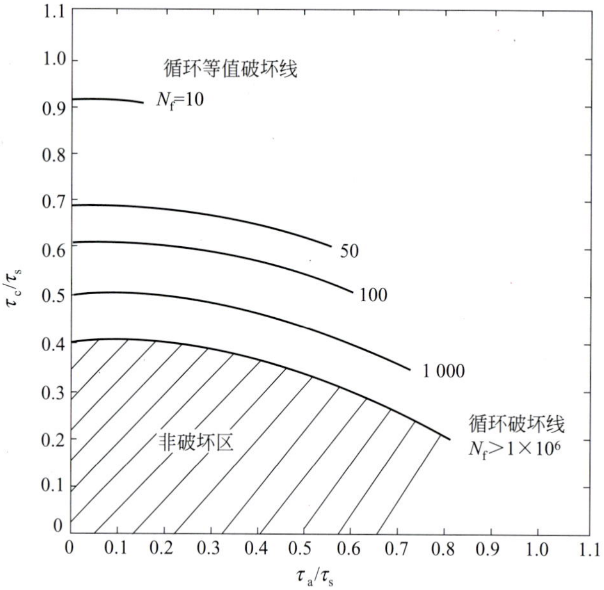

图 6.14 归一化循环剪应力 τ_c/τ_s 和恒定剪应力 τ_a/τ_s 坐标系下循环破坏线和 N_f 等值线[38](不排水条件下循环直剪试验结果)

许多室内试验结果表明[9,16,26,31]，在不排水循环(动)三轴试验条件下，正常固结饱和黏土试样中出现的超静孔隙水压力和最大主应变存在相关关系。土样在剪切荷载作用下，其颗粒骨架发生局部相对滑动包括部分破坏导致原来由颗粒间传递的应力逐渐转移给孔隙水承担，这就使得这两个物理量之间存在一定的相关关系。文献[26]的试验结果表明，当 $q_{cu}/q_{su}<0.37$ 时，土样主要呈现弹性性状，其最大弹性主应变部分 ε_1^c 和可恢复的超静孔隙水压力部分 u^c 的关系符合弹性理论解。同时，土样的塑性最大主应变 ε_1^b 与残留超静孔隙水压力 u^b 成比例关系。当 $q_{cu}/q_{su}>0.37$ 时，它们随循环剪应力 q_c 的增加呈现非线性上升趋势。

正常固结高塑性黏性土的动三轴试验结果表明[16]，不排水条件下残留超静孔隙水压力与塑性剪应变可以用双曲线函数来描述，而且这个函数适用于不同的加载方式(静力或循环动三轴)。文献[31]通过对动三轴试验结果的分析发现,在半对数坐标下,归一化超静孔隙水压力 $u^b/\sigma_{3,0}$ 和循环剪应变幅 $\gamma_{c,max}$ 呈现直线关系,见图 6.15。

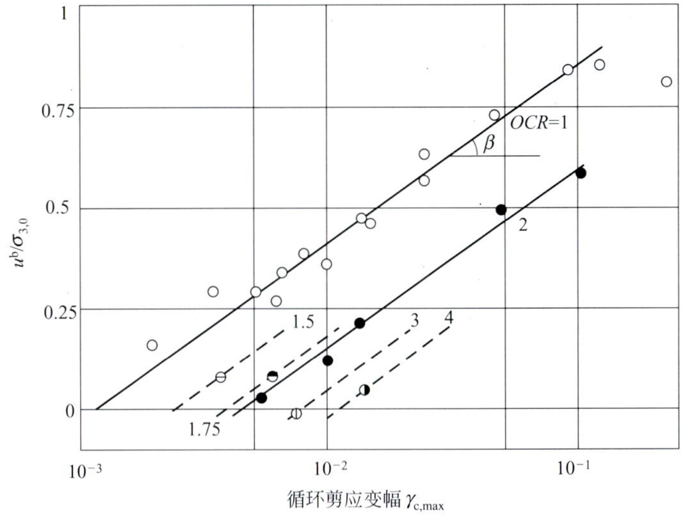

图 6.15 不排水条件下残留孔隙水压力 u^b 和循环剪应变幅 $\gamma_{c,max}$ 的相关关系[31]

从图 6.15 可见,随着土的超固结比 *OCR* 增加,土样中出现的残留超静孔隙水压力不断减小。不同超固结比条件下的 $u^b/\sigma_{3,0}-\gamma_{c,max}$ 关系基本相互平行,这些直线与水平轴的交点为相应的门槛值。当剪应变低于该值时,土样将不会出现残留超静孔隙水压力。

与动剪应力幅值和初始静荷载相比,加载速度(频率 f)对土的应力—应变—强度性状的影响居于次要地位。试验研究表明[25],在相当缓慢的循环加载条件下,例如周期 $T=10$ h,不排水条件下试样的超静孔隙水压力分布相对均匀,而当加载频率 $f=0.1\sim10$ Hz 时,试样内孔隙水压力呈现不均匀分布。

对正常固结饱和黏土,在其他条件相同的情况下,高频加载时试样内常常出现超静孔隙水压力小于低频的情况,而高频加载时土的动刚度则较高。当以循环加载次数为基准比较超静孔隙水压力大小时,应注意不同频率条件下,土结构承受的剪切加载作用时间是不同的。

图 6.16 为不同加载速率条件下,剪应力 $q/2$ 和有效法向应力 σ' 坐标系下饱和黏性土的有效应力路径[42]。图中的粗实线为静三轴试验条件下的破坏线,虚线为取决于加载速率的循环动三轴条件下短时破坏线。这里,描述加载速率的控制参数不是塑性竖向应变速率 $\dot{\varepsilon}_1^b$,而是循环可恢复应变速率 $\dot{\varepsilon}_1^c$。从图 6.16 可见,在短时循环动三轴条件下,土的破坏线可能高于静三轴条件破坏线,它们随循环应变速率 $\dot{\varepsilon}_1^c$ 的提高而上移,而且相互平行。这说明,在不同速率条件下土的内摩擦角 φ'

基本保持不变，而土的凝聚力参数 c' 与加载速率关系密切。需要说明的是，许多试验结果表明，如果循环加载为长期条件，凝聚力参数 c' 将会逐渐减小。所以，在分析饱和黏性土的长期动力稳定性和变形性状时，常常可忽略循环应变速率对其破坏线位置的影响，而采用静力条件下的破坏线。

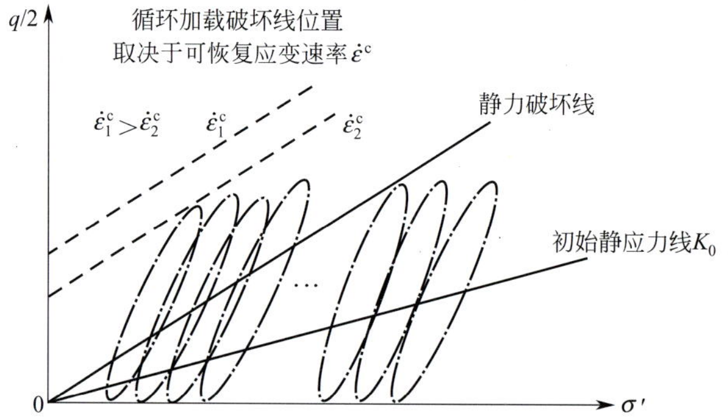

图 6.16 不排水动三轴循环加载有效应力途径以及破坏线位置与可恢复应变速率 $\dot{\varepsilon}^c$ 的关系示意图

6.4.3 部分排水条件下黏性土的性状

对黏性土来说，在循环（动）三轴和直剪试验条件下，由于加载速度是荷载参数之一，所以不存在类似静载作用下的完全排水条件单元试验。理论上，土单元（试样）内各点的超静孔隙水压力是不相同的，与其位置和加载时间有关，所以这类试验一般称为“部分排水条件”。

本节以表 6.5 列出的部分参考文献试验结果为基础，简单综述黏性土在“部分排水条件”下的力学性状。

表 6.5 “部分排水条件下”黏性土物理指标和循环（动）荷载试验条件

文献和编号	土　类	w_L (%)	I_P	灵敏度 S_t	试样[1]	试验方式	周期 T 或频率 f
Andersen et al. (1976)[48]	Drammen 黏土	55	27	—	u	(b)[2] (f)[4]	f=0.1 Hz
France & Sangrey(1977)[49]	伊利土	57	26	—	rc	(a)[2]	相当慢
Hodjera & Jelinek(1979)[50]	粉质黏土	33	13	—	rc	(a)[2]	f=1～15 Hz
Raymond et al. (1979)[51]	Leda 黏土	66	46	11～15	u	(a)[2]	f=1 Hz
Schwarz & Floss(1986)[52]	粉质黏土	33	13	—	rc	(d)[2]	f=1～15 Hz
O'Reilly et al. (1991)[53]	泥灰土	32	15	—	rc	(e)[2]	f=0.1 Hz

续上表

文献和编号	土　类	w_L (%)	I_P	灵敏度 S_t	试样[1]	试验方式	周期 T 或频率 f
Yasuhara & Ander-sen(1991)[17]	Drammen 黏土	55	27	—	u	(f)[5]	f=0.1 Hz
Hyodo & Yasuhara(1995)[54]	Ariake 黏土	123	69	灵敏	rc	(b)[2]	f=0.1 Hz
Kono et al. (1995)[55]	Ariake 黏土	118	79	灵敏	u	—[3]	T=10,50,100,500 s
Samang et al. (1995)[46]	Ariake 粉质黏土	86	47	—	u	(e)[2]	f=0.1 Hz
Umezaki et al. (1995)[56]	Ariake 黏土	118	79	灵敏	rm	—[3]	T=5,10,20,30,50 s
Gu & Xu(1997)[57]	上海黏土	—	—	—	—	—[3]	T=1,4,60 min

注:1　u:未扰动,rm:重塑土,rc:人工制样;

2　见图 6.9;

3　循环侧限压缩试验;

4　见图 6.11;

5　见图 6.11(f)(τ_a=0)。

在循环(动)三轴试验条件下,即使保持试样表面的超静孔隙水压力为零,在循环加载的初期,正常固结饱和黏性土试样由于其低渗透性内部基本处于不排水条件。在这个阶段,不可恢复(相对循环加载而言)或者说残留超静孔隙水压力随循环加载次数或时间增加,试样的塑性变形基本上属于体积恒定的剪应变。如果循环荷载小于其破坏极限值,残留超静孔隙水压力将达到一个相应的最大值,而试样并不发生破坏。在第二个阶段,取决于土的渗透性和试样大小,残留超静孔隙水压力开始消散(排水固结)。这时出现的变形以塑性体积应变为主。在这两个过程中,试样可恢复部分的变形远远小于不可恢复部分(塑性)。一般情况,循环(动)弹性模量在初始阶段,由于超静孔隙水压力增加和土颗粒间的接触发生部分破坏而有所下降。随着循环次数和时间的增加,以及试样的超静孔隙水压力消散和硬化,循环(动)弹性模量又恢复上升直至稳定。如果循环荷载不小于其破坏极限值,那么在第一阶段,随着超静孔隙水压力的快速增加,试样内部有效应力将不断下降,一直延伸到破坏极限线。

对非完全饱和的黏性土,部分排水条件下的动三轴试验表明[50,52],试样的含水量大小对塑性变形的影响很大,甚至高于循环动应力幅值参数的影响。一般情况,当试样的含水量低于普氏击实试验最优含水量 w_{opt} 时,破坏时试样呈现明显的剪切状,而当含水量高于 w_{opt} 时,试样破坏则以发生较大变形为特征,没有明显的剪切带状。不同频率下的动三轴试验结果表明,如果以循环加载次数为基准,试样在较低频率循环荷载作用下发生较大的塑性变形。当动三轴试验在试样的竖向和水平向同时施加循环荷载时,两个循环荷载分量同步(相)时,试样循环弹性模量达最大值，而泊松比达最小值[52]。

正常固结饱和黏性土在不排水循环(动)荷载作用后再经历静置排水阶段，其强度和变形模量会有明显的上升，而强超固结黏性土，静置后其强度和变形模量反而出现弱化和下降现象。试验结果表明，对黏性土在不排水循环(动)加载后静置，将对随后再次进行不排水循环试验时的循环稳定状态线(图 6.13)产生影响。对正常固结饱和黏性土，静置排水后，由于含水量下降，土样硬化，其循环稳定状态线向右上方移动；而对强超固结土，由于不排水循环加载时试样内出现超静负孔隙水压力，静置排水阶段试样吸入水分使其含水量增加而发生软化，其循环稳定状态线向左下方移动。

在循环侧限一维试验条件下，试样内出现与时间相关的超静孔隙水压力以及由随后体积应变产生的竖向变形。对饱和黏性土，这个过程称为循环固结问题。理论和试验研究表明，类似于静力条件下的一维压缩试验，循环条件下出现的变形也可以分为主、次固结两个阶段。在循环加载初期，试样内超静孔隙水压力呈波浪形上升直至最大值，随后出现孔隙压力消散(固结)和相应体积应变，并逐渐过渡到稳定状态。以循环加载应力峰值为基准，循环条件下的固结度只能达到静载条件下的 50%。一维循环荷载条件下，饱和黏性土的固结度和时间的关系与静载条件下相同，而且整个固结过程持续时间与循环加载速率无关。完成主固结后，试样内的循环(可恢复)孔隙水压力在正、负值之间波动，而由于次固结作用，其孔隙比继续减小。

6.5 正常和轻度超固结饱和黏性土拟静力非线性数值计算方法

6.5.1 概　　述

高速铁路线下系统各部分之间的相互作用十分复杂，交通运营对路基的动力循环作用在空间和时间上是不断变化的，即动力荷载的大小、周期随时间和位置变化，见图 6.17。

当地基为饱和黏性土时，长期间歇性动力荷载作用对系统的长期稳定性和沉降变形特性的影响是一个重要的课题。如果以解决工程实际问题为目的，一般情况下可选择控制性荷载参数对相应土样进行室内连续动力试验(例如动三轴试验)，并通过简化的理论分析来确定其在铁路路基条件下的稳定和变形特征，以便为解决工程问题提供一个可靠的基础。

如果地基中的土为正常固结或轻度超固结饱和黏性土，每次列车驶过时的动力循环荷载将在地基中引起可恢复的超静孔隙水压力 u^c 和弹性变形 ε^c，同时，根据黏性土的状态和动力荷载的大小，还可能出现不可恢复的部分 u^b 和 ε^b。在列车驶过的间歇时间，u^c 和 ε^c 将回到零，而塑性部分 u^b 和 ε^b 将残留下来。这时，地基的附加沉降变形 ε^b 由相应的不排水塑性剪应变引起。当下一次列车驶过时，动力

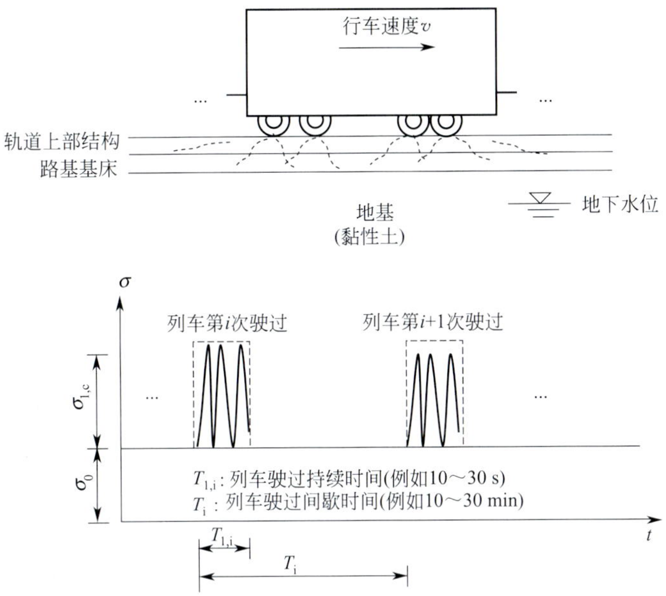

图 6.17 列车运营在地基中引起的循环动荷载变化示意图

荷载对地基土的作用将重复上述过程，但是土中不可恢复超静孔隙水压力部分 u^b 和塑性应变部分 ε^b 将逐渐累积。如果地基土在重复动力荷载作用下不发生稳定破坏，其累积的残留超静孔隙水压力 u^b 达到某一峰值后将在相应边界条件下发生排水固结，进而产生塑性体积应变。在这个阶段，地基的沉降变形 ε^b 主要由排水塑性体应变控制。图 6.18 为地基土中某单元在上述过程中其超静孔隙水压力和变形过程示意图。这里，已将间歇性动力荷载简化为持续均匀作用的循环动荷载。

下面以动三轴试验为基础，利用弹塑性理论和数值方法对上述过程，即正常固结(包括轻度超固结)饱和黏性土在循环动力荷载作用下的变形和稳定特性，采用拟静力非线性模型进行研究。在此基础上，对铁路路基条件下饱和黏性土的换填深度进行参数分析。

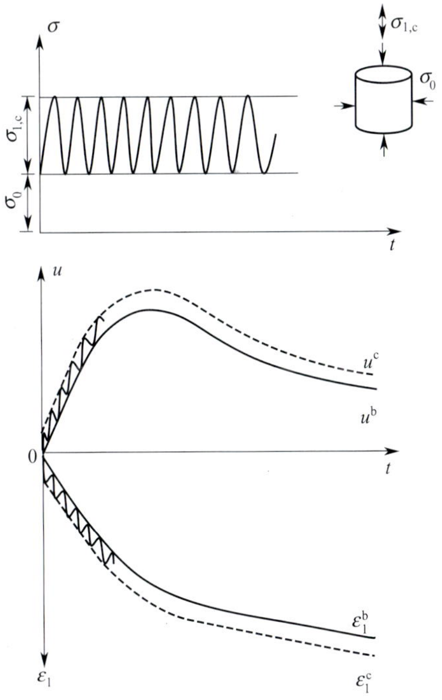

图 6.18 正常固结或轻度超固结饱和黏性土在持续均匀循环动荷载作用下的土力学性状

6.5.2 动三轴条件下饱和黏性土拟静力非线性模型

如前所述，正常固结或轻度超固结饱和黏性土在反复循环动力荷载作用下，将产生可恢复和不可恢复的超静孔隙水压力。可恢复部分的超静孔隙水压力 u^c 指动荷载移去后马上回归零的部分，而不可恢复部分 u^b 指的是动荷载移去后仍残留的部分。不可恢复部分超静孔隙水压力由动荷载作用下土结构发生塑性剪应变（不排水条件）引起，随着时间的推移，不可恢复部分的超静孔隙水压力将发生固结消散而引起相应的塑性体积压缩。所以，对正常固结饱和黏土而言（包括轻度超固结土），第一阶段的不排水塑性剪应变和第二阶段的排水塑性体应变都由不可恢复的超静孔隙水压力控制。对于正常固结或轻度超固结饱和黏性土，不可恢复部分的超静孔隙水压力是动力循环加载条件下产生永久塑性变形的关键参数。

以此为出发点，下面介绍一个适合于描述正常固结饱和黏土（包括轻度超固结土）在动力循环荷载下应力—变形—强度特性的拟静力非线性模型。这个模型的基本特征，在图 6.19 以概念模型的方式表示出来。

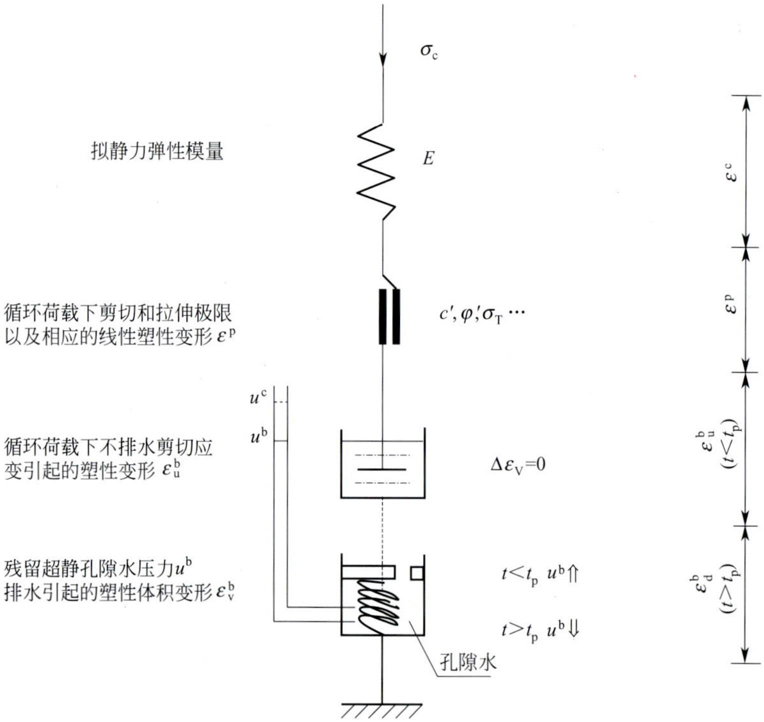

图 6.19 拟静力非线性模型，用于描述正常固结饱和黏土（包括轻度超固结土）在动力循环荷载下的应力—强度—变形特性

这里，动力荷载的最大值 σ_c 为荷载的输入参数。系统中的弹性单元 E 用于描述土单元在循环荷载作用下可恢复应变的最大值。从本质上讲，这部分应变也随着循环次数的增加而变化。但是，与塑性应变相比，这部分可恢复应变很小。图 6.19 的拟静力非线性模型忽略这个变化，即假定土单元的弹性模量为循环荷载条件下的平均值，它不随循环次数变化，只与初始静应力水平有关。

图 6.19 中的第二个单元为滑动单元，它用于表征饱和黏性土在循环动力荷载作用下的剪切和拉伸极限，以及相应的线性塑性变形 ε^p。一般情况，在循环加荷初期土单元可承受的剪应力短时内可以超过静力剪切强度线（见 6.4.2 节和图 6.16）。对正常固结饱和黏性土，如果分析是以长期循环加载为条件，可以近似地用静力有效强度参数（c'，φ'）来作为其有效应力强度参数，因为这时循环次数和循环加载时间对它们的影响并不明显[16]，而且这样的简化处理一般来说是偏安全的。

在动力循环加载的初期，地基土中绝大部分区域处于不排水状态，超静孔隙水压力随着循环次数的增加而上升。与土骨架弹性变形相对应的可恢复部分可以近似用 $u^c = A_c \cdot (\sigma_{x,c} + \sigma_{y,c} + \sigma_{z,c})$ 估算，其中，$\sigma_{x,c}$，$\sigma_{y,c}$，$\sigma_{z,c}$ 为由循环动力荷载引起的动应力分量幅值；参数 A_c 可在试验室通过对土进行不排水条件下的动三轴试验确定。与土骨架塑性剪应变相对应的不可恢复部分超静孔隙水压力 u^b 和循环加载时间有直接的关系。借助于这两部分超静孔隙水压力和总应力，利用有效应力原理可以分析确定土单元是否发生剪切或拉伸破坏。如果地基中的饱和黏性土出现局部的剪切或拉伸破坏，就会出现相应的线性塑性变形 ε^p，见图 6.19。借助于经典塑性屈服面理论，这个相互关系表示在图 6.20(a)中的三维有效主应力空间。

与经典弹塑性材料相比，土在循环加荷条件下，即使其有效应力处于强度包络线内，见图 6.20(b)，仍会发生非线性塑性变形。这里，塑性变形 ε^b 由两部分组成，第一部分由不排水条件下的剪切应变 ε_u^b 引起，第二部分 ε_d^b 由随后的排水固结引起。在图 6.19 中，这个特性分别由非线性黏滞器和固结单元表征。如前所述，这

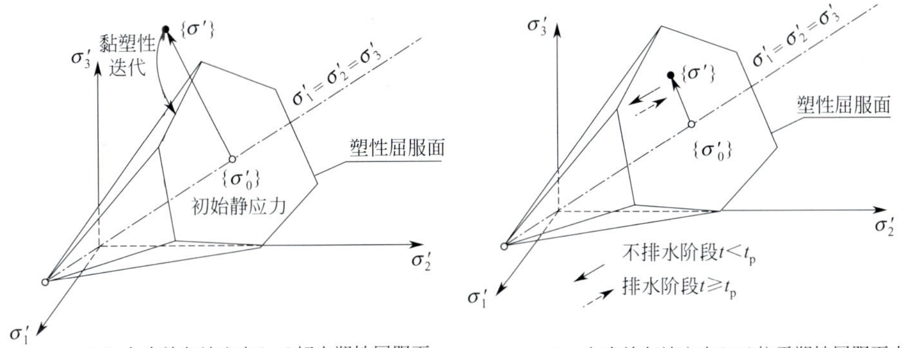

(a) 合成总有效应力$\{\sigma'\}$超出塑性屈服面　　(b) 合成总有效应力$\{\sigma'\}$位于塑性屈服面内

图 6.20　荷载作用下土的有效应力路径和塑性变形

两部分塑性变形都取决于不可恢复的超静孔隙水压力 u^b。

在这里讨论的拟静力非线性模型中，不排水条件下产生的不可恢复超静孔隙水压力 u_g^b 被视为水压力源 $\psi=\partial u_g^b/\partial t$。将这部分叠加到经典的固结方程，相应的偏微分方程可表示为：

$$\frac{\partial}{\partial x}\left(\frac{k}{\gamma_w}\frac{\partial u^b}{\partial x}\right)+\frac{\partial}{\partial y}\left(\frac{k}{\gamma_w}\frac{\partial u^b}{\partial y}\right)+\frac{\partial}{\partial z}\left(\frac{k}{\gamma_w}\frac{\partial u^b}{\partial z}\right)=m_v\left(\frac{\partial u^b}{\partial t}-\psi\right) \tag{6.4}$$

根据以上的微分方程和相应的边界条件，先求得在循环加荷初期不可恢复的超静孔隙水压力随加荷时间的增量 $\Delta u^b>0$，同时利用 u^b 确定相应的不排水塑性剪应变 ε_u^b。随着时间的推移，土单元逐渐开始发生超静孔隙水压力消散，即出现 $\Delta u^b<0$，相应的排水塑性体应变 ε_d^b 可以用下式描述：

$$\Delta\varepsilon_d^b=m_v\cdot\Delta u^b(\Delta u^b<0) \tag{6.5}$$

式中　m_v——循环加载条件下土的体积压缩系数。

不排水条件下循环动三轴试验表明，正常固结饱和黏性土的超静孔隙水压力 u_g^b 与静围压 $\sigma_{3,0}$、循环剪应力 q_c 和循环次数 N 的关系可以近似地用下式计算：

$$\frac{u_g^b}{\sigma_{3,0}}=\rho\cdot\left(\frac{q_c}{\sigma_{3,0}}\right)^{\alpha_G}\cdot(1+\lg t)^{\theta}=\rho\cdot\left(\frac{q_c}{\sigma_{3,0}}\right)^{\alpha_G}\cdot[1+\lg(N/f)]^{\theta} \tag{6.6}$$

其中，ρ，α_G，θ 由不排水条件下动三轴试验确定。

根据应变理论，荷载作用下土骨架中的颗粒发生相对剪切滑动或土骨架发生局部破坏时，土骨架和孔隙水之间将出现荷载重分布。在不排水条件下，饱和土中初始由土颗粒接触点传递的荷载部分逐渐转移到孔隙水，引起相应的超静孔隙水压力。由于这种剪切变形大部分是塑性的，在不排水条件下卸载后，相应的超静孔隙水压力并不会马上自动消失，所以称为“永久或残留”孔隙水压力 u^b。所以，不排水条件下塑性剪应变和“残留”超静孔隙水压力之间存在较为密切的相关关系。根据文献[16]和[18]的研究结果，它们之间的相关关系可以用下式近似表示：

$$\frac{u^b}{p_0'}=\frac{\varepsilon_{1,u}^b}{a+b\cdot\varepsilon_{1,u}^b} \tag{6.7}$$

其中，a，b 由静三轴条件下的不排水试验确定(需经历加载—卸载—再加载)。

式(6.5)中的压缩系数 m_v 为循环加载条件下的参数，与一般侧限静压缩条件下的压缩系数不同，可利用不排水动三轴试验和随后的静置消散固结过程来确定。根据文献[17]，对正常固结饱和黏性土，由不排水循环加载作用产生的超静孔隙水压力 u^b 消散引起的塑性体积应变 ε_v^b，可以近似地用以下的关系确定：

$$\varepsilon_v^b=1.5\cdot\frac{C_r}{1+e_0}\cdot\lg\left(\frac{1}{1-u^b/p_0'}\right) \tag{6.8}$$

式中　C_r——常规侧限压缩试验卸载、再加载时的压缩参数；

e_0——土的初始孔隙比。

由此，可以确定循环加载条件下的压缩系数 m_v 为

$$m_v = \frac{d\varepsilon_v^b}{du^b} = 1.5 \cdot \frac{C_r}{1+e_0} \cdot \frac{1}{\ln 10} \cdot \frac{1}{p_0' - u^b} \tag{6.9}$$

以上介绍的拟静力非线性模型可用有限元数值方法实现，它可以作为确定正常饱和固结黏性土在连续循环动力荷载作用下，地基稳定性和附加变形的分析工具[11]。

6.5.3 动三轴条件下饱和黏性土室内试验结果数值模拟分析

本节利用6.5.2节的拟静力非线性模型和相应的分析工具，计算对比动三轴条件下，几个饱和固结黏性土的超静孔隙水压力和塑性变形试验结果。

(1) Ariake 黏土

文献[18]报道了对高塑性 Ariake 重塑黏土进行动三轴循环试验的结果，试样的物理力学指标和计算需要的参数如下：

土力学指标：$\rho_s = 2.65\ \text{g/cm}^3$；$w_L = 123\%$；$I_P = 69$；$C_c = 0.7$；$C_r = 0.163$；$c' = 0.0$；$\varphi' = 39°$；

计算参数：$\rho = 0.064$；$\alpha_G = 1.412$；$\theta = 1.535$；$c' = 0.0$；$\varphi' = 39°$；$k_r = k_z = 1.2 \times 10^{-10}\ \text{m/s}$；$m_v = 1.26 \times 10^{-4}\ \text{m}^2/\text{kN}$；$a = 1.48$；$b = 0.57$。

重塑后的 Ariake 高塑性饱和黏土首先在 59 kPa 竖向压力下完成固结。取样后装入动三轴仪，试样的直径和高度分别为 35 mm、87.5 mm，其初始含水量为 90%～95%。试样安装后，分别在 $\sigma_3 = 100$、200 和 300 kPa 围压下固结 24 h。完成固结后，对试样施加竖向正弦式循环应力，其幅值分别为 $\sigma_c = 60$、120 和 180 kPa。在竖向循环加载的同时，测定试样底部中心点超静孔隙水压力的变化。由于在试样的环向设置了排水滤纸，所以在循环加载期间，试样周边可近似作为排水边界条件处理。

根据上面列出的计算参数，应用6.5.2节的拟静力非线性有限元模型，对上述动三轴循环试验进行数值分析，计算的模型和边界条件见图6.21。由计算得出的超静孔隙水压力与循环次数的关系以及试验实测结果见图6.22。

可见，在循环加载初期，试样底部中心点的超静孔隙水压力随着循环次数的增加而迅速上升，处于不排水状态，一定时间后，超静孔隙水压力达到峰值并开始消散。从图6.22的对比可见，这三个试样理论计算和实测值的发展趋势、量级基本上是一致的。

(2) 泥灰土

文献[19]报道了泥灰土试样不排水动三轴试验结果。试验用的泥灰土经完全重塑后加载固结制成，其超固结比分别为2和20。动三轴试验用的试样直径和高度分别为9.95 cm、10 cm。基本物理指标：$w_L = 32\%$，$I_P = 18$，$\rho_s = 2.74\ \text{g/cm}^3$，细颗粒（黏土）含量为18%。

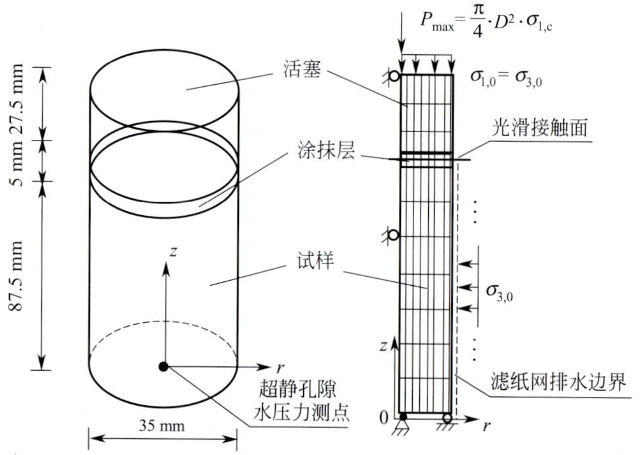

图 6.21　高塑性 Ariake 重塑黏土动三轴循环试验试样尺寸、加载、边界条件和有限元模型

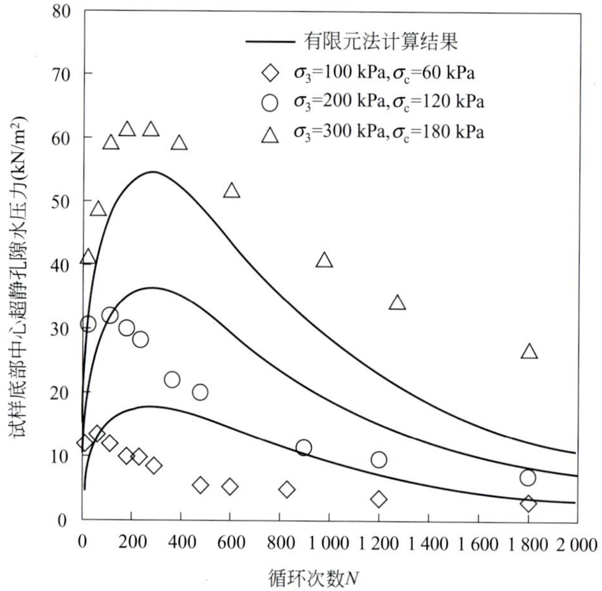

图 6.22　超静孔隙水压力和循环次数的关系(高塑性 Ariake 重塑黏土动三轴循环试验和有限元法计算结果的比较，试验结果来自文献[18])

这里，利用前述拟静力非线性有限元模型对轻度超固结试样($OCR=2$)的不排水动三轴试验进行了数值分析。利用文献[19]的静、动三轴试验结果，推算了计算需要的输入参数：

$E=170$ MPa($\sigma_{3,0}=380$ kPa, $q_c=195$ kPa); $E=130$ MPa($\sigma_{3,0}=380$ kPa, $q_c=280$ kPa); $\rho=0.06$; $\alpha_G=1.88$; $\theta=1.3$; $c'=5\sim10$ kPa; $\varphi'=25\sim30°$; $a=9.78$; $b=2.55$; $A_c=0.05\sim0.10$。

首先，两个试样在 $\sigma_{3,0}=380$ kPa 围压下完成固结，然后对试样分别施加幅值 $q_c=195$ kPa 和 280 kPa 的竖向循环应力（频率 $f=10$ Hz），并测定其相应的竖向塑性应变。

图 6.23 为有限元计算确定的竖向塑性变形（应变）和不排水动三轴试验实测值的对比。可见，理论计算得出的不排水条件下竖向塑性应变其趋势和量级与实测值基本一致。

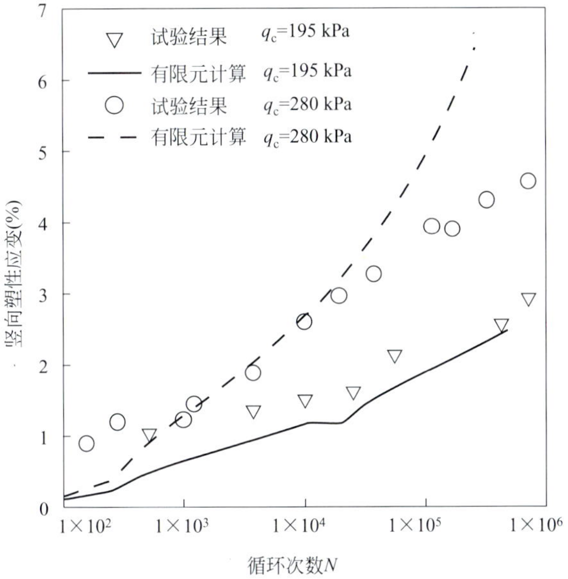

图 6.23　竖向塑性应变和循环次数的关系（泥灰土试样不排水动三轴试验和有限元法模型计算结果的比较，试验结果来自文献[19]）

(3)中塑性重塑黏土

某中塑性黏土的基本物理指标为 $w_L=41.9\%$，$I_P=23.5$，$G_s=2.75$，$I_L=0.18$。在击实条件下制成试样，其密度 $\rho=1.72$ g/cm^3。试样的直径和高度分别为 $D\approx10$ cm、$H=10$ cm。试样装入动三轴仪后先进行饱和固结，有效固结围压为 $\sigma_s=50$ kPa。

动三轴试验分别在不排水和部分排水条件下进行，循环竖向应力幅值为 40 kPa，频率为 1 Hz。根据不排水动三轴试验、静三轴 CU 试验以及静力侧限压缩试样得出的计算输入参数分别为

$\rho=0.1$；$\alpha_G=1.0$；$\theta=1.5$；$c'=6$ kPa；$\varphi'=30°$；$k_r=k_z=1.0\times10^{-10}$ m/s；$a=1.2$；$b=1.8$；$A_{cr}=0.15$；$m_v=0.34\times10^{-3}$ m^2/kN。

动三轴试验的拟静力有限元计算模型见图 6.24。这里，试样顶、底部和周边分别设置了滤石和滤纸，所以在循环加载过程中试样表面可视为排水边界。此外，为了模拟活塞与试样之间通过涂抹层形成的无剪荷载传递条件，图中的有限元分析模型试样将试样顶部的活塞考虑在内。

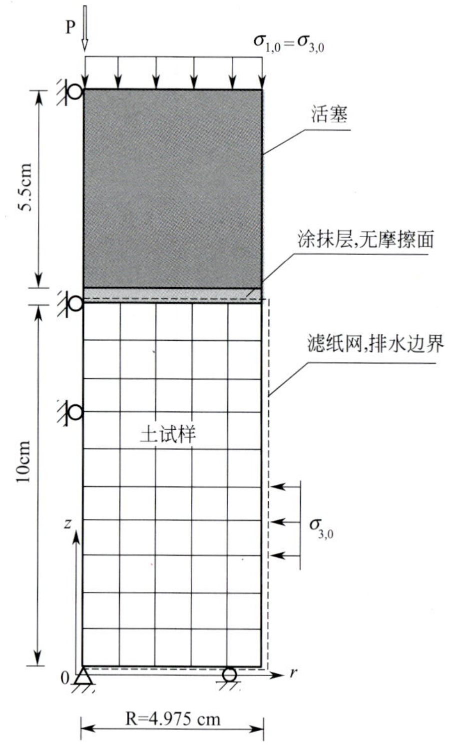

图 6.24　有限元计算模型和边界条件(部分排水条件下饱和中塑性重塑黏土动三轴试验)

图 6.25 为 $\sigma_{3,0}=50$ kPa 和 $\sigma_c=40$ kPa 条件下超静孔隙水压力随时间和位置变化的计算结果。图 6.25(a)为试样高度一半平面上 $r=0$ 和 $r=3$ cm 位置超静孔隙水压力随时间的变化。可见，随着循环次数的增加，开始时超静孔隙水压力很快上升到约 24 kPa，然后出现排水固结。$r=3$ cm 处点先于 $r=0$ 处点发生超静孔隙水压力下降，因为它的位置更靠近排水边界。当 $N>9\times10^4$ 时，试样的超静孔隙水压力基本消散为零。

图 6.25(b)为试样高度一半平面上沿径向超静孔隙孔隙水压力的分布，在$N=10\sim2\ 000$(图中的虚线)，超静孔隙水压力增加很快。这个阶段，超静孔隙水压力径向分布均匀上升，而在靠近周边的排水边界急剧降为零。在第二阶段($N>2\ 000$)，超静孔隙水压力随时间逐渐下降，且沿径向分布逐步减少为零。

上述超静孔隙水压力随时间的变化以及在试样内的分布特征决定了土样在三轴条件下的强度和变形性状，见图 6.26。由于加载板(活塞)相对于土样可视为刚性板，所以其与试样接触面的竖向变形为强迫等应变条件。在循环加载开始时($N=1$)，土样内的主应力分布均匀。随着循环次数 N 的增加，初期超静孔隙水压力在试样内部快速上升，而靠近排水的周边急剧降为零。这种状况表明，超静孔隙水压力上升阶段试样内部的不排水塑性变形大于其周边值。这样的条件迫使试样的竖向荷载发生重分布，其结果是试样周边竖向荷载增加而内部相应减小，见图 6.27。在 $r=4.5$ cm 环向周边位置，试样的总竖向应力从 $N=1$ 时的 90 kPa 上升为 $1\times N=10^5$ 时的 130 kPa，同时试样内部 $r=0.5$ cm 环向位置处总竖向应力从开始

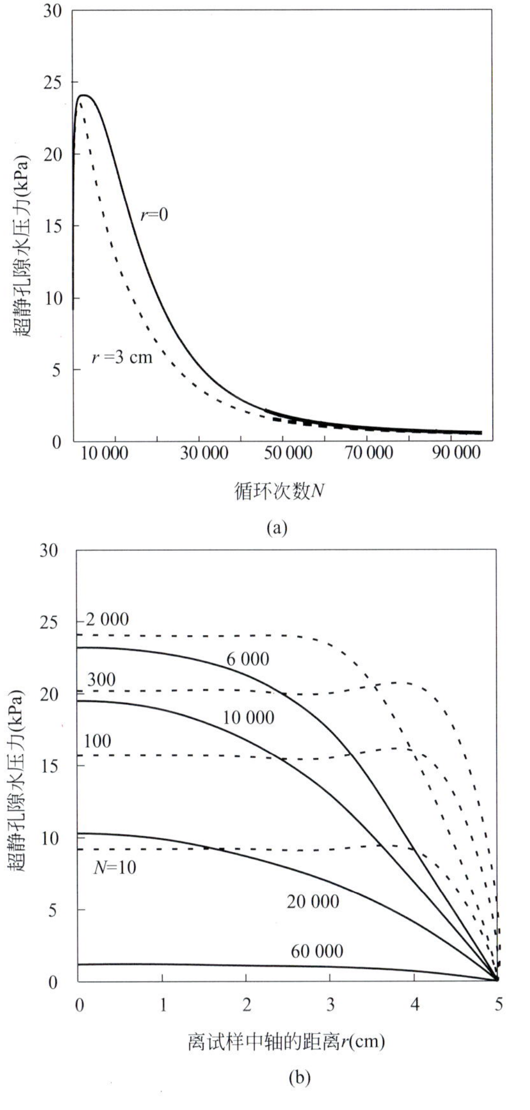

图 6.25　饱和中塑性重塑黏土试样内部超静孔隙水压力随循环次数的变化（有限元计算结果，加载条件 $\sigma_{3,0}=50$ kPa 和 $\sigma_c=40$ kPa）

时的 90 kPa 下降为 47 kPa。这样的荷载分布使试样的剪切破坏开始于周边位置，呈由外向内发展的趋势，见图 6.26。而且，荷载重分布不仅发生在循环加载的初期，即超静孔隙水压力上升阶段（$t \leqslant t_p$），同样发生在其排水阶段（$t > t_p$）。这是因为，试样塑性体积应变的大小同样取决于残留超静孔隙水压力的大小和分布。循环加载初期产生的试样内不均匀残留超静水压力分布将导致第二阶段不同大小的塑性体积应变再次发生荷载重分布。当循环次数为 $N=10^5$ 时，试样的竖向总塑性应变为约 2.22 mm，而其径向变形沿深度呈中间大、顶部和底部小的不均匀分布，见图 6.26。

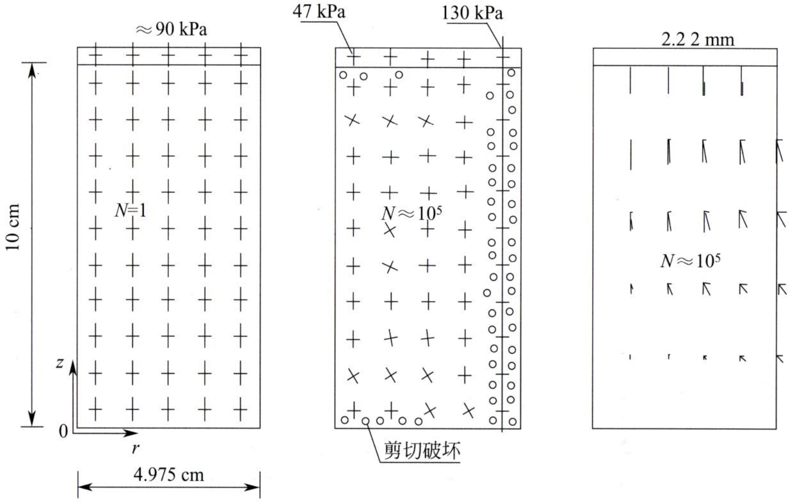

图 6.26　循环次数 $N=1$ 和 $N=1\times10^5$ 时试样内的主应力分布以及 $N=1\times10^5$ 时试样内的变形分布(有限元计算结果，加载条件 $\sigma_{3,0}=50$ kPa 和 $\sigma_c=40$ kPa)

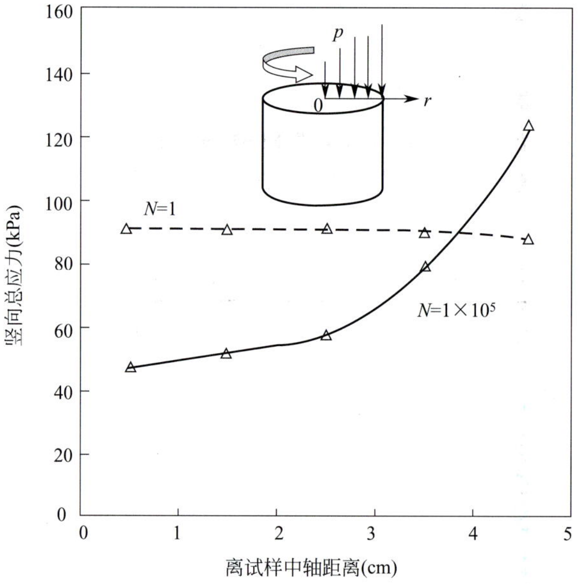

图 6.27　循环次数 $N=1$ 和 $N=1\times10^5$ 时试样顶部竖向总应力分布(有限元计算结果，加载条件 $\sigma_{3,0}=50$ kPa 和 $\sigma_c=40$ kPa)

从以上计算结果的分析讨论可见，循环动三轴条件下试样内应力、塑性变形和强度性状受超静孔隙水压力大小和分布的控制，一般是不均匀的。可见，试验的边界条件对试样的反应有着很大的影响，一般不应简单地将动三轴试验视为均匀单元试验。

利用图 6.24 的有限元计算模型一共分析了六种循环应力幅值 σ_c 条件下塑性轴向应变和塑性径向应变的发展趋势。图 6.28 为循环次数 $N=10^5$ 时的计算结果，试样内塑性区的展开以及主应力的分布表示在图 6.29。可见，在围压 $\sigma_{3,0}=50$ kPa 和给定的排水、变形边界条件下，随着循环应力幅值 σ_c 从 30 kPa 上升到 46 kPa，计算的竖向塑性应变呈非线性增加逐步趋于无穷，破坏时循环应力幅值 σ_c 为 46 kPa。从主应力分布和剪切破坏区分析(图 6.29)，由于超静水压力在接近试样周边区域消散较快，外围区域土在第一阶段的循环加载下出现的超静孔隙水压力较小，因而其塑性变形较小。这时，试样顶部的等变形条件导致了应力随循环次数的增加逐步向周边区域集中，即试样内发生了应力重分布，使塑性破坏开始于试样的周边区域，并随着循环应力幅值的增加逐步向内延伸，见图 6.29。

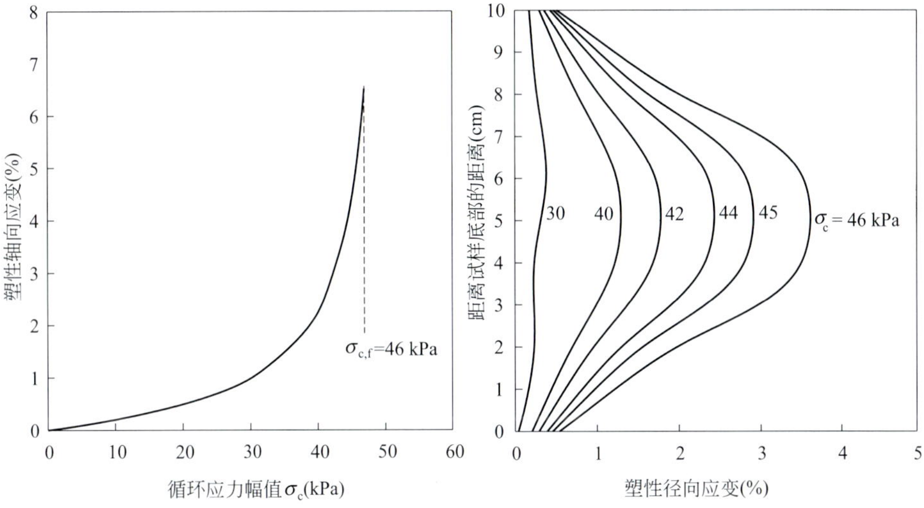

图 6.28 饱和中塑性重塑黏土试样的塑性应变与循环应力幅值 σ_c 的关系
(有限元计算结果，围压 $\sigma_{3,0}=50$ kPa，$N=10^5$)

以上用拟静力非线性有限元模型分析动三轴条件下正常固结或轻度超固结饱和黏性土的三个例子以及与试验结果的对比表明，6.5.2 节介绍的模型和相应的分析工具基本上合理地描述了在动力循环荷载持续作用下，土中超静孔隙水压力、塑性变形和塑性区的时空分布和相互关系，为研究该类土在铁路交通荷载作用下的动力稳定性和附加沉降，以及确定地基加固范围提供了一个基础。

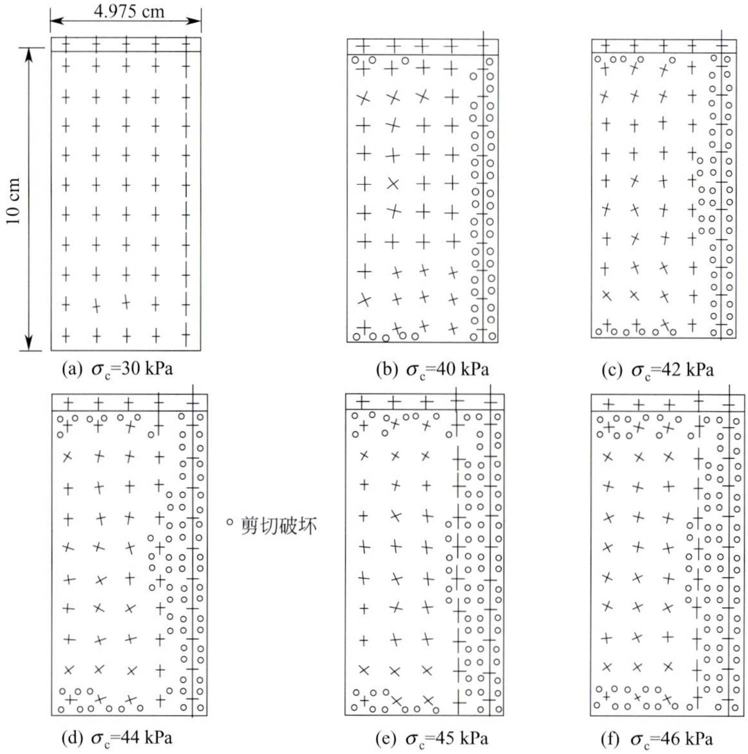

图 6.29 饱和中塑性重塑黏土试样内主应力分布以及塑性区的展开

（有限元计算结果，围压 $\sigma_{3,0}=50$ kPa，$N=10^5$）

6.5.4 无砟轨道下饱和黏性土地基换土深度分析

为了展示 6.5.2 节的拟静力非线性模型和相应分析工具的实际可应用性，本节以饱和黏性土地基上的无砟轨道为例，计算分析其在交通循环动力荷载长期作用下的附加沉降以及换填土深度的影响。

图 6.30 为一单轨线路的横断面示意图。上部结构由无砟轨道板和水硬性支承层组成。假定抗冻层（级配碎石）直接放置在厚度为 8 m 的饱和黏性土地基上，下卧层为密实的砂土，地下水假定与抗冻层底部平齐。

这里，行车时的动力荷载简化为两个沿线路纵向幅值 $p/2=50$ kN/m 的线性荷载，已考虑了动力放大系数的影响。动应力随时间的变化简化为频率 $f=1$ Hz 的正弦函数，计算时假定循环动力荷载持续作用。

数值计算模型和各种边界条件在图 6.31 中给出。计算截面的高度为 8.5 m（包括抗冻层），宽度为 20 m。混凝土道床板和水硬性支承层的厚度分别为 20 cm

和 30 cm。假设下卧砂土处于密实状态，根据其所处的深度和状态可以忽略交通荷载的影响。排水和变形的边界条件见图 6.31，其中计算截面的左、右两边为不排水界面，黏性土的上、下界面与排水层相连可视为排水边界。

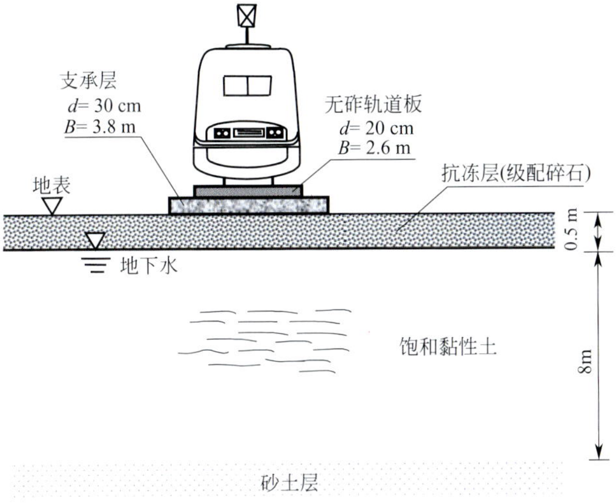

图 6.30　饱和黏性土地基上的无砟轨道，简化的计算横断面

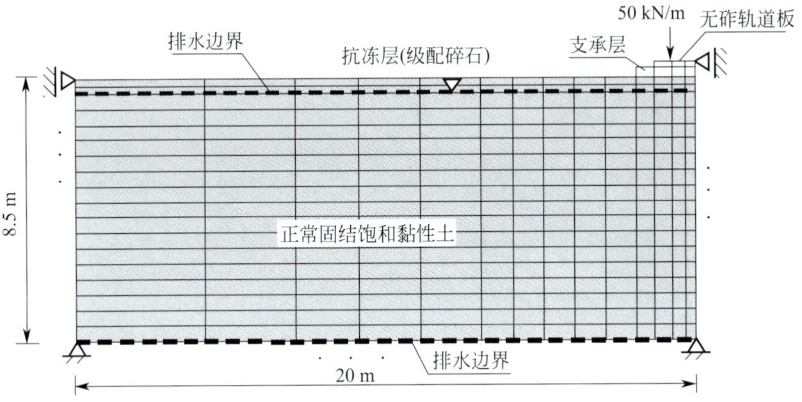

图 6.31　饱和黏性土地基上的无砟轨道，有限元计算模型和边界条件

表 6.6 列出了四种不同材料的输入参数。上部结构(轨道板)和支承层假定为线弹性材料，抗冻层(级配碎石)视为理想线性弹塑性材料。正常固结饱和黏土采用 6.5.2 节的拟静力非线性弹塑性模型，其输入参数根据试验结果确定[11]。

图 6.32 为位于轨线荷载下饱和黏性土地基离轨道板顶部 3 m 深处残留超静孔隙水压力与时间的计算关系。在第一阶段，该部位土体处于不排水状态，其超静孔隙水压力随加载持续时间上升很快，约 2 d 后达到峰值 10.5 kPa，随后该部位土体发生排水固结。由于该黏性土的渗透系数为 $k=1\times10^{-8}$ m/s，排水固结过程相

对较长。根据计算结果,大约 150 d 后残留超静孔隙水压力基本降为零。

表 6.6　假设材料参数

饱和黏性土	$\gamma=20\ \mathrm{kN/m^3}$；$\rho=0.1$；$\alpha_G=1.0$；$\theta=1.2$；$c'=4.0\ \mathrm{kPa}$；$\varphi'=24°$；$k_x=k_y=1.0\times10^{-8}\ \mathrm{m/s}$；$a=1.0$；$b=1.4$；$A_c=0.05$；$m_v=0.5\times10^{-3}\ \mathrm{m^2/kN}$
抗冻层(级配碎石)	$\gamma=19\ \mathrm{kN/m^3}$；$E=100\ \mathrm{MPa}$；$\upsilon=0.30$；$c'=0.0\ \mathrm{kPa}$；$\varphi'=38°$
支承层	$\gamma=22\ \mathrm{kN/m^3}$；$E=5\ 000\ \mathrm{MPa}$；$\upsilon=0.25$
轨道板	$\gamma=24\ \mathrm{kN/m^3}$；$E=30\ 000\ \mathrm{MPa}$；$\upsilon=0.16$

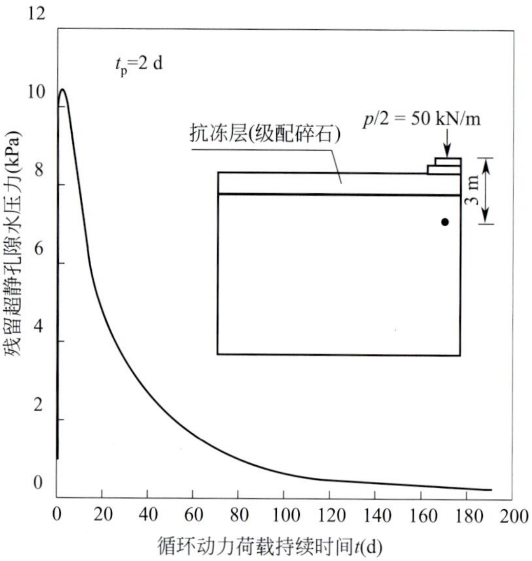

图 6.32　饱和黏性土地基离轨道板顶 3 m 深处残留超静孔隙水压力随循环动力荷载持续时间的变化(有限元计算结果)

残留超静孔隙水压力 u^b 沿饱和黏土层深度的变化见图 6.33。可见,残留超静孔隙水压力在上、下边界始终为零。随着离开排水边界面距离的增加,u^b 增加并达最大值。由于地基中上部动力荷载值高于下部,第一阶段($t\leqslant t_p$)u^b 最大值位置靠近上部排水边界,随着时间的推移峰值位置逐渐下降。本算例情况,持续循环动力加载 2 d 后距道床板顶部约 2.5 m 深处的土体残留超静孔隙水压力 u^b 达最大值。

图 6.34 给出了轨道板附加沉降与时间关系的计算结果。第一阶段,即 $t\leqslant t_p\approx2$ d 内,地基土体主要发生不排水塑性剪切变形,而在第二阶段($t>t_p$),饱和黏性土地基主要发生排水塑性体积变形。计算表明,总的附加沉降量为 81.3 mm,其中第一阶段由不排水塑性剪切变形引起的沉降占总附加沉降的 75%,而第二阶段的排水塑性体积变形引起的沉降约为总附加沉降的 25%。

图 6.35 为循环加载时间 $t=2$ d 和 $t=2$ a 时地基中塑性区开展的情况。由前

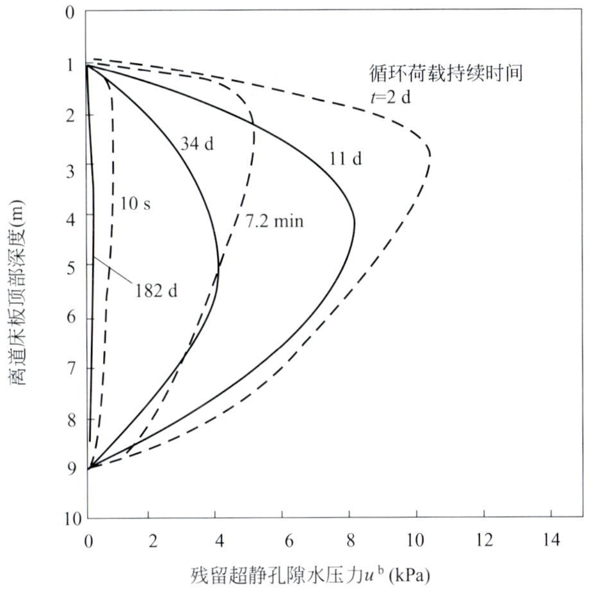

图 6.33　线荷载下地基残留超静孔隙水压力沿深度的变化
（不同循环加载时间点，有限元计算结果）

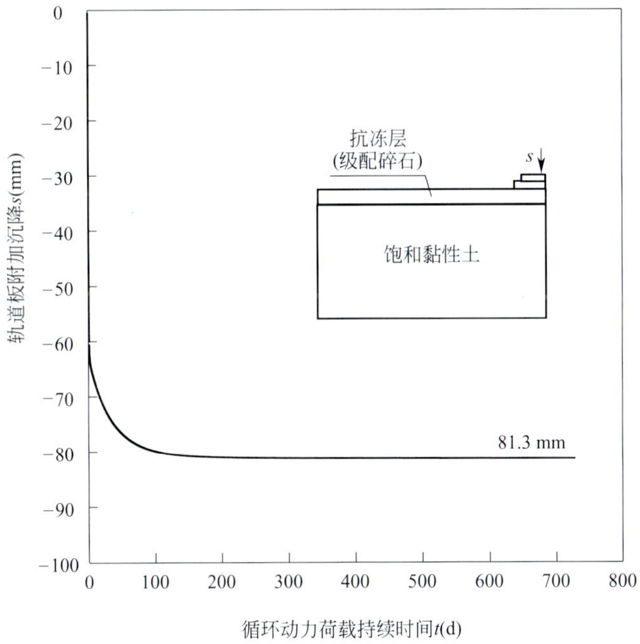

图 6.34　轨道板附加沉降与循环动力荷载持续时间的计算关系
（有限元计算结果）

述讨论可知，本算例地基中残留超静孔隙水压力峰值约在 $t=2$ d 时出现，所以这一阶段基本属于不排水塑性剪切变形。在排水固结阶段直至 $t=2$ a 时，正常固结饱和黏性土地基的塑性区向底部延伸，见图 6.35(b)，这可以解释为由地基中不均匀塑性体积应变导致的应力重分布引起。

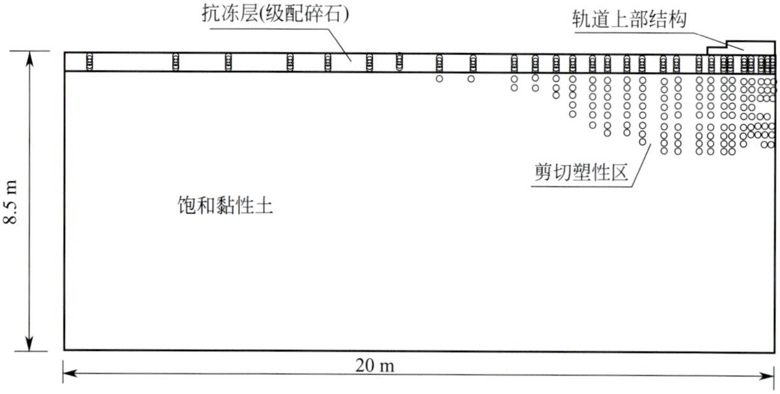

(a) t=2 d

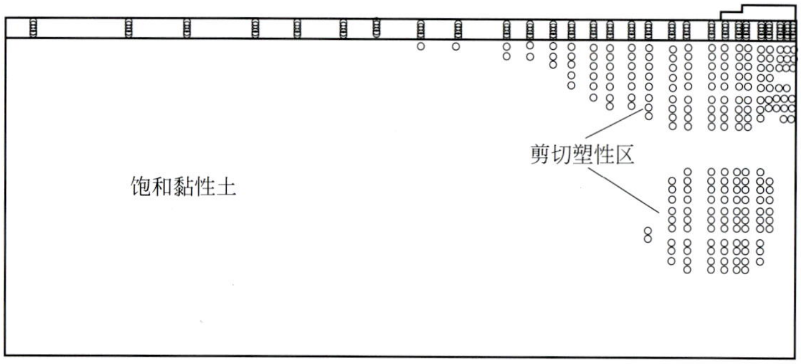

(b) t=2 a

图 6.35 饱和黏性土地基塑性区开展情况(有限元计算结果)

为了分析本例给定条件下换填土深度对减少路基附加沉降的效果，利用图 6.36 的模型分别按换土深度 H 由 0.5 m 逐步增加到 4 m 进行了数值计算分析。这里，换填土体假定为密实度较高的砂-砾混合土。由于其在动力荷载作用下的塑性变形远小于该饱和黏性土，所以近似地以线弹塑性模型考虑。计算时采用与表 6.6 中的级配碎石相同的参数值。

图 6.37 为不同换填深度条件下，循环加载作用 2 d 后线荷载作用位置下地基残留超静孔隙水压力沿深度的分布，可见，各种换填深度其分布相似。随着换填深度 H 的加大，饱和黏性土层离动荷载作用位置的距离相应增加，使得产生的残留超静孔隙水压力峰值下降。

图 6.38 为各种换填深度条件下，距换填土底面 1.5 m 深处饱和黏性土的残留超静孔隙水压力随时间变化的计算结果。可见，各种情况下其峰值残留超静孔隙

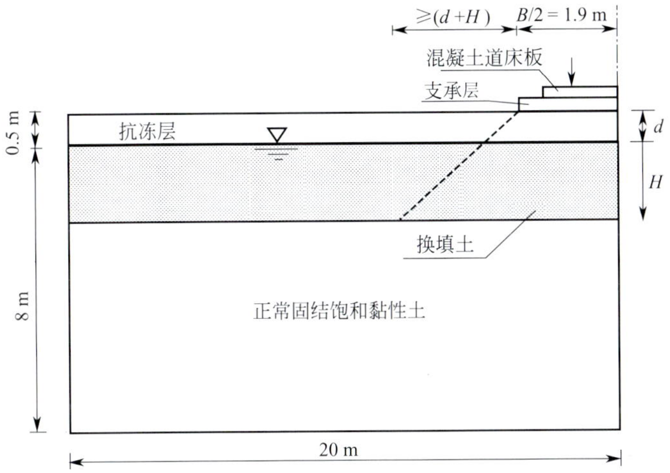

图 6.36 正常固结饱和黏性土地基换填土方案

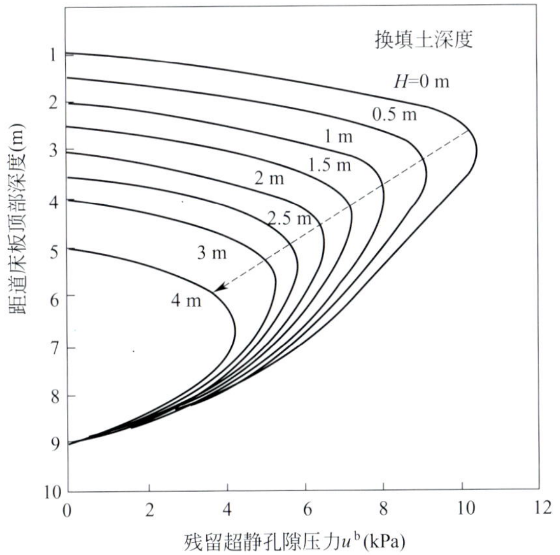

图 6.37 线荷载作用位置下地基残留超静孔隙水压力随深度的分布

（$t=2$ d，不同换填深度条件有限元计算结果）

水压力约在循环动力荷载持续作用 $t=2$ d 后出现，即换填土深度对峰值出现的时间点影响较小。

各种换填深度条件下轨道板附加沉降 s 与循环动力荷载持续时间的关系见图 6.39，可见，换填深度对附加沉降大小的影响十分明显。附加沉降与换填土深度关系的计算结果见图 6.40。当 H 从 0 上升到 2 m，附加沉降 s 从 81.3 mm 下降到 20.0 mm，在这个范围换填土深度对减小附加沉降的效果特别明显，当 $H>2$ m 时，

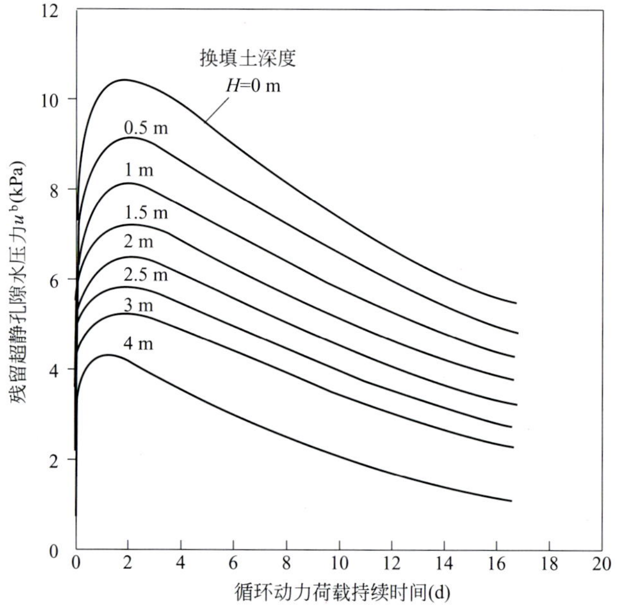

图 6.38　距换填土底面 1.5 m 深处地基残留超静孔隙水压力随时间变化计算结果（不同换填深度条件有限元计算结果）

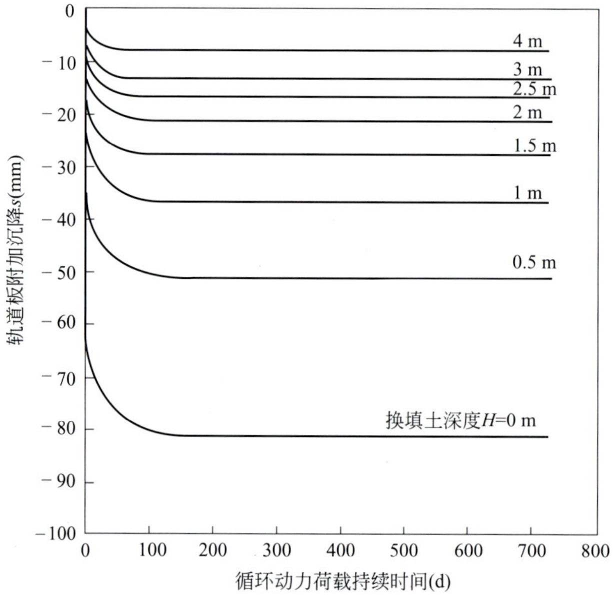

图 6.39　不同换填深度条件下轨道板附加沉降 s 与时间关系（有限元计算结果）

其效果逐渐降低。在本算例假定的边界条件下，要使附加沉降达到一般情况下无砟轨道对路基的要求（$s_N \leqslant s_V = 5$ mm，见表 2.3），需换填的深度大于 4 m。可见，这种情况下的换填土方案从技术上和经济上已失去意义，应考虑采用其他的地基加固方案，例如第 8 章的桩网复合地基处理方案。

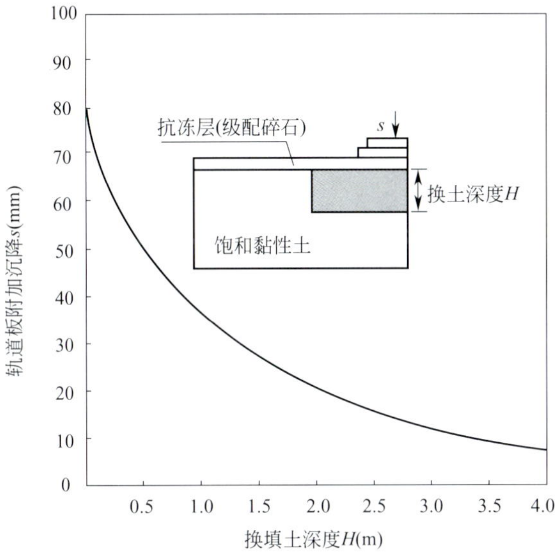

图 6.40　轨道板附加沉降 s 与换土深度 H 关系，有限元计算结果

6.6　总结和评述

路基在交通荷载长期作用下的附加变形是动力稳定性分析的一个重要方面。本章以部分工程实测和文献结果为基础，对非黏性土和黏性土在循环动力荷载作用下的变形和强度性状进行了分析。在此基础上，对路基附加变形常规计算方法的适用性进行了讨论。对正常固结或轻度超固结饱和黏性土，本章提出、实现了以动三轴试验结果为基础的拟静力非线性有限元计算方法，并利用文献结果和参数研究对其工程可应用性进行了计算分析和对比。

工程实例的分析表明，以室内模型试验结果为出发点提出的附加沉降常规计算公式(6.1)不能合适地描述现场实测的附加沉降。首先，循环系数 c_N 不是一个常数，它随着循环次数 N 的增加而提高；其次，列车第一次驶过后（$N=1$），路基残留的沉降（塑性变形）s_1 无法用常规的土力学参数可靠地确定，即使有室内动三轴试验结果也很难准确地确定。这是因为室内试验无法考虑现场施工过程，例如动力碾压方式等因素，对土的初始动力变形特性的影响。经验表明，这些因素的影响在运营前期（$N<1\,000 \sim 2\,000$）比较明显，所以，在运营初始阶段出现的附加沉降

一般小于根据式(6.1)或室内动三轴试验预测的结果。

对大量的无黏性土填料，6.3.1节介绍的以室内单元土动力试验结果为基础的拟静力非线性有限元计算方法能考虑路基中不同部位土体在各种循环应力和静应力水平下的塑性变形特征，也就是说，这个方法在机理上优于前述的常规计算方法。但是，一方面目前在工程中大量采用动三轴试验技术确定参数尚有困难，而且对粗颗粒填料，试样尺寸的要求和制样存在一定困难；另一方面，与常规计算方法一样，这种方法同样无法考虑现场施工方式，如振动碾压等对路基初始动力变形特性的影响。所以，这类计算模型的预测准确性仍然是有条件的。经验表明，运营初期出现的附加沉降一般小于计算值。而经过一定的循环动力加载后，例如 $N>3\ 000$，拟静力非线性有限元法计算的附加沉降与路基实测值比较接近。

对正常固结或轻度超固结饱和黏性土，6.5.2节介绍的拟静力非线性有限元模型以循环动力荷载作用下产生的残留超静孔隙水压力为确定塑性变形的关键控制参数。利用这个模型对动三轴条件下三种饱和黏性土样的试验结果进行了有限元仿真计算。结果表明，该模型基本上合理地描述了在动力循环荷载持续作用下土中超静孔隙水压力、塑性变形和塑性区的时空分布和相互关系。正常固结饱和黏性土地基上无砟轨道附加沉降计算结果表明，换填土深度对减小附加沉降的效果是明显的，但是它们呈非线性关系，当换填深度超过一定值后其效果逐渐降低、经济性较差。

本章的讨论表明，作为铁路路基长期动力稳定性分析的一个重要组成部分，附加沉降的计算十分复杂。尽管本章采用的方法已对问题作了相当的简化，但它们在实际工程中的应用仍有一定难度，特别是相应参数的试验确定。对高标准的无砟轨道路基，即使计算模型是合理的，而由试验确定参数产生的误差可能超过允许附加沉降量本身的大小。这种情况下，直接验证附加沉降的可操作性较差。相比之下，对工程实际而言，用5.7节所列的其他三种方法来检验路基的长期动力稳定性更为有效。

参考文献

[1] 中华人民共和国铁道部.高速铁路设计规范(试行)(TB 10621—2009)[S].北京：中国铁道出版社，2010.

[2] German Railway Standard AKFF.Anforderungskatalog zum Bau der Festen Fahrbahn[S].3.und 4. überarbeitete Auflage.1995，2002.

[3] German Railway Standard Ril 836.Erdbauwerke planen，bauen und instand halten [S].1999，2008.

[4] DB Netz Deutsche Bahn Gruppe.Vorschrift für Erdbauwerke，Entwurf von Richtlinie 836(DS 836)[S].Januar 1997.

[5] Rücker W, Richter T. Setzung aus zyklischer Belastung, Statusbericht zum Vorhaben "Weiterentwicklung von schotterlosen Fahrbahnen auf Erd-und Kunstbauwerken"[R]. Teilprojekt Erdbau Teil II, AP4, Bundesanstalt für Materialforschung und-prüfung(BAM)Berlin, 1990.

[6] Hu Y, Hoch A, Kempfert H-G. Eine Vorgehensweise zur Ermittlung von Setzungen der Festen Fahrbahn infolge Eisenbahnverkehr[C]. 3. Österreichische Geotechniktagung Wien, 2001.

[7] Kempfert H-G, Hu Y. Prediction on the Long-term Behavior of Subsoils under High-Speed Railways [C]. Proceedings of the XIIth European Conference on Soil Mechanics and Geotechnical Engineering, Amsterdam, Niederlande, 1999.

[8] Kempfert H-G, Hu Y. Numerical Modeling of the Deformation in Railway Foundation-A Case Study [C]. Proceedings of the International Symposium on Numerical Models in Geomechanics, NUMOG VII, Graz, Austria, 1999.

[9] Lo K Y. The pore pressure-strain relationship for normally consolidated undisturbed clays, Part I Theoretical considerations, Part II Experimental investigation and practical applications[J]. Can. Geotech. J. 1969(6).

[10] Kempfert H-G, Berner U. Zusammenfassende Darstellung und Bewertung der Mess- und Untersuchungsergebnisse, Schlussbericht zum Messprojekt Feste Fahrbahn Wittenberge-Dergenthin[R]. Kempfert+ Partner GmbH, 1997.

[11] Hu Y. Zum Verformungsverhalten von wassergesättigten, bindigen Böden unter zyklischer Belastung[D]. Schriftenreihe Geotechnik Universität Kassel, Heft 8, 2000.

[12] Hu Y, Kempfert H-G. Numerische Modellierung der Langzeitverformungen von wassergesättigten bindigen Böden unter zyklischer Belastung[J]. Bauingenieur 76, Heft 6, 2001.

[13] Hu Y, Kempfert H-G. Deformation Behaviour of Clays under Railway Traffic Loading[C]. Proceedings of the Regional Conference on Geotechnical Aspects of Underground Construction in Soft Ground, Shanghai, China, 2001.

[14] Hu Y, Kempfert H-G. Some Important Aspects in Evaluating Cyclic Triaxial Tests on Clayey Soils [C]. Proceedings of the 14. Southeast Asian Geotechnical Conference, Hongkong, 2001.

[15] Hu Y, Kempfert H-G. Numerical Analysis of Excess Pore Water Pressure and Plastic Deformation for Saturated Clays under Cyclic Loading Condition[C]. Proceedings of the 5th European Conference on Numerical Methods in Geotechnical Engineering, Paris, 2002.

[16] Yasuhara K, Yamanouchi T, Hirao K. Cyclic strength and deformation of normally consolidated clay[J]. Soils and Foundations, 1982, 22(3).

[17] Yasuhara K, Andersen K H. Recompression of normally consolidated clay after cyclic loading[J]. Soils and Foundations, 1991, 31(1).

[18] Yasuhara K, Hirao, K, Hyodo M. Partial-drained behaviour of clay under cyclic loading[C]. Proc. 6th Int. Conf. on Numerical Methods in Geomechanics, Innsbruck, 1988.

[19] Brown S F, Lashine A K F, Hyde A F L. Repeated load triaxial testing of a silty clay[J]. Geotechnique, 1975, 25(1).

[20] Heineke, S A. Experimentelle und numerische Untersuchungen zur Gleislagestabilität[D]. Mitteilung des Institutes und der Versuchsanstalt für Geotechnik der TU Darmstadt, 2001, No.57.

[21] Hettler A.Verschiebungen starrer und elastischer Gründungskörper in Sand bei monotoner und zyklischer Belastung[D].Veröffentlichung des Instituts für Bodenmechanik und Felsmechanik der Universität Karlsruhe,Heft 90,1981.

[22] Hettler A. Verschiebungen von lotrecht mittig belasteten Einzelfundamenten und horizontal belasteten Pfählen in Sand unter Schwellast[J].Bauingenieur 59,1984.

[23] Hettler A.Setzungen des Schotter-und Plattenoberbaus[R].7.Technischer Bericht zum Vorhaben des BMFT TV 78 150 A:Sackung des Gleises,Dezember 1983.

[24] Duwe B.Wiederholungsmessungen am Oberbau System Rheda an der Versuchsstrecke Aachen-Karlsfeld[R]. Mitteilung des Prüfamtes für Bau von Landverkehrswegen der Technischen Universität München,Heft 39,1983.

[25] Sangrey D A,Henkel D J,Esrig M I.The effective stress response of a saturated clay soil to repeated loading[J].Can.Geotech.J.,1969,6.

[26] Wilson N E,Greenwood J R.Pore pressures and strains after repeated loading of saturated clay [J].Can.Geotech.J.,1974,11.

[27] Andersen K H.Repeated loading on clay-summary and interpretation of test results[R].Norwegian Geotechnical Institute,Research Report 74037-9,1975.

[28] Annaki M,Lee K L.Equivalent uniform cycle concept for soil dynamics[J].J.Geotech.Engrg., 1977,103(6).

[29] Mitchell R J,King R D.Cyclic loading of an Ottawa area Champlain Sea clay[J].Can.Geotech.J., 1977,14.

[30] Sangrey D A,Pollard W S,Esrig M I.Errors associated with rate of undrained cyclic testing of clay soils[R].Dynamic geotechnical testing,ASTM STP 654,1978.

[31] Matsui T,Ohara H,Ito T.Cyclic stress-strain history and shear characteristics of clays[J].J. Geotech.Engrg.,ASCE, 1980,106(10).

[32] Meimon Y,Hicher P Y.Mechanical behaviour of clays under cyclic loading[C].International Symposium on Soils under Cyclic and Transient Loading,Swansea,1980.

[33] Takahashi M,Hight D W,Vaughan P R.Effective stress changes observed during undrained cyclic triaxial tests on clay[C].International Symposium on Soils under Cyclic and Transient Loading, Swansea,1980.

[34] Goulois A M.Contribution to the study of tension piles under cyclic loading[D].Ph.D.thesis, Department of Civil Engrg,MIT,Cambridge,Massachusetts,USA,1982.

[35] Goulois A M,Whitman R V,Hoek K.Effects of sustained shear stresses on the cyclic degradation of clay,Strength testing of marine sediments:laboratory and in-situ strength measurements[M]. ASTM STP 883,Chaney & Demars(Eds.),1985.

[36] Dyvik R,Zimmie T F.Lateral stress measurements during static and cyclic direct simple shear testing[R].Norwegian Geotechnical Institute Publication,1983.

[37] Procter D C,Khaffaf J H.Cyclic triaxial tests on remoulded clays[J].J.Geotech.Engrg.,ASCE, 1984,110(10).

[38] Malek A M,Azzouz A S,Baligh M M,Germaine J T.Undrained cyclic simple shear behaviour of

clay with application to pile foundations supporting tension leg platforms[R].Report for National Oceanic and Atmospheric Administration Rockville, MD, No.MITSG-87-20, 1987.

[39] Andersen K H, Kleven A, Heien D.Cyclic soil data for design of gravity structures[J].J.Geotech. Engrg., ASCE, 1988, 114(5).

[40] Ansal A M, Erken A.Undrained behavior of clay under cyclic shear stresses[J].J.Geotech.Engrg, 1989, 115(7).

[41] Cao Y L, Law K T.Energy dissipation and dynamic behaviour of clay under cyclic loading[J]. Can.Geotech.J., 1992, 29.

[42] Konrad J-M, Wagg B T.Undrained cyclic loading of aniso-tropically consolidated clayey silts[J].J. Geotech.Engrg, ASCE, 1993, 119(5).

[43] Hoeg K, Andersen K H.Deformations and stability of soil foundations subjected to combined static and cyclic loads - review of NGI's experience[R].Norwegian Geotechnical Institute Report 943013-1, 1995.

[44] Matasovic N, Vucetic M.A pore pressure model for cyclic straining of clay[J].Soils Found., 1992, 32(3).

[45] Hyodo M, Yasuhara K.Partially drained cyclic behaviour of clay[C].Proc.Int.Symposium on Compression and Consolidation of Clayey Soils, Yoshikuni & Kusakabe(eds.), Vol.1, Hiroshima, Japan, 1995.

[46] Samang L, Sakai A, Miura N.Pore pressure generation and its post-dissipation in soft clay subjected cyclic loading[C].Proc.Int.Symposium on Compression and Consolidation of Clayey Soils, Yoshikuni & Kusakabe(eds.), Vol.1, Hiroshima, Japan, 1995.

[47] Hyodo M.Evaluation of in-situ cyclic shear strength of clay[C].Proc.14th ICSMFE, Vol.1, Hamburg, Germany, 1997.

[48] Andersen K H, Brown S F, Foss I, Pool J H, Rosenbrand W F.Effect of cyclic loading on clay behaviour, Design and construction of offshore structures[M].Institution of Civil Engineers, London, 1976.

[49] France J W, Sangrey D A.Effects of drainage in repeated loading of clays[J].J.Geotech.Engrg., ASCE, 1977, 103(7).

[50] Hodjera B, Jelinek R.Zusammenfassung der 4 Teil-Auswertungsberichte über Bodendruc kmessungen auf der Schnellfahrstrecke Gütersloh-Neubeckum[R].Lehrstuhl und Prüfamt für Grundbau und Bodenmechanik der TU München, 1979.

[51] Raymond G P, Gaskin P N, Addo-Abedi F Y.Repeated compressive loading of Leda clay[J].Can. Geotech.J., 1979, 16.

[52] Schwarz P, Floss R.Elastische und bleibende Verformungen bei dynamischen Triaxialversuchen [R].Forschungsbericht der von der Deutschen Forschungsgemeinschaft geförderten Forschungsarbeit F1 136/1-1, 1986.

[53] O'Reilly M P, Brown S F, Overy R F.Cyclic loading of silty clay with drainage period[J].J. geotech.Engrg., ASCE, 1991, 117(2).

[54] Hyodo M, Yasuhara K.Partially drained cyclic behaviour of clay[C].Proc.Int.Symposium on

Compression and Consolidation of Clayey Soils, Yoshikuni & Kusakabe(eds.), Vol.1, Hiroshima, Japan, 1995.

[55] Kono T, Ochiai H, Omine K, Tsukamoto Y. Consolidation behaviour of clay under cyclic loading [C]. Proc. Int. Symposium on Compression and Consolidation of Clayey Soils, Yoshikuni & Kusakabe(eds.), Vol.1, Hiroshima, Japan, 1995.

[56] Umezaki T, Ochiai H, Hayashi S. An evaluation model of onedimensional consolidation of clay under cyclic loading[C]. Proc. Int. Symposium on Compression and Consolidation of Clayey Soils, Yoshikuni & Kusakabe(eds.), Vol.1, Hiroshima, Japan, 1995.

[57] Gu X Y, Xu D N. Consolidation behaviour of Shanghai clay under cyclic loading[C]. Proc. 14th ICSMFE, Vol.1, Hamburg, Germany, 1997.

[58] Sangrey D A, France J W. Peak strength of clay soils after repeated loading history[C]. Proc. Int. Symp. on Soils under Cyclic and Transient Loading, Vol.1, Swansea, 1980.

7 无砟轨道路基与刚性结构物过渡段

7.1 引　　言

无砟轨道的平顺性是保证行车时线路安全性、稳定性和舒适性的基本条件之一。轨道系统的不平顺性主要是由沿线路方向轨道系统基础的刚度和几何不均匀引起的。刚度不平顺指轨下基础支承刚度的突变，可由诸如刚度差别很大的相邻路基和工程结构物、轨道扣件和轨下支承失效等引起。即使在几何平顺的理想条件下，列车高速通过基础支承刚度突变区时，轨下基础的刚度差异会引起车辆—轨道—基础系统的较强振动，以致产生较大的轮轨作用力。而几何不平顺则由轨下基础结构的差异和不均匀沉降变形、轮轨接触面凹凸不平、车轮不圆顺等原因决定。这类情况，特别是在路基和刚性结构物地基处理方式不同时，路基相对于刚性结构物的差异和不均匀沉降变形，对列车高速通过时系统的动力反应起控制作用。一般情况下，这两大类不平顺因素同时对系统的动力反应产生影响并相互作用。例如，由轨下基础刚度差引起的较强振动荷载传入路基，有可能引起附加的塑性变形和沉降，使轨道系统的几何不平顺进一步加剧，从而对轨道系统的长期稳定性产生不利影响。

严格地说，即使在同一路基结构物标段内，由于地基土的强度、刚度沿线路纵向的变化，以及不同的地基处理方式，路基的刚度不平顺和不均匀沉降变形（几何不平顺）同时存在。所以，无砟轨道路基设计同时对严格控制沉降变形和填筑时保证路基面均匀性提出了要求。在路基单元内，路基的刚度不平顺对系统的影响相对不明显，而由其不均匀沉降变形决定的几何不平顺则对轨道系统在动荷载作用下的安全性、稳定性和舒适性起着控制作用。与此相比，在路基与刚性结构物交界处，例如图 7.1 的桥路过渡段，由轨道基础的刚度差决定的刚度不平顺以及由桥台、路基差异沉降和不均匀沉降变形引起的几何不平顺，可能同时对无砟轨道系统的动力反应和行车舒适性产生不利的影响。

无砟轨道结构下路基与刚性结构物过渡段的设计，本质上可以归结为两个方面的问题：第一是如何确定刚性结构物（如桥、涵和隧道等）与弹塑性路基结构物之间的沉降变形差所引起的轨面几何变形限值大小；第二是路基动载影响范围综合刚度与刚性结构物刚度如何匹配，即线路轨道基础综合刚度的平顺过渡问题。

工程上解决线路平顺性问题一般采用设置过渡段的方法，例如，可对轨道上部或下部结构（有时同时对上、下部结构）进行相应的调整和设计，一方面使线路的刚

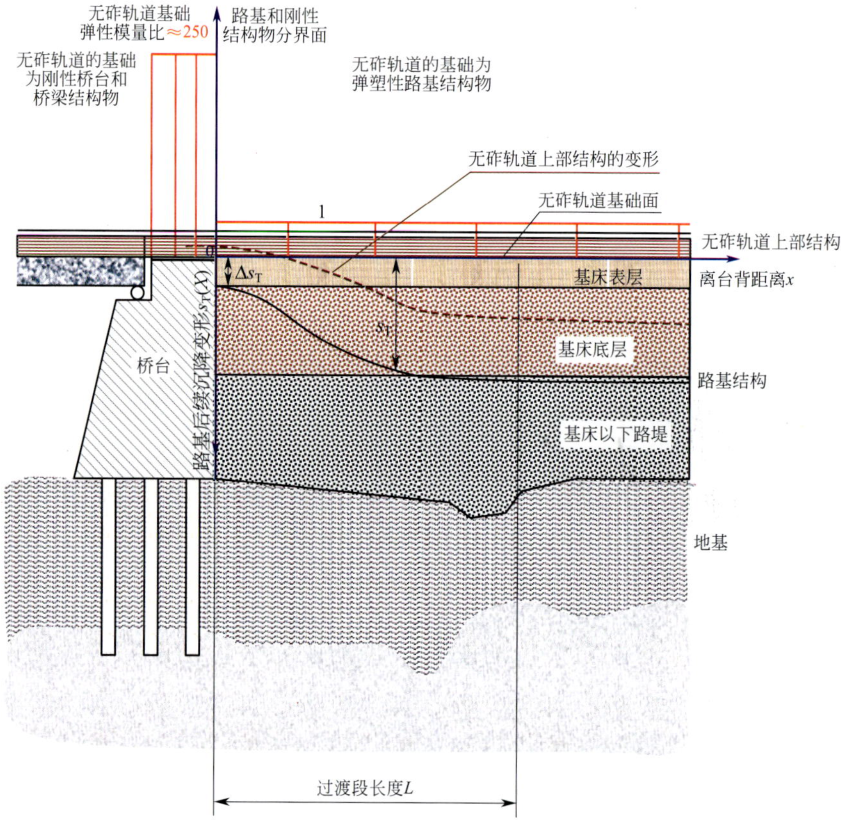

图7.1 路基与刚性结构物过渡段由基础刚度差以及由差异和不均匀沉降变形引起的无砟轨道不平顺性状示意图

度沿纵向呈现渐变的性态，另一方面使刚性结构物邻近的路基结构物沉降变形从跳跃式变为连续斜坡式分布，以达到限制列车与轨道的振动、降低无砟轨道线路结构变形和行车舒适性的目的。

本章讨论的重点是无砟轨道结构下路基与刚性结构物过渡段的设计基础以及常用的设计方案。在此基础上，利用国内外部分试验研究和高速铁路无砟轨道路基过渡段实测结果，分析、对比各种设计方案的实际工程性状。

7.2 无砟轨道路基与刚性结构物过渡段设计基础

以无砟轨道桥路过渡段为例，采用几何分析的方法，对铺轨后桥台、路基差异沉降和路基不均匀后续沉降变形 $s_T(x)$（包括路基工后沉降变形 s_R 和交通荷载引起的附加变形 s_N）引起的几何不平顺性，以及它们对行车时线路舒适性的影响进行讨论。

一般来说，桥台大多支承在打入基岩的桩基上，所以它在静荷载作用下的沉降变形很小，在无砟轨道铺设后出现的沉降变形常常可以忽略，而且，运营交通荷载一般不会传递到桥台基础，即桥台的附加变形可视为零。所以，下面的分析只考虑最不利的情况，即桥台背后路基面出现的后续沉降变形 $s_T(x)$。这里，假设台背 $x=0$ 处可能出现的差异沉降 Δs_T（图 7.1）可由桥台轨道上部结构的构造措施来平衡，例如在混凝土保护层上铺设硬质泡沫塑料等。图 7.2 为桥路过渡段由路基不均匀后续沉降变形引起的几何不平顺分析示意图，其中，L 为过渡段长度，$s_{T,max}$ 为过渡段路基最大后续沉降，θ 为轨面弯折角（$\theta=s_{T,max}/L$）。

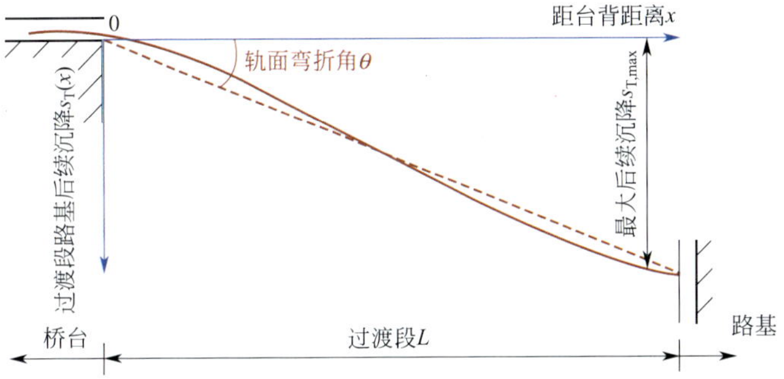

图 7.2　无砟轨道桥路过渡段路基不均匀沉降变形引起的不平顺性对线路舒适性影响几何分析

一般情况下，桥路过渡段路基真实不均匀沉降变形分布不会是图 7.2 中表示的棕色虚直线，而是呈非线性变化。假设台后路基不均匀沉降变形分布可由以下三次多项式函数近似表示：

$$s_T(x)=a_0+a_1\cdot x+a_2\cdot x^2+a_3\cdot x^3 \tag{7.1}$$

式中　a_0,a_1,a_2,a_3——待定系数。

过渡段起始点即台背处（$x=0$）的竖向变形可视为 $s_T(0)=0$，而过渡段终点（$x=L$）的竖向变形达最大值 $s_T(L)=s_{T,max}$。过渡段起始点轨道的真实转角在水平（$s_T'(0)=0$）和自由转动（铰接，$s_T''(0)=0$）之间。这两种极端情况对轨道的几何平顺性都可能起控制作用。当过渡段起始点轨道结构的边界条件为铰接时，例如无砟轨道上部结构采用分离方案时，该处两端转角的突变对行车舒适性会有很大的影响，需对其加以限制，而大多数情况，过渡段起始点的转角可视为零（水平），所以下面仅对起始点转角为零的情况（$s_T'(0)=0$）进行分析。过渡段终点（$x=L$）的转角一般可假设为水平，即 $s_T'(L)=0$。

根据以上假设的边界条件，可确定式(7.1)的待定系数 a_0、a_1、a_2 和 a_3，并得出以下关系：

$$s_T(x)=\frac{s_{T,max}}{L^3}\cdot(3\cdot L\cdot x^2-2\cdot x^3) \tag{7.2}$$

$$s'_T(x)=\frac{6\cdot s_{T,max}}{L^3}\cdot(L\cdot x-x^2) \tag{7.3}$$

$$s''_T(x)=\frac{6\cdot s_{T,max}}{L^3}\cdot(L-2\cdot x) \tag{7.4}$$

进而得出过渡段各点的修圆半径为

$$R_{s_T}\approx\frac{1}{s''_T(x)}=\frac{L^3}{6\cdot s_{T,max}\cdot(L-2\cdot x)} \tag{7.5}$$

过渡段起点和终点的竖曲线半径为

$$R_{s_T}(0)=\frac{L^2}{6\cdot s_{T,max}}=+\frac{L}{6\cdot\theta} \tag{7.6}$$

$$R_{s_T}(L)=\frac{-L^2}{6\cdot s_{T,max}}=-\frac{L}{6\cdot\theta} \tag{7.7}$$

假设 $L=20$ m 和 30 m，$s_{T,max}=20$ mm，可以根据式(7.2)、(7.4)和(7.5)计算得出上述桥路过渡段路基后续沉降 s_T、曲率 $s''_T=M/EI$ 和修圆半径 R 的分布，见图 7.3。

可见，在上述假设的情况下，由台后路基不均匀后续沉降变形决定的轨道曲率从过渡段始点的最大值(上凸)到终点的最小值(下凹)，这将使过渡段两端轨道承受附加弯曲荷载。相应的竖曲线半径在两端最小，分别为 $R_{s_T}=3\ 333$ m($L=20$ m)和 $R_{s_T}=7\ 500$ m($L=30$ m)。由于行车舒适性与竖曲线半径直接相关(例如下限值 $r_a=0.25\cdot v_e^2$)，所以在这种情况下，过渡段两端是行车舒适性的控制点。

图 7.4 为根据式(7.5)计算的桥路过渡段台背处由路基不均匀沉降引起的轨道竖曲线半径 R_{s_T} 与轨面弯折角 θ 的关系，过渡段长度分别假定为 $L=10$ m，20 m 和 30 m。由图可见，对行车舒适性起控制作用的竖曲线半径随轨面弯折角 θ 的增加而急剧下降。所以，轨面弯折角 θ 是描述几何不平顺对行车舒适性影响的关键参数。

对高速铁路桥路过渡段系统在行车时的动力反应，尤其是几何和刚度不平顺对行车舒适性的影响，西南交通大学罗强等人利用翟婉明建立的"机车车辆—轨道耦合动力学"理论体系和统一模型(国际上称为"翟－孙模型")[4]进行了系统的参数研究[5,6]。"翟－孙模型"在当今国际学术界被列为四种代表性模型之一，在工程界得到了广泛的应用，其可靠性已通过对国内外一些经典试验结果的对比得到验证[4]。

根据文献[5,6]参数研究的结果，图 7.5～图 7.7 给出了描述行车平稳舒适性的动力学控制参数"车体竖向加速度 a_v"与行车速度 v_e、桥台路基刚度比 10^m 和轨面弯折角 θ 的理论关系。这里应该说明的是，文献[5,6]的理论计算是以有砟轨道桥路过渡段为基础进行的，但其结果对无砟轨道桥路过渡段同样具有指

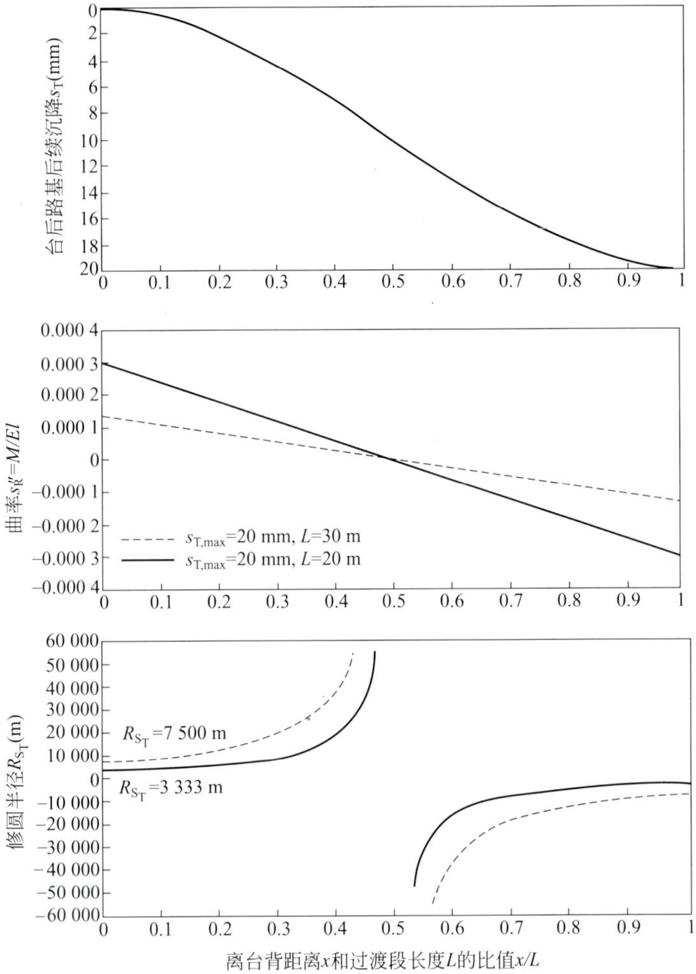

图 7.3 无砟轨道桥路过渡段路基后续沉降 s_T、曲率 s_T'' 和修圆半径 R 分布的计算值($s_{T,max}=20$ mm, $L=20$ m 和 30 m)

导意义。这里,计算的边界条件和线路、车辆等基本输入参数不再重复,参见文献[5,6]。根据中国"八・五"重点科技攻关计划专题《高速铁路线桥隧设计参数选择研究》的成果,车体竖向加速度 $a_v \leqslant 0.13g$ 可以作为评价行车平稳舒适性的动力学控制标准。

图 7.5 为刚度理想平顺情况($m=0$)下,假定轨面弯折角 θ 分别为 0、2.5‰和 5‰时车体竖向加速度 a_v 与行车速度 v_e 的关系。可见,在刚度和几何都理想平顺的情况下(即 $m=0$ 和 $\theta=0$),车体竖向加速度 a_v 接近于零并与行车速度 v_e 无关。而当 $m=0$ 但 $\theta \neq 0$ 时,车体竖向加速度 a_v 随行车速度 v_e 上升明显增加。例如,在 $\theta=2.5$‰的条件下,行车速度 v_e 约为 300 km/h 时,车体竖向加速度 a_v 计算值已

达到平稳舒适性动力学控制值 0.13g。

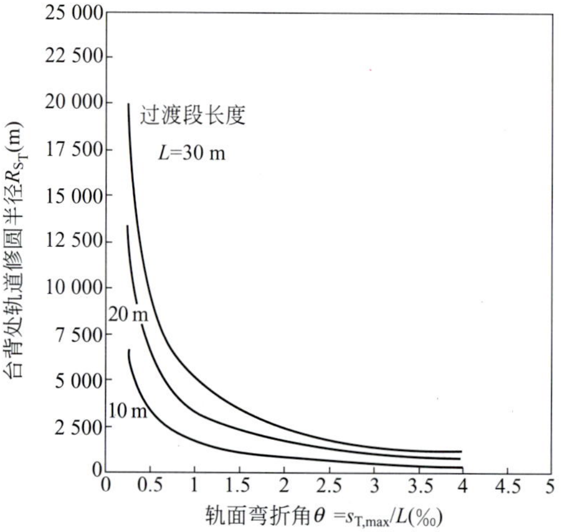

图 7.4 无砟轨道桥路过渡段台背处轨道修圆半径 R_{s_T} 与轨面弯折角 θ 的关系

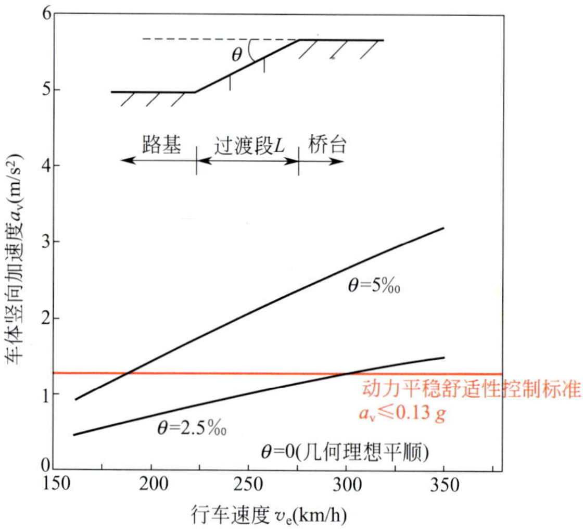

图 7.5 有砟轨道桥路过渡段车体竖向加速度 a_v 与行车速度 v_e 的关系，刚度理想平顺情况($m=0$)

图 7.6 为行车速度 $v_e=350$ km/h 条件下，轨面弯折角 θ 分别为 0、2.5‰和5‰时，桥台路基刚度比 10^m 与竖向加速度 a_v 的关系。十分明确的结果是：即使在桥台路基刚度比很大的情况下，例如 100($m=2$)，其对车体竖向加速度 a_v 的影响仍然可以忽略。可见，刚性结构物与路基结构物刚度的差异对行车平稳舒适性不

起控制作用。

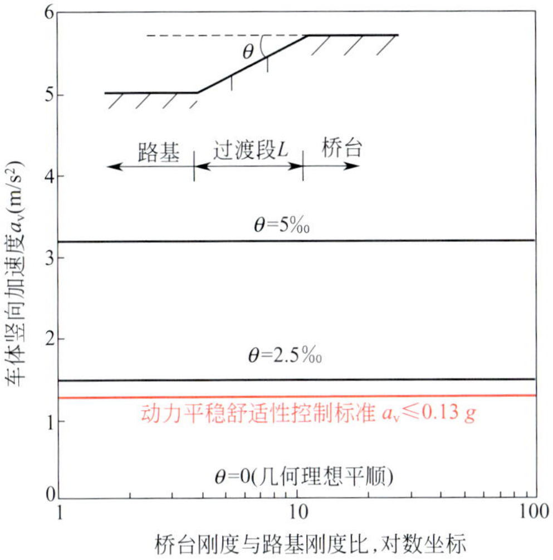

图 7.6 有砟轨道桥路过渡段车体竖向加速度 a_v 与桥台、路基刚度比的关系(行车速度 v_e=350 km/h)

图 7.7 为车速 v_e=350 km/h 条件下,过渡段车体竖向加速度 a_v 与轨面弯折角 θ 的理论计算关系。这个结果表明:由台后路基不均匀沉降变形决定的轨面弯折角 θ 对车体竖向加速度的影响十分显著。例如,当 θ=2.0‰时,车体竖向加速度 a_v 计算值已达到平稳舒适性动力学控制值 0.13g。

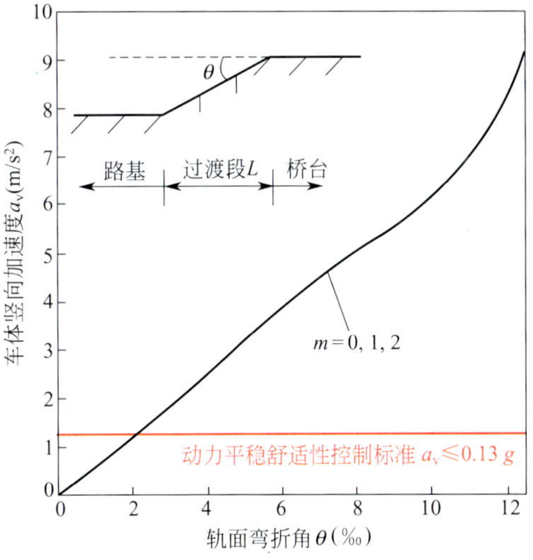

图 7.7 有砟轨道桥路过渡段车体竖向加速度 a_v 与轨面弯折角 θ 的关系(行车速度 v_e=350 km/h)

从上述对桥路过渡段的几何和车辆—轨道耦合动力学研究结果的讨论可见，对刚性结构物与路基结构物过渡段平稳舒适性起控制作用的参数主要为轨面弯折角 θ，它是由路基后续沉降变形 $s_{T,max}$ 和过渡段长度 L 决定的。当行车速度为 300 km/h 和 350 km/h 时，轨面弯折角控制值 θ 分别约为 2.5‰和 2.0‰。无砟轨道过渡段的设计标准、方案制定和施工过程，特别是路基沉降变形观测、综合集成分析和工后沉降变形预测，应以这个参数为基础和重点来考虑，而过渡段轨道基础刚度的差异对平稳舒适性影响较小，一般可通过以渐变方式强化路基强度和刚度来实现。

对无砟轨道桥路或隧路过渡段，设计规范和标准在工后差异沉降和过渡段折角方面提出了相应的要求，见表 2.3。桥路或隧路交界处的差异工后沉降不应大于 5 mm，过渡段路基的工后沉降变形要求与正常路基地段相同。《高速铁路设计规范(试行)》(TB10621—2009)对过渡段路基与刚性结构物的折角要求为不大于 1/1 000，德铁路基规范(Ril 836)对折角的要求也从原来的 1/500 调整为不大于 1/1 000。这里，计算折角采用的是根据实测沉降预测的刚性结构物和路基的工后沉降变形差以及相应的间距，一般不包括运营交通荷载引起的附加变形 s_N。如 2.5 节所述，在无砟轨道基床表层和底层填料材质与填筑质量满足要求的前提下，运营交通荷载引起的附加变形 s_N 一般在 5 mm 以内，而桥台或隧道结构在运营交通荷载长期作用下的附加塑性变形可视为零。以过渡段长度 $L=20$ m 为基础，路基这部分附加变形产生的附加折角为 0.25‰。可见，按这样的标准控制，最不利情况下的总折角为 1.25‰(1.25/1 000)。以行车速度 $v_e=300\sim350$ km/h 为条件，这个值约为上述按过渡段车辆—轨道耦合动力学理论确定的满足行车平稳舒适性要求控制值的 50%左右。

7.3 无砟轨道路基与刚性结构物过渡段设计方案

设置过渡段的目的是降低、限制无砟轨道基础的几何和刚度不平顺，使行车时的平稳舒适性满足要求。根据 7.2 节，过渡段的设计、构筑应重点考虑降低路基后续不均匀沉降变形(包括工后不均匀沉降 s_R 和运营交通荷载引起的附加沉降 s_N)，同时兼顾路基刚度的平缓过渡。在设计过渡段时，应根据以上原则确定过渡段长度 L、路基构筑方式和地基处理方式等参数，并考虑施工可行性。

确定过渡段长度 L 时，应同时考虑过渡段路基沉降变形绝对值($s_R \leqslant s_{R,p}=15$ mm)和由此引起的路基与刚性结构物的折角要求($\theta \leqslant 1/1\,000$)。在最不利的情况下，即假设刚性结构物的后续沉降变形为零，同时考虑过渡段路基工后沉降变形允许值和交通运营引起的最大附加变形($s_{R,p}+s_v=15$ mm$+5$ mm$=20$ mm)，则可以计算确定需要的过渡段长度 L 不小于 20 m。

过渡段路基的构筑方式一般同时考虑降低路堤本身在自重作用下的压缩变形

和实现刚度平缓过渡两种效应，例如常常在刚性结构物后设置掺黏结剂的级配碎石倒梯形或梯形加固体，见图 7.8 和图 7.9。掺黏结剂后的级配碎石不但压缩性减小且刚度明显提高，而加固体的斜坡又使线路纵向路基刚度逐渐下降到过渡段后正常路基的水平。

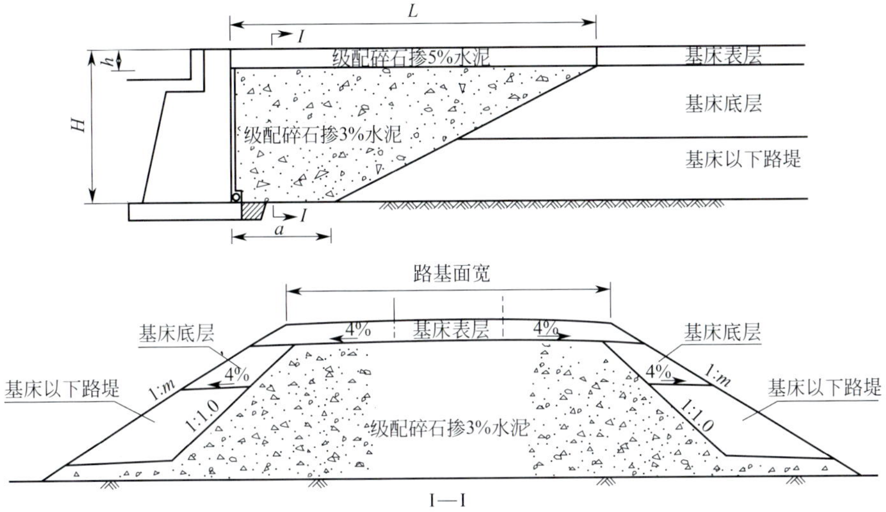

图 7.8 《高速铁路设计规范(试行)》台尾过渡段设置示意图

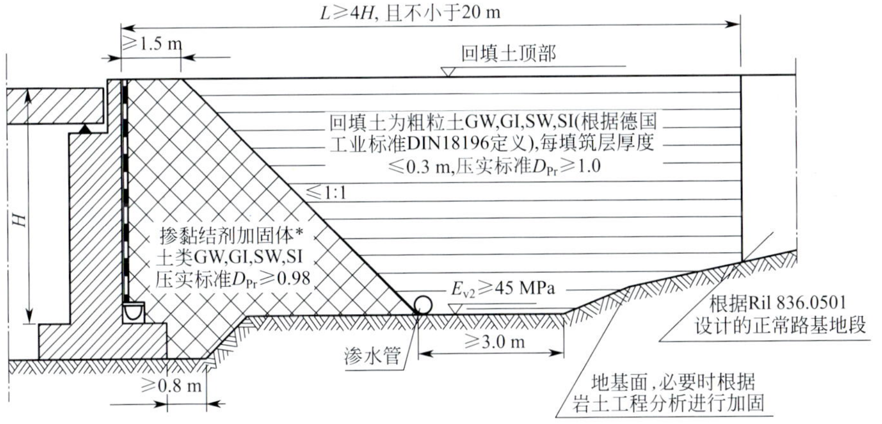

*按德国公路规程ZTVE-StB要求

图 7.9 德铁路基规范 Ril 836 无砟轨道桥路过渡段标准方案

一般情况下，路基的工后沉降由铺轨后的地基残余沉降变形控制，所以过渡段地基的设计包括加固方案的制定，除了工后沉降绝对值要求外，还应考虑其沿纵向的分布。地基的设计应尽可能使过渡段路基工后沉降变形均匀分布，以实现较大的竖曲线半径、减小过渡段的几何不平顺性。此外，过渡段各结构物单元的施工安排对实现工后沉降变形均匀分布也是有影响的。例如图 7.8 的倒梯形方案，过渡段路堤应与其连接的路堤同时施工，并按大致相同的高度分层填筑，以减少过渡段和相邻路堤沉降差滞后作用对铺轨后过渡段沉降盆曲率的影响。过渡段的地基处理设计和沉降变形控制应根据现场地基土的具体条件结合刚性结构物和正常路基地段地基设计来进行，在工程实际中对此有许多方案和方法可供参考，这里不再赘述。

工程上应用的过渡段结构形式很多，例如武广高速铁路采用了 28 种桥路、涵路和隧路等过渡段结构。图 7.8 和图 7.9 代表性地给出了中国和德国在无砟轨道上常用的填方桥台、桥路过渡段结构。

《高速铁路设计规范(试行)》台尾过渡段采用了沿线路纵向倒梯形过渡方案，见图 7.8。这里，过渡段路基基床表层应掺入 5% 水泥，其填料材质和压实标准的要求与正常路基地段基床表层相同，见 10.2.2 节和 10.3 节。基床表层以下倒梯形部分分层填筑采用级配碎石掺 3% 水泥，其填筑压实标准应满足压实系数 $K \geqslant 0.95$、地基系数 $K_{30} \geqslant 150$ MPa/m、动态变形模量 $E_{vd} \geqslant 50$ MPa。过渡段长度 L 按下式确定，且不小于 20 m。

$$L = a + (H - h) \cdot n \tag{7.8}$$

式中 H——台后路堤高度(m)；

h——基床表层厚度(m)；

a——倒梯形底部沿线路方向长度，取 3～5 m；

n——常数，取 2～5。

图 7.9 为德国铁路路基规范(Ril 836—2008)中无砟轨道桥路过渡段标准方案，适用于新建高速铁路等级 P230、M230 和 P300 填方桥台桥路过渡段。其过渡段台背正梯形加固体采用掺黏结剂粗粒土填料，随后设置一倒梯形回填区。这样的布置一方面使刚度变化平缓，另一方面使回填区由路堤本身压缩变形引起的沉降部分分布较为平坦。过渡段总长度应同时满足不小于 4 倍桥台后路堤高度和不小于 20 m 的条件。由于德国路基排水方案的理念是防排结合，对路基基床表层的渗透系数要求 $k_{10} \geqslant 5 \times 10^{-5}$ m/s(见表 10.6)。与此相统一，图 7.9 的方案在正梯形加固体坡脚设置了渗水管，用于收集和排导由路基上部下渗的表面水和雨水。

表 7.1 为德铁桥路过渡段掺水泥梯形加固体的材料组成和现场压实标准。填土的种类为粗粒土，包括砾粒土 GW、GI 或砂粒土 SW、SI，其定义见表 10.7。对具体填料，应通过适用性试验确定黏结剂掺量，包括颗粒级配、击实试验、水泥掺量、单轴抗压和抗冻性试验。在室内适用性试验确定黏结剂掺量时，要求以轻型普氏击实最大干密度为基准的压实度 $D_{Pr} = 98\%$ 圆柱体试样($D/H = 150/125$ mm) 28 d 龄期单轴抗压强度达到 15 MPa 或以上。对掺水泥梯形加固体现场填筑质量

的控制，德国公路规程(ZTVT-StB 95)[14]要求填筑压实度 $D_{Pr} \geq 0.98$，而对 28 d 龄期单轴抗压强度的控制($D/H=150/125$ mm)则根据检测试样数量的不同按表 7.1 中的要求实施。

表 7.1　德铁桥路过渡段掺水泥梯形加固体的组成和现场压实质量控制值

填料组成		砾粒土 GW、GI 或砂粒土 SW、SI[1]＋黏结剂； 按德国公路规程 ZTVT-StB，黏结剂掺量根据压实度($D_{Pr} \geq 0.98$)和单轴抗压强度的要求($f_{ck} \geq 15$ MPa，$D/H=150/125$ mm)由室内适用性试验确定
现场压实质量控制指标	密实度	压实度 $D_{Pr} \geq 0.98$[2]
	力学参数	$n=1$ 单轴抗压强度 $f_{ck} \geq 6$ MPa(单值)[3] $2 \leq n \leq 8$ 单轴抗压强度平均值 $f_{ck} \geq 8$ MPa $n \geq 9$ 单轴抗压强度平均值 $f_{ck} \geq 10$ MPa

注：1　土类定义见表 10.7；

2　以轻型普氏击实试验确定的最大干密度为基准值；

3　n 为检测试样数量，试样尺寸 $D/H=(150/125)$mm，龄期 28 d。

德国对按公路规程 ZTVT-StB 加固要求配制的掺水泥填土(称水硬性支承材料)进行过抗压弹性模量与单轴抗压强度相关性室内试验研究[13]，见图 7.10。其中，试验用填料分别为砾砂 0～32、砾砂 0～16、砾砂 0～8 和破碎灰岩 0～32。制样时的击实含水量为最优含水量 w_{opt} 和($w_{opt}-1$)%，压实度分别为 $D_{Pr}=0.98$、1.0 和 1.03。试样尺寸为 $D=150$ mm 和 $H=300$ mm，水泥掺量在 2%～6%之间变动，详见图 7.10。

可见，尺寸为 $D/H=150/300$ mm 试样的 28 d 龄期单轴抗压强度等于 3.6MPa 时(经换算约相当于表 7.1 中试样尺寸为 $D/H=150/125$ mm 时的 6 MPa)，相应的室内抗压弹性模量大于 10 000 MPa。当然，现场的施工质量受多种因素影响会有波动，例如填筑完成后掺水泥加固体微裂纹随时间的发展会对其整体强度和弹性模量有相应的影响。德国对同类材料在公路工程作为水硬性支承层时的变形性状进行了长期的观测和分析。研究的结果表明，按公路规程 ZTVT-StB 加固要求配制的掺水泥填土(称水硬性支承材料)，其现场长期抗弯弹性模量约在 5 000～10 000 MPa。

此外，由于掺水泥加固体的强度和变形性与时间有关，所以其现场力学参数实测值，如地基系数 K_{30}、变形模量 E_{v2} 和动态变形模量 E_{vd} 的大小，与填筑后到检测试验的时间间隔有关。而现场的检测不可能按同一时间标准进行，所以测定的数据值没有统一的时间参照系、缺乏可比性，规律性较差。武广高速铁路桥路过渡段掺水泥梯形填土加固体施工和现场检测的工程实践证明了这一点。德国学术界建议对掺黏结剂加固体(水硬性支承材料)的质量控制放弃力学参数的检测[10]，德国铁路路基规范(Ril 836)也只要求控制掺黏结剂填料加固体的压实度，见图 7.9 和表 7.1。当然，前提是室内适用性试验验证掺

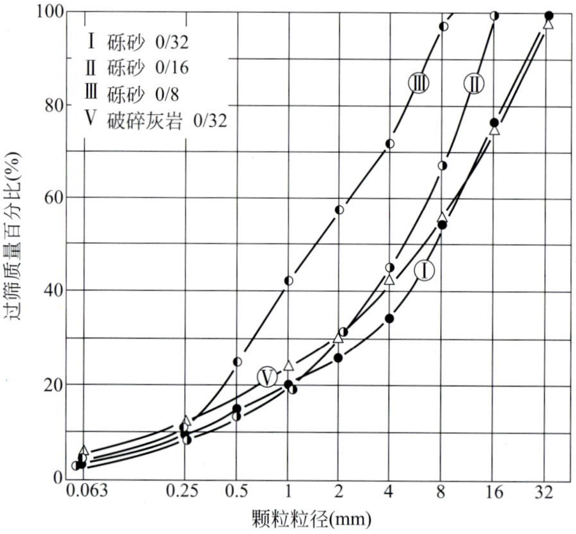

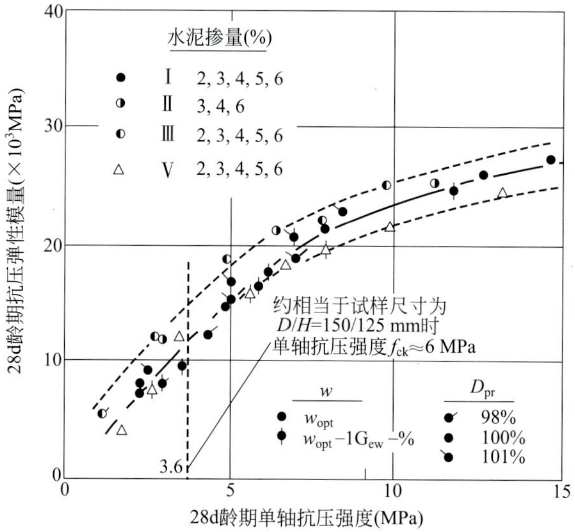

图 7.10　水硬性支承材料(掺水泥填土)弹性模量与单轴抗压强度的相关性试验结果[13]

注：试样尺寸 $D=150$ mm，$H=300$ mm

黏结剂填料在给定压实度标准条件下满足 28 d 龄期单轴抗压强度的要求。从操作上说，28 d 龄期单轴抗压强度是十分方便简单的试验，而且试验结果的稳定性、可比性较强。

对倒梯形或梯形掺黏结剂加固体现场填筑密实度的控制，中国标准采用以重型普氏击实最大干密度为基准的压实系数 $K \geqslant 0.95$，德铁采用以轻型普氏击实最大干密度为基准压实度 $D_{Pr} \geqslant 0.98$。根据室内对比试验的结果，《高速铁路设计规范(试行)》(TB 10621—2009)的标准略高于德铁标准。

图 7.11 为德铁无砟轨道建设规程 AKFF(1995)桥路过渡段搭板方案。这个方案一般在工后沉降变形差较大时结合其他措施使用，在新建无砟轨道桥路过渡段已经很少使用。

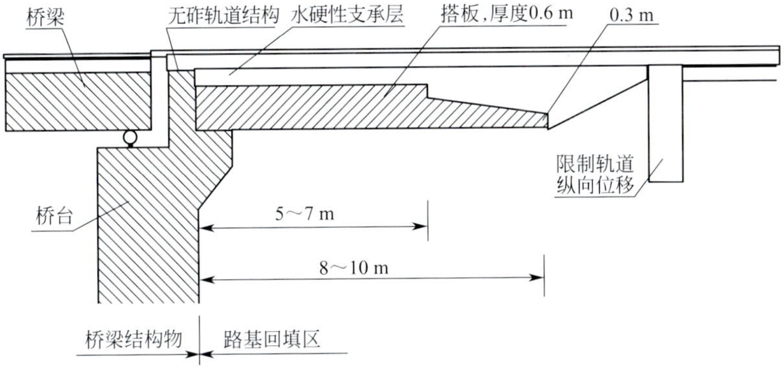

图 7.11 德铁无砟轨道建设规程 AKFF(1995)桥路过渡段搭板方案

图 7.12 和图 7.13 为涵路过渡段常用的结构形式。对于路基与涵洞等横向结

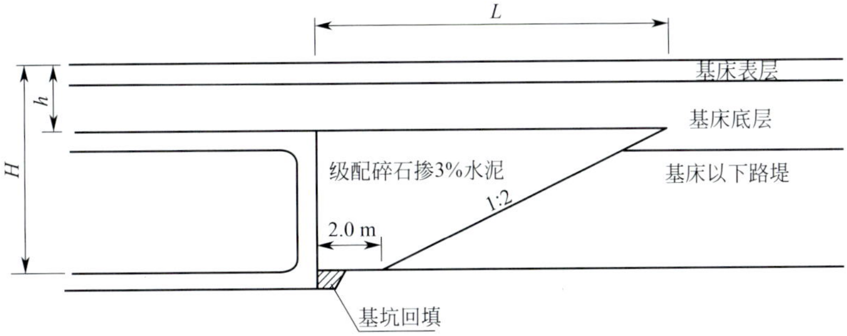

(a) 横向结构物顶面填土厚度$h>1$ m

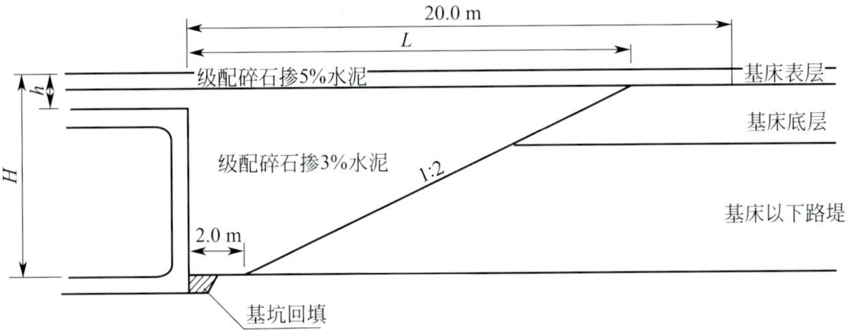

(b) 横向结构物顶面填土厚度$h\leq 1$ m

图 7.12 路堤与横向结构物过渡段纵断面示意图

构物过渡段，设计的原理和桥路过渡段基本相同。例如，《高速铁路设计规范(试行)》(TB10621—2009)采用沿线路纵向倒梯形的过渡形式，见图 7.12。一般情况下，对横向结构物顶部及过渡段路基基床表层的要求与正常路基地段相同，见 10.2.2 节和 10.3 节。当横向结构物顶面的填土厚度小于 1 m 时，结构物及两侧 20 m 范围基床表层级配碎石应掺加 5%水泥，见图 7.12(b)。

图 7.13 为根据德铁路基规范 Ril 836 设计的德国科隆—莱茵/美茵无砟轨道线 B 标段某涵路过渡段纵断面示意图。这里，涵洞顶面及两侧设置的正梯形加固体由掺 3%黏结剂的砾土填料 GW 0/32 组成，其边坡斜率不大于 1∶1。涵路过渡段的第二部分砾土填料为 GW 0/45，其边坡与正梯形加固体边坡平行。基床表层与非涵路过渡段相同，不掺黏结剂。

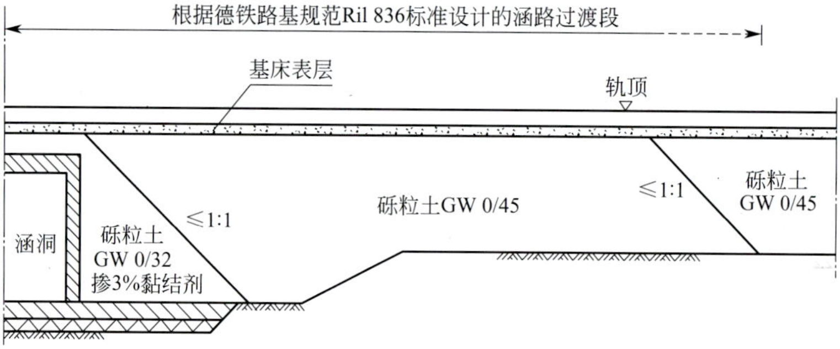

图 7.13　德国科隆—莱茵/美茵无砟轨道铁路新线 B 标段某涵路过渡段纵断面示意图

科隆—莱茵/美茵无砟轨道高速铁路线的刚性结构物与路基过渡段除了应用图 7.9 和图 7.13 的传统方式外，还尝试采用了其他形式。例如，B 标段应用了与 10.2.4 节介绍的阿卡迪斯路基方案统一的过渡段形式，见图 7.14 和图 7.15。该路基方案的核心是：在验证经化学改良(稳定)的填料适用性，尤其是长期稳定性的前提下，可将填料范围扩大到塑性黏土和部分软岩。通过对路堤全断面进行填料的化学改良(稳定)，提高路堤的凝聚力和稳定性，明显降低或消除路堤本身的压缩变形 s_E，使路基沿线路以及与刚性结构物过渡区沉降和刚度的分布平稳均匀。

图 7.14 为根据阿氏方案设计的桥路过渡段纵断面示意图。该路堤采用的填料为低塑性粉土/黏土，从路基向桥方向填料的黏结剂掺量逐渐增加，分别为 3%、4%、6%。根据适用性试验，采用水泥(70%)和石灰(30%)混合的黏结剂可同时达到填料可加工性和压实性优化的效果。与这个路基方案相匹配的地基设计思路是：尽量采用类似的地基处理方法，使地基沿线路的沉降变形分布均匀。这个方案的优点是沿线路刚度和沉降变形过渡平缓，施工方法和设备较为单一。图 7.15 的涵路过渡段与桥路过渡段的原理是相同的。

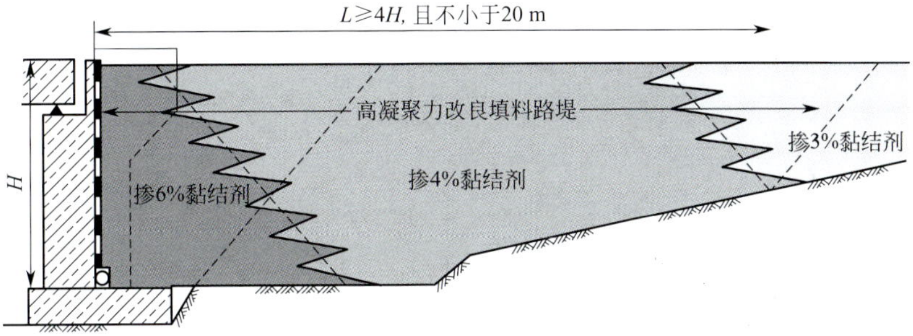

图 7.14 德国科隆—莱茵/美茵无砟轨道铁路新线 B 标段桥路阿卡迪斯过渡段方案纵断面示意图[8]

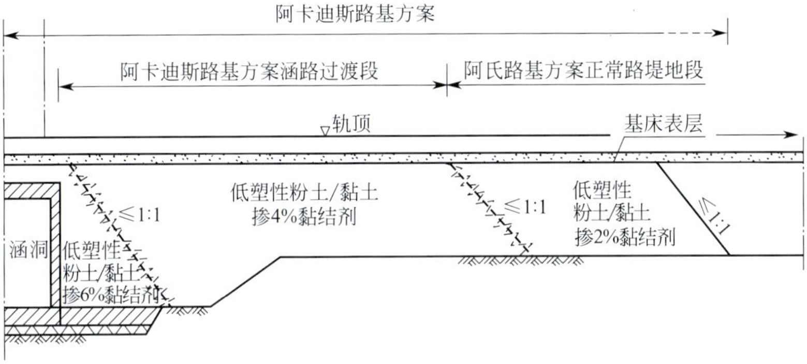

图 7.15 德国科隆—莱茵/美茵无砟轨道铁路新线 B 标段涵路阿卡迪斯过渡段方案纵断面示意图[11]

7.4 过渡段不同设计方案的现场试验和运营测试结果对比分析

德国科隆—莱茵/美茵无砟轨道铁路新线 B 标段采用了与传统 Ril 836 不同的路基过渡段方案，见图 7.14 和图 7.15。为了获得德铁 DB AG 和监管机构 EBA 的建设许可，或者说证明阿氏路基方案与传统 Ril 836 标准路基方案的等价性，阿卡迪斯集团德国公司除了进行化学改良（稳定）填料适用性的验证外，还在施工和运营阶段对路基和过渡段的沉降变形特性、长期动力稳定性进行了对比试验和观测等研究[8,11]。

图 7.16 为按阿氏方案设计、施工的某涵路过渡段涵洞顶部高程沿线路纵向实测沉降变形的分布。可见，由于路堤和过渡段填料都掺加了黏结剂，并采用了掺量逐步提高的办法，一方面使过渡段刚度变化平缓，更重要的是路堤本身整体刚度的提高，改善了过渡段沉降变形分布的均匀性。

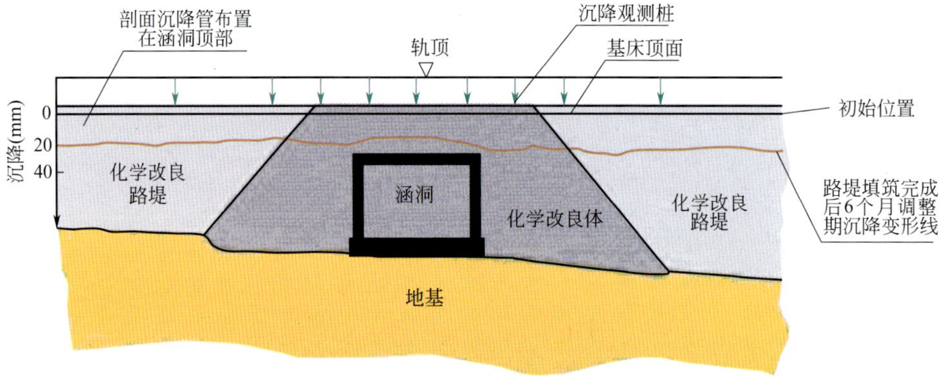

图 7.16 德国科隆—莱茵/美茵无砟轨道铁路新线 B 标段某涵路过渡段（阿卡迪斯方案）实测沉降变形沿线路纵向分布[8]

B 标段涵路过渡段(DK 126+138)左、右两侧分别采用了 Ril 836 标准方案和阿氏方案，图 7.17 为现场动力稳定性试验的位置和观测元件埋设方案[11]，包括剖面沉降管和拾振器等。该处最大路堤高度为 7 m，结构物为闭合式钢筋混凝土框架涵，涵洞顶部以上路基的厚度为约 1.5 m。涵洞顶和过渡段两侧共布置了 10 个观测断面，其中，传统方案 4 个(左侧，R1～R4)，阿氏方案 6 个(右侧，A1～A6)，每个观测断面在 4 个高程布置观测元件。

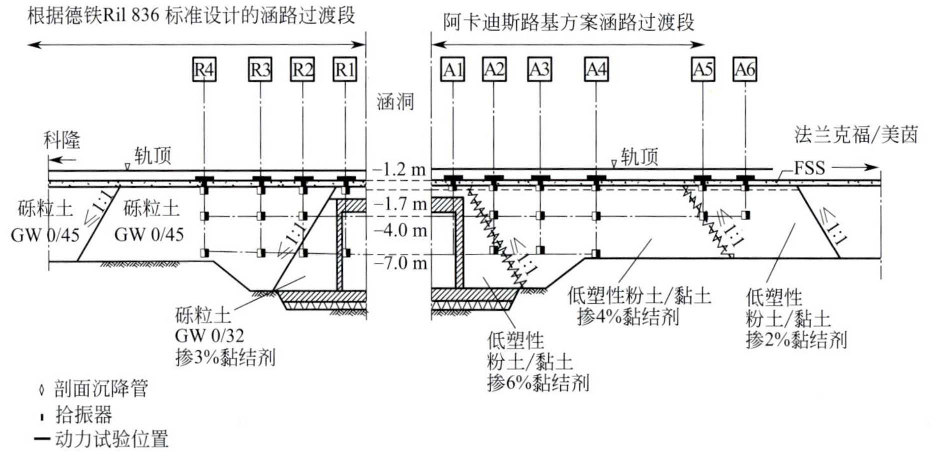

图 7.17 德国科隆—莱茵/美茵无砟轨道铁路新线 B 标段涵路过渡段(DK 126+138)传统方案与阿卡迪斯方案现场试验和运营实测观测仪器布置图[11]

路基和过渡段施工完成后，以基床表层顶部为动力荷载加载面，见图 7.17，阿卡迪斯德国公司用图 5.11 所示的路基动力稳定性现场试验装置 DYSTAFIT 系统对上述两种过渡方案的不同断面进行了长期动力稳定性对比试验。试验分两个阶段，第一阶段称为频率试验阶段，即在试验采用的频率范围检测路基是否出现共振，第二阶段为在给定条件下的长期动力循环试验。在第二阶段，首先对加载面施加与轮轴静荷载相当的压力，然后通过高频激振器施加动力荷载，使路基在给定振动速度下反复受载。试验时的激振频率为 28～32 Hz，基床表层的有效振动速度合成幅值约为 21 mm/s，与当时给定标准 15～21 mm/s 的上限值相应。每个试验断面的动力循环次数一般为 1×10^6～3×10^6，最高达 4×10^6。对无砟轨道而言，一般以列车通过一次计为一次荷载循环。按德铁的运营方案，一般认为 4×10^6 次循环相当于 60 年运营的总循环次数。

图 7.18 给出了在相同加载条件下（第二阶段）两种过渡段方案实测有效振动速度合成值 $v_{res,eff}$ 随深度的变化，图中的阴影区和斜线区分别为标准 Ril 836 方案和阿卡迪斯方案相对应试验断面实测数据波动范围。可见，在阿氏方案条件下，激振板下路基表层范围振动速度的衰减比传统 Ril 836 方案要快，但数据的波动相对较大。距轨顶约 4 m 以下，两种方案路基的有效振动速度合成值 $v_{res,eff}$ 都已从基床表层的约 21 mm/s 衰减为 5 mm/s 以下。图 7.19 为动力循环荷载引起的附加沉降 s_N 随加载次数 N 的关系的变化范围。实测数据的分析表明，附加沉降的约 83%（传统 Ril 836 方案）和 90%（阿卡迪斯方案）由基床表层填料在动力荷载循环作用下产生的塑性变形决定。从图 7.19 可知，循环次数相同时，传统 Ril 836 方案下路基的附加沉降实测最大值略高于阿卡迪斯方案的相应值。当动力循环次数为 4×10^6 次时，两种方案下实测附加沉降最大值约为 5 mm，即在德铁路基规范（Ril 836）给定的界限上。因此，阿卡迪斯路基及过渡段方案的可应用性，或者说与传统 Ril 836 方案的等价性，至少在现场试验条件下得以验证。

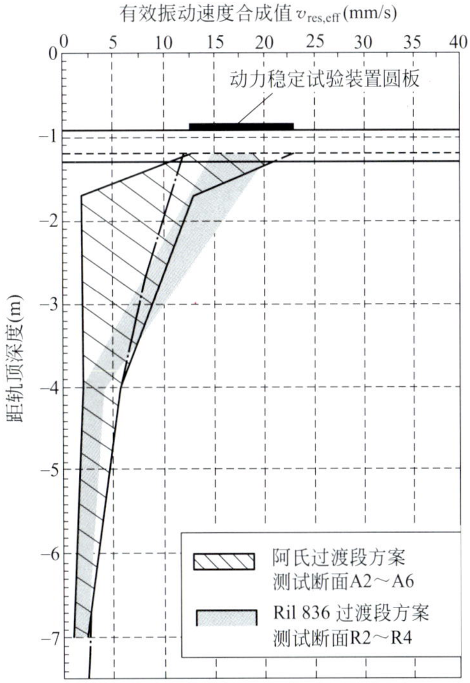

图 7.18 有效振动速度合成值 $v_{res,eff}$ 随深度的变化（所有试验断面实测波动范围）[11]

科隆—莱茵/美茵无砟轨道铁路自 2002 年 8 月投入运营后，曾对图 7.17 所示的涵路过渡段（DK 126＋138）进行过几次监测[8,12]。图 7.20 为两种过渡段方案条件下，在不同行车速度时道床板顶部合成有效振动速度与行车速度关系实测结果，图中的实线为 DS 836（1997）给出的无砟轨道路基正常条件下的设计值。可

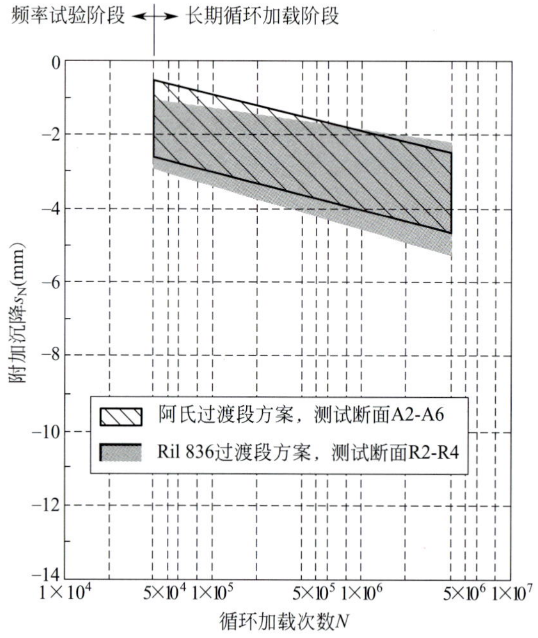

图 7.19　动力荷载引起的附加沉降 s_N 随循环加载次数 N 的关系(所有试验断面实测波动范围)[11]

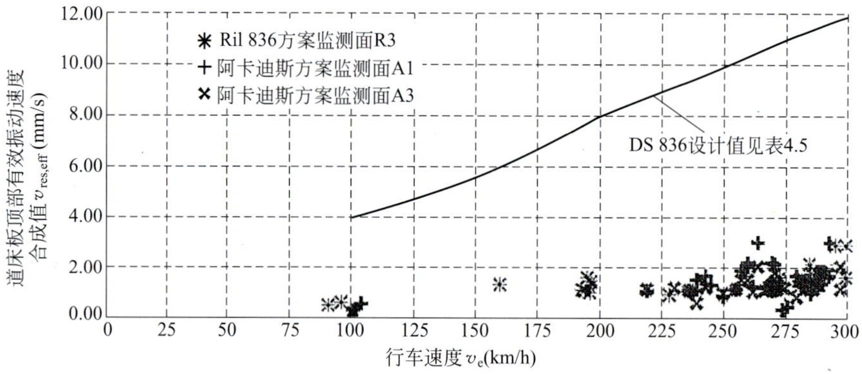

图 7.20　传统 Ril 836 方案与阿卡迪斯方案运营阶段振动速度合成值与行车速度关系实测结果对比[8]

见，直到行车速度为 300 km/h 时，过渡段 Ril 836 和阿卡迪斯方案过渡段监测断面实测有效振动速度合成值小于等于 3 mm/s，远远小于当时的过渡段设计值 15～21 mm/s。由于实测绝对值很小，振动速度随行车速度增加的规律性不明显。振动速度随深度的衰减见图 7.21，阿卡迪斯过渡段方案的衰减速度快于 Ril 836 方案，且实测数据的波动较小。当然，上述较为理想的结果是过渡段在线路投入运

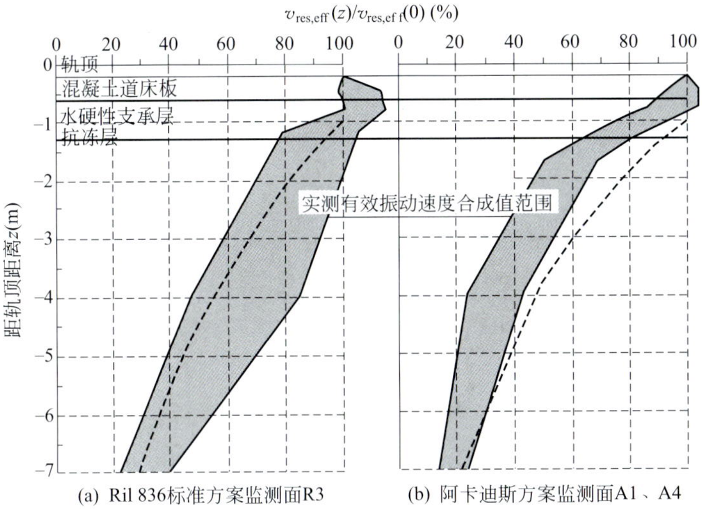

图 7.21 传统 Ril 836 方案与阿卡迪斯方案运营阶段振动速度随深度变化实测结果对比[8]

营后两年内的性态，其长期稳定性有待进一步的监测、分析。

参 考 文 献

[1] 中华人民共和国行业标准. 高速铁路设计规范(试行)(TB 10621—2009)[S]. 北京：中国铁道出版社，2010.

[2] German Railway Standard AKFF. Anforderungskatalog zum Bau der Festen Fahrbahn[S]. 3. und 4. überarbeitete Auflage. 1995，2002.

[3] German Railway Standard Ril 836. Erdbauwerke planen，bauen und instand halten[S]. 1999，2008.

[4] 翟婉明. 车辆—轨道耦合动力学(第三版). 北京：科学出版社,2007.

[5] 罗强，蔡英，翟婉明. 高速铁路路桥过渡段的动力学性能分析[J]. 工程力学，1999，16(5)：65-70.

[6] 罗强，蔡英. 高速铁路路桥过渡段变形限值与合理长度研究[J]. 铁道标准设计，2000(6)：2-4.

[7] 蔡成标，翟婉明，等. 列车通过路桥过渡段时的动力作用研究[J]. 交通运输工程学报，2001(1)：17-19.

[8] Dürrwang R，Hotz C，Schulz G. Erfahrungen mit dem Erdbaukonzept ARCADIS-Messungen unter Verkehr[J]. EI-der Eisenbahningenieur (56)1，2005.

[9] Engler M. Erdbauwerke für Hochgeschwindigkeitsstrecken mit Fester Fahrbahn-Konzept zur wirtschaftlichen und qualitätsgesicherten Erstellung[D]. Dissertation der Bergischen Universität Wuppertal，2003.

[10] Göbel C，Lieberenz K. Handbuch Erdbauwerke der Bahnen[M]. Eurail press，2004.

[11] Neidhart TH，Fischer R，Hotz C，Johmann S. Optimierung des Unterbaus der Festen Fahrbahn-

Messtechnische Überprüfung unter Betrieb[C]. Vortrag Bahnbau Berlin, 2002.

[12] Kocan D. Erfahrung mit der Fahrbahn der SFS Köln-Rhein/Main nach drei Jahren Betrieb[J]. EI-der Eisenbahningenieur (56)11, 2005.

[13] Bonzel J, Schmidt M. Zum Festigkeits-und Verformungsverhalten von hydraulisch gebundenen Tragschichten des Straβenbaues[J]. Straβe und Autobahn, Heft 10, 1987.

[14] ZTVT-StB 95. Zusätzliche Technische Vertragsbedingungen und Richtlinien für Tragschichten im Straβenbau[S]. Forschungsgesellschaft für Straβen-und Verkehrswesen e. V., Köln, Ausgabe 1995/Fassung 1998.

8　无砟轨道铁路路堤 CFG 桩网复合地基设计原理

8.1 引　　言

中国高速铁路无砟轨道建设的速度要求选用施工工期短、沉降变形小且收敛快的地基处理方法。正是在这样的背景下，CFG 桩—加筋褥垫层复合地基(简称 CFG 桩网复合地基或 CFG 桩桩承式路堤)得到了广泛应用，成为地基处理的主要形式之一，见图 8.1。本章的分析讨论以图 8.2 所示的高速铁路路基 CFG 桩网复合地基系统示意图为基础。

(a) 路堤底面(CFG 桩地基顶面)　　(b) 褥垫层土工格栅

图 8.1　路基 CFG 桩网复合地基

武广高速铁路路基沉降变形观测分析的结果表明，在该线地基条件下，采用 CFG 桩网复合地基加固的地段，除部分超载预压地段外，大部分基底实测总沉降量级在 20 mm 左右，而且沉降收敛较快。这说明，该线 CFG 桩网复合地基处理总体上达到了设计目的，在给定的施工、观测和调整期条件下，这样的结果为确认满足无砟轨道铺设条件、保证路基的长期沉降变形稳定创造了一个十分有利的基础。

铁路路堤 CFG 桩网复合地基处理方法源于建筑地基处理水泥粉煤灰碎石桩，它是由水泥、粉煤灰、碎石、石屑或砂加水拌和形成的高黏结强度桩(接近刚性桩)。这种建筑地基处理方法具有承载力大、地基沉降变形小等特点。CFG 桩复合地基从 20 世纪 80 年代研发成功后，在工业与民用建筑地基处理，特别是多层、高层建筑地基处理中得到了广泛的应用。近年来，这种地基处理方法逐渐在铁路路基加固中得到应用。除了在传统 CFG 桩复合地基的褥垫层中加入土工格栅外，其工法原理、设计方法等都基本沿用《建筑地基处理技术规范》(JGJ 79—2002)[1] 和《建筑

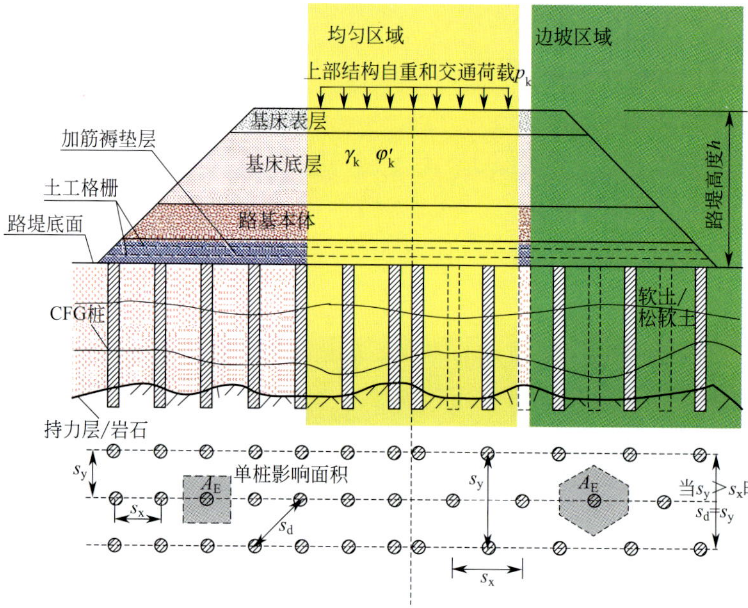

CFG 桩方形布置	CFG 桩三角形布置
CFG 桩直径 d;单桩截面积 $A_s=\pi\times d^2/4$;带桩帽时 A_s 为桩帽持力面积 $A_s=a^2$(a 为桩帽宽度); s_d:用于土拱压力计算的控制桩间距(方形布置时为对角桩间距,三角形布置时为 $\max(s_x, s_y)$)	
单桩地基处理影响面积 $A_E=s_x\times s_y$	等边三角形布置时,即 $s_y=\sqrt{3}\cdot s_x$ 时,单桩地基处理影响面积 $A_E=\sqrt{3}/2\cdot s_x^2=\sqrt{3}/6\cdot s_y^2$

图 8.2　高速铁路路基 CFG 桩网复合地基系统示意图

注:褥垫层及路堤填土的土力学特征参数为容重 γ_k 和有效摩擦角 φ'_k。

地基基础设计规范》(GB 50007—2002)[2]的作法。

在铁路路基领域,CFG 桩网复合地基的作用原理包括褥垫层的功能等概念,目前设计上一般将其作为与传统建筑地基 CFG 桩复合地基条件类似的情况处理。实际上,由于建筑地基基础和铁路路堤的结构条件不同,复合地基系统的作用原理有很大的不同,这包括荷载的传递、褥垫层的作用和功能,以及沉降变形性状。因此,沿用建筑地基 CFG 桩复合地基设计方法,可能使铁路路堤 CFG 桩网复合地基的设计不符合实际情况。为了在铁路路基领域更加合理、经济地利用 CFG 桩网复合地基处理技术,系统分析、研究路堤条件下 CFG 桩网复合地基的力学作用原理是十分有意义的。

本章在对 CFG 桩桩承式加筋铁路路堤作用原理进行简述的基础上,介绍目前国内外应用较多的几种设计方法和背景,并对这些方法进行对比分析。在此基础上,利用武广高速铁路路基 CFG 桩网复合地基试验现场的实测数据,检验土拱作用模型,确定路堤底部桩土荷载比的合理性,并利用该计算模型,从承载力和桩土荷载分配角度，对高速铁路 CFG 桩桩承式加筋路堤优化设计的可能性进行探讨。CFG 桩桩承式加筋铁路路堤沉降变形是对路基设计起控制作用的关键部分，本章在对国内外理论研究、室内模型试验和现场实测工程经验成果综合分析的基础上，对(刚性桩)桩承式加筋路堤系统沉降变形的基本特征进行描述和总结。此外，本章还对路堤底部桩土沉降差引起的路堤变形特点进行有限元参数分析，得出一些对工程设计有重要意义的结论，并利用武广高速铁路长沙站 CFG 桩网加固试验区的实测结果分析现场地基沉降变形等性状，并在此基础上结合无砟轨道铁路路基的特点和要求，给出一般路堤高度条件下的 CFG 桩桩承式加筋路堤简化沉降变形分析概念模型。

8.2 CFG 桩桩承式加筋铁路路堤作用原理

在分析、对比建筑地基基础 CFG 桩复合地基和铁路路堤 CFG 桩网复合地基之前，我们首先比较一下建筑地基基础中传统桩基基础和 CFG 桩复合地基的作用原理。

图 8.3(a)、(b)分别给出了建筑地基中的传统桩基基础和 CFG 桩复合地基系统的组成，以及桩、土竖向压力分布和沉降变形特性。为了便于比较，图 8.3(c)还给出了一种假想情况，即假定基础承台与桩土顶面之间的无筋褥垫层由一假想的闭合式液体枕垫代替。基础承台一般为钢筋混凝土块体，相对于地基土，它可视为刚性结构物。CFG 桩的 28 d 抗压强度一般为 C5～C20，其刚度远远高于地基土。此外，假定 CFG 桩支承在岩石或坚硬持力层上。

传统桩基基础的承台和桩、土顶面直接接触。在竖向荷载 P 作用下，由于承台为刚性结构物，其底面可视为等应变条件(均匀沉降变形 w)，而 CFG 桩和地基土（软土/松软土）的刚度差别很大，所以绝大部分荷载由桩承担(σ_{zs})，桩间土只承担很小一部分的荷载($\sigma_{z0} \ll \sigma_{zs}$)。

如果承台和桩、土顶面不是直接接触，而是在它们之间设置了闭合式液体枕垫，如图 8.3(c)所示，由于液体只能承受压力不能承受任何剪力，所以通过闭合式液体枕垫，桩、土间不可能发生荷载转移。在这种情况下，桩、土顶面承受的压力是相同的($\sigma_{z0}=\sigma_{zs}$)，而桩、土的沉降变形是不相同的。如果桩支承在坚硬持力层或岩石上，其沉降几乎为零，而桩间土则发生较大的沉降变形。图 8.3(b)所示的 CFG 桩复合地基情况处于图 8.3(a)和图 8.3(c)两种极端情况之间。当在承台底部和桩顶间设置由颗粒状散体材料(碎石、砂)经碾压后形成的褥垫层时，由于这种材料属弹塑性体，具有一定的抗剪强度，即能承受一定的剪力，因此它在桩和桩间土之间起荷载分布的作用。

相对于桩间土而言，基础承台为刚性结构物，具有很大的剪切荷载传递能力。加载开始时，桩间土较 CFG 桩压缩性大(变形模量很小)，发生的沉降变形大于桩顶，二者的差使上部荷载发生转移并集中在桩顶和承台之间的褥垫层土单元上，如

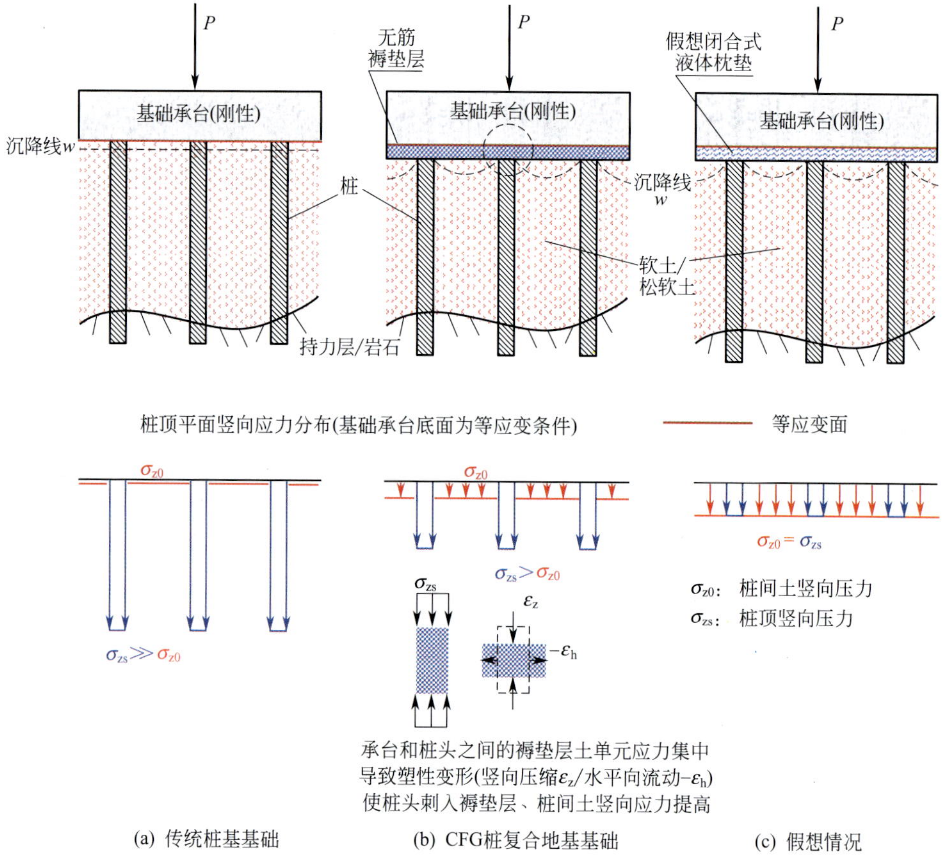

图 8.3　建筑地基基础条件下桩基基础和 CFG 复合地基基础作用原理

图 8.3(b)所示。随着上部荷载的增加，该部位土单元承受的剪应力达到其抗剪强度而开始发生塑性流动，即竖向发生压缩 ε_z，同时水平向发生膨胀 $-\varepsilon_h$。这个物理力学现象的具体表征为桩头逐渐刺入褥垫层，桩顶以上土颗粒逐渐向桩间土上部区域流动。这一方面使桩间土上部的褥垫层与承台始终保持接触，另一方面使其水平向应力增加，提高了桩间土上部褥垫层的刚度，使上部荷载进一步向桩间土区域调整，最终使桩、土之间的荷载分配达到一个合理的比例，使桩间土本身的承载力得以发挥、利用，基底应力集中得以缓解，如图 8.3(a)、(b)所示。在这个系统中，褥垫层起了一个十分关键、核心的作用，即荷载从桩顶向桩间土转移。

在使用荷载 P 作用下，桩、土应力比 $n(\sigma_{zs}/\sigma_{z0})$取决于褥垫层的厚度、强度以及桩间距桩径比。根据经验，建筑地基基础条件下 CFG 桩的桩、土应力比为 20～50。按《建筑地基处理技术规范》(JGJ 79—2002)，桩间距宜取 3～5 倍桩径。褥垫层厚度选取过小，桩间土分担的荷载较小，基底应力集中明显，达不到复合地基充分发挥桩间土自身承载力的目的。随着褥垫层厚度的加大，桩间土承受的荷载部分提高，桩、土应力比降低，桩的加筋作用减小，复合地基承载力提高不明显，桩间土和复合地基的沉降达不到要求。所以，选择合理的褥垫层厚度对建筑地基基础下 CFG 桩复合地基十分关键。在满足复合地基承载力前提下，一般应以系统总沉降满足要求为目标合理确定桩间距桩径比以及褥垫层厚度。《建筑地基处理技术规范》(JGJ 79—2002)建议，褥垫层厚度宜取 150～300 mm。从设计角度讲，原地基土质较差或上部结构刚度不大而沉降要求较严格时，取小值；土质较好或上部结构刚度较大，沉降控制要求不很严格时，取大值。从施工角度讲，当桩径大或桩间距大时，褥垫层厚度宜取高值。

需要特别指出的是，上述有关 CFG 桩复合地基的作用原理，特别是褥垫层的力学功能特性，是以建筑地基基础特有的结构边界条件，即褥垫层上部存在一个刚性承台基础（其底面为等应变面）为出发点得出的，不能无条件地应用到其他情况。

与建筑地基基础 CFG 桩复合地基相比，高速铁路 CFG 桩网复合地基结构在褥垫层上部并不存在具有等应变底面的刚性基础承台，而是其力学特性与褥垫层相似的土工结构物(路基本体、基床底层和基床表层)，上部作用有轨道结构自重和交通荷载 p_k，见图 8.4(b)。

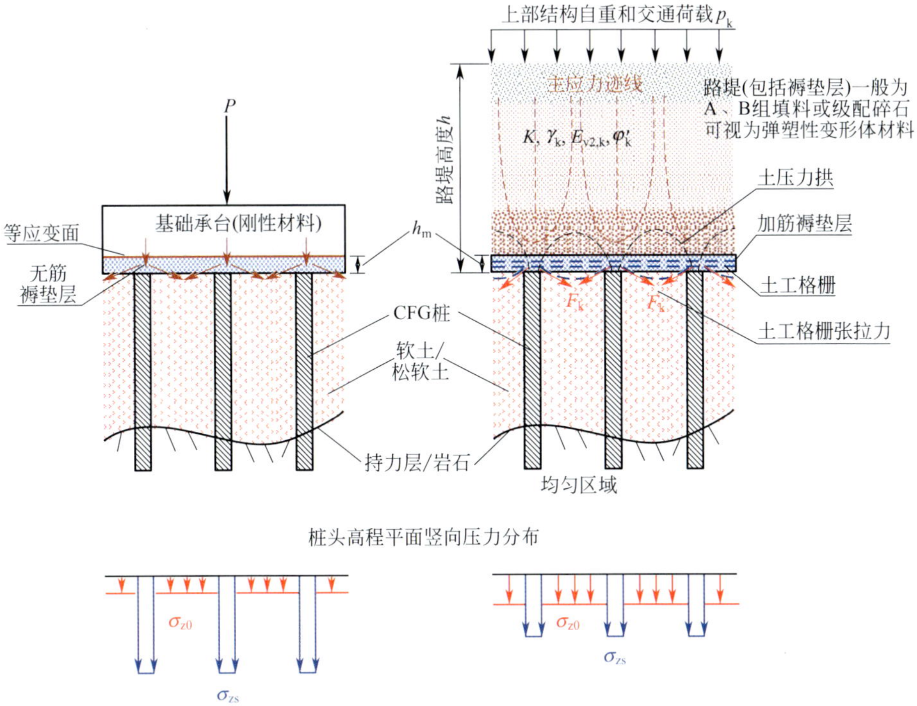

(a) 建筑地基条件下CFG桩复合地基　　(b) 铁路路堤CFG桩网复合地基

图 8.4 建筑地基基础条件下与铁路路堤(均匀区域)条件下的 CFG 桩网复合地基作用原理对比

这里，路堤（包括褥垫层）一般为 A、B 组填料或级配碎石，褥垫层厚度为 50～60cm，且布置双向土工格栅。CFG 桩顶以上的填土为颗粒状散体土经碾压达到一定密实度后的土工路基结构物，其力学特性可视为弹塑性变形体材料（材性特征值：容重 γ_k，二次变形模量 $E_{v2,k}$，有效内摩擦角 φ'_k），其变形模量值远远小于 CFG 桩 28 d 的弹性模量值。以下的讨论限于路堤横截面均匀区域，见图 8.2 和图 8.4(b)，边坡区域情况暂不予讨论。

在这个系统中，土工路基结构物既是荷载，又是传力系统的一部分，总荷载（$\gamma_k \cdot h + p_k$，见图 8.4(b)）在 CFG 桩桩顶以上褥垫层及路堤区发生荷载分配。

这里，荷载的分配由两部分组成，第一部分由 CFG 桩桩顶面以上褥垫层/路堤区的土拱作用决定。土拱作用是以 CFG 桩和桩间土的刚度差，以及在荷载作用下引起的差异沉降为前提出现的力学现象。桩、土的差异沉降使路堤中主应力迹线发生偏转，上部荷载在加筋褥垫层/路堤区向 CFG 桩桩顶转移，见图 8.4(b)中的棕色虚线。主应力迹线偏转意味着土体中出现了剪应力。路基结构物（加筋褥垫层/路堤）的抗剪强度取决于应力状态和有效内摩擦角 φ'_k，是有限的。所以，主应力迹线偏转的程度，或者说通过剪应力向 CFG 桩最大可传递的荷载部分，取决于土体的抗剪强度。相应地，桩间土以上褥垫层/路堤区得以卸载（$\sigma_{z0} < \sigma_{zs}$），形成了类似拱形屋顶的传力系统，见图 8.4(b)中的黑色虚线。所以，CFG 桩和桩间土之间的荷载分配主要由土压力拱作用决定，其大小取决于路基结构物（加筋褥垫层/路堤）的抗剪强度 φ'_k、桩间距桩径比 s/d，以及路堤高度桩间距比 h/s。

与建筑地基基础条件下 CFG 桩复合地基相比，由于路堤填料抗剪强度有限，路堤条件下 CFG 桩网复合地基传入桩顶的应力 σ_{zs} 相对较小。根据经验，建筑地基条件下 CFG 桩的桩、土应力比约为 20～50，而路堤条件下约为 5～15。这就是说，路堤条件下 CFG 复合地基桩间土承受的荷载 σ_{z0} 相对较大，特别是当桩间土变形模量很低，产生过大沉降和沉降差，CFG 桩将会刺入褥垫层，土颗粒发生水平向塑性流动，使桩间土承受更多的荷载，达不到上部荷载主要由 CFG 桩传递的目的。为了限制、减少桩间土出现过大的沉降变形，避免发生 CFG 桩刺入（冲切）及颗粒水平向流动，使荷载更多地向 CFG 桩传递，铁路路堤 CFG 桩网复合地基在褥垫层内设置了单层或多层双向土工格栅，见图 8.4(b)中的蓝色虚线。通过土工格栅这个附加传力构件，随着桩间土的变形，使荷载 σ_{z0} 进一步向 CFG 桩传递成为可能，这是荷载分配的第二部分。

土工格栅以其薄膜作用方式和桩间土一起建立了桩与桩之间的桥梁。一般情况，土工格栅和桩间土保持接触，上部传来的桩间土荷载 σ_{z0} 由土工格栅和桩间土共同承担。在极端情况下，例如长期大面积地下水下降时，土工格栅和桩间土可能发生脱离，此时，桩间土荷载 σ_{z0} 完全由土工格栅承担。

随着桩间土沉降增大，土工格栅的张拉力 F_k 不断提高，其值在 CFG 桩顶边处达最大值，见图 8.4(b)中红色箭头。张拉力 F_k 的竖向分量作用于桩顶并向下，使荷载部分σ_{z0}进一步向CFG桩转移。当然，这个传递作用只有在桩间土沉降发生并形成沉降盆时才明显。

另外，通过设置土工格栅，使扩大桩间距、减小桩数成为可能。这里，优化控制的目标函数是地基的总沉降以及其与时间的关系。

总之，由于土工路基结构物的特征，铁路路堤条件下CFG桩网复合地基的桩土应力比一般小于建筑地基基础条件下CFG桩复合地基的桩土应力比。路堤CFG桩网复合地基设置土工格栅的目的，是使相对较高的桩间土应力σ_{z0}随着变形的发展进一步向CFG桩转移，减少路堤底部沉降变形包括不均匀沉降，避免发生CFG刺入(冲切)。而在建筑地基基础条件下，情况刚好相反，它利用刚性承台底部等应变面和相对较薄的无筋褥垫层，刻意使CFG桩顶在荷载作用下刺入褥垫层、土颗粒发生水平向塑性流动，以便使荷载不断向桩间土转移，发挥天然地基土自身的承载力。

从以上的对比分析可知，尽管建筑地基基础和铁路路基工程应用CFG桩地基处理技术的工法相似，但是它们的荷载传递原理和特性有很大的不同。在铁路路基工程中，无条件地沿用建筑地基基础CFG桩复合地基设计方法是不合理的。要达到合理的设计，铁路路基工程应以路堤土工结构物为出发点应用合适的设计理论和方法，这也是优化铁路路堤CFG桩网复合地基设计的基础之一。

要提出合理的设计方法，理论上应解决以下三个基本问题：

(1)铁路路堤条件下桩网（CFG桩—土工格栅）复合地基荷载（应力）分布特征和计算方法；

(2)土工格栅的张拉力—应变—强度—时间特征和计算方法；

(3)地基和路基沉降变形性状及计算方法。

8.3 桩网复合地基设计方法

本节主要介绍国内外应用较多的几种(刚性、半刚性)桩网复合地基设计方法。

8.3.1 中国建筑行业标准的相关内容

高速铁路路基CFG桩网复合地基处理地段的设计基本上沿用了建筑地基CFG桩复合地基设计方法。褥垫层中设置的土工格栅被视为构造措施，用于匀化基底应力和减少基底沉降差，设计计算时不予考虑。本节简单介绍这种设计方法的基本原理，并讨论该法对铁路路堤的适用性。

8.3.1.1 设计原理

建筑地基基础条件下CFG桩的设计方法在《建筑地基处理技术规范》(JGJ 79—2002)有明确的描述。图8.5给出了建筑地基基础CFG桩复合地基设计系统。

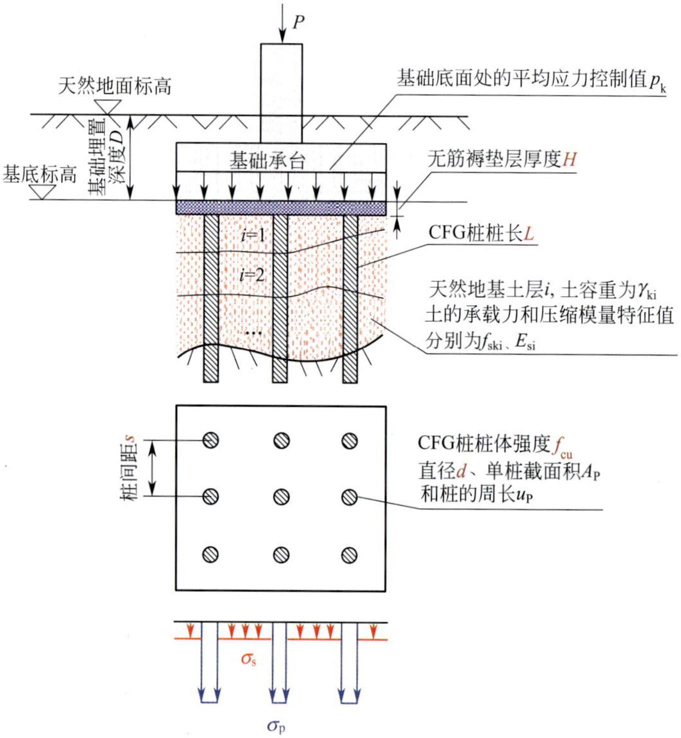

图 8.5　建筑地基基础条件下CFG桩复合地基设计系统

在《建筑地基处理技术规范》(JGJ 79—2002)中，CFG桩复合地基设计的核心是将桩—土地基系统简化(均化)为等价分层(无桩)系统，见图8.6。这个方法的基础是复合地基载荷试验确定的承载力提高系数$\zeta=f_{spk}/f_{sk}$(f_{spk}为复合地基承载力特征值，f_{sk}为天然地基承载力特征值)，并假定地基压缩模量提高系数等于承载力提高系数。这是因为，大量的工程实践表明，当荷载达到或接近复合地基承载力时，复合地基压缩模量提高系数约等于承载力提高系数。CFG桩对地基的影响

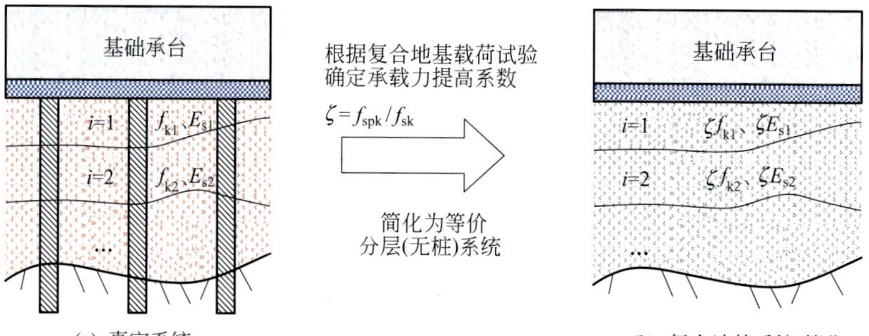

(a) 真实系统　　(b) 复合地基系统(简化)

图 8.6　建筑地基基础条件下CFG桩复合地基设计原理

(贡献)笼统地用这个提高系数 ζ 来考虑。在此基础上,利用经典地基承载力、变形计算方法来设计、验算复合地基的安全性(稳定性)和可使用性(沉降变形),以确定 CFG 桩加固处理的技术参数,例如桩长 L、桩体强度 f_{cu}、桩间距 s 和褥垫层厚度 H,见图 8.5。

8.3.1.2 设计方法

设计时要考虑的准则为安全性(承载力)和沉降变形方面的要求。就承载力而言,要满足以下三个条件:

(1)复合地基承载力 $f_{spk} \geqslant p_k - \gamma_k \cdot (D-1.5)$ (8.1-1)

(2)CFG 桩单桩(外)承载力 $R_a \geqslant \sigma_p \cdot A_P$ (8.1-2)

(3)CFG 桩桩体(内)强度 $f_{cu} \geqslant \sigma_{p,max}$ (8.1-3)

变形应满足 $s \leqslant s_a$ (8.2)

式中 s_a——建筑物允许沉降。

在设计阶段,特别是初步设计阶段,尚无相应的复合地基载荷试验结果(f_{spk})。在这种情况下,可根据《建筑地基处理技术规范》(JGJ 79—2002)用下式估算复合地基承载力特征值。

$$f_{spk} = m \cdot R_a / A_P + \alpha \cdot \beta \cdot (1-m) \cdot f_{sk} \tag{8.3-1}$$

或

$$f_{spk} = [1 + m \cdot (n-1)] \cdot \alpha \cdot \beta \cdot f_{sk} \tag{8.3-2}$$

式中 f_{sk}——天然地基承载力特征值;

R_a——单桩竖向承载力特征值,当采用单桩载荷试验时,取用其竖向极限承载力除以安全系数 2;当无单桩载荷试验资料时,用下式估算:

$$R_a = u_P \cdot \sum q_{si} \cdot l_i + q_p \cdot A_s \tag{8.4}$$

其中 l_i——第 i 层土的厚度;

q_{si},q_p——分别为第 i 层土桩周侧阻力和桩端阻力特征值,可按《建筑地基基础设计规范》(GB 50007—2002)的有关规定确定;

m——面积置换率(A_P/A_E)一般不超过 10%;

n——桩土应力比;

A_P,A_E——CFG 单桩截面积和复合地基单桩影响区面积;

α——桩间土强度提高系数,缺乏经验值时,一般可取 1.0;

β——桩间土承载力折减系数 0.75~0.95。

施工开始后须进行复合地基载荷试验,以确认现场复合地基承载力试验值 f_{spk} 大于等于设计值。

在计算 CFG 桩复合地基沉降时,一般只考虑加固区变形量和下卧层变形量,复合地基变形计算深度必须大于复合土层(加固区)的厚度,具体要求见《建筑地基基础设计规范》(GB 50007—2002)[2]。计算多采用复合模量法,即图 8.6(b)中简化的等价分层(无桩)系统。复合土层的分层与天然地基相同,各复合土层的压缩模量为该层天然地基压缩模量的 ζ 倍。变形计算时，地基内的应力分布采用各向同性弹性体理论，以经典分层总和法得出的地基变形量为基础，并考虑总沉降计算经验系数。

8.3.1.3　设计过程

设计的第一步应以 CFG 桩复合地基满足承载力为目标，结合施工可行性和经验来进行，然后，用第一步初步确定的设计参数估计复合地基的沉降是否满足建筑物对沉降的要求，如果不满足应调整设计参数。

桩长 L、桩径 d、桩间距 s、桩体强度 f_{cu} 一般须通过迭代计算、结合经验确定，褥垫层厚度和材料变化范围不大，一般以经验确定。

(1)桩长 L

当地基土在合适的深度有坚硬持力层时，桩长 L 基本确定；如果在合适深度没有坚硬持力层，可利用上部结构静力计算得出的基底平均压力控制值 p_k（图 8.5）作为设计要求达到的复合基地承载力（$f_{spk} \approx p_k$）和式(8.3-2) 估算桩土应力比 n，再利用下式计算桩顶的应力。

$$\sigma_p = n \cdot \alpha \cdot \beta \cdot f_{sk} \tag{8.5}$$

然后利用式(8.1-2)和式(8.4)估算需要的 CFG 桩桩长 L。

(2)桩径 d

CFG 桩桩径的确定取决于成桩设备，一般宜取 350～600 m。

(3)桩间距 s

设计上应以满足复合地基承载力为准则选择。计算时，可分别以式(8.1-1)和式(8.3-1)为基础进行。同时，应考虑成桩方式及施工时相邻桩之间的影响，一般情况宜取 $s \approx (3 \sim 5)d$。

(4)桩体强度 f_{cu}

研究和工程实践表明，建筑地基基础条件下 CFG 桩的主要受力区在桩顶以下 6～10 倍桩径长度范围内，该部位承受的最大轴力 $\sigma_{p,max}$ 大于桩顶应力 σ_p。所以，桩体的强度应以三倍桩顶应力 σ_p 的标准进行设计，见式(8.1-3)。

(5)褥垫层厚度 H 及材料

《建筑地基处理技术规范》(JGJ 79—2002) 建议，褥垫层厚度宜取 150～300 mm。从设计角度讲，原地基土质较差或上部结构刚度不大而沉降要求较严格时，取小值；土质较好或上部结构刚度较大，沉降控制要求不很严格时，取大值。从施工角度讲，当桩径大或桩距大时，褥垫层厚度宜取高值。褥垫层材料宜用中砂、粗砂、级配砂石或碎石等，最大粒径不宜大于 30 mm。

以上五个设计参数是以满足承载力和强度为主，结合施工可行性和经验来确定的。设计应估计所选的 CFG 桩复合地基沉降是否满足式(8.2)的要求，如果不满足应调整设计参数。实际上，设计时很难用简化的等价分层（无桩）系统（图 8.5）以及经典分层总和法合理得出复合地基变形量及其与时间的关系。

由上可见，建筑地基基础条件下 CFG 桩复合地基设计方法是以与基础承台类似的复合地基载荷试验（承压板具有足够刚度可视为等应变条件）确定的承载力提高系数 ζ 为基础建立的，所以，该设计方法对此种地基基础条件下承载力的确定比较合适。对变形的计算，由于采用以复合模量为基础的分层总和法无法合理地考虑复合地基真实的荷载、应力传递，特别是在使用荷载下，所以计算的沉降与实际相差较大，变形与时间的关系更难确定。因此，一般设计是以承载力和强度为主进行的，对沉降只作很粗略的估计。当然，在建筑地基基础条件 CFG 桩设计方法的框架下，对沉降的计算有不同的方法和新的发展。

目前，铁路路基 CFG 桩加固处理的设计基本上沿用以上方法，只是在褥垫层内附加设置了双向土工格栅作为构造措施，并没有纳入具体设计的范畴。由于高速铁路对路基工后沉降的要求很高，设计时估计 CFG 桩复合地基沉降及其与时间的发展，一般采用经典的固结理论。CFG 桩处理地段大量的现场实测沉降结果分析表明，路堤条件下 CFG 桩网复合地基的实测总沉降量明显小于按上述设计方法计算的结果，而且收敛速度较快，用经典的固结理论无法合理地估计。结合 8.2 节的分析对比不难发现，从本质上讲，这些差别来自该设计方法没有考虑路堤条件下 CFG 桩网复合地基的荷载传递特点以及与此相关的变形特性。

8.3.2 英国标准 BS 8006（1995）的相关内容

根据英国标准 BS 8006（1995），路堤下桩网复合地基系统（图 8.7）地基处理的目的是通过桩、网加固措施，控制软黏土地基的安全性（稳定性）和改善其可使用性（降低沉降变形），特别是限制工后沉降。该设计方法假定桩支承在相对坚硬的持力层上，并在路堤底部/桩顶设置单层或双层双向加筋单元（土工格栅）。通过加筋单元，使桩间土承受的荷载传递给桩；设置加筋单元后可加大桩距、减小桩帽尺

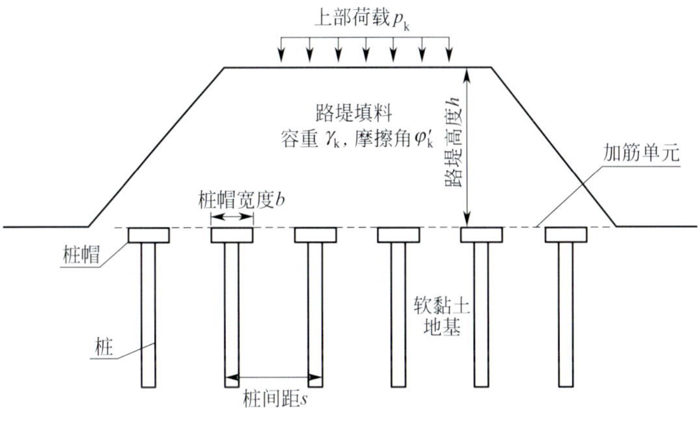

图 8.7 路堤下桩网复合地基系统

寸，使设计更加经济合理；在路堤边坡区域，路堤填料发生水平向滑动时产生的推力可由土工格栅承担，以取代传统的斜桩布置方式。路堤条件下桩网复合地基设计分为两个部分，即安全性（包括系统和单元的稳定性）和可使用性（地基和路堤的沉降变形）。

8.3.2.1　安全性（稳定性）

安全性设计时，一共考虑五种极限破坏形式，见图 8.8。前面四种破坏形式的分析方法和经典方法基本相同，这里不再介绍、讨论，只是在表 8.1 以简略方式列出设计的基本原则、计算方法。第五种破坏形式是路堤桩网复合地基特有的情况，涉及桩网以上褥垫层区域的荷载分布，以及基底加筋单元的张拉力、强度和应变计算，也是计算地基和路堤沉降变形的基础，见图 8.8(e)。

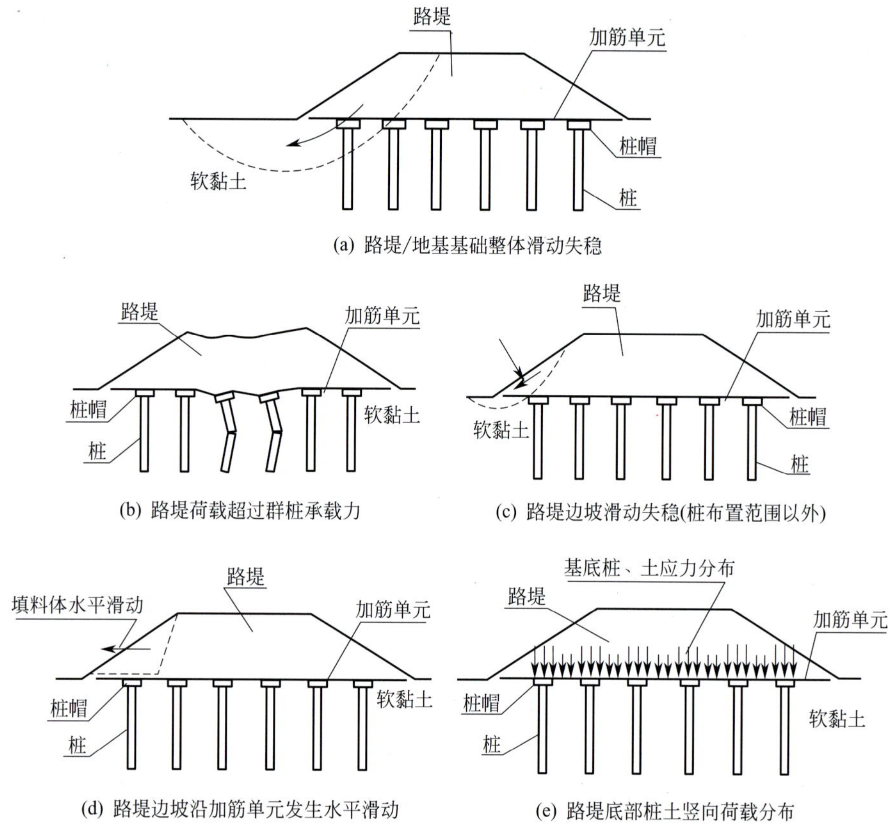

(a) 路堤/地基基础整体滑动失稳

(b) 路堤荷载超过群桩承载力

(c) 路堤边坡滑动失稳(桩布置范围以外)

(d) 路堤边坡沿加筋单元发生水平滑动

(e) 路堤底部桩土竖向荷载分布
(用于分析加筋单元受载大小和强度破坏)

图 8.8　路堤桩网复合地基安全性(可能)极限状态

BS 8006 标准中有关桩土应力比和荷载分配是以图 8.9 所示的土压力拱作用模型为基础确定的，最大土压力拱高度为 1.4$(s-b)$。在桩帽上部加筋土体内的土压力拱作用下，路堤荷载向桩转移，使桩帽上部承受的竖向压力大于桩间土压

表 8.1 路堤桩网复合地基安全性设计的基本原则和方法(BS 8006)

极限破坏形式	设计的基本原则和方法
路堤/地基基础整体滑动失稳破坏,见图 8.8(a)	采用经典边坡稳定分析法并考虑桩和土工加筋单元的(有利)影响
路堤荷载超过群桩承载力,见图 8.8(b)	确定最大桩间距 s 时,忽略桩间土承受的荷载部分,即单桩影响范围的全部路堤自重和上部荷载($\gamma \cdot h+p_k$)由桩承担,确定单桩承载力时应考虑群桩效应(折减)
桩布置范围以外路堤边坡滑动失稳,见图 8.8(c)	桩的平面布置应使桩从路肩向外延伸一定距离以保证桩区域外土体的局部失稳和变形不至于影响路堤上部的稳定
路堤边坡沿加筋单元发生水平滑动,见图 8.8(d)	以路堤填料主动土压力系数 K_a 为基础确定水平推力(荷载),该荷载由基底布置的土工加筋单元承受
路堤底部桩土荷载分布和土工加筋单元强度破坏,见图 8.8(e)	土压力拱模型和自由悬索结构模型

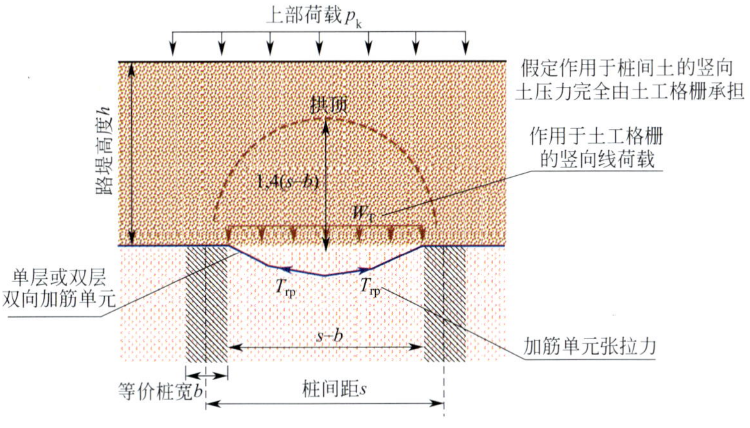

图 8.9 桩网复合地基土拱作用模型和加筋单元模型

力。在 BS 8006 中,桩顶竖向应力与路堤自重和上部荷载总和的平均值比(σ_p/σ_v)是利用埋置式刚性结构物(例如土中的管道和隧道结构)中荷载重分布经验关系为基础确定的[11,12]。

$$\sigma_p/\sigma_v=(C_c \cdot b/h)^2 \tag{8.6}$$

式中 σ_p——桩帽上部竖向应力;

σ_v——路堤自重和上部荷载平均值,$\sigma_v=(\gamma \cdot h+p_k)$;

C_c——拱作用系数;端承桩 $C_c=1.95 \cdot h/b-0.18$,摩擦桩 $C_c=1.5 \cdot h/b-0.07$。

为了保证路堤底部桩与桩间土的沉降差(沉降盆)不影响到路肩面的变形(特别是浅路堤情况),使路堤上部沉降变形保持相对均匀,BS 8006 要求路堤的最小高度 h 满足以下条件:

$$h \geqslant 0.7 \cdot (s-b) \tag{8.7}$$

以这个条件为基础，BS 8006 根据式(8.6)给出了计算作用于桩间土以上土工格栅竖向线荷载的公式。

当路堤高度大于最大土拱高度，即 $h > 1.4 \cdot (s-b)$时：

$$W_{\mathrm{T}} = \frac{1.4 \cdot (s-b) \cdot \gamma \cdot s}{s^2 - b^2}\left[s^2 - b^2 \cdot \left(\frac{C_{\mathrm{c}} \cdot b}{h}\right)^2\right] \tag{8.8-1}$$

当路堤高度小于等于最大土拱高度，但大于等于要求的路堤最小高度时，即 $1.4 \cdot (s-b) \geqslant h \geqslant 0.7 \cdot (s-b)$时：

$$W_{\mathrm{T}} = \frac{(\gamma \cdot h + p_{\mathrm{k}}) \cdot s}{s^2 - b^2}\left[s^2 - b^2 \cdot \left(\frac{C_{\mathrm{c}} \cdot b}{h}\right)^2\right] \tag{8.8-2}$$

如果 $s^2/b^2 \leqslant (C_{\mathrm{c}} \cdot b/h)^2$，作用于桩间土上部土工格栅的竖向线荷载可以忽略不计，即 $W_{\mathrm{T}} = 0$。

BS 8006 进一步假设土工格栅下桩间土(软黏土)的支持力可以忽略不计，这意味着竖向线荷载 W_{T} 完全由土工格栅承担(极端情况，偏于保守)。所以，用图 8.9 的土拱作用模型计算桩土应力分布，实际上是为土工格栅确定设计荷载。

以此为基础，计算加筋单元的张拉力和应变的力学模型可以简化为以桩顶为支点的自由悬索结构，见图 8.9。根据文献[13]的结果，BS 8006 标准给出了确定土工格栅张拉力 T_{rp}和应变 ε 的关系：

$$T_{\mathrm{rp}} = \frac{W_{\mathrm{T}} \cdot (s-b)}{2 \cdot b}\sqrt{1 + \frac{1}{6\varepsilon}} \tag{8.9}$$

由于式(8.9)中的 T_{rp} 和 ε 相互关联，为未知数，所以只有在确定了土工格栅在不同荷载水平下张拉力和应变的关系后，才能利用式(8.9)确定相应的张拉力。这里，还必须考虑控制路堤沉降变形的最大允许应变。

确定 T_{rp}后，用下式验证土工格栅的强度是否满足要求：

$$T_{\mathrm{rp}} \leqslant T_{\mathrm{D}}/f_{\mathrm{n}} \tag{8.10}$$

式中 T_{D}——土工格栅的设计强度；

f_{n}——安全系数。

8.3.2.2 可使用性

BS 8006 标准中桩网复合地基设计的第二部分涉及系统的沉降变形。这里，除了控制地基的总沉降(图 8.10(a))外，路堤内由于基底桩和桩间土不均匀沉降引起的沉降盆向路肩延伸，从而造成对路堤可使用性的影响，也是一个十分重要的课题，见图 8.10(b)。

BS 8006 对桩网复合地基沉降变形验算只提出了原则性的要求，没有给出具体方法。对第二种情况，即基底桩间土和土工格栅不均匀沉降并向路肩延伸，该标准采用以下方式间接控制：除了路堤最小高度应满足 $h \geqslant 0.7 \cdot (s-b)$外，一般还要求土工格栅最大总应变控制在 6%以内。这是因为，土工格栅应变在 6%左右

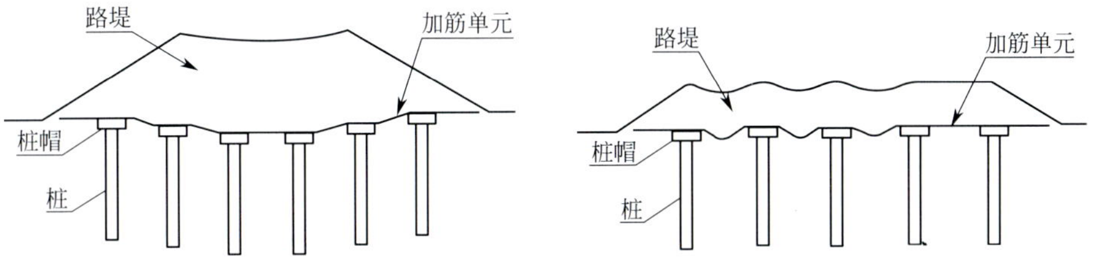

图 8.10 路堤下桩网复合地基可使用性极限状态

时，根据经验，路堤总荷载完全由桩承担。对浅路堤，应适当降低允许应变，以避免路堤上部出现不均匀沉降变形。此外，为了减小格栅材料由于流变引起的长期应变对路堤表面沉降变形可能产生的不利影响，最大流变应变的控制值定为 2%。

与传统路堤相比，对桩网复合地基安全性的分析和验算，除了几种典型的极限状态外，还应考虑与下述两种情况有关的加筋单元强度问题：

(1)路堤边坡土体水平滑动在加筋单元中引起的附加张拉力，见图 8.8(d)；

(2)基底褥垫层加筋单元(土工格栅)在路堤竖向荷载作用下引起的张拉力，见图 8.8(e)。

就桩网复合地基的可使用性而言，不但应估计复合地基基底总沉降及其与时间的关系，还要分析基底桩和桩间土的差异沉降(沉降盆)及其向上延伸引起的在路堤上部不均匀沉降变形和对路堤使可用性的影响。这一点对高速铁路无砟轨道路基十分重要，特别是低路堤情况。

事实上，上述问题是相关联的，解决的关键是合理分析、确定由于土压力拱作用在路堤底部(褥垫层区)引起的桩土荷载分配以及土工格栅的作用。

BS 8006 标准以图 8.9 中土压力拱作用模型为基础，决定桩土荷载分担的拱作用系数 C_c 与路堤高度和桩帽宽度的比(h/b)以及桩的支承条件有关。根据 8.2 节的讨论，对土压力拱作用和桩土应力分布起控制作用的参数之一，即填土的有效摩擦角 φ'_k 在这个模型中没有得到考虑。此外，当路堤高度等于最大土拱高度 $1.4\cdot(s-b)$ 时，根据式(8.8-1)和式(8.8-2) 传递分配给土工格栅和桩间土的荷载 W_T，其计算结果在 $h=1.4\cdot(s-b)$时不连续，而且，假设荷载 W_T 完全由土工格栅承担在大部分情况下过于保守。

8.3.3 德国行业标准 EBGEO(2004)相关内容

近年来，德国铁路路堤桩网复合地基的应用不断增加，进而对设计理论和方法开展了许多研究，在此基础上形成了行业设计标准 EBGEO(2004)[14]。该设计方法起源于 Hewlett 等人的研究成果[16]，经过进一步的理论分析、室内外试验研究和工程实践[15,17,21,25,9]形成了目前的版本。

8.3.3.1 设计原理和初期采用的方法

德国在路堤桩网复合地基应用的初期，将文献[16]的结果经过适当修改后用于工程设计。实践表明，计算结果相对比较保守。

Hewlett 等人在室内模型试验（以砂土为填料）的基础上提出了计算路堤底部桩、土应力分布的公式[16]，它考虑了几个关键参数的影响，例如路堤高度 h、桩间距 s、桩（帽）宽度 b，以及路堤填料的强度参数（有效摩擦角 φ_k'）。该方法用简化的单壳土压力拱模型（图 8.11，对角桩截面）和塑性极限理论推导了相应的公式，并假定：

（1）桩平面布置为方形（桩间距 s）；

（2）荷载（应力）分配只在单壳内发生；

（3）在圆环上部和下部，填土的应力分别呈线性变化；

（4）不计褥垫层加筋单元（土工格栅）的影响。

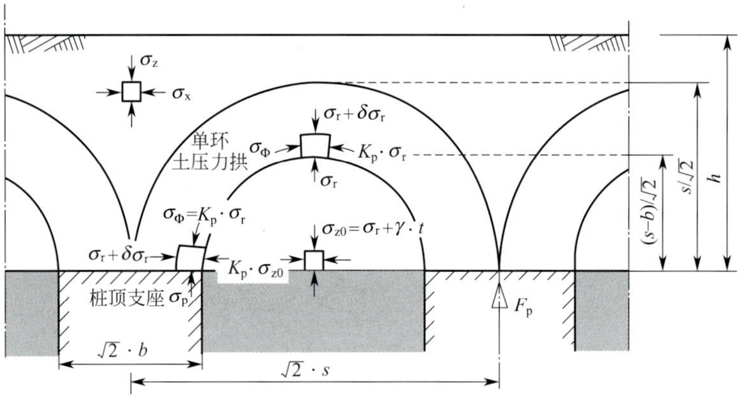

图 8.11 单壳土压力拱作用模型[15,16]

注：桩截面和桩平面布置均为正方形，b 为桩宽度，s 为桩间距。

推导时考虑两种极限情况，第一种是桩顶区土（支座）应力达到强度极限状态，第二种是拱顶区土应力达强度极限状态。

当路堤高度 h 大于等于桩间距 s 时，土压力拱作用得以完全发挥，根据上述两种极限状态推导的桩顶高程桩间土竖向应力 σ_{z0} 分别为：

（1）桩顶（支座）区土强度极限状态

$$\sigma_{z0}=(\gamma_k\cdot h+p_k)\cdot\left\{(1-\delta)^{2\cdot(K_p-1)}\cdot\left[1-\frac{s}{\sqrt{2}\cdot h}\cdot\left(\frac{2\cdot K_p-2}{2\cdot K_p-3}\right)\right]+\frac{s-b}{\sqrt{2}\cdot h}\cdot\left(\frac{2\cdot K_p-2}{2\cdot K_p-3}\right)\right\} \tag{8.11-1}$$

（2）拱顶区土强度极限状态

$$\sigma_{z0}=\frac{(\gamma_k\cdot h+p_k)}{\left(\frac{2\cdot K_p}{K_p+1}\right)\cdot\left[(1-\delta)^{(1-K_p)}-(1-\delta)\cdot(1+\delta\cdot K_p)\right]+(1-\delta^2)} \tag{8.11-2}$$

$$\delta=b/s \tag{8.12-1}$$

$$K_p=(1+\sin\varphi'_k)/(1-\sin\varphi'_k) \tag{8.12-2}$$

$$b=\sqrt{\pi\cdot d^2/4}=0.886\cdot d \tag{8.12-3}$$

式(8.11-1)和式(8.11-2)中的大者为土工格栅设计荷载控制值，其他相应的参数分别为

桩荷载分担比 $$E=1-\frac{\sigma_{z0}\cdot(s^2-b^2)}{(\gamma_k\cdot h+p_k)\cdot s^2} \tag{8.13-1}$$

桩顶竖向应力 $$\sigma_{zs}=\frac{(\gamma_k\cdot h+p_k)\cdot s^2}{b^2}\cdot E \tag{8.13-2}$$

桩土应力比 $$n=\frac{\sigma_{zs}}{\sigma_{z0}}=\frac{E}{1-E}\cdot\frac{(s^2-b^2)}{b^2} \tag{8.13-3}$$

桩土荷载分担比 $$N=\frac{\sigma_{zs}\cdot b^2}{\sigma_{z0}\cdot(s^2-b^2)}=\frac{E}{1-E} \tag{8.13-4}$$

当路堤高度 h 小于桩间距 s 时，土拱作用得不到完全发挥，极限情况，即当 $h\to 0$ 时，桩顶应力 σ_{zs} 和桩间土顶部应力 σ_{z0} 相等，即桩、土间不发生任何的荷载重分配，相应的 E、n 和 N 分别为

$$E=\frac{A_s}{A_E}=\frac{b^2}{s^2} \tag{8.14-1}$$

$$n=1 \tag{8.14-2}$$

$$N=\frac{E}{1-E} \tag{8.14-3}$$

当 $s>h>0$ 时，文献[16]采用式(8.13)和式(8.14)计算值之间的线性插值来确定相应的荷载设计参数。

根据上述理论确定的桩顶高程桩间土应力 σ_{z0} 在文献[15]中被用来计算加筋单元的张拉力。与BS 8006不同的是，这里考虑了桩间土对褥垫层的支持，比较图8.12(a)和图8.9。加筋单元的上部承受了来自路堤的荷载 σ_{z0}，同时从桩间土获得了支持力 σ_r，最后作用于加筋单元的分布压力合成值为 $(\sigma_{z0}-\sigma_r)$。理论上，地基支持(反)力 σ_r 与沉降变形有关，即桩间土的沉降、加筋单元的应变和张拉力相互关联，无法直接确定。所以，文献[15]用桩间土不排水抗剪强度 c_U 简化地考虑了其对加筋单元的支持，即 $\sigma_r=(2+\pi)\cdot c_U/\eta(\eta\geqslant 2.0)$。对比分析表明，用这样的处理方式计算的加筋单元张拉力值相对较大。

将上述分布压力合成值 $(\sigma_{z0}-\sigma_r)$ 按图8.12(b)、(c)的简化分配方式转化为作用于桩间加筋单元的条形荷载 $q_G=(\sigma_{z0}-\sigma_r)\cdot(s^2-b^2)/(s'-b)/2$(桩宽度为 b，净长度 $s'-b$)，然后，采用与BS 8006同样的方式来确定加筋单元的张拉力 F_G，即

$$F_G=\frac{q_G\cdot(s'-b)}{2\cdot b}\sqrt{1+\frac{1}{6\varepsilon}} \tag{8.15}$$

类似地，式(8.15)的解答须考虑加筋单元的张拉力—应变—时间特征曲线，见

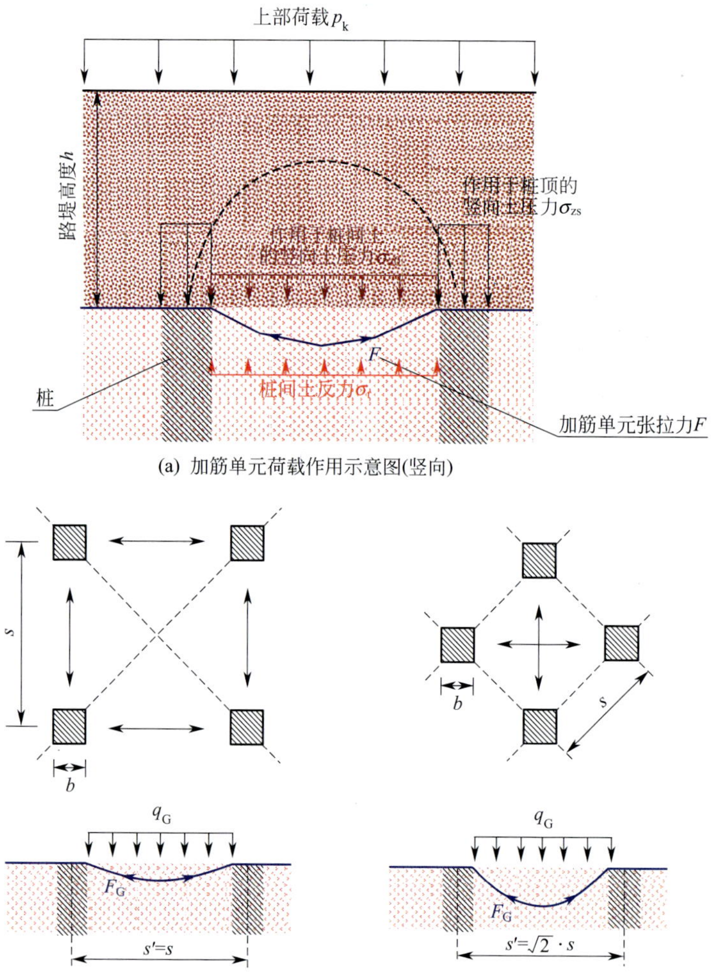

(a) 加筋单元荷载作用示意图(竖向)

(b) 桩方形布置时加筋单元荷载简化

(c) 桩三角形布置时加筋单元荷载简化

图 8.12　土工格栅计算模型示意图

图 8.13。文献[15] 建议在使用状态下允许的最大总应变(包括流变引起的应变部分)为 3%。

8.3.3.2　设计理论的发展

(1)系统的室内模型试验

20 世纪 90 年代末期,德国开展了有关桩网复合地基承载力和变形特性的系统室内模型试验研究,例如文献[17]报道了路堤条件下桩网复合地基 1∶3 室内模型试验(桩间距 s=0.5 m,桩宽 b=0.16 m)。试验用的桩间土为泥炭土,其压缩模量 $E_s\approx$0.85 MPa(应力水平为 100 kPa 时)。用于模拟路堤的模型砂土力学参数为:颗粒比重 ρ_s=2.65;干密度 ρ_{Pr}=1.811 g/cm^3(w=0)和 1.756 g/cm^3(w=

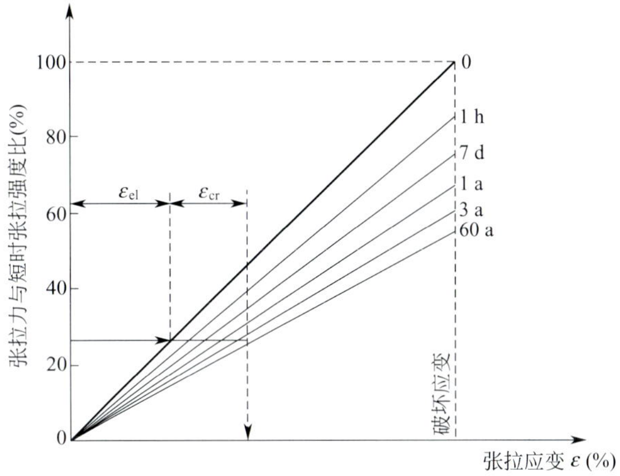

图 8.13 加筋单元(土工格栅)张拉力和应变关系示意图

2.8%);压缩模量 E_s=28 MPa(应力为水平 100 kPa 时)。模型试验研究的变动参数为:路堤高度 h=0.2,0.35,0.70,1.0 m;桩体刚度 E=26 000 MPa(混凝土),18 MPa(轻木材料)和 5 MPa(硬质塑料);土工格栅刚度 EA=500 kN/m 和 1 000 kN/m(ε<1.5%)。

以此为基础进行了大量试验,其结果系统地反映了路堤条件下桩网复合地基的承载力和变形机理。静荷载作用下模型试验研究的主要结果[17]可以归纳如下:

①在没有设置土工格栅的情况下,以桩顶为基准面,土拱压力作用的范围(或者说应力、荷载重分布发生的区域)约为桩对角间距 s_d 的 1/2。桩间土顶部作用的竖向土压力 σ_{z0} 的平面分布可近似视为均匀。土拱作用范围以上土体部分的应力分布不受影响。在给定复合地基条件下,桩的荷载分担比 E 基本上是常数,与荷载的大小无关。

②设置土工格栅时,特别是在低路堤情况下,荷载进一步通过加筋单元的薄膜作用向桩转移,同时沉降变形明显减小。相对而言,加筋单元刚度的增加对沉降变形减小的作用比对桩荷载分担比 E 的提高要明显。与无加筋单元情况相比,桩间土顶部竖向土压力 σ_{z0} 的平面分布变化较大。

③在极端情况下,即加筋单元和桩间土完全分离时,邻近桩顶的土拱作用和土工格栅一起承担所有的上部荷载。模型试验结果表明,这时褥垫层中的应力沿深度的分布与正常情况(加筋单元和桩间土保持接触,存在桩间土反作用力 σ_r)基本相同。这说明土工格栅的存在或者说其刚度对褥垫层土压力拱即压力沿深度的分布影响不明显。

④双向加筋土工格栅荷载的传递主要发生在最邻近相对而立桩头之间的筋条上,最大荷载或应变出现在桩头边缘,该范围以外与此平行方向的桩间筋条承受的荷载较小。

此外，室内模型试验结果还表明，桩体弹性模量 E 从 26 000 MPa 降低到 5 MPa，桩的荷载分担比值 E 在中等应力水平及以下基本保持不变。桩体刚度对土拱作用或桩土应力比的影响只有在桩、土刚度比接近 1 时才明显。这时，复合地基的总沉降增加量相当于桩体变形。该室内模型试验还研究了褥垫层含水量（毛细压力）和动力循环荷载对土拱作用及对桩土荷载分担比的影响。

（2）多壳压力拱理论模型

根据前述系统的室内模型试验和相关的有限元数值分析研究结果，文献[17]提出了路堤条件下桩网复合地基三维压力拱概念模型，并以塑性力学原理为基础，在假设主应力方向的基础上，推导了描述褥垫层土压力拱作用的应力场函数。分析的控制截面是压力壳组对角剖面，其间距为 s_d，见图 8.14(a)。推导控制方程的前提和假设如下：

①桩顶高程以上填土的应力场分为两个区。土拱作用以及相关的荷载分配在

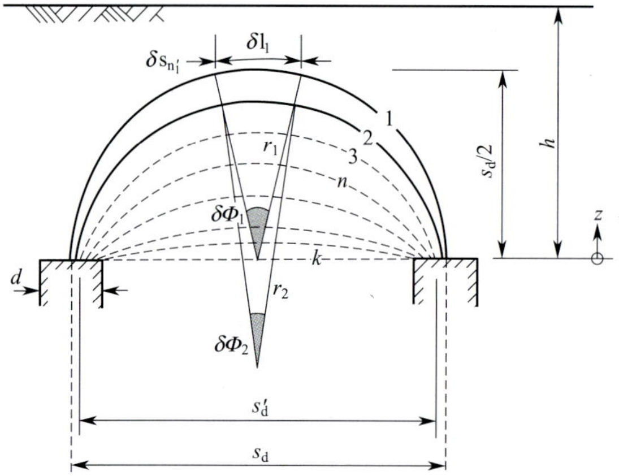

(a) 压力壳组对角剖面

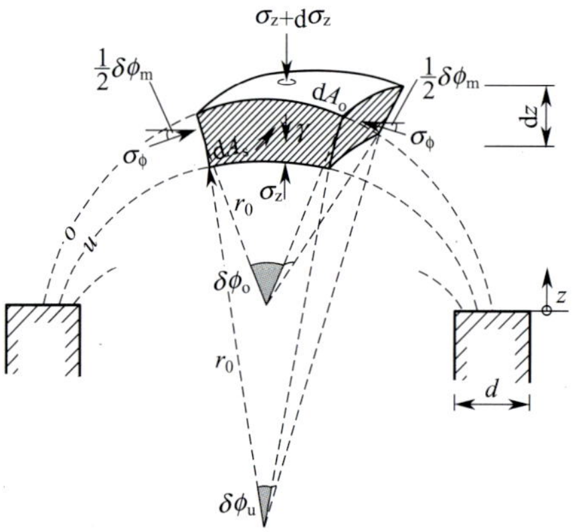

(b) 壳顶弧段面应力图

图 8.14 路堤条件下桩网复合地基多壳压力拱理论模型[17]

桩顶高程以上有限的填土范围发生(第一区),图 8.14(a)中最外层拱形球壳半径 $r=s_d/2$(上限),即拱作用影响区高度为 $s_d/2$。在此影响范围以上的土体,其应力分布不受拱作用影响(第二区)。

②每个区内的应力场保持协调,且这两个区交界处的应力场满足静力平衡关系。

③第一区内的土体,其主应力迹线呈拱形状支承于桩顶并相互连接。拱线在桩间土上部区域顶部呈水平,沿桩顶区其斜率逐渐增大,见图 8.14(a)。

④加筋单元的存在对第一区土拱作用以及应力分布的影响可以忽略不计。

与 Hewlett 等人的单壳拱作用模型相比,图 8.14 的模型为多壳拱作用模型。文献[17] 根据图 8.14(b) 的壳顶弧段面应力示意图,以径向应力平衡为基础推导了基本的控制方程,解答后得出作用于桩间土顶部的土压力 σ_{z0}。

$$\sigma_{z0}=\lambda_1^{\chi}\cdot\left(\gamma_k+\frac{p_k}{h}\right)\cdot\left\{h\cdot(\lambda_1+h_g^2\cdot\lambda_2)^{-\chi}+h_g\cdot\left[\left(\lambda_1+\frac{h_g^2\cdot\lambda_2}{4}\right)^{-\chi}-(\lambda_1+h_g^2\cdot\lambda_2)^{-\chi}\right]\right\} \tag{8.16}$$

$$\lambda_1=\frac{1}{8}\cdot(s_d-d)^2 \tag{8.17-1}$$

$$\lambda_2=\frac{s_d^2+2\cdot d\cdot s_d-d^2}{2\cdot s_d^2} \tag{8.17-2}$$

$$\chi=\frac{d\cdot(K_{Krit}-1)}{\lambda_2\cdot s_d} \tag{8.17-3}$$

$$K_{Krit}=\tan^2(45^\circ+\varphi_k'/2) \tag{8.17-4}$$

式中 h_g——拱高,最大值为 $s_d/2$,当路堤高度 $h\geqslant s_d/2$ 时,$h_g=s_d/2$;当路堤高度 $h\leqslant s_d/2$ 时,$h_g=h$(低路堤情况)。

与图 8.11 的单壳模型相比,多壳模型解式(8.16)适用于任意高度的路堤,即不必对低路堤情况进行线性插值,而且球壳顶部到桩间土顶部的应力变化呈非线性,其解答更为合理。

用式(8.16)确定压力拱作用下桩间土顶部承受的竖向土压力 σ_{z0} 后,可分别用下式计算桩顶土压力 σ_{zs} 等相应的设计参数。

桩顶竖向土压力 $$\sigma_{zs}=(\gamma_k\cdot h+p_k)\cdot\frac{A_E}{A_s}-\sigma_{z0}\cdot\left(\frac{A_E}{A_s}-1\right) \tag{8.18-1}$$

桩荷载分担比 $$E=1-\frac{\sigma_{z0}\cdot(A_E-A_s)}{(\gamma_k\cdot h+p_k)\cdot A_E} \tag{8.18-2}$$

桩土应力比 $$n=\frac{\sigma_{zs}}{\sigma_{z0}}=\frac{E}{1-E}\cdot\left(\frac{A_E}{A_s}-1\right) \tag{8.18-3}$$

桩土荷载分担比 $$N=\frac{\sigma_{zs}\cdot A_s}{\sigma_{z0}\cdot(A_E-A_s)}=\frac{E}{1-E} \tag{8.18-4}$$

式中物理符号意义同前。

对常用的路堤高度桩间距比(h/s)、桩间距桩径比(s/d)以及填土的有效内摩擦角 φ_k',图 8.15 给出了根据式(8.16)计算的桩顶高程归一化桩间土压力与上述参数的关系。可见:

①随着有效内摩擦角 φ_k' 的增加,土拱作用提高,使路堤荷载更多地向桩顶转移,同时桩间土顶部竖向土压力下降。

②当路堤高度桩间距比(h/s)小于约 1.5 时,随 h/s 的增加归一化桩间土压力下降很快,这意味着它的增加使传递到桩顶的土压力上升很快。当 $h/s>1.5$ 后,其趋于缓慢直至不再增加。

③ 随着桩间距桩径比(s/d)的增加,桩间土顶部归一化桩间土压力增加。

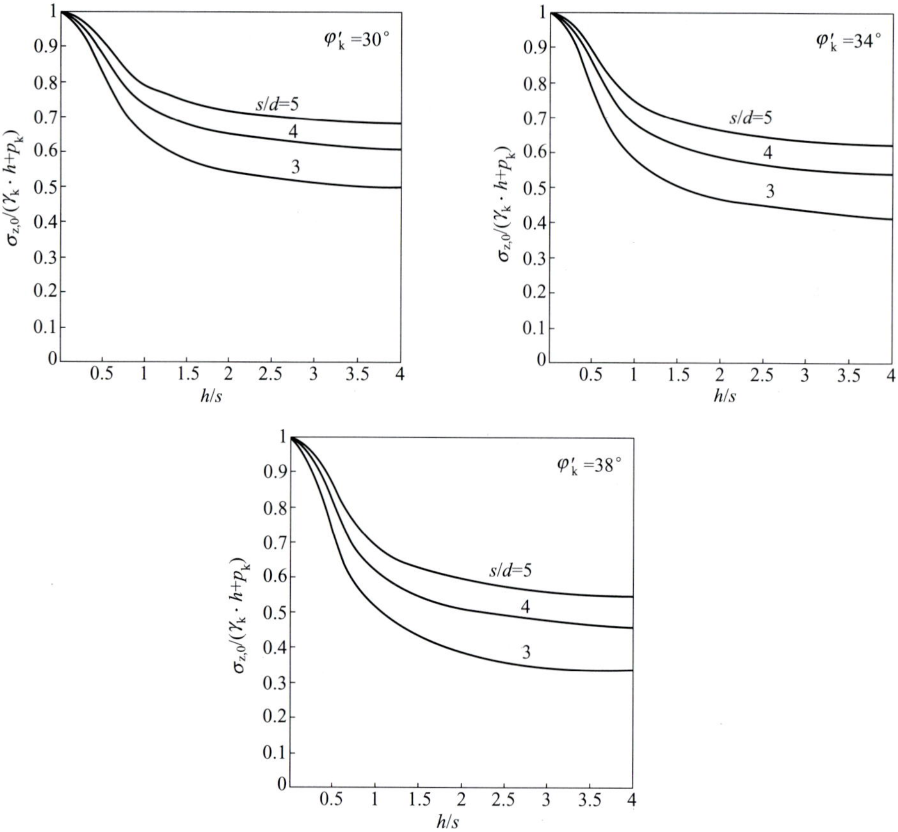

图 8.15 归一化桩间土压力与路堤高度桩间距比(h/s)、桩间距桩径比(s/d)和填土有效摩擦角 φ_k' 的关系

上述理论计算和前述室内模型试验结果的对比分析表明[17],多壳压力拱模型较好地反映了路堤条件下桩土之间的荷载分配关系。

以式(8.16)的桩间土顶部土压力荷载和图 8.16 的土工格栅简化计算模型为基础,文献[17] 进一步推导了计算双向加筋单元张拉力和应变的方程。推导假设

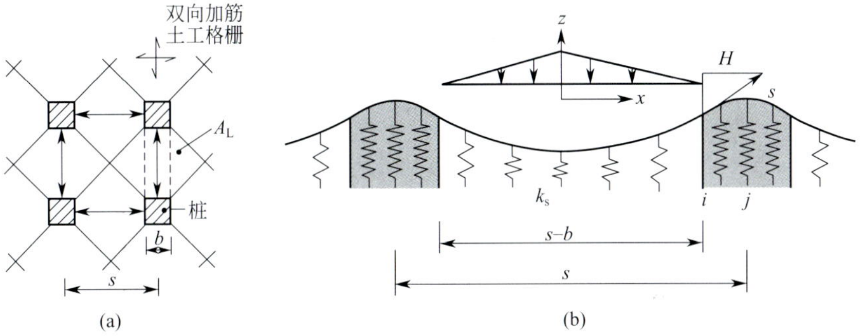

图 8.16 土工格栅张拉力—应变简化计算模型[17]

条件如下：

①根据室内模型试验结果，双向加筋土工格栅的最大荷载、应变出现在最邻近相对而立桩头之间的筋条上。面积为 $A_L=(s^2-b^2)/2$ 的桩间土压力荷载由桩头之间格栅条（宽度为 b）承受，见图 8.16(a)。计算时，将其简化为作用于宽度为 b 的格栅条上等价三角形分布线荷载，见图 8.16(b)。

②忽略土工格栅和土之间的摩擦力。

③土工格栅的应力应变关系为线弹性。

④桩间土的应力—沉降变形关系可用地基系数 k_s（常数）描述。单层地基土 $k_s=E_{s,k}/t$ 其中，$E_{s,k}$ 为桩间土压缩模量特征值，t 为桩间土厚度。多层地基土情况，例如三层，采用下式估计：

$$k_s=\frac{E_{s,1,k}\cdot E_{s,2,k}\cdot E_{s,3,k}}{t_1\cdot E_{s,2,k}\cdot E_{s,3,k}+t_2\cdot E_{s,3,k}\cdot E_{s,1,k}+t_3\cdot E_{s,2,k}\cdot E_{s,1,k}} \tag{8.19}$$

图 8.17 分别为桩平面布置为长方形和三角形时相应的输入参数。长方形布置时，x 方向和 y 方向的荷载影响面积分别为 A_{Lx} 和 A_{Ly}；三角形布置时，两个方向的荷载总影响面积 A_{LXY} 按两个方向的格栅刚度 J_x、J_y 分配。

推导的微分方程其解无法以显式表达，文献［17］以无量纲图表形式给出了其解答，由此可以计算相应工况下格栅的最大应变 ε_{max}。计算时，应对 x、y 方向分别确定相应的荷载以及格栅的张拉力和应变。由于土工格栅的刚度与荷载水平、时间（流变）有关，验算时应对控制工况考虑相应材料的张拉力—时间—应变特征曲线，确定最大应变后再计算相应方向的张拉力。

8.3.3.3 设计方法

德国岩土工程协会在德国工业标准《地基、路堤和地基基础安全性验算》(DIN 1054 2005-1)的框架和原则下，以上述多壳压力拱理论模型为基础，采用分项安全系数法，编写了加筋路堤桩土复合地基设计行业标准 EBGEO(2004)，见表 8.2。设计和验算主要由两部分组成：

(1)安全性极限状态 GZ1(结构系统和结构单元的破坏极限状态 1B，整体稳定

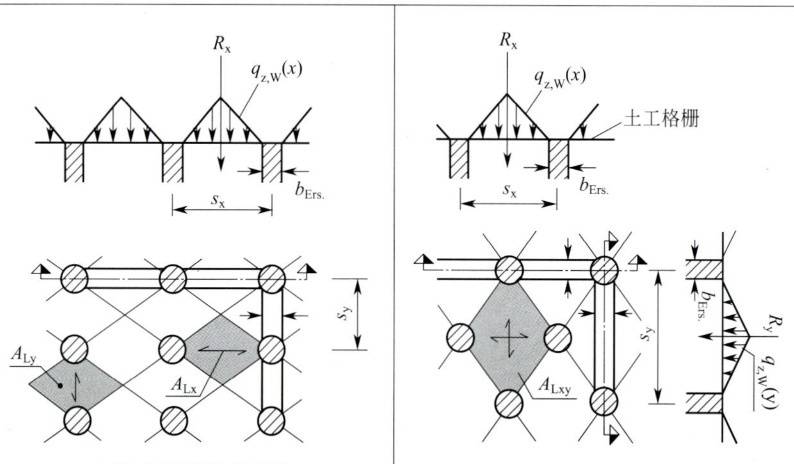

(a) 桩平面布置为长方形　　(b) 桩平面布置为三角形

(a)	(b)
$A_{Lx}=\frac{1}{2}\cdot(s_x\cdot s_y)-\frac{d^2}{2}\cdot\arctan\left(\frac{s_y}{s_x}\right)$ $A_{Ly}=\frac{1}{2}\cdot(s_x\cdot s_y)-\frac{d^2}{2}\cdot\arctan\left(\frac{s_x}{s_y}\right)$	$A_{Lxy}=\frac{1}{2}\cdot(s_x\cdot s_y)-\frac{d^2}{4}\cdot\pi$
$R_x=A_{Lx}\cdot\sigma_{z0}$ $R_y=A_{Ly}\cdot\sigma_{z0}$	$R_x=\frac{J_x}{J_x+J_y}\cdot A_{Lxy}\cdot\sigma_{z0}$ $R_y=\frac{J_y}{J_x+J_y}\cdot A_{Lxy}\cdot\sigma_{z0}$

图 8.17　土工格栅计算模型荷载简化方式[17]

表 8.2　路堤桩网复合地基设计的原则和方法（EBGEO，2004）

极限状态	极限破坏型式	设计的基本原则和方法
安全性极限状态 GZ1	路堤、地基基础整体、局部滑动失稳破坏	经典边坡稳定分析法并考虑桩和土工加筋单元的（有利）影响
	桩（外）承载力验算	桩外、内承载力设计值分别大于桩荷载设计值 $R_d \geqslant E_{s,d}$
	桩（内）承载力验算	
	土工格栅强度破坏	（1）沿路堤横向格栅强度 $R_{B,d} \geqslant \Delta E_d + E_{M,d}$（两种极限破坏形式的叠加） （2）沿路堤纵向格栅强度 $R_{B,d} \geqslant E_{M,d}$
可使用性极限状态 GZ2	路堤底部桩沉降	利用桩荷载试验、经验值和相应桩型沉降计算公式估计，也可用有限元法和观察法
	路堤本身的沉降变形	路堤填筑过程产生的土体沉降变形可以在施工过程消除，加筋单元在此过程产生的初始应变对路堤的长期可使用性影响可以忽略不计；完成填筑后路堤出现的沉降变形对长期可使用性起控制作用，建议用加筋单元的附加应变（流变）$\Delta\varepsilon_{kr} \leqslant 2\%$ 来间接控制
	复合地基总沉降	目前尚无分析方法，建议用有限元法和观察法估计、控制

性极限状态 1C)。

(2)可使用性极限状态 GZ2。

德国行业标准 EBGEO (2004)是在大量模型试验研究基础上提出的多壳压力拱计算模型,它从机理上较为真实地揭示了路堤褥垫层区域应力、荷载的转移方式。推导的应力计算公式考虑了关键参数的影响,例如路堤褥垫层区填土有效内摩擦角 φ_k',路堤高度 h、对角桩间距 s_d 和桩径 d。此外,还给出了土工格栅简化计算模型并考虑了桩间土对格栅的影响(支持)。

EBGEO(2004)的设计方法分别考虑了桩网复合地基安全性和可使用性极限状态。在安全性验算时,除了地基和路堤传统的破坏形式外,须进行土工格栅沿路堤横向和纵向的张拉强度验算。沿路堤横向,除了桩间土压力在格栅中引起的张拉力,还需考虑路堤边坡水平滑动产生的附加张拉力。

对可使用性极限状态的验算,EBGEO(2004)原则上考虑了路堤底部沉降变形、路堤本身的沉降变形和复合地基总沉降三部分,但没有给出具体的设计、验算公式,只是给出了一般性建议,如桩载荷试验、有限元分析等。对路堤本身的沉降变形,特别是桩间土上部加筋褥垫层非均匀沉降变形对路堤上部变形的影响,只要求考虑填筑完成后格栅流变引起的附加应变作为控制参数。

8.3.4 各种设计方法的对比分析

本节将目前国内外应用较多的上述三种设计方法作一对比分析。表 8.3～表 8.5 分别给出了桩网复合地基路堤褥垫层荷载分配计算方法、土工格栅的张拉力和应变计算方法、设计方法的比较。

表 8.3 桩网复合地基路堤褥垫层荷载分配计算方法比较

项 目	中国建筑行业标准 JGJ 79—2002	英国标准 BS 8006—1995	德国行业标准 EBGEO—2004
基础和原理	复合地基载荷试验确定承载力提高系数 $\zeta=f_{spk}/f_{sk}$,见图 8.18(a),并假定压缩模量提高系数等于 ζ	土压力拱模型 利用埋置在土中的刚性结构物与土的荷载分配经验关系	土压力拱模型见图 8.18(b) 以系统室内模型试验和塑性力学理论研究为基础的多壳压力拱模型
适用情况	建筑地基基础条件(刚性基础下)	路堤条件	路堤条件
临界土压力拱高 $h_{g,M}$	—	$1.4\cdot(s-b)$	$s_d/2$
桩间土顶部土压力 σ_{z0}	$\sigma_{z0}=\alpha\cdot\beta\cdot f_{sk}$	$h>h_g$ 时, $\sigma_{z0}=\dfrac{\gamma_k\cdot h_g}{(A_E/A_s-1)}\cdot[A_E/A_s-(C_c\cdot b/h)^2]$ $h_g\geqslant h\geqslant 0.5\cdot h_g$ 时, $\sigma_{z0}=\dfrac{(\gamma_k\cdot h+p_k)}{(A_E/A_s-1)}\cdot[A_E/A_s-(C_c\cdot b/h)^2]$	$\sigma_{z0}=(\gamma_k,p_k,\varphi_k',s_d,h,d)$ 见式(8.16)

续上表

项　目	中国建筑行业标准 JGJ 79—2002	英国标准 BS 8006—1995	德国行业标准 EBGEO—2004
桩土应力比 n	$n\approx(\zeta-1)\cdot A_E/A_s+1$	$n=\dfrac{E}{1-E}\cdot\left(\dfrac{A_E}{A_s}-1\right)$	
桩荷载分担比 E	$E=\dfrac{\sigma_{zs}\cdot A_s}{(\gamma_k\cdot h+p_k)\cdot A_E}=1-\dfrac{\sigma_{z0}}{(\gamma_k\cdot h+p_k)}\cdot(1-A_s/A_E)$		
桩土荷载分担比 N	$N=\dfrac{\sigma_{zs}\cdot A_s}{\sigma_{z0}\cdot(A_E-A_s)}=\dfrac{E}{1-E}$		

注：端承桩 $C_c=1.95\cdot h/b-0.18$；摩擦桩 $C_c=1.5\cdot h/b-0.07$。

由表 8.3 可知，《建筑地基处理技术规范》(JGJ 79—2002)的设计基础是 CFG 桩复合地基载荷试验确定的承载力提高系数 ζ，见图 8.18(a)，而英国标准 BS 8006—1995 和德国行业标准 EBGEO—2004 等都是以土压力拱理论为路堤褥垫层区桩土荷载分配计算基础的，见图 8.18(b)。严格地说，《建筑地基处理技术规范》只适用于建筑地基(刚性)基础下 CFG 桩处理的地基情况，而英国和德国标准适用于路堤条件下的桩网复合地基。

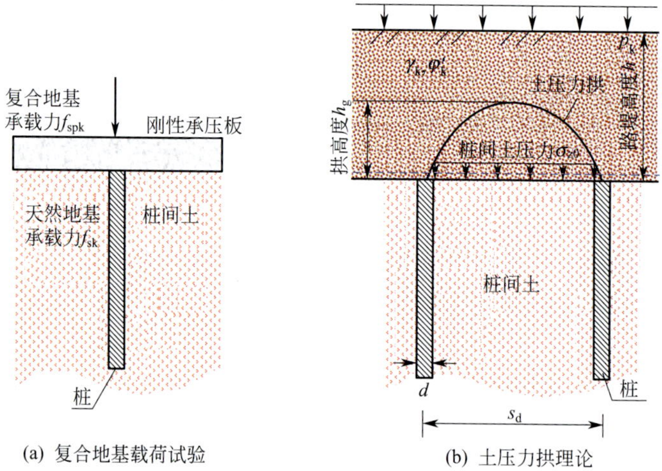

(a) 复合地基载荷试验　　(b) 土压力拱理论

图 8.18　桩网复合地基褥垫层荷载分配计算方法示意图

英国标准的土压力拱模型是以土中刚性结构物荷载分配经验关系为基础建立的，没有考虑其中的关键参数"路堤填料有效摩擦角 φ'"的影响。相比而言，德国行业标准的土压力拱模型是以系统室内模型试验和理论分析为基础推导的，桩间土顶部土压力 σ_{z0} 的计算考虑了关键参数的影响，如有效摩擦角 φ'_k，控制桩间距 s_d、桩径 d 和路堤高度 h。所以，德国行业标准采用的路堤褥垫层荷载分配计算方法较为合理。为方便后面的计算，表 8.3 列出了各相应方法的桩间土压力 σ_{z0}、桩土应力比 n 等关系。

中国建筑地基基础在采用 CFG 桩进行地基处理时，一般不在褥垫层设置土工格栅。武广高速铁路路堤 CFG 桩处理的地基一般设置有 1～2 层土工格栅，但设计上将其视为构造措施，用于匀化地基沉降，不进行计算验证。与此相比，英国和德国标准根据不同区域土工格栅的功能，要求计算张拉力和应变并验算强度，见表 8.4。

表 8.4 路堤桩网复合地基土工格栅张拉力和应变计算方法比较

项 目	中国建筑行业标准 JGJ 79—2002	英国标准 BS 8006—1995	德国行业标准 EBGEO—2004
土工格栅设计功能		设计功能(1)：进一步将桩间土承受的荷载传递给桩 设计功能(2)：在路堤边坡区域承担边坡水平向滑动产生的推力	
设计功能(1)的力学模型和假设	铁路路堤设置的土工格栅作为构造措施，不进行设计验算	(1)以桩顶为支点的自由悬索结构模型 (2)土工格栅承担所有桩间土顶部竖向荷载，忽略桩间土对土工格栅的支持 (3)桩头之间宽度为 b 的格栅条承受荷载影响范围的竖向土压力，简化为均匀线荷载	(1)以桩顶为支点、桩间土弹性支持的索结构模型 (2)土工格栅和桩间土共同承担桩间土顶部竖向荷载 (3)桩头之间宽度为 b 的格栅条承受荷载影响范围的竖向土压力简化为三角形分布的线荷载 (4)土工格栅的应力应变关系假定为线弹性，对控制工况、时间段的验算考虑相应材料的张拉力—时间—应变关系 (5)桩间土对土工格栅的弹性支持以桩间土压缩模量 E_S 为基础通过地基系数 k_s 考虑
设计功能(2)的力学模型和假设		以路堤填料主动土压力系数 K_a 为基础确定水平推力(荷载)	

根据英国和德国标准的设计理念，土工格栅一方面起将桩间土承受的荷载 σ_{z0} 进一步传递给桩的作用(均匀区和边坡区域，见图 8.2)；另一方面，设计时应考虑边坡区路堤沿土工格栅水平滑动产生的推力。对第一个功能，英国标准忽略了桩间土对土工格栅的支持，采用以桩顶为支点的自由悬索结构计算模型（最不利情况)，德国标准则以不同方式考虑了桩间土的支持作用，设计上相应经济合理一些。此外，德国标准还根据室内模型试验结果，对土工格栅所受的荷载给出了相应的简化方式。对土工格栅承担的第二个功能，英国和德国标准均以填土的主动土压力系数为基础结合工程经验给出了相应的设计荷载。

以上述计算方法为基础，中国、英国、德国各自给出了设计时应验算的项目，见表 8.5。虽然各国标准的背景和适用条件不同，但基本的验算项目都是安全性验算和可使用性验算两大项。除了土工格栅的强度验算外，尽管具体的计算方法不完全相同，但中国、英国和德国的安全性验算项目基本相同(经典的破坏模式)。对

表 8.5　路堤桩网复合地基设计方法比较

项　目	中国建筑行业标准 JGJ 79—2002	英国标准 BS 8006—1995	德国行业标准 EBGEO—2004
安全性验算	路堤、地基基础整体、局部滑动失稳破坏	路堤/地基基础整体、局部滑动失稳破坏	路堤/地基基础整体、局部滑动失稳破坏
	桩外承载力验算	桩外承载力验算	桩外承载力验算
	桩内承载力验算	桩内承载力验算	桩内承载力验算
	铁路路堤设置的土工格栅作为构造措施不进行设计验算	土工格栅张拉力、强度验算： (1)均匀区域桩间土局部沉降引起 (2)边坡区域路堤水平滑动引起	土工格栅张拉力、强度验算： (1)均匀区域桩间土局部沉降引起 (2)边坡区域路堤水平滑动引起
可使用性验算	假定各复合土层的压缩模量等于该层天然地基压缩模量的 ζ 倍(＝承载力提高系数)，以经典分层总和法为基础计算复合地基总沉降。对高速铁路无砟轨道 CFG 桩网复合地基采用分层总和法及经典固结理论估计地基总沉降与时间的关系以及工后沉降。	路堤底部桩沉降验算	路堤底部桩沉降验算
		路堤本身的沉降变形验算，主要指基底桩间土/土工格栅局部沉降盆群及向路堤上部的延伸 用间接方式控制： (1)路堤最小高度应满足 $h \geqslant 0.7 \cdot (s-b)$ (2)一般要求土工格栅最大应变控制在 6%以内 (3)完成填筑后由于长期流变应变引起的附加应变控制值为 2%	路堤本身的沉降变形验算，主要指基底桩间土/土工格栅局部沉降盆群及向路堤上部的延伸 对长期可使用性有影响的是完成填筑后出现的沉降变形部分，间接地用加筋单元的附加流变应变 $\Delta\varepsilon_{kr}$ 小于等于 2%来控制
		路堤-地基复合系统总沉降验算	路堤—地基复合系统总沉降验算

土工格栅承载力和强度的验算，英国和德国标准都分不同区域考虑相应的荷载以及组合。此外，德国行业标准还要求对不同工况、不同时间条件进行土工格栅张拉力和强度验算。

对路堤桩网复合地基可使用性的验算，中国建筑行业标准以 CFG 桩复合地基压缩模量提高系数等于承载力提高系数 ζ 为基础，用经典分层总和法计算复合地基的总沉降。在高速铁路无砟轨道 CFG 桩网复合地基条件下，为了估计工后沉降，采用了经典固结理论分析沉降与时间的关系。根据目前高速铁路路基建设的经验，其合理性值得进一步研究。

与此相比，英国和德国标准针对路堤条件的特点，将可使用性验算分为三个部分。第一部分为路堤底部桩沉降验算，但只给出了原则上的要求和建议，并没有给出具体的设计方法，而且，用经典桩基的沉降计算方法和经验是否适用于路堤条件也是尚未解决的问题。可使用性验算的第二部分为路堤本身的沉降变形，主要指路堤底部桩间土/土工格栅局部沉降盆群及向路堤上部延伸对路堤长期可使用性的影响，这种情况对低路堤情况特别重要。对此，英国标准除了要求路堤最小高度应大于等于 $0.7 \cdot (s-b)$ 外，还用间接的方式来控制，即土工格栅的最大总应变和填筑完成后流变引起的附加应变应分别小于等于 6% 和 2%，而德国行业标准只要求土工格栅在填筑完成后发生的附加应变小于等于 2%。用这种间接方式来控制路堤的长期沉降变形是否合适，特别是对高速铁路无砟轨道路基，目前尚无普遍认可的经验。可使用性验算的第三部分是在第一、二部分基础上对路堤—地基复合系统的总沉降的验算。

总体上说，英国和德国标准安全性验算的设计原理和方法适用于路堤条件下的桩网复合地基，考虑了主要控制参数的影响（特别是德国标准），而且给出的公式、图表可直接用于工程设计，较为成熟。但是，对路堤可使用性的分析、验算，特别是路堤底部沉降盆群及对路堤上部沉降变形的影响，用最大总应变和填筑完成后的附加应变允许值来控制是否合适，包括路堤不同区域沉降与时间的关系，目前并没有可靠、实用的设计计算方法。

高速铁路无砟轨道路基最关键的课题之一是其长期沉降变形（可使用性）的控制，即工后沉降的控制。在设计时，一般是地基的可使用性起控制作用。所以，CFG 桩网复合地基的设计难点在于如何合理地估计地基与路堤的沉降变形，包括与时间的关系。解决这个问题的第一步是能合理地计算、确定路堤褥垫层区荷载的分配。所以，8.4 节将利用上述土压力拱理论，特别是德国行业标准 EBGEO（2004），来分析、对比高速铁路 CFG 桩网复合地基荷载分配现场实测资料，以检验、评价该理论对这种地基加固方法的可应用性。在此基础上，利用文献资料、CFG 桩网路基沉降变形实测资料和理论分析等手段，对地基和路堤（内部）沉降变形的变化规律进行分析归纳，并结合高速铁路 CFG 桩网复合地基的实际需要提出相应的沉降变形（量级）简化计算方案和公式，分别见 8.5 节和 8.6 节。

8.3.5 考虑动力影响的桩土荷载分担计算方法

到目前为止，所有的讨论都假设路堤顶部作用的荷载 p_k 由上部结构自重和交通荷载组成，视为静力荷载。这就是说，严格意义上土压力拱计算公式（8.16）只对静载情况有效。真实情况是，当路堤较低时，在交通荷载引起的长期动力循环荷载作用下，对路堤条件下桩土荷载分布起控制的土拱作用可能会出现退化现象，即桩顶土压力下降而同时桩间土竖向荷载上升，见图 8.19。

德国曾对不同填高的模型砂土进行系统的静—动荷载共同作用条件下 1∶3 室内模型试验研究[21]，其主要控制参数有：路肩荷载为随时间循环变化的正弦函数，其峰值为 $p'_k = p_m \pm p_c$，其中，p_m 为平均应力，p_c 为循环动应力幅值；试验频率 f 分别为 1 Hz 和 5 Hz，循环动应力幅值为 $p_c = \pm 5, 10, 20\ \mathrm{kN/m^2}$，最高循环次数为 1×10^6。该室内模型试验研究的主要结论归纳如下：

（1）当路堤高度和对角桩间距比即 $h/s_d \geqslant 1.5$ 时，在所试验的动荷载范围，“动应力作用完全可被路堤土的内摩擦力承受”。这时，动力荷载对土压力拱作用的影

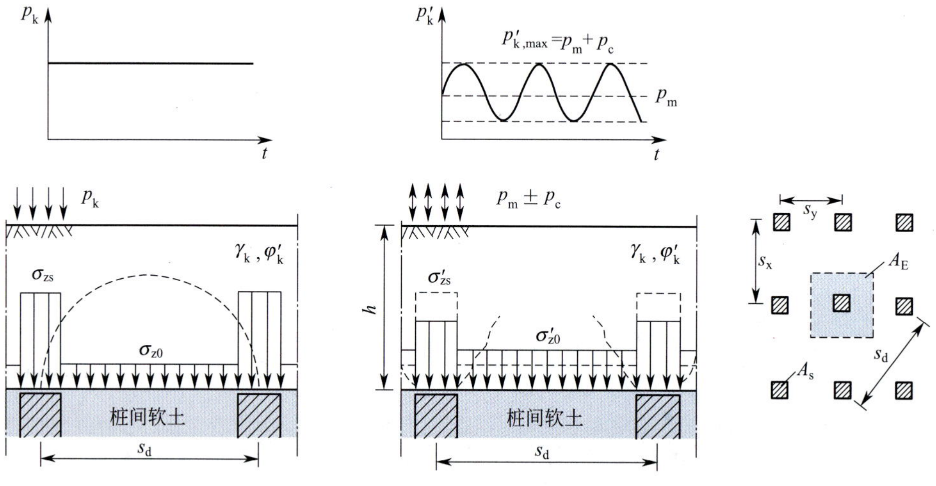

(a) 静荷载作用条件　　(b) 静–动荷载共同作用条件　　(c) 平面布置

图 8.19　不同荷载作用方式下土拱作用和桩土压力分布示意图[21]

响较小，可以忽略不计，即仍然可以用式(8.16)和相应的关系计算确定桩土荷载分布；

(2)当 $h/s_d<1.5$ 时，路堤底部桩顶高程出现土拱作用部分或完成退化现象，见图 8.19(b)。为了利用静力条件下土拱作用计算公式(8.16)～(8.18)，文献[21]引入了所谓的土拱作用折减系数 κ。

$$\kappa=\frac{E}{E'}\geqslant 1.0 \tag{8.20}$$

式中　E——静荷载作用下桩荷载分担比，见式(8.18-2)；

E'——静—动荷载作用下桩荷载分担比。

以此为基础，在系统分析模型试验结果的基础上，文献[21]给出了确定土拱作用折减系数 κ 随 h/s_d、σ_c 和 f 影响的关系图，见图 8.20。计算步骤如下：

(1)确定路肩动应力幅值 σ_c 以及峰点 $p'_{k,max}=p_m+p_c$。

(2)用 $p'_{k,max}$ 代替式(8.16)中的 p_k，计算拟静力条件下的桩间土压力 σ_{z0}。

(3)根据图 8.20 确定土拱作用折减系数 κ。

(4)利用下式计算动荷载条件下桩间土压力 σ'_{z0}

$$\sigma'_{z0}=\frac{(\gamma_k\cdot h+p'_{k,max})\cdot A_E}{A_E-A_s}\cdot\left(1-\frac{1}{\kappa}\right)+\frac{1}{\kappa}\cdot\sigma_{z0} \tag{8.21}$$

应当指出，以上的近似分析方法是在室内模型试验结果基础上推导的，它对铁路路堤条件下 CFG 桩网复合地基现场的适用性尚应在工程实践中加以检验。

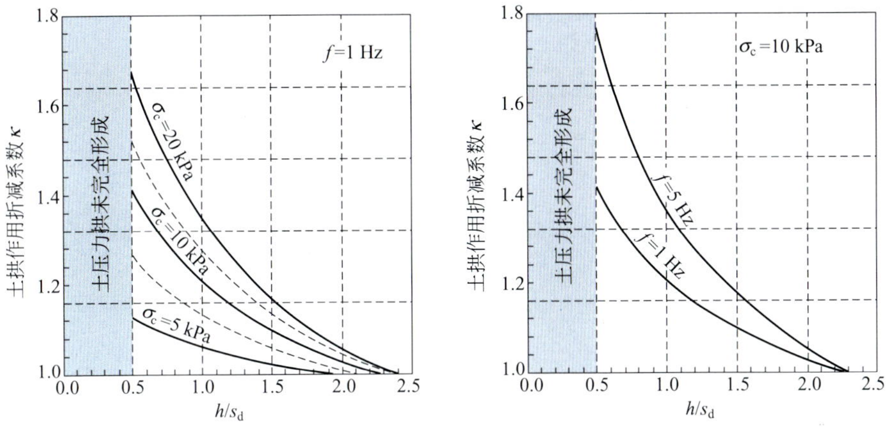

图 8.20 动荷载影响下土拱作用折减系数 κ 与路肩高度桩间距比 h/s_d，动应力幅 σ_c 和频率 f 的关系[21]

注：图中曲线以动应力峰点 $p'_{k,max}=p_m+p_c$ 为基准。

8.4 高速铁路 CFG 桩桩承式加筋路堤荷载分布特征和工程实例

8.4.1 高速铁路 CFG 桩桩承式加筋路堤基底荷载分布计算分析

本节利用 8.3.3 节介绍的方法来分析、计算武广高速铁路路基 CFG 桩桩网复合地基典型情况下路堤底部荷载的分布特征。

武广高速铁路采用的 CFG 桩桩径大多为 0.5 m，桩间距一般在 1.3～2.1 m，桩的平面布置多为正方形和等边三角形两种，基底褥垫层厚为 50～60cm，并设置 1～2 层土工格栅，路堤填高一般为 3～6 m。

计算分析以图 8.21 的典型情况为例，桩间距 $s=1.5$ m、桩间距桩径比为 3.0。褥垫层一般为由碎石和砂组成的填料，达到的压实系数 $K\geqslant 0.92$。路填填料为符合要求的 A、B 组填料，其控制压实系数 $K\geqslant 95\%$。根据经验，路堤和褥垫层的有效摩擦系数 φ'_k 可估计为 30°～35°，计算时取下限值 30°。路堤填料的容重假设为 $\gamma_k=20$ kN/m³。假设的参数汇总如下：

CFG 桩桩径和最大路堤高度：$d=0.5$ m；$h_{max}=10$ m；

褥垫层/路堤土力学参数：$\gamma_k=20$ kN/m³；$\varphi'_k=30°$；

CFG 桩正方形布置：$s_x=s_y=s=1.5$ m；$s_d=2.12$ m；

$s_d/d=4.24$；$m=A_s/A_E=8.7\%$；

CFG 桩等边三角形布置：$s_x=s=1.5$ m；$s_y=2.6$ m；$s_d=2.60$ m；

$s_d/d=5.20$；$m=A_s/A_E=10.1\%$。

图 8.22 为根据上述假设计算的典型情况下荷载、应力分担参数和路堤填高与控制(对角)桩间距比的结果。

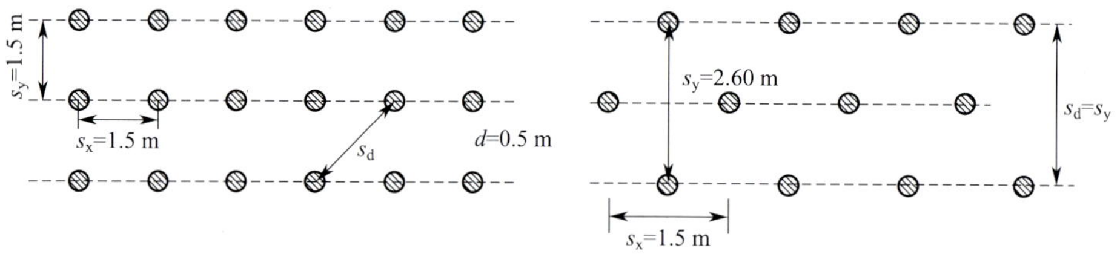

(a) 桩正方形布置　　(b) 桩等边三角形布置

图 8.21　高速铁路 CFG 桩平面布置

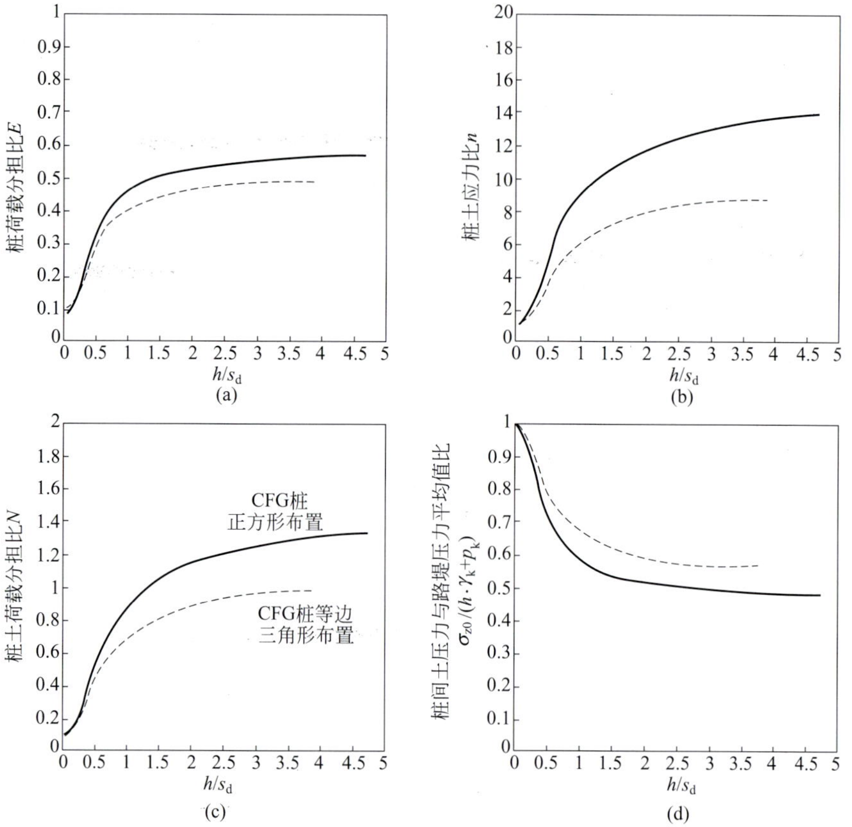

图 8.22　高速铁路 CFG 桩桩网复合地基典型情况计算结果

分析上述理论计算结果可知：

(1)当路堤高度 h 在 3～6 m 时(h/s_d≈1.2～2.8)，约 40%～50%的总荷载通过土压力拱作用传递到 CFG 桩并向下传到桩尖持力层。

(2)在这个路堤高度范围，桩土应力比 n 分别为 9～13(正方形布置)和 6～8(等边三角形布置)。在桩间距相等的情况下(s=1.5 m)，这个差别可以归因于两种不同布置方式下控制(对角)桩间距值 s_d(正方形 2.12 m，等边三角形 2.6 m)对土压力拱以及荷载分配的影响。

(3)在桩间距相同的情况下，正方形布置时的面积置换率为8.7%，而等边三角形布置时为10.1%。计算的结果表明，与三角形布置情况相比，路堤的荷载在正方形布置时更多地向CFG桩转移，同时桩间土承受的压力σ_{z0}(荷载)相应减小见图8.22(d)。这说明，从力学(CFG桩复合地基承载力和变形)和经济角度而言，桩平面正方形布置的方案优于等边三角形。

进一步的计算仅对桩平面为正方形布置情况，假设路堤高度h分别为3 m和6 m，桩间距s=1.5 m。主要分析桩间距桩径比(s/d)和面积置换率m对桩土应力比n和桩的荷载分担比E的影响，见图8.23。

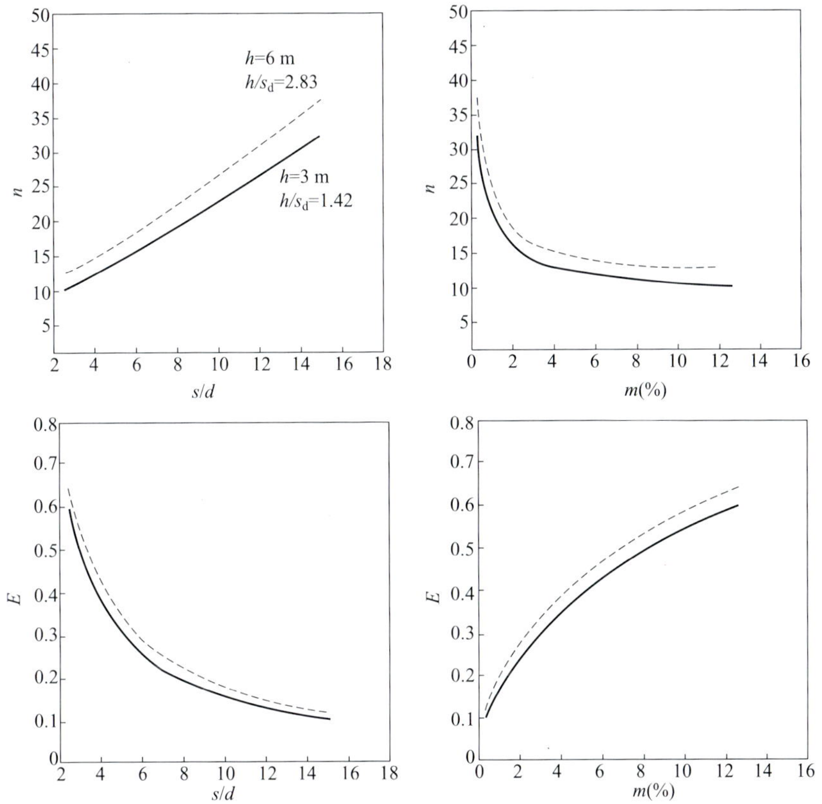

图8.23 高速铁路CFG桩桩网复合地基典型情况计算结果

(CFG桩正方形布置，s=1.5 m，s_d=2.12 m)

可见，桩土应力比n随着桩径d的减小或桩间距桩径比(s/d)的增加而上升，但同时桩荷载分担比E下降。这是因为桩的截面积A_s随s/d的增加呈平方关系下降。这个结果可以用来解释在其他条件不变的情况下为什么设置桩帽时桩顶土压力减小的工程实际经验。当路堤高度h为3～6 m时，如果$m\geqslant5.0\%$，或者说$s/d\leqslant4.0$，桩土应力比n随面积置换率m变化不大，$n\approx15\sim10$。

8.4.2 高速铁路 CFG 桩桩承式加筋路堤现场试验实例分析

8.4.2.1 武广高速铁路 CFG 桩桩网复合地基现场桩土压力试验分析实例一

本例 CFG 桩网复合地基试验现场里程为 DK1363+500，平面布置为等边三角形，边长为 1.8 m，见图 8.24。现场土力学和几何参数汇总如下：$\gamma_k=20\ kN/m^3$，$\varphi_k'=30°$，$d=0.5$ m，$s_x=1.8$ m，$s_y=3.12$ m，$s_d=3.12$ m，$s_d/d=6.23$，$m=A_s/A_E=7.0\%$。

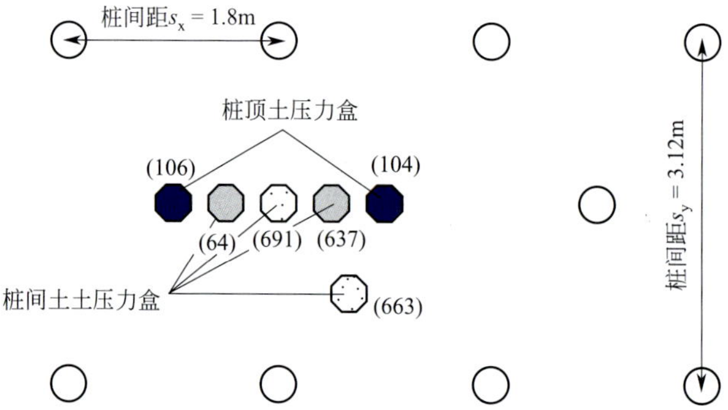

图 8.24 武广高速铁路 CFG 桩桩网复合地基试验现场（DK 1363+500）CFG 桩平面布置和土压力盒布置

在桩顶高程一共埋设了 6 个土压力盒，两个直接位于桩顶（编号为 104 和 106），其余 4 个位于桩间土不同位置，见图 8.24。此外，在桩间土区域高出桩顶 60 cm 平面上还布置了两个土压力盒（编号为 683 和 601，实测结果见图 8.25 中的绿色符号）。现场试验的最大填高约为 5.7 m。下面的分析采用填高为 2.1 m 和 5.6 m 时，不同时段测定的桩顶土压力平均值作为近似的实测值。

从图 8.25 可见，计算的桩顶土压力与实测值在同一量级，而桩间土压力计算值位于实测值（图中黑色和绿色符号）波动范围的下限，两者随填土高度的总体变化趋势基本一致。进一步的分析表明，实测桩土应力比 n 和桩的荷载分担比 E 小于理论计算值，见图 8.26 和表 8.6。

8.4.2.2 武广高速铁路 CFG 桩桩网复合地基现场桩土压力试验分析实例二

本试验现场里程为 DK 1679+848，地形为丘坡与丘间谷地区，植被发育，丘间谷地地势平缓，多辟为水田。谷地表层为第四系洪坡积（Q_{4dl+pl}）淤泥质黏土，褐灰、褐黄色，软～硬塑，夹少量中粗砂，厚约 5 m，岩土施工工程分级为Ⅱ级，基本承载力 80～150 kPa；下为花岗岩，肉红色夹灰色，全风化，呈松散土状，岩土施工工程分级为Ⅲ级，基本承载力 150～250 kPa；局部为弱风化花岗岩，岩土施工工程分级为Ⅴ级，基本承载力 1 000 kPa；丘坡表层为 Q_{4dl+el} 粉质黏土，褐黄、棕红色，硬塑，厚 2～3 m，岩土施工工程分级为Ⅲ级，基本承载力 150～180 kPa；下伏燕山期侵入体（γ52）花岗岩，棕红、灰白、灰黑色，全风化，中粗砂占 50%～70%，以长石、

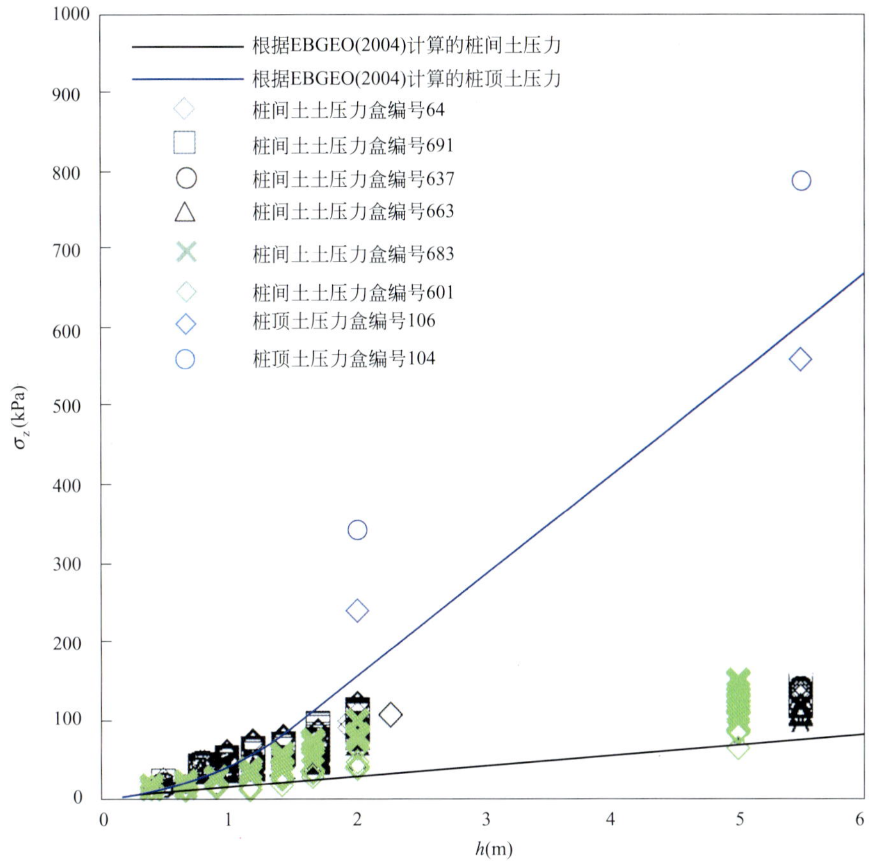

图 8.25 武广高速铁路 CFG 桩网复合地基试验现场（DK 1363+500）的桩土应力测试结果与计算结果比较

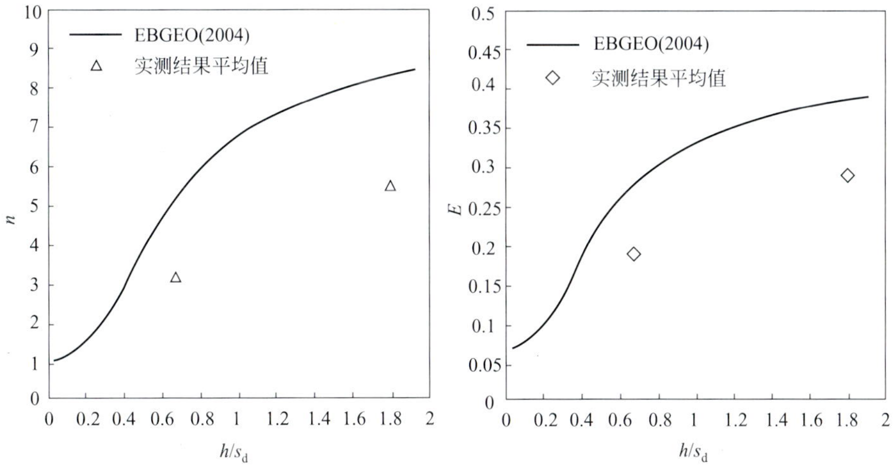

图 8.26 武广高速铁路 CFG 桩网复合地基试验现场（DK 1363+500）桩土应力比 n、桩荷载分担比 E 实测结果与计算结果比较

表 8.6　理论计算与实测值对比

项　　目		理论计算(EBGEO—2004)	实测值
桩土应力比 n	h=2.1 m	5.3	3.1
	h=5.6 m	8.3	5.5
桩荷载分担比 E	h=2.1 m	0.284	0.191
	h=5.6 m	0.385	0.291

石英为主，夹少量黑云母。

地基处理采用 CFG 桩复合地基加固，部分采用 C15 混凝土扩大桩头，桩帽尺寸为 1 m(长)×1 m(宽)×0.6 m(高)，桩间距 1.6～2.0 m，桩长 5～13.8 m。桩顶铺 0.6 m 厚碎石垫层，内铺一层双向土工格栅，极限抗拉强度不小于 80 kN/m。路基基床表层 0.4 m 采用级配碎石填筑，路堑地段基底换填采用 B 组填料，厚度为 2.3 m，基底铺设复合土工膜；路堤地段基床底层及以下采用 B 组填料填筑。

本标段从 2007 年 11 月 5 日开始填筑，填土高度为 2～5 m，2007 年 12 月 31 日基床表层完成填筑，2008 年 6 月 6 日开始堆载预压填筑，填筑采用普通土，预压土柱高于路肩 2.5 m，2008 年 6 月 13 日完成预压土方填筑，2008 年 9 月 6 日卸载完成，堆载预压时间为 3 个月。

试验现场横断面路堤高度约为 6.2 m，CFG 桩桩长约为 10 m，其平面布置为等边三角形，见图 8.27。桩间距 s=1.8 m，桩径 d=0.5 m，桩间距桩径比为 3.6。褥垫层为由碎石和砂组成的填料，达到的压实系数 $K \geqslant 0.92$。路堤填料为符合要求的 B 组填料，其控制压实系数 $K \geqslant 0.95$。根据经验，路堤和褥垫层的有效摩擦系数 φ'_k 可估计为 30°～35°，计算时取下限值 $\varphi'_k=30°$。路堤填料的容重假设为 20 kN/m^3。

试验现场土压力盒埋设分左、右两个区，每个区又分上、下两个水平面，低水平面直接位于桩帽顶部高程，高水平面离桩帽顶部约 0.5 m，见图 8.27。

采用 EBGEO(2004)方法计算路堤底部荷载分布时的输入参数汇总如下：

路堤高度：$h_{max}=6.2$ m；

褥垫层/路堤土力学参数：$\gamma_k=20$ kN/m^3；$\varphi'_k=30°$；

CFG 桩桩长和桩径：$L \approx 10.0$ m，$d=0.5$ m；

CFG 桩帽尺寸：$a=b=1.0$ m，$c=0.6$ m；

CFG 桩等边三角形布置：$s_x=s=1.8$ m，$s_y=3.12$ m，$s_d=3.12$ m，$m=A_s/A_E=7.0\%$，$m' \approx 9.1\%$（考虑桩帽的影响）。

路堤高度为 6.2 m 时，根据上述边界条件计算的桩土应力比、桩荷载比为：

无桩帽　$n=8.5$，$E=39.0\%$

有桩帽　$n=7.2$，$E=80.0\%$

桩顶高程不同区域桩土压应力的计算和测试结果对比分别见图 8.28，可见，

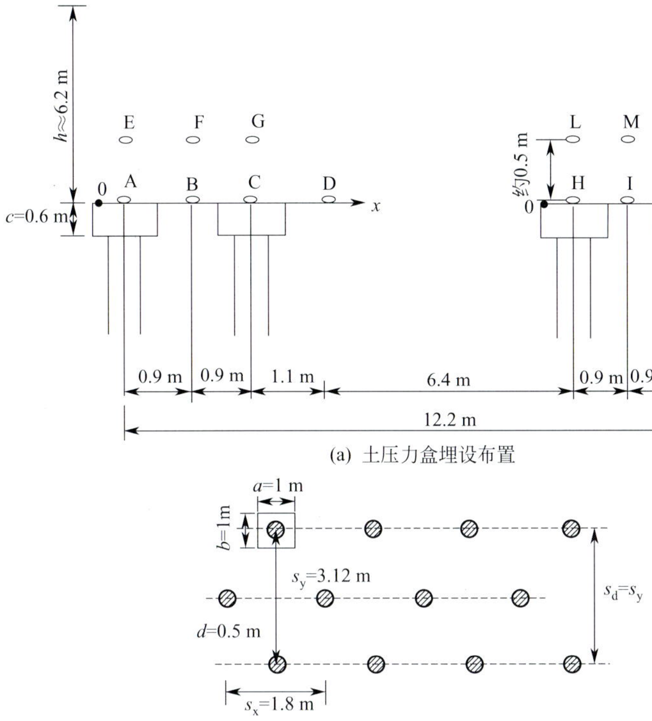

图 8.27 试验现场(DK 1679+848)土压力盒埋设布置(桩平面布置为等边三角形)

桩帽顶部高程土拱作用明显，与理论计算趋势基本一致。实测桩土应力比为 2.3～4.9，小于理论计算值 7.2。

上述两个现场试验理论计算和实测值差别原因可能有三个：

(1)理论模型只考虑路堤完成后系统在重力作用下的土拱作用，没有考虑分层填筑对土拱作用的影响；

(2)填土较浅时，特别是褥垫层施工时，碾压工艺对桩土荷载分配的影响；

(3)桩顶土压力盒的安装和测试质量。

武广高速铁路这两个 CFG 桩桩网复合地基试验现场实测桩土应力比的分析表明，尽管它们稍低于按 EBGEO(2004)计算的结果，但两者的趋势和量级是基本一致的。可见，以土压力拱作用模型为基础的计算公式(8.16)较为真实地反应了路堤条件下底部荷载的分布特征，可以用于工程设计。

8.4.3 高速铁路 CFG 桩桩承式加筋路堤优化设计

对于高速铁路无砟轨道路基的长期稳定性，CFG 桩桩网复合地基设计的控制因素为沉降变形包括与时间的关系。在讨论这个问题以前，本节将以高速铁路 CFG 桩桩网地基处理典型情况为例，通过设置桩帽和不设置桩帽两种情况的计算

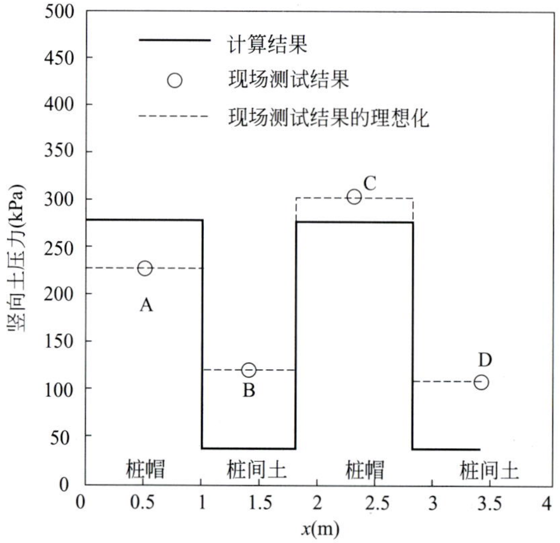

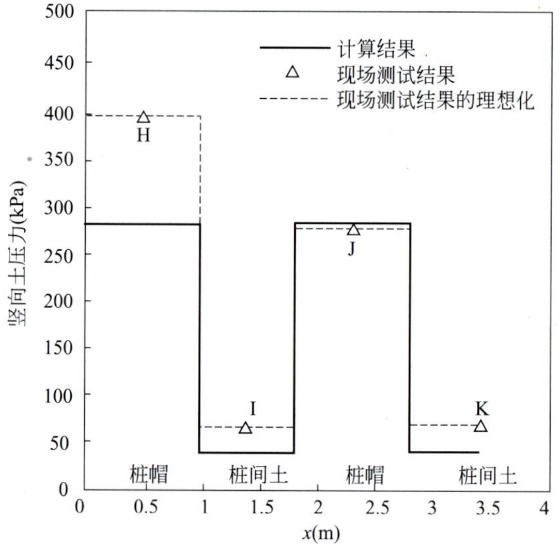

图 8.28　桩帽顶部高程竖向土压力测试结果与计算结果的比较(路堤高度 6.2 m 编号。)

注:A、B、C、D、H、I、J、K 为图 8.27 中土压力盒。

和对比分析,从桩土荷载分担和承载力方面讨论扩大桩间距桩径比的可能性。

这里,参数研究的范围和条件假定如下:

路堤高度	$h=3\sim6$ m
褥垫层/路堤土力学参数	$\gamma_k=20$ kN/m^3, $\varphi'_k=30°$
CFG 桩桩径和桩长	$d=0.5$ m, $L=15$ m
桩帽几何尺寸	$a=b=1.0$ m, $c=0.6$ m
CFG 桩正方形布置	$s_x=s_y=s=1.5\sim3.0$ m

CFG 桩等边三角形布置　　　$s_x=s=1.5\sim3.0\ \text{m}$

$$s_y=\sqrt{3}\cdot s_x=2.6\sim5.2\ \text{m}$$

桩土体积置换率计算公式(无桩帽时取 $c=0$)：

正方形布置　　$m=\dfrac{\pi\cdot d^2\cdot(L-c)+4\cdot a\cdot b\cdot c}{4\cdot s^2\cdot L}$

正三角形布置　　$m=\dfrac{\pi\cdot d^2\cdot(L-c)+4\cdot a\cdot b\cdot c}{2\sqrt{3}\cdot s^2\cdot L}$

计算结果分别见图 8.29～图 8.31(CFG 桩正方形布置)和图 8.32～图 8.34

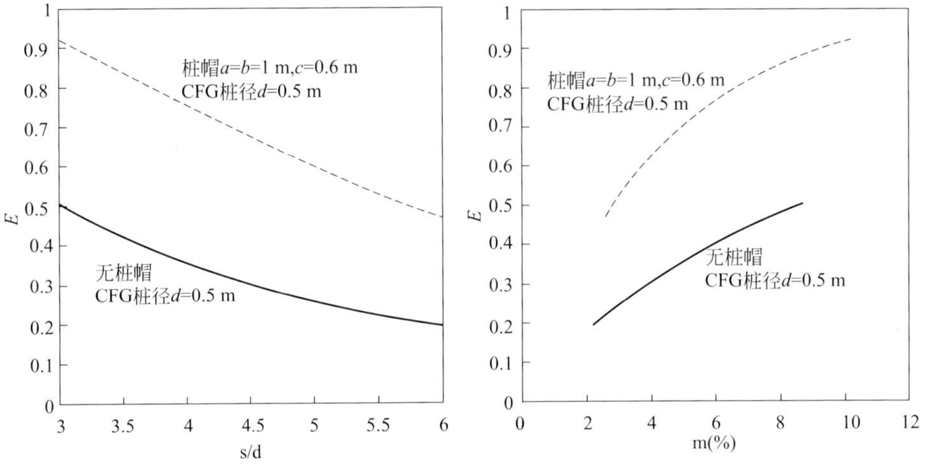

图 8.29　根据式(8.16)计算的桩荷载分担比 E 与 s/d 以及体积置换率 m 的理论关系(路堤高度 $h=3$ m)

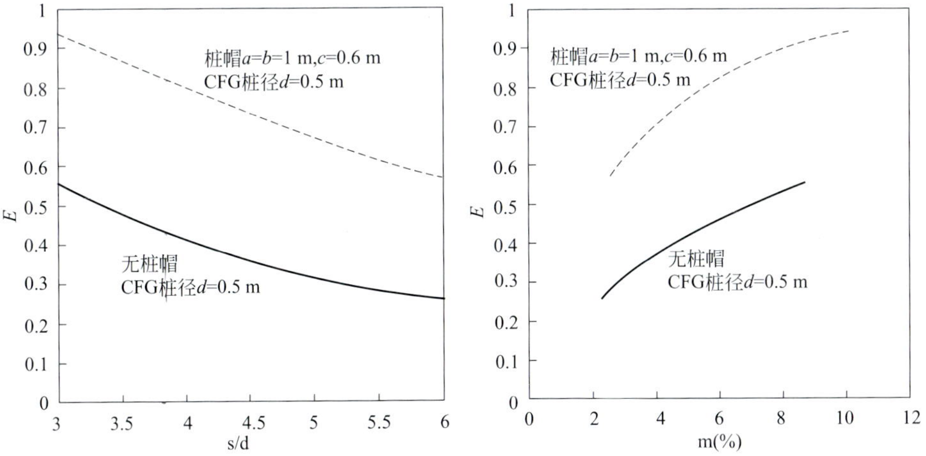

图 8.30　根据式(8.16)计算的桩荷载分担比 E 与 s/d 以及体积置换率 m 的理论关系(路堤高度 $h=6$ m)

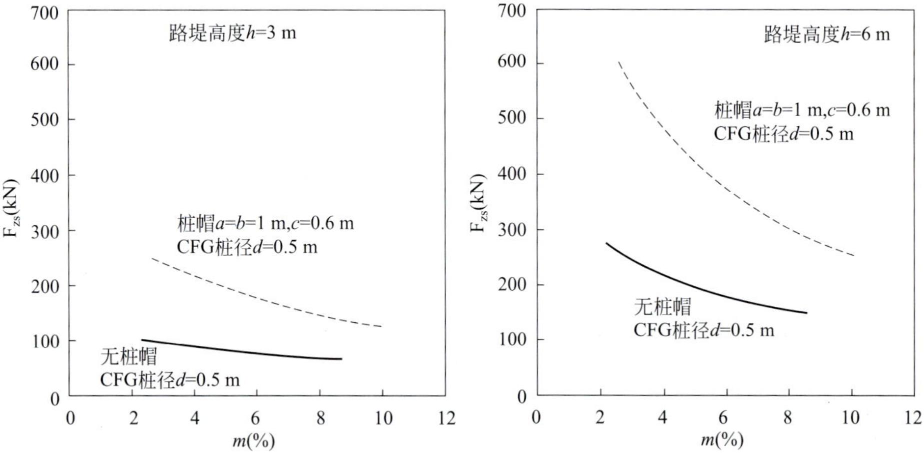

图 8.31　根据式(8.16)计算的单桩荷载 F_{zs} 与体积置换率 m 的理论关系

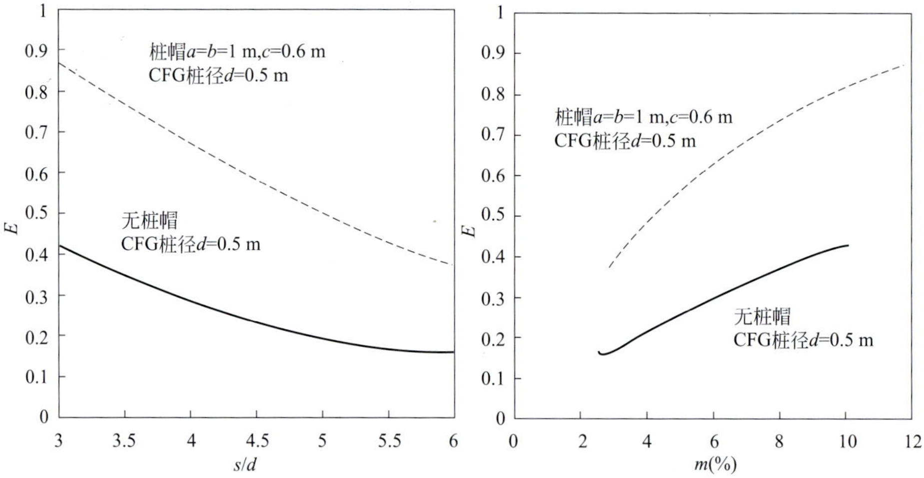

图 8.32　根据式(8.16)计算的桩荷载分担比 E 与 s/d
以及体积置换率 m 的理论关系(路堤高度 $h=3$ m)

(CFG 桩正三角形布置)。

分析比较图 8.29～图 8.34 的计算结果,可以得出以下的初步结论:

(1)无论是否设置桩帽,随着桩间距桩径比(s/d)的提高,或者说体积置换率 m 的减小,CFG 桩荷载分担比 E 下降,而单桩承受的荷载 F_{zs} 增加。

(2)在本例假设的桩帽尺寸等条件下,通过设置桩帽传递给桩的荷载约为无桩帽情况的 2 倍。

(3)当桩间距提高 1 倍,桩土体积置换率 m 从约 9%～10%($s/d=3$)减小为约

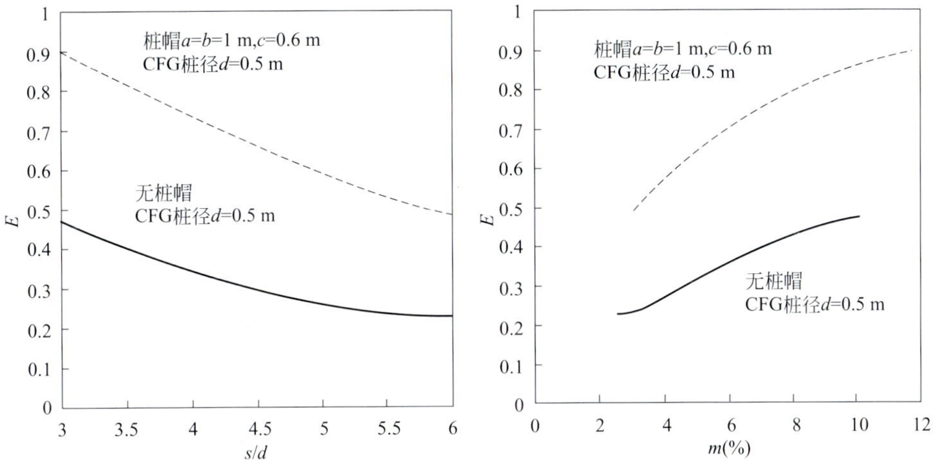

图 8.33　根据式(8.16)计算的桩荷载分担比 E 与 s/d 以及体积置换率 m 的理论关系(路堤高度 $h=6$ m)

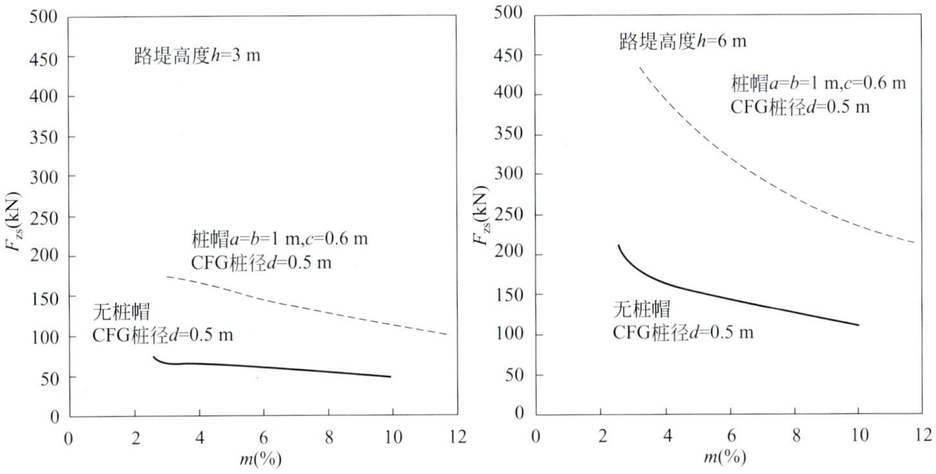

图 8.34　根据式(8.16)计算的单桩荷载 F_{zs} 与体积置换率 m 的理论关系

2%～3%($s/d=6$)时,无论是否设置桩帽,CFG 桩单桩承受的荷载 F_{zs} 明显增加。以路堤高度 $h=6$ m 情况为例,CFG 桩正方形、正三角形布置时的情况表 8.7、表 8.8。

可见,当桩间距提高一倍时,无桩帽情况单桩承受的荷载分别从 149 kN(正方形布置)和 111 kN(三角形布置)提高为 276 kN(正方形布置)和 212 kN(三角形布置);设置桩帽时,其值分别从 254 kN(正方形布置)和 210 kN(三角形布置)上升为 608 kN(正方形布置)和 449 kN(三角形布置)。结合武广高速铁路路基设计资料和现场单桩试验结果(单桩承载力特征值),对无桩帽情况,从承载力角度看提高

表 8.7　CFG 桩正方形布置时的 s/d、m、F_{zs}

s/d	无桩帽		含桩帽	
	m(%)	F_{zs}(kN)	m(%)	F_{zs}(kN)
3	8.72	149.0	10.15	254.0
4	4.91	197.0	5.71	387.0
5	3.14	240.0	3.65	506.0
6	2.18	276.0	2.54	608.0

表 8.8　CFG 桩正三角形布置时的 s/d、m、F_{zs}

s/d	无桩帽		含桩帽	
	m(%)	F_{zs}(kN)	m(%)	F_{zs}(kN)
3	10.07	111.0	11.72	210.0
4	5.67	143.0	6.59	304.0
5	3.63	170.0	4.22	384.0
6	2.52	212.0	2.93	449.0

桩间距 1 倍是完全可能的。含桩帽情况，当 s/d 从 3 提高到 4～5 时，单桩荷载 F_{zs} 约为 387～506 kN(正方形布置)，从单桩承载力量级上分析，许多情况也是可行的。当然，在具体设计时，应对计算或现场单桩试验确定的承载力特征值进行折减，以考虑群桩效应来确定扩大桩间距是否可行。此外，随着桩间距加大和桩帽荷载的增加，可能在桩帽和 CFG 桩头连接部位产生较大弯矩。设计时应针对具体情况分析计算后决定是否适当配筋。

从经济角度分析，无桩帽情况，当 s/d 从 3 提高到 6 时，桩土体积置换率 m 约减少 75%；有桩帽情况，当 s/d 从 3 上升到 4～5 时，桩土体积置换率 m 减少约 45%～65%。可见，经济效益十分明显。

从经济和技术角度都比较理想的方案是，在扩大桩间距桩径比(s/d)到 4～5 的同时设置桩帽。这样，一方面使路堤荷载尽量向 CFG 桩转移，使桩的承载力得以发挥，以减小桩间土承受的竖向荷载；另一方面，由设置桩帽增加的体积置换率仅为 $\Delta m \approx +0.7\%$，远远小于由桩间距从 3 提高到 4～5 降低的体积置换率 $\Delta m \approx -6.0\%$。

8.5　桩承式加筋路堤沉降变形性状

8.5.1　概　　述

高速铁路无砟轨道路基设计的控制参数为沉降变形以及与时间的关系。本节以常见的桩承式(刚性、半刚性桩)加筋铁路路堤两类典型情况为例，讨论 CFG 桩桩网复合地基路堤沉降变形特性，见图 8.35。

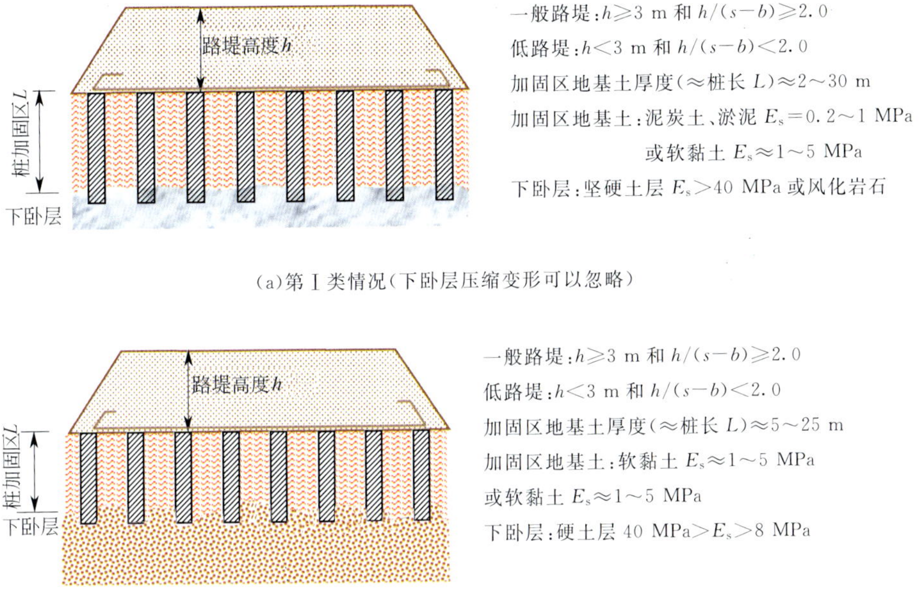

(a)第Ⅰ类情况（下卧层压缩变形可以忽略）

(b)第Ⅱ类情况（下卧层压缩变形不可忽略）

图 8.35　桩承式（刚性、半刚性桩）加筋铁路路堤两类典型情况示意图

注：路堤高度 h 指桩（帽）顶到基床表层顶的间距。

这里，根据工程经验，以交通动力荷载对路堤下部地基土（桩间土）以及土工格栅刚度对桩土沉降差和路肩沉降的影响是否可以忽略为标准，粗略地将路堤分为一般性路堤和低路堤两种情况：

一般路堤　　　　$h\geqslant3$ m 和 $h/(s-b)\geqslant2.0$

低路堤　　　　$h<3$ m 和 $h/(s-b)<2.0$

式中　$h/(s-b)$——路堤高度和桩（帽）净间距的比。

以上划分没有考虑动力荷载可能导致的土拱效应退化影响。

一般情况下，桩承式加筋铁路路堤的总沉降可以表示为

$$\begin{aligned}s_G &= s_U+s_E+s_N=s_{UL}+s_{UU}+s_E+s_N\\ &=(s_{UL,0}+s_{UU,0}+s_{E,0})+(s_{UL,R}+s_{UU,R}+s_{E,R})+s_N\\ &=s_{G,0}+s_R+s_N\\ &=s_{G,0}+(s_R+s_N)=s_{G,0}+s_T \end{aligned}\tag{8.22-1}$$

式中　s_G——路堤总沉降；

s_U——路堤下地基（U）总沉降；

s_E——路堤本身（E）在自重作用下的总压缩变形；

s_N——路基在运营交通荷载作用下产生的附加沉降变形；

s_{UL}——地基桩加固区（UL）总压缩变形；

s_{UU}——地基桩加固区下卧层(UU)总压缩变形；

$s_{UL,0}$——铺轨前地基桩加固区(UL)压缩变形；

$s_{UU,0}$——铺轨前地基桩加固区下卧层(UU)压缩变形；

$s_{E,0}$——铺轨前路堤本身(E)在自重作用下的压缩变形；

$s_{UL,R}$——铺轨后地基桩加固区(UL)残余压缩变形；

$s_{UU,R}$——铺轨后地基桩加固区下卧层(UU)残余压缩变形；

$s_{E,R}$——铺轨后路堤本身(E)在自重作用下的残余压缩变形；

$s_{G,0}$——铺轨前路基总沉降，$s_{G,0}=(s_{UL,0}+s_{UU,0}+s_{E,0})$；

s_R——铺轨后路基工后沉降变形，$s_R=(s_{UL,R}+s_{UU,R}+s_{E,R})$；

s_T——铺轨后路基总后续沉降变形，$s_T=(s_R+s_N)$。

下面，对图 8.35 所示的两类典型情况进行相应的简化。首先，路堤本身在自重作用下的总压缩变形 s_E 取决于路基填料的材质和填筑质量。在满足无砟轨道路基填料适用性和填筑质量相应要求时（见第 10 章），一般情况下，路堤本身的总压缩变形量 s_E 较小（根据经验约为其高度的 0.2%～0.8%），而且绝大部分的压缩变形在施工期间已经完成。所以，一般情况下，铺轨后（$t>T_0$，T_0 为铺设无砟轨道时间点）路堤本身(E)在自重作用下的残余压缩变形部分 $s_{E,R}$ 可以忽略不计。

第Ⅰ类情况在欧洲国家常常遇到，如德国、荷兰等。这里，加固区地基土为泥炭土、淤泥等，压缩模量很低（$E_s=0.2\sim1$ MPa），而桩支承在坚硬土层上，其压缩模量 $E_s>40$ MPa。武广高速铁路路基 CFG 桩网处理地段地基土多为软黏土，$E_s\approx1\sim5$ MPa，很多情况下 CFG 桩支承在风化岩石上，也可归于这一类情况。

在这样的条件下，式(8.22-1)可以简化为

$$\begin{aligned}s_G&=s_U+s_E+s_N=s_{UL}+0+s_E+s_N\\&=(s_{UL,0}+0+s_{E,0})+(s_{UL,R}+0+0)+s_N\\&=s_{G,0}+s_R+s_N\\&=s_{G,0}+(s_R+s_N)=s_{G,0}+s_T\end{aligned}\qquad(8.22\text{-}2)$$

可见，第Ⅰ类情况下路基工后沉降变形 s_R 由铺轨后地基桩加固区(UL)残余压缩变形 $s_{UL,R}$ 控制。这里，与一般地基加固情况不同，由地基桩加固区(UL)总压缩变形 s_{UL} 在路堤底部（桩顶高程面）形成的沉降分布在理论上是不均匀的，呈现为由桩顶沉降 s_{P0} 和桩间土沉降 s_{S0}（$>s_{P0}$）构成的沉降盆群。沉降盆群沿路堤高度的变化取决于桩间距、桩径比和路堤填料的强度、变形等参数。在常用的桩间距桩径比（$s/d=3\sim5$）条件下，当路堤高度 $h>2$ m 时，在一定的路堤高度出现等沉面。等沉面以上土体的沉降分布均匀，其值在沉降特征值 s_{S0} 与 s_{P0} 之间。当然，对于无砟轨道路基，铺轨前出现的沉降和不均匀沉降可以通过相应措施补偿，所以起控制作用的是铺轨后由桩加固区(UL)压缩变形部分引起的路堤底部不均匀沉降对路

堤上部工后沉降变形的影响。

与第Ⅰ类情况相比，第Ⅱ类情况下地基桩加固区下卧层(UU)的压缩变形s_{UU}不可忽略，计算上更为复杂一些，而其路堤底部不均匀沉降和向上沿伸的性状与第Ⅰ类情况类似。第Ⅱ类情况在德国遇到相对较少，而在中国的东南沿海地区较为多见，武广高速铁路路基CFG桩桩网地基处理的部分地段也属于这一类情况。

在低路堤情况，静荷载条件下的路堤土拱效应已有可能无法完全发挥，而运营交通动力荷载的作用将使土拱效应进一步退化。这时，动力荷载对地基(桩间土)的影响已经不可忽略。某些情况下，路堤底部桩土不均匀沉降形成的沉降盆群沿路堤高度已有可能无法达到匀化，即路肩的沉降是不均匀的。在这种情况下，土工格栅刚度对桩土荷载分担、桩土沉降差有较大的影响。

8.5.2节首先以国内外文献分析结果为基础，对桩承式加筋路堤沉降变形性状的基本特征进行描述；8.5.3节利用德国一个典型的工程实例，讨论分析低路堤条件下交通荷载对沉降变形的影响；8.5.4节对桩土沉降变形差引起的路堤变形性状进行有限元参数分析；8.5.5节对武广高速铁路长沙站CFG桩地基加固试验区的沉降变形等测试结果进行分析；最后，提出路堤条件下CFG桩桩网复合地基沉降变形分析计算概念模型，见8.6节。

8.5.2 桩承式加筋路堤沉降变形基本特征

桩承式加筋路堤在铁路和公路工程中应用越来越多，国内外的高校和工程界对其沉降变形特性已开展了大量的理论、试验和现场研究，而且，这种地基处理方式在中国东南沿海地区高速公路工程中的应用已经积累了一定的经验。尽管高速公路对工后沉降的要求明显低于高速铁路无砟轨道的情况，但上述研究成果和工程经验揭示的桩承式加筋路堤承载力和变形特性可为高速铁路无砟轨道提供借鉴。下面对国内外文献中有关桩承式加筋路堤沉降变形性状的研究结果和工程经验进行分析和归纳总结。

8.5.2.1 等沉面性状

桩承式加筋路堤桩顶高程出现的桩土沉降差使路堤荷载通过土拱作用部分转移给桩。如果路堤高度大于完整土压力拱高，那么土拱作用将完全发挥。自桩顶高程为起始点向上直到土压力拱顶，桩间土的竖向土压力增加，而桩土沉降差逐渐减小。当路堤高度大于完整土压力拱高时，在一定高度桩土沉降差降为零，这个均匀沉降面称为等沉面。如果路堤高度小于等沉面高度h_d，桩土沉降差无法得以完全调匀，路堤顶面的沉降将是不均匀的。

这里，除了等沉面高度，还有两个概念需要说明。在英国标准BS 8006(1995)中，完整土压力拱高h_g指当路堤超过该高度时，该高度以上的路堤荷载全部由桩承担。而德国行业标准EBGEO(2004)中的完整土压力拱高实际上是指桩间土以上土体由上向下竖向压力由增加变为减小的拐点高度。英国标准 BS 8006 给出的完整土压力拱高 $h_g=1.4\cdot(s-b)$，而德国行业标准 EBGEO 给出的空间条件下完整土压力拱高为桩对角距的一半，即 $h_g=0.5\cdot s_d$。所以，等沉面高度、英国完整土压力拱高和德国完整土压力拱高三个概念并不完全相同。

文献[32]以英国标准 BS 8006 定义的完整土压力拱高为基准，根据台缙高速公路桩承式路堤现场土压力和沉降实测结果反算的完整土压力拱高约为 $3.5\cdot(s-b)$，明显大于英国和德国标准给出的完整土压力拱高。

文献[30]的室内平面应变模型试验表明，当路堤高度与桩净间距比小于 1.4 时，无论是否设置土工格栅，路堤顶面都将出现不均匀沉降；而当比值大于 1.6 时，路堤顶面无差异沉降。所以，该模型试验条件下等沉面的高度 $h_d=(1.4\sim1.6)\cdot(s-b)$。

文献[28]在分析路堤、桩和土共同作用的基础上，建立了考虑三者力和变形协调的方程及相应的半解析解，并对比有限元数值解，对类似图 8.35 的第Ⅱ类情况进行了理论计算。代表性输入参数如下：

桩径 $d=0.4$ m；桩帽 1 m×1 m；桩间距 $s=2.5$ m

桩长 $L=20$ m(桩未打入下卧层)，27 m(桩打入下卧层 2 m)

路堤高度 $h=4$ m：$\gamma=20$ kN/m^3，压缩模量 $E_s=30$ MPa，$\varphi=30°$

软土层厚 25 m：$\gamma=17.5$ kN/m^3，压缩模量 $E_s=2.2$ MPa

下卧层 3 m：$\gamma=17.5$ kN/m^3，压缩模量 $E_s=15$ MPa

计算结果表明[28]，该条件下等沉面高度约为 1.66～1.76 m，其与桩净间距比为 1.11～1.17。该比值低于英国标准的完整土压力拱高，与德国标准的完整土压力拱高相近。

可见，理论计算、室内模型试验和现场实测结果都证实了等沉面的存在。由于等沉面高度是以竖向位移等同为条件定义的，而完整土压力拱高是以土拱应力影响范围定义的，所以两者不是同一概念。此外，英国和德国标准对完整土压力拱高的定义又不完全相同，加上分析的边界条件不同，例如平面和空间土压力拱等，所以，上述各个文献的结果之间存在一定的偏差。对等沉面高度与各个参数的关系目前尚不能得出确定性的结论。

8.5.2.2 土拱作用与桩土沉降差的关系

目前常用的静力条件下土拱作用模型是以路堤填土塑性极限状态为基础建立的，桩土荷载分担比计算式主要取决于路堤高度 h、填料抗剪强度参数 φ'、桩间距 s、桩径(帽) $d(b)$ 等。真实的桩土应力比或荷载分担比还取决于系统沉降变形的大小和分布，特别是桩土沉降差。

现场实测[20]和室内模型试验研究[30]表明，在路堤填筑过程，桩顶和桩间土压力随桩、土沉降的变化规律可分为三个阶段，见图 8.36。

第Ⅰ阶段，随着填土高度上升，桩顶和桩间土压力以及沉降逐渐增加，其中桩

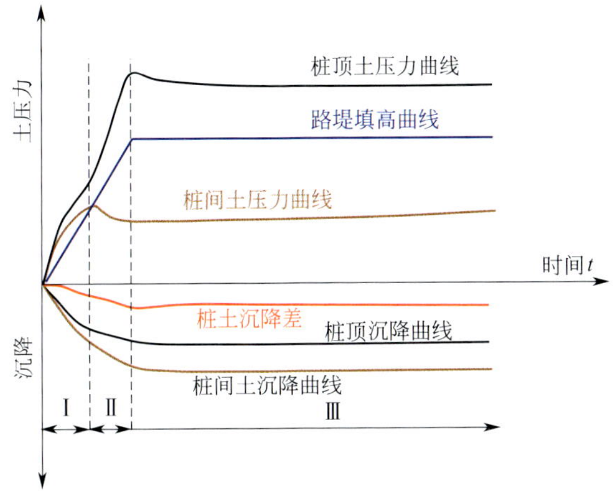

图 8.36 路堤填筑过程桩顶和桩间土压力随桩、土沉降变化规律示意图

顶土压力稍大于桩间土压力，而桩间土沉降略大于桩顶沉降。在第Ⅰ阶段和第Ⅱ阶段的过渡区，桩间土压力达到其最大值。第Ⅱ阶段，随着路堤高度的进一步增加，桩顶土压力快速上升而桩间土压力则出现减小的趋势。这时，桩顶和桩间土沉降增加较快，同时桩土沉降差逐渐增加。在第Ⅱ阶段末，即路堤填筑完成时，桩顶土压力达到其最大值，而桩间土压力达到其最小值。第Ⅲ阶段，在路堤高度恒定情况下，随着地基土固结的发展，桩间土压力略有增加而桩顶土压力有所减小。在这个阶段，桩和土的沉降增加不多，桩土沉降差开始时略有减小而后基本保持不变。

综观整个过程，桩间土压力和桩顶土压力分别在第Ⅱ和第Ⅲ阶段出现部分卸载或者说软化现象，它们直接与桩土沉降差有关。第Ⅱ阶段，桩间土承担的荷载部分不再增加，而随着桩间土固结和桩土沉降差的增加，完整土拱高度下的填土与桩顶上部填土之间相对剪切的进一步发挥使部分自重荷载又传递给桩，使桩间土荷载有所减少。第Ⅲ阶段，一方面完整土拱高度下的填土与桩顶上部填土之间相对剪切已超过其峰值，出现了剪应力下降现象，使桩间土压力略有增加，另一方面，由于桩承受的荷载较大，在路堤填筑完成一定时间后，桩的沉降增量可能大于桩间土的沉降增量，使桩土沉降差有所减小，从而使土拱作用决定的桩顶土压力有所下降。可见，在整个系统相互作用过程中，桩土沉降差对桩土荷载分布起了一个重要的作用。

8.5.2.3 土工格栅对减小沉降的作用

文献[31]将单桩处理范围等效为圆柱体，利用有限元法对桩承式加筋路堤的承载变形特征进行了数值分析，其中包括土工格栅刚度在 50～1 200 kN/m 范围的影响。分析系统属于图 8.35 中的第Ⅱ类情况，代表性输入参数如下：

桩径 $d=0.4$ m；桩帽 0.9 m×0.9 m；桩间距 $s=2.5$ m；

桩长 $L=20$ m（桩未打入下卧层），27 m（桩打入下卧层 2 m）

路堤高度 $h=4$ m：$\gamma=20$ kN/m³，压缩模量 $E_s=30$ MPa，$\varphi=30°$

土工格栅：拉伸刚度 $EA=50\sim1\ 200$ kN/m

软土层厚 25 m：$\gamma=17.5$ kN/m³，压缩模量 $E_s=3$ MPa

下卧层 3 m：压缩模量 $E_s=25$ MPa

参数研究的结果表明，在上述给定条件下，即 $h/(s-b)=2.5$，土工格栅拉伸刚度的增加对提高桩荷载分担比，减小路堤的沉降和桩土沉降差，影响十分有限。当土工格栅拉伸刚度从 50 kN/m 上升到 1 200 kN/m 时，桩荷载分担比 E 只增加 5%左右，路堤顶部沉降差的下降不超过 15%。

文献[30]的室内平面应变模型试验对比表明，随着水平加筋体拉伸强度 k_e（应变为 10%时的强度）从 0（无筋）、0.35 kN/m、1.4 kN/m 上升到 22.5 kN/m 时，路堤顶部最大沉降 s 和最大沉降差 Δs 有一定程度的减小，但减幅不大，特别是对路堤顶部最大沉降，见图 8.37。相对来说，路堤高度与桩净间距比较小（0.7）时，水平加筋体对降低路堤顶部沉降差的作用较为明显（见图 8.37 中的虚线），而对路堤较高的情况（1.8），则影响很小。

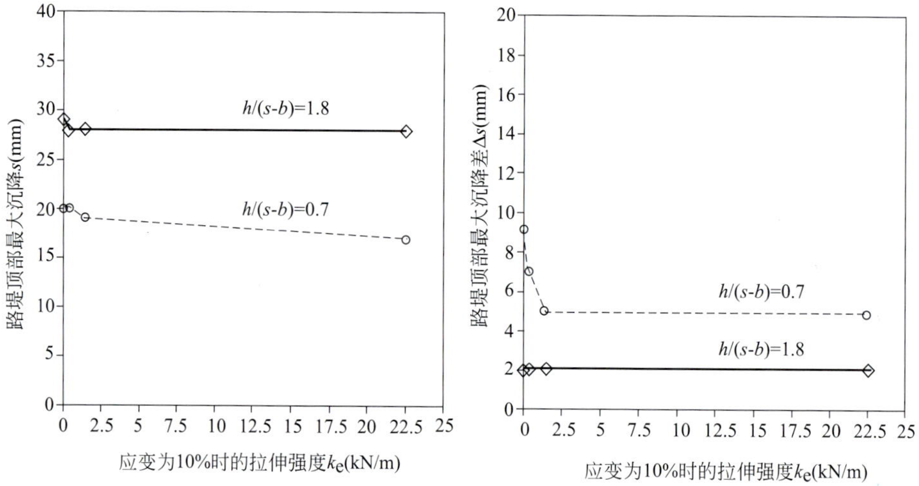

图 8.37 水平加筋体对路堤沉降和沉降差的影响（根据文献[30]的室内平面应变模型试验结果整理）

文献[27]报道了荷兰 Kyote 公路桩承式加筋（低）路堤试验段桩顶土压力试验结果，见图 8.38 和图 8.39。该项目通过分别测试桩顶土工格栅上、下土压力的大小，确定由土拱效应和土工格栅传递给桩的荷载部分，见图 8.39。该试验场地的基本条件为路堤高度 $h=1.15$ m，地基软黏土厚度 9 m，（木）桩长 $L=13$ m，桩间距 $s=1.27$ m，桩直径 $d=12$ cm，桩帽直径 $D=30$ cm（$b\approx27$ cm），$h/(s-b)=$

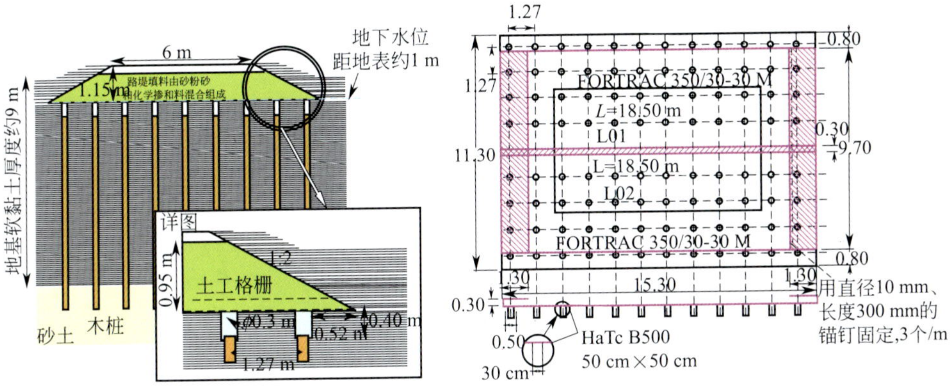

(a) 系统横断面　　(b) 高强度土工格栅布置图

图 8.38　荷兰 Kyote-公路桩承式加筋(低)路堤现场试验方案[27]

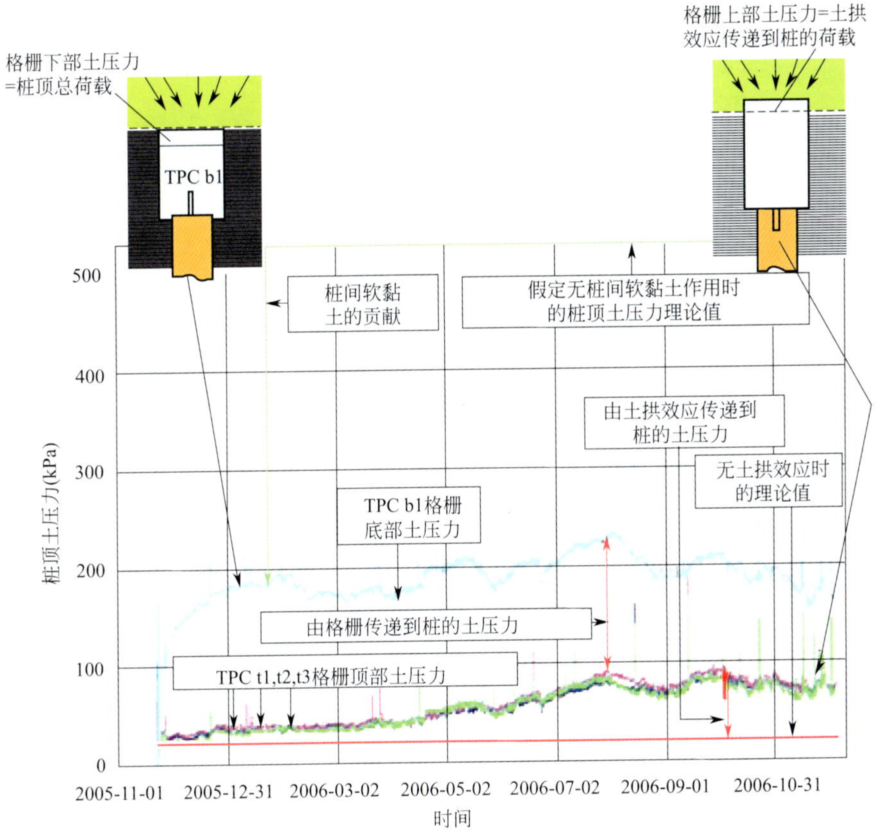

图 8.39　格栅上、下面桩顶土压力实测结果
(荷兰 Kyote-公路桩承式加筋(低)路堤现场试验[27])

1.15/(1.27−0.27)=1.15，填土材料为砂、粉砂和化学掺和料混合物，高强度土工格栅型号为 Fortrac^{R}400/30-30M(横向)、Fortrac^{R}350/50-30M(纵向)。

图 8.39 给出了该试验场地由土拱效应、土工格栅和桩间软黏土地基承载力三个部分决定的路堤荷载传递及其与时间的关系。可见，在低路堤和软黏土地基条件下，桩顶总荷载随时间变化不大。由土拱效应传递的荷载部分首先随时间或者说桩间沉降差的增加上升，而后趋于稳定，相应的土工格栅张拉力则相应减小。

文献[17]的桩承式加筋路堤 1∶3 室内模型试验，分别对无格栅、格栅刚度为 500 kN/m 和 1 000 kN/m 等三种情况进行低路堤条件下水平加筋单元作用效果对比试验，试验参数为：路堤高度 h=0.35 m，桩间距 s=0.5 m，桩宽 b=0.16 m，路堤高度与桩净间距比 $h/(s-b)$=1.03。对比试验结果表明，设置土工格栅使土压力荷载通过加筋单元进一步向桩转移，同时路堤顶部沉降变形减小，见图 8.40。当加筋单元刚度达到一定水平时，其进一步增加对提高桩荷载分担比 E 效果不大，但对降低沉降变形仍有一定的作用。

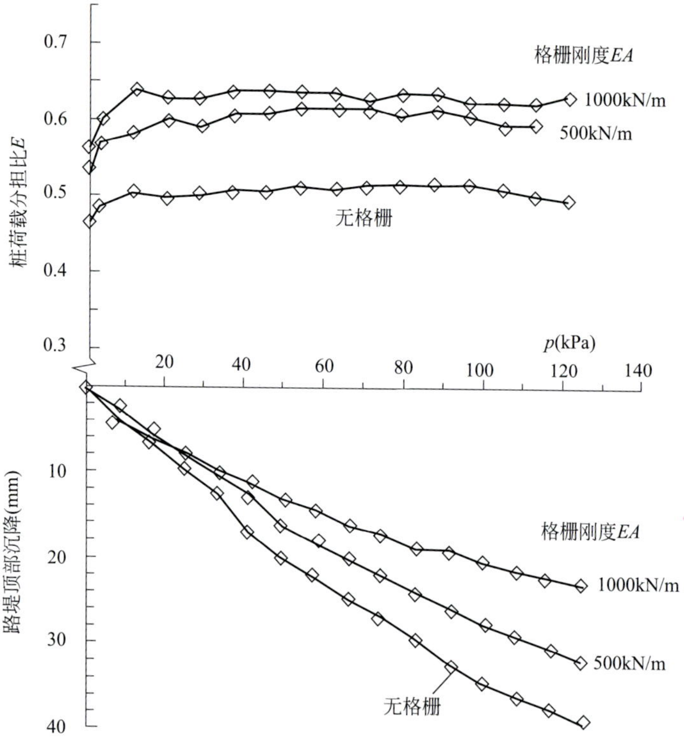

图 8.40 加筋单元刚度对沉降和桩荷载分担比 E 的影响
(桩承式加筋路堤 1∶3 室内模型试验结果[17]，路堤高度 h=0.35 m)

文献[19]的理论计算表明，当 $h/(s-b)=2.0$ 时，即路堤较高时，水平加筋体的存在和其刚度大小对土拱效应和桩土应力比影响不大。这是因为，水平加筋体的存在一方面使桩土沉降差减小，土拱效应相应降低，而另一方面水平加筋体承受的张拉力沿桩周的竖向分量又传递给桩，最终使桩承受的竖向荷载总量变化不大。而对低路堤情况，由于土拱效应较小或者说不能完全发挥，水平加筋体的存在和其刚度大小对桩土荷载分担的影响较大[27,30]。

从趋势上看，在路堤高度与桩净间距比较高的情况，例如 $h/(s-b)\geqslant 2.0$ 时，土工格栅对减小路堤顶部沉降和沉降差的作用不明显，而在低路堤情况，土工格栅的刚度对降低路堤沉降和沉降差有较为明显的作用。

8.5.2.4 桩侧摩阻力分布和桩身轴力分布

理论计算和现场实测结果[28,29,31,32,33]分析表明，桩承式加筋路堤下，桩和土的相对位移大小和方向沿深度是变化的。在图 8.35 的第Ⅱ类典型情况下，桩侧摩阻力沿深度的分布由三个区组成，即负摩阻区、负正摩阻过渡区和正摩阻区，见图 8.41。

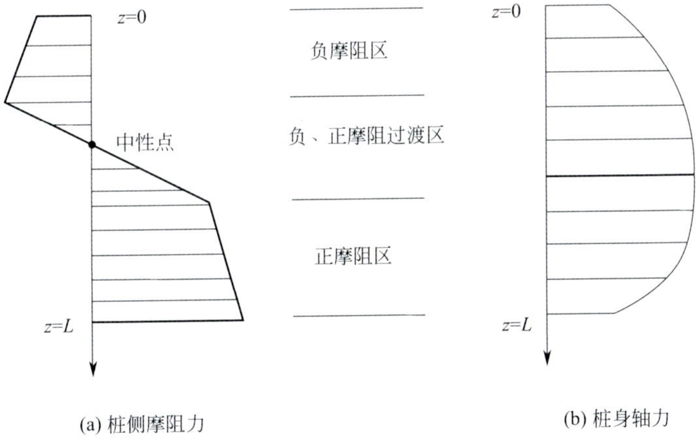

图 8.41 第Ⅱ类典型情况下桩侧摩阻力和桩身轴力沿深度分布示意图

由于上述桩侧摩阻力特征，桩身轴力沿深度呈先增加后减小的趋势，这使桩体上部承担的荷载进一步增加而桩间土的荷载相应减小。这时，桩体承担的最大轴力大于桩顶由土拱作用传递的荷载，这个最大荷载对桩的内承载力强度设计起控制作用。当桩沉降量相对桩间土很小时，即桩土沉降差较大时，负摩阻力区范围相应增大，这时负、正摩阻力过渡区的零点（中性点）较深。

文献[32]对桩承式路堤填筑过程和地基土固结耦合的时间效应进行了理论计算，并对比了台缙高速公路桩承式路堤现场土压力和沉降实测结果。研究结果表明，在路堤填筑和地基固结过程中，负正摩阻力过渡区中性点位置随桩土荷载重分布和桩间土固结发生变化，在第一阶段，当路堤填筑高度小于完整土拱高度时，随着填筑高度的增加，尽管土拱效应逐渐发挥使桩顶部分土压力增加较快，但桩顶和桩间土的荷载都是不断上升的。这一阶段由于桩间土的固结和桩土沉降差的增加使负摩阻区扩大、中性点逐渐下移。在第二阶段，当路堤高度大于完整土拱高度时，后续路堤填筑产生的附加荷载基本上由桩体承担，桩间土承担的荷载部分不再增加，而同时随着桩间土固结和桩土沉降差的增加，完整土拱高度下的填土与桩顶上部填土之间的相对剪切进一步发展，使部分自重荷载又传递给桩，这时，桩间土荷载有所减少而中心点有所上移。在第三阶段，路堤填筑完成后，桩顶土压力有所减少而桩间土压力有少量的增加（这期间桩土应力比的变化幅度小于15%），中心点又开始下移直至趋于稳定。这是因为，一方面此时完整土拱高度下的填土与桩顶上部填土之间的相对剪切已超过其峰值，即出现了剪应力下降（软化）现象，另一方面，由于桩承受的荷载较大，在路堤填筑完成一定时间后，桩的沉降增量可能大于桩间土的沉降增量，使桩土总沉降差有所减小，从而使土拱作用决定的桩顶土压力有所下降。

8.5.2.5　桩加固区和下卧层压缩变形

一般情况下，地基的总沉降由桩加固区压缩变形、桩端刺入量和下卧层压缩变形组成。研究表明[28,29]，当桩端达到下卧硬土层时，如图8.35(b)所示的第Ⅱ类情况，地基中的最大初始孔隙水压力出现在下卧硬土层中，这时路堤的总沉降由桩加固区的压缩变形控制，而当桩端未打穿软黏土层时，最大初始孔隙水压力出现在桩端附近的桩间土中，路堤总沉降主要由桩端刺入量和下卧层压缩变形控制。

文献[33]对杭宁高速公路浙江段K101+960通道采用C10低强度混凝土桩加固深厚软土地基实测资料进行了分析。这里，C10桩打入相对较为坚硬的亚黏土层。现场代表性边界条件和参数为：路堤高度$h=2$ m，无土工格栅；C10低强度混凝土桩桩径$d=0.38$ m，桩间距$s=2.0\sim2.5$ m，加固区桩长$L=15.5\sim18.0$ m（桩打入下卧层）；软土层厚19.3 m，$\gamma=17.5\sim18.8$ kN/m^3，压缩模量$E_s=2.2\sim5.0$ MPa；下卧层（亚黏土）$\gamma=19.4\sim19.8$ kN/m^3，压缩模量$E_s=8.5$ MPa。

现场实测结果分析表明，沉降稳定后地基加固区的压缩量为6.3～14.7 cm，约占总沉降量的60%～70%；桩底下卧层沉降量为4.0～8.8 cm，约占总沉降量的30%～40%。可见，该现场加固后地基沉降的2/3来自低强度混凝土桩加固区的压缩变形，而另外1/3来自下卧层的沉降变形。

参考文献[28,31]边界条件下的数值参数研究表明，当桩端未打穿软黏土层或软土地基深厚时，桩长是控制地基沉降的关键因素之一，因为这种情况下卧软层的厚度和压缩性对地基沉降变形起控制作用。这时，如果假定桩帽面积与单桩等效处理面积比不变，减小桩间距比加大桩帽尺寸对降低沉降更为有效。

8.5.3　低路堤条件下交通荷载对沉降变形的影响

路堤较低时，例如图8.35中满足$h<3$ m和$h/(s-b)<2.0$的情况，在交通动

力荷载作用下，一方面路堤中的土拱效应可能出现退化并产生附加变形，另一方面动力荷载也可能对地基土沉降变形和土工格栅受力产生影响。对于这种情况，目前要完全通过理论分析确定地基和路堤的沉降变形特性较为困难。下面，利用德国柏林—马格德堡线 Werder-Brandenburg 标段有砟轨道桩承式加筋低路堤改建工程运营阶段实测地基沉降变形结果[24-26]，对这类情况下系统的沉降变形特性进行分析。

该改建标段为双线有砟轨道，总长 2 100m。图 8.42 为该桩承式加筋低路堤改建方案示意图，路堤高度为 0.7～2 m。地基为厚 5～30 m 的泥炭土、淤泥等软黏土，其压缩和强度参数在图中标出。地基加固采用砂浆护壁 ϕ115 mm 韧性铸铁管桩，支承在中等密实的砂土层上。铸铁管桩间距横向(s_x)为 1.85 m，纵向(s_y)为 2.25 m，并设置尺寸为 1 m×1.25 m 的钢筋混凝土桩帽，铸铁管桩和桩帽的连接采用绞接方式。路堤系统的褥垫层总厚为 50 cm，由桩帽顶部高程 5 cm 厚垫层和以上 45 cm 厚加筋褥垫层组成。加筋材料为三层高强度聚脂土工格栅 Fortrac^{R}150/150-30，其张拉力—应变—强度关系和流变等时线见图 8.43。填料的压实度要求为 $D_{Pr}\geqslant 97\%$。

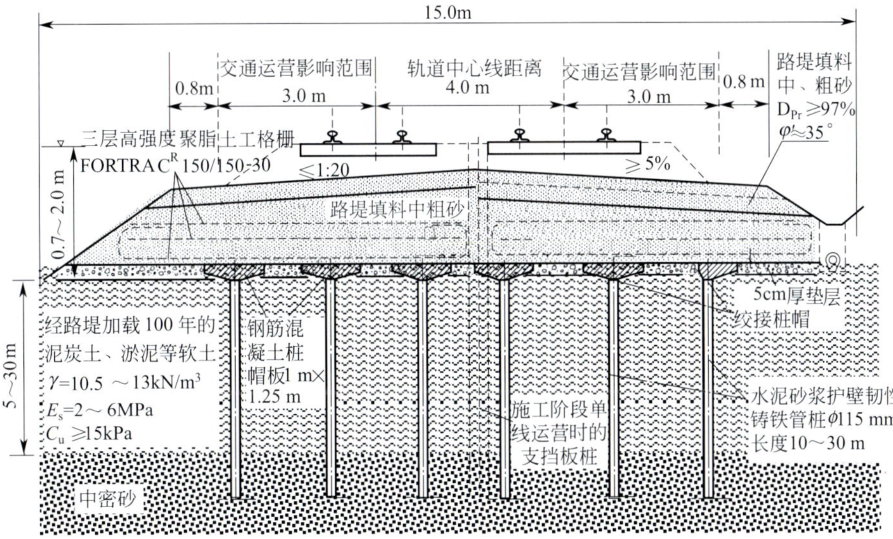

图 8.42 有砟轨道桩承式加筋低路堤改建工程示意图[24-26]

设计时，根据北欧经验确定该系统条件下路堤自重荷载和交通荷载总量的 70%由土拱效应传递给桩，其余的荷载由土工格栅承受，不考虑桩间土承载力的贡献。土工格栅张拉力和强度验算采用英国标准 BS 8006 和 Hewlett 方法[16]。设计时要求使用荷载下土工格栅张拉力小于其短期强度(150 kN/m，见图 8.43)的 20%，而对土工格栅的长期可使用性则采用控制其最大总应变小于等于 3%的办法来解决。

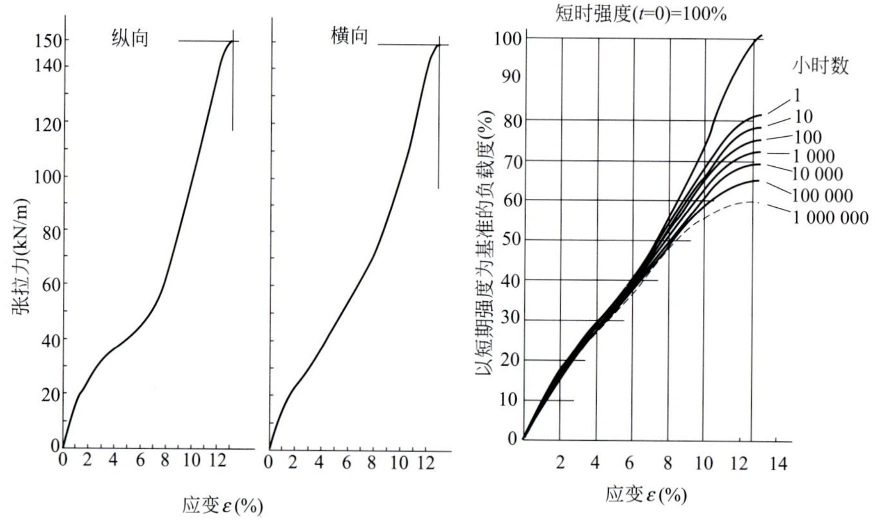

(a) 张拉力–应变–强度关系 (b) 流变强度等时线

图 8.43 高强度聚脂土工格栅 FORTRAC[R] 150/150-30 张拉力—应变—强度关系和流变等时线

为了监控系统的稳定和沉降变形，选择了两个路堤高度约为 2 m 的典型观测区，地基软黏土厚度分别约为 20 m 和 30 m，观测区纵向长度约为 15 m。测试元件和观测项目有：

(1)竖向位移计，测定桩帽沉降和倾斜、桩间土和格栅的沉降，见图 8.44；

(2)电阻式应变仪，测定土工格栅的应变和桩身上部应变；

(3)水平位移计，测定路堤水平向滑动；

(4)加速度仪，测定交通荷载在路堤中引起的振动。

图 8.45 和图 8.46 分别为第一、二检测区典型横断面沉降变形分布及其与时

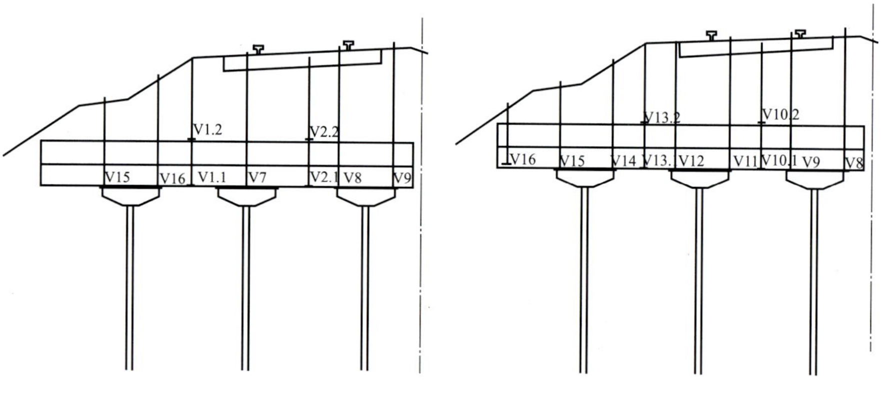

(a) 第一检测区,横向第十排桩断面 (b) 第二检测区,横向第五排桩断面

图 8.44 监测横断面代表性竖向位移计布置[24]

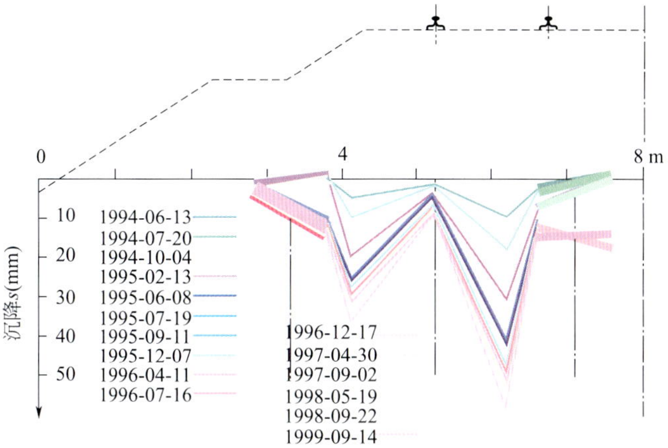

(a) 桩土沉降横向分布

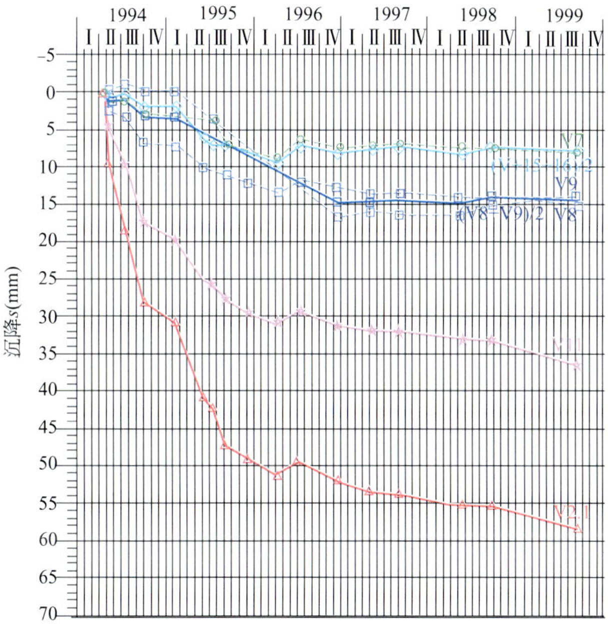

(b) 沉降与运营时间的关系

图 8.45 第一检测区第十排桩横断面实测结果[33]

间关系的实测结果，而图 8.47 和图 8.48 为相应情况下土工格栅总应变实测结果。这些实测结果的起点为改建工程完成后开始运营的时间点。从图 8.45 和图 8.46 可见，桩间土的沉降随时间发展很快，交通动力荷载直接作用区域下部地基的沉降大于邻近区域，约 2.5～3 年后沉降的发展明显趋缓但仍有发展；桩顶沉降明显小于桩间土沉降，第一检测区桩顶沉降趋于稳定的时间约为 2.5 年，而第二检测区桩顶沉降较快完成收敛。

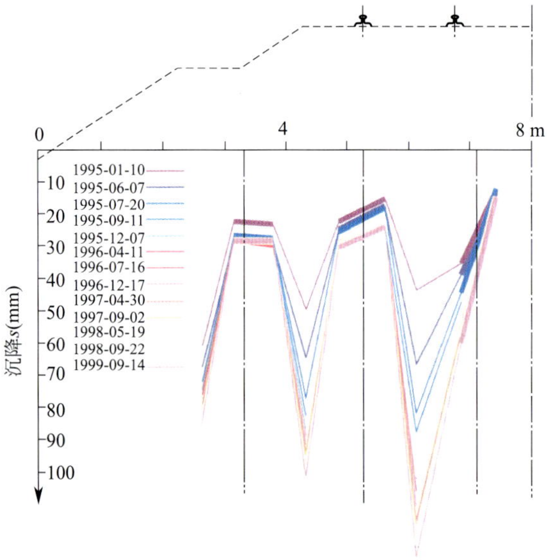

(a) 桩土沉降横向分布

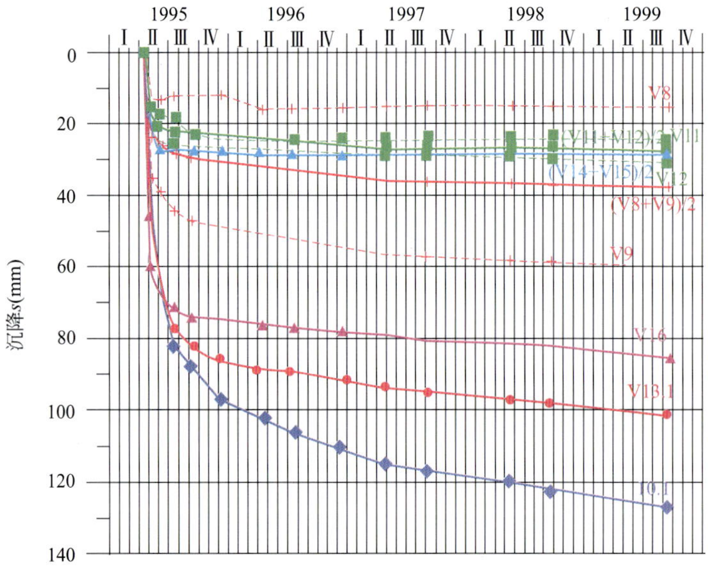

(b) 沉降与运营时间的关系

图 8.46　第二检测区第五排桩横断面实测结果[24]

1994 年 6 月～1999 年 9 月，第一检测区桩间土实测最大沉降为 35～60 mm，桩顶沉降约为 10～15 mm，最大桩间土沉降差约为 40 mm。相比第一检测区，第二检测区地基软土厚度较深(约 30 m)，所以实测沉降更大一些，见图 8.46。1995

年5月～1999年9月，第二检测区桩间土实测最大沉降约为80～130 mm，最大桩顶沉降约为60 mm，最大桩间土沉降差约为70 mm。因为桩顶高程每段桩间土之间只有3个沉降测点(两个位于桩帽边缘，一个位于桩间土中点)供分析用，所以图8.45和图8.46中的桩间土沉降表示为三角形分布，而真实的桩间土沉降接近抛物线分布。

从以上实测最大桩间土沉降差可以估计，土工格栅承受了较大的张拉力。不同位置和方向电阻式应变仪片结果表明，土工格栅总应变的量级约为0.3%～1.0%(第一检测区)以及0.2%～1.0%(第二检测区)，而且在较短时间已趋于稳定，见图8.47和图8.48。

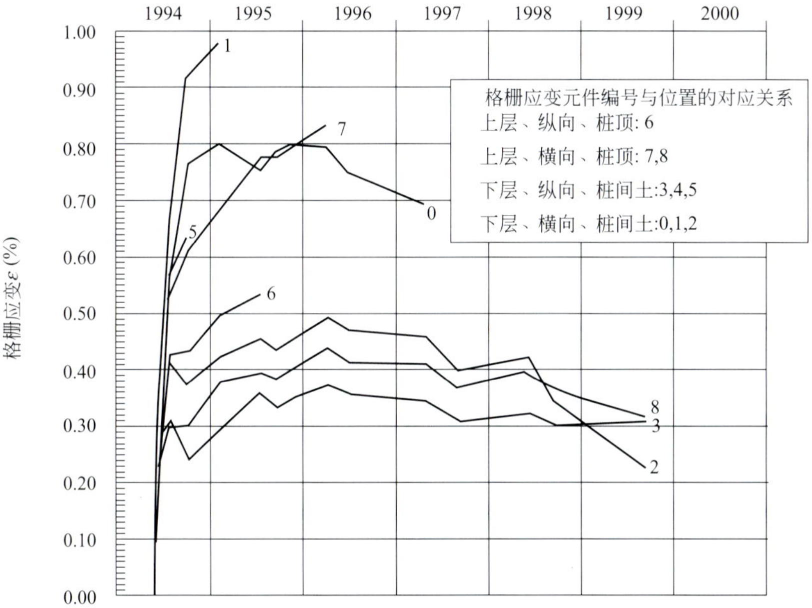

图8.47 第一检测区土工格栅应变实测数据

比较地基沉降和时间以及土工格栅应变和时间发展的关系可以发现，土工格栅应变完成收敛的时间明显短于地基沉降稳定所需的时间。这说明，加筋路堤内部各单元(指填土和土工格栅)的相互作用在较短时间内趋于稳定，而在动、静荷载作用下，加筋路堤与地基系统的相互作用则需要较长的时间才能稳定。

图8.49为列车以160 km/h驶过时土工格栅沿轨道横向和纵向动应变实测时程曲线。实测动应变最大幅值为0.018%，约为总应变的1.8%～9.0%。可见，交通荷载作用下加筋褥垫层的作用尤如预应力钢筋混凝土系统中的预应力钢筋。

根据以上实测结果可以推断，系统满足设计阶段提出的“使用荷载作用下，格栅张拉力小于其短期强度的20%，长期总应变小于等于3%”的要求。

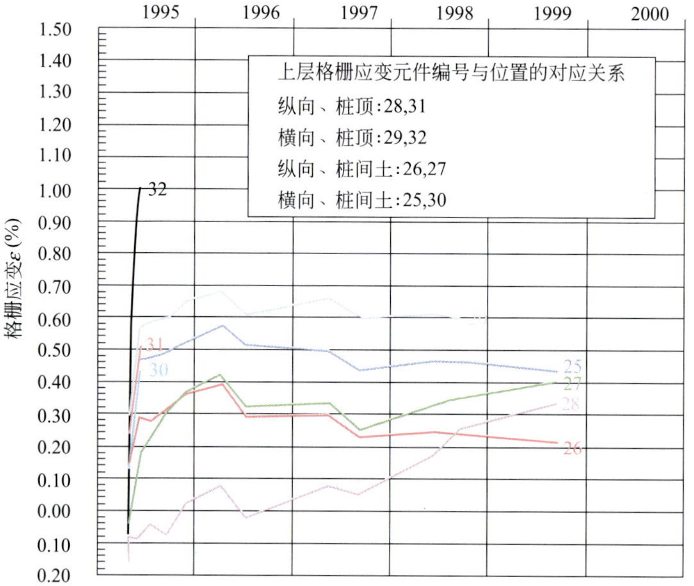

(a) 上层格栅应变

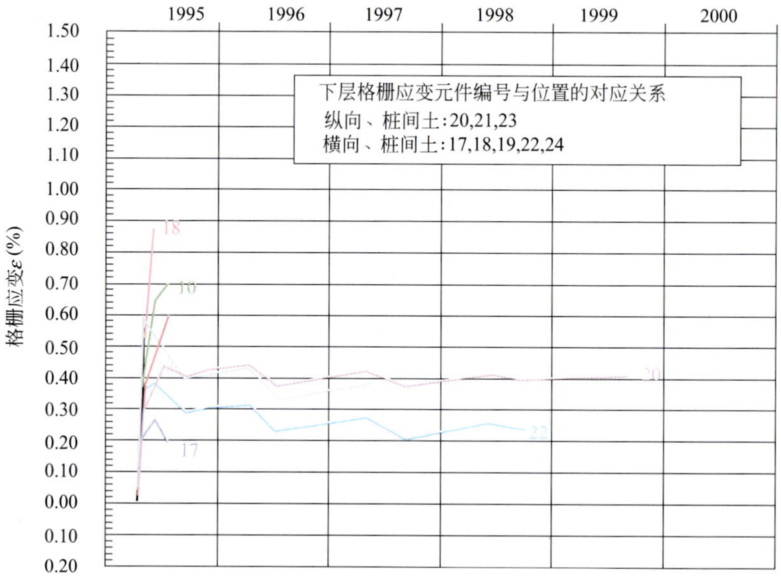

(b) 下层格栅应变

图 8.48 第二检测区土工格栅应变实测数据[24]

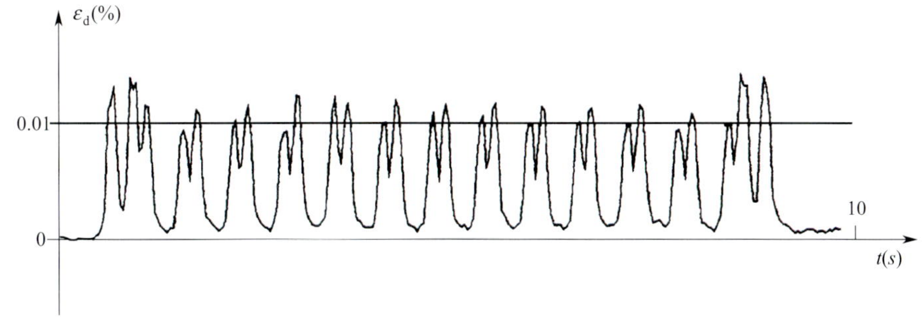

(a) 沿轨道横向土工格栅动应变

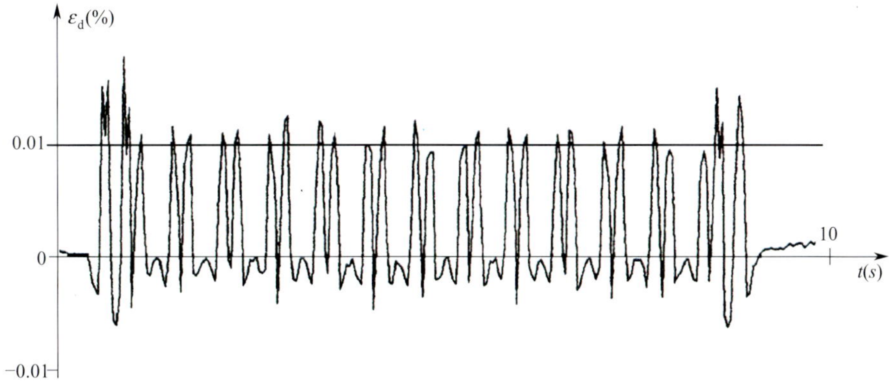

(a) 沿轨道纵向土工格栅动应变

图 8.49 交通荷载作用引起的土工格栅动应变实测数据典型时程曲线[illegible]

8.5.4 桩土沉降变形差引起的路堤变形性状有限元参数分析

如前所述，桩承式加筋路堤的一个特点是路堤底部由桩顶和桩间土不均匀沉降引起的沉降盆群，以及其对路堤上部沉降变形的影响。为了对桩土沉降差引起的路堤变形性状进行理论上的分析，本节利用有限元法对桩网均匀区域（见图 8.2）单桩处理影响范围计算体进行参数研究。图 8.50 为单桩处理影响范围计算模型示意图，属图 8.35 的第Ⅰ类情况。

参数研究的边界条件是以武广高速铁路 CFG 桩桩网复合地基典型情况为蓝本确定的。武广高速铁路路堤填高一般为 3～6 m，计算时分别考虑 1、3、6 m 三种情况。路堤填料和填筑质量满足规范对高速铁路路基的要求。地基土为软黏土，计算时分别假定其弹性模量为 2、4、6 MPa。路堤填料和桩间土采用理想弹塑性模型。由于研究的重点是路堤底部桩土沉降差对路堤上部沉降变形的影响，所以假设 CFG 桩支承在风化岩层上，即不考虑下卧层的压缩变形。CFG 桩长度为

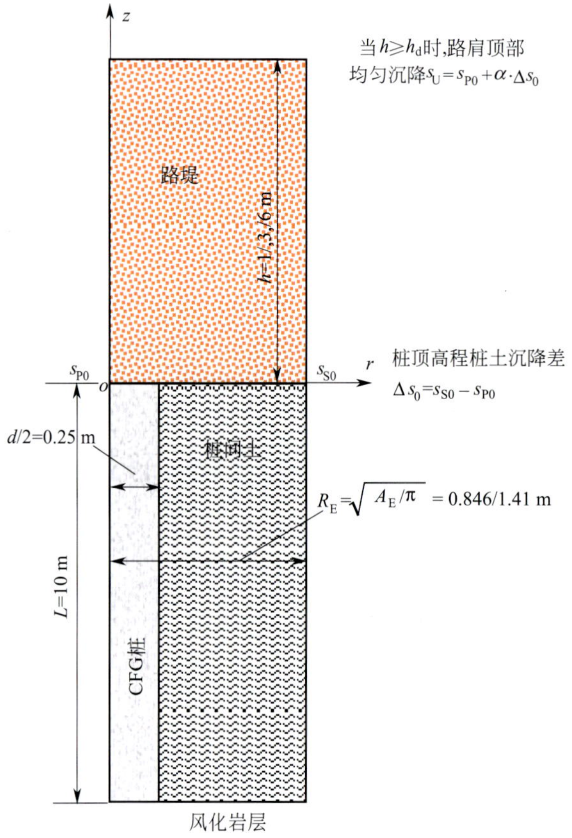

图 8.50 轴对称有限元计算模型示意图

10 m、桩径 0.5 m，其平面分布假设为正方形布置，桩间距分别考虑三倍和五倍桩径两种情况。土工格栅的拉伸刚度假设为 1 200 kN/m。基本的计算参数汇总如下：

CFG 桩：$\gamma=25\ \text{kN/m}^3$，$E=25\ 000$ MPa，$\upsilon=0.2$，$d=0.5$ m，$s/d=3,5$

路堤填料：$\gamma=20\ \text{kN/m}^3$，$E=30$ MPa，$\upsilon=0.25$，

$c'=0$，$\varphi'=30°,35°$，$\psi'=1/3\cdot\varphi'$

桩间土：$\gamma=18\ \text{kN/m}^3$，$E=2,4,6$ MPa，$\upsilon=0.4$，

$c'=10\ \text{kN/m}^2$，$\varphi'=15°$，$\psi'=0°$

土工格栅：$EA=1\ 200$ kN/m

每个算例分两步进行计算，第一步确定路堤填筑前 CFG 桩处理地基的初始应力状态；第二步计算在路堤自重作用下地基和路堤的沉降变形，这一步有限元计算得出的沉降包括了路堤在自重作用下本身的压缩变形。为了分析在路堤自重作用下 CFG 桩地基不均匀沉降对路堤内部沉降变形的影响，分析时从有限元计算结果扣除了路堤本身压缩变形部分。

这里，一共进行 30 个算例的分析，其计算基本参数列于表 8.9。图 8.51 和图 8.52 为算例 CFG-2a 的代表性计算结果。

表 8.9 桩土沉降差引起的路堤变形有限元参数研究算例汇总

算例编号（CFG-）	模　型	路堤高度 h(m)	桩间距 s(m)	单桩有效处理半径 R_E(m)	填土有效摩擦角 φ'(°)	桩间土弹模 E(MPa)	土工格栅刚度 EA(kN/m)
1a	弹性	6	1.5	0.846	—	2	—
2a	弹塑性	6	1.5	0.846	30	2	—
3a	弹塑性	6	1.5	0.846	30	2	1 200
4a	弹性	3	1.5	0.846	—	2	—
5a	弹塑性	3	1.5	0.846	30	2	—
6a	弹塑性	3	1.5	0.846	30	2	1 200
7a	弹性	1	1.5	0.846	—	2	—
8a	弹塑性	1	1.5	0.846	30	2	—
9a	弹塑性	1	1.5	0.846	30	2	1 200
10a	弹性	6	2.5	1.410	—	2	—
11a	弹塑性	6	2.5	1.410	30	2	—
12a	弹塑性	6	2.5	1.410	30	2	1 200
13a	弹性	3	2.5	1.410	—	2	—
14a	弹塑性	3	2.5	1.410	30	2	—
15a	弹塑性	3	2.5	1.410	30	2	1 200
16a	弹性	1	2.5	1.410	—	2	—
17a	弹塑性	1	2.5	1.410	30	2	—
18a	弹塑性	1	2.5	1.410	30	2	1 200
19a	弹塑性	6	1.5	0.846	30	4	—
20a	弹塑性	3	1.5	0.846	30	4	—
21a	弹塑性	1	1.5	0.846	30	4	—
22a	弹塑性	6	2.5	1.410	30	4	—
23a	弹塑性	3	2.5	1.410	30	4	—
24a	弹塑性	1	2.5	1.410	30	4	—
25a	弹塑性	6	1.5	0.846	30	6	—
26a	弹塑性	3	1.5	0.846	30	6	—
27a	弹塑性	1	1.5	0.846	30	6	—
28a	弹塑性	6	2.5	1.410	30	6	—
29a	弹塑性	3	2.5	1.410	30	6	—
30a	弹塑性	1	2.5	1.410	30	6	—

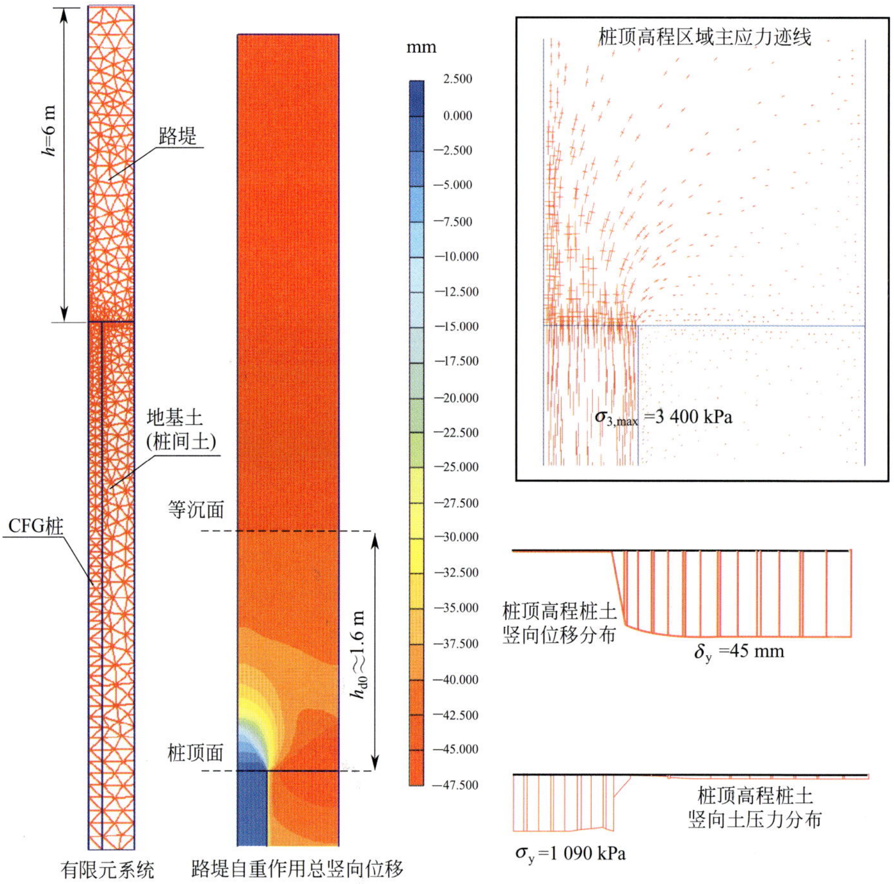

图 8.51　均匀区域 CFG 单桩处理影响范围等效计算体轴对称有限元模型 CFG-2a 计算结果

从图 8.51 的桩顶高程区域主应力迹线可见，在路堤自重作用下，相当一部分荷载通过土拱效应传递给 CFG 桩。与此相关，一方面桩顶高程桩、土之间出现很大的差异沉降 $\delta_y \approx 45$ mm，另一方面桩顶竖向土压力明显高于桩间土压力。从桩顶区域及以上位置竖向位移的分布分析，桩顶高程桩土差异沉降随着离桩顶距离的增加逐渐减小为零，该高度(这里约为 1.6 m)以上填土的沉降分布均匀。这里，总竖向位移还包含了路堤自重压缩部分的变形 s_E。如果扣除这部分变形，完全由 CFG 桩复合地基不均匀沉降决定的路堤等沉面略低于该高度，而这个等沉面正是下面讨论的重点。

扣除路堤自重压缩部分变形后，算例 CFG-2a 完全由 CFG 桩桩网复合地基不均匀沉降决定的路堤等沉面高度约为 1.50 m，见图 8.52。可见，本算例路堤高度

(6 m)大于等沉面高度。在等沉面高度范围内，桩土沉降差由桩顶高程的 $\Delta s_0=44.5$ mm 下降为等沉面高度的 $\Delta s_0=0$。等沉面高度以上范围路堤沉降变形均匀，其值约为 36.5 mm，见图 8.52。

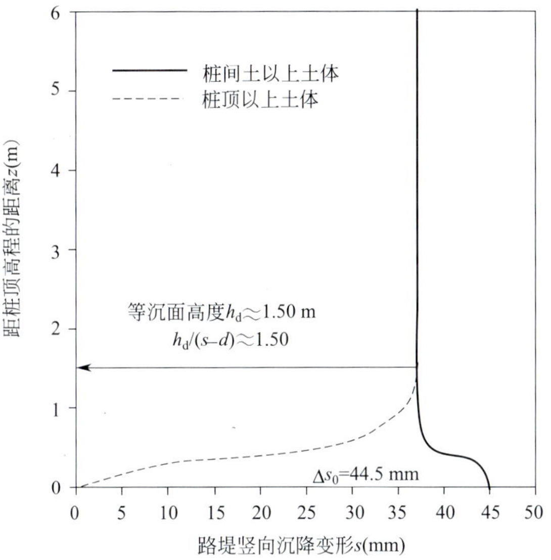

图 8.52 CFG 桩地基竖向沉降变形(差)沿路堤高度变化弹塑性有限元计算结果(算例 CFC-2a)

算例 CFG-1a 到 CFG-9a 的主要计算结果列于表 8.10，分别为桩土最大沉降差 Δs_0、等沉面高度 h_d 以及路肩高程沉降与最大沉降差的比值 $(s-s_{P0})/\Delta s_0$。通过路肩高程桩顶、桩间土以上位置 $(s-s_{P0})/\Delta s_0$ 比值的分析，可以确定在给定路堤高度条件下桩间土沉降差在路肩是否已完全消失，以及等沉面高度计算值 h_d。取以下三组算例的计算结果对比可以发现：

第一组　CFG-1a，CFG-2a，CFG-3a

第二组　CFG-4a，CFG-5a，CFG-6a

第三组　CFG-7a，CFG-8a，CFG-9a

(1)在给定条件下，弹塑性计算得出的桩间土最大沉降差 Δs_0 明显大于弹性计算结果；

(2)弹性计算得出的等沉面高度 h_d 略高于弹塑性计算结果；

(3)弹塑性对比计算表明，在给定土工格栅刚度条件下，土工格栅对降低桩间土沉降差 Δs_0 的作用十分有限；

(4)土工格栅的存在对等沉面高度 h_d 基本没有影响。

这四点结论同样适合于桩间距为 2.5 m 的情况，见表 8.11。所以，下面的等沉面分析侧重于弹塑性计算而不考虑土工格栅的作用。

表 8.10　算例 CFG-1a～CFG-9a 的结果比较

算　例 (CFG-)	模　型	h (m)	s (m)	EA (kN/m)	Δs_0 (mm)	h_d (m)	桩顶以上路肩高程 $(s-s_{P0})/\Delta s_0$(%)	桩间土以上路肩高程 $(s-s_{P,0})/\Delta s_0$(%)
1a	弹性	6	1.5	0	8.6	1.75	80.0	80.0
2a	弹塑性	6	1.5	0	44.5	1.50	82.0	82.0
3a	弹塑性	6	1.5	1 200	41.8	1.50	82.0	82.0
4a	弹性	3	1.5	0	4.3	1.55	80.0	80.0
5a	弹塑性	3	1.5	0	24.3	1.40	80.0	80.0
6a	弹塑性	3	1.5	1 200	23.5	1.40	80.0	80.0
7a	弹性	1	1.5	0	1.4	$h<h_d$	72.0	83.0
8a	弹塑性	1	1.5	0	11.8	$h<h_d$	5.0	98.0
9a	弹塑性	1	1.5	1 200	12.2	$h<h_d$	5.0	98.0

表 8.11　算例 CFG-10a～CFG-18a 的结果比较

算　例 (CFG-)	模　型	h (m)	s (m)	EA (kN/m)	Δs_0 (mm)	h_d (m)	桩顶以上路肩高程 $(s-s_{P0})/\Delta s_0$(%)	桩间土以上路肩高程 $(s-s_{P,0})/\Delta s_0$(%)
10a	弹性	6	2.5	0	23.8	2.50	89.0	89.0
11a	弹塑性	6	2.5	0	99.7	2.00	94.0	94.0
12a	弹塑性	6	2.5	1 200	100.4	2.00	94.0	94.0
13a	弹性	3	2.5	0	12.1	2.40	89.0	89.0
14a	弹塑性	3	2.5	0	56.4	2.00	93.0	93.0
15a	弹塑性	3	2.5	1 200	55.9	2.10	92.0	92.0
16a	弹性	1	2.5	0	4.3	$h<h_d$	64.0	95.0
17a	弹塑性	1	2.5	0	30.9	$h<h_d$	2.0	99.0
18a	弹塑性	1	2.5	1 200	30.9	$h<h_d$	2.0	99.0

当净桩间距$(s-d)=1.0$ m，路堤高度为 3～6 m 时，计算等沉面高度 h_d 约为 1.4～1.5 m，见表 8.10。当 $h\geqslant h_d$ 时，等沉面高度以上路堤的沉降为均匀沉降 s_U，其值为桩间土最大沉降差 Δs_0 的 80%～82%。当路堤高度小于该计算等沉面高度时，例如表 8.10 中的算例 CFG-8a($h=1$ m)，路肩高程沉降差约为桩顶高程桩间土沉降差的 93%(98%－5%)，仅下降 7%，即桩间土沉降差基本传递至路肩。

当净桩间距扩大一倍即$(s-d)=2.0$ m，路堤高度为 3～6 m 时，等沉面的计算值为约 2.0 m，见表 8.11。等沉面高度以上路堤的均匀沉降 s_U 为桩间土最大沉降差 Δs_0 的 93%～94%。当路堤高度 $h=1$ m，即小于计算等沉面高度时，路肩高程沉降差约为桩顶高程桩间土沉降差的 97%(99%－2%)，即桩顶高程桩间土沉降差基本上传递至路肩。

为了研究软黏土地基压缩模量对路堤等沉面性状的影响，分别对桩间距桩径比为3和5以及路堤高度 $h=6$、3、1 m情况，通过变动地基弹性模量 $E=2\sim6$ MPa来分析比较，计算结果分别在表8.12和表8.13中给出。

可见，在参数研究所给定的范围，等沉面高度主要取决于桩间距桩径比(s/d)。随着 s/d 从3上升到5，等沉面高度 h_d 从1.5 m增加到2.1 m。地基软黏土变形参数对桩间土沉降差值有明显的影响，但对等沉面高度 h_d 没有影响。

当路堤高度 h 大于等沉面高度 h_d 时，桩间土沉降差 Δs_0 传递到路肩的均匀沉降为 $\alpha\cdot\Delta s_0$。根据表8.12和表8.13，比值 α 随 s/d 和软黏土弹性模量的增加而上升，但变化幅度不大，约为0.80～0.89($s/d=3$)和0.94～0.96($s/d=5$)。可见，当路堤高度 h 大于等沉面高度 h_d 时，桩间土沉降差 Δs_0 的大部分转化为路肩均匀沉降。由CFG桩网复合地基不均匀沉降引起的路肩均匀总沉降 $s_U=s_{P0}+\alpha\cdot\Delta s_0$。

表8.12 地基软黏土(桩间土)弹性模量对等沉面性状的影响($s/d=3$)

算例(CFG-)	h (m)	s (m)	$E_{填土}$ (MPa)	$E_{地基}$ (MPa)	Δs_0 (mm)	h_d (m)	桩顶以上路肩高程 $(s-s_{P0})/\Delta s_0$(%)	桩间土以上路肩高程 $(s-s_{P0})/\Delta s_0$(%)
2a	6	1.5	30	2	44.5	1.50	82.0	82.0
19a	6	1.5	30	4	23.2	1.50	89.0	89.0
25a	6	1.5	30	6	18.0	1.50	89.0	89.0
5a	3	1.5	30	2	24.3	1.40	80.0	80.0
20a	3	1.5	30	4	11.0	1.40	88.0	88.0
26a	3	1.5	30	6	9.0	1.45	89.0	89.0
8a	1	1.5	30	2	11.8	$h<h_d$	5.0	95.0
21a	1	1.5	30	4	6.0	$h<h_d$	10.0	96.0
27a	1	1.5	30	6	4.1	$h<h_d$	15.0	97.0

表8.13 地基软黏土(桩间土)弹性模量对等沉面性状的影响($s/d=5$)

算例(CFG-)	h (m)	s (m)	$E_{填土}$ (MPa)	$E_{地基}$ (MPa)	Δs_0 (mm)	h_d (m)	桩顶以上路肩高程 $(s-s_{P0})/\Delta s_0$(%)	桩间土以上路肩高程 $(s-s_{P0})/\Delta s_0$(%)
11a	6	2.5	30	2	99.7	2.0	94.0	94.0
22a	6	2.5	30	4	59.0	2.1	95.0	95.0
28a	6	2.5	30	6	44.6	2.1	95.0	95.0
14a	3	2.5	30	2	56.4	2.0	93.0	93.0
23a	3	2.5	30	4	30.9	2.0	96.0	96.0
29a	3	2.5	30	6	23.1	2.0	96.0	96.0
17a	1	2.5	30	2	30.9	$h<h_d$	2.0	99.0
24a	1	2.5	30	4	15.3	$h<h_d$	4.0	99.0
30a	1	2.5	30	6	10.2	$h<h_d$	6.0	99.0

8.5.5 武广高速铁路长沙站CFG桩加固试验区实测结果分析

武广高速铁路新长沙车站CFG桩加固试验区位于DK1572+062.30～

DK1572+107.30，总长约 45 m。现场软黏土地基的压缩模量为 2～3 MPa，下卧地基的压缩模量约为 9.0 MPa。试验区路堤填高 h=3.58～3.69 m，分三个试验断面，平面布置见图 8.53。褥垫层设置单层土工格栅，其抗拉强度为 80 kN/m。CFG 桩为正方形布置，各试验断面的尺寸如下：

1 号试验断面：d=0.5 m，s=1.8 m，无桩帽

2 号试验断面：d=0.5 m，s=2.0 m，桩帽直径 1.0 m

3 号试验断面：d=0.5 m，s=2.0 m，无桩帽

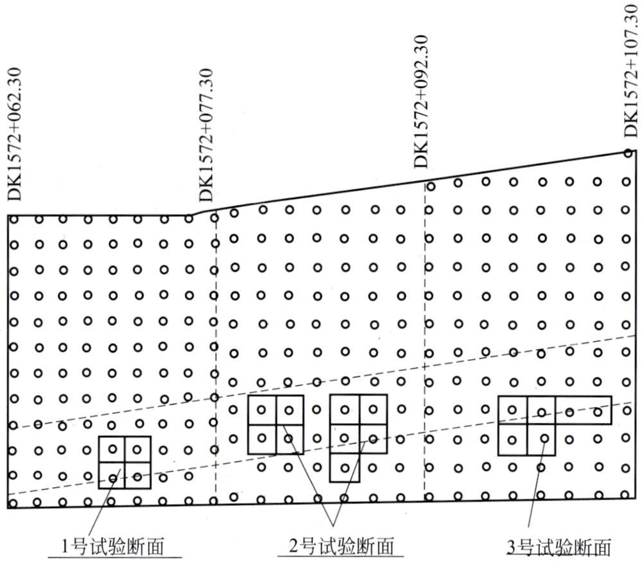

CFG 桩正方形布置桩间距 1.8 m

测试元件

4 个桩间土土压力盒

2 个桩顶土压力盒

2 个单点沉降计

CFG 桩正方形布置桩间距 2.0 m+桩帽

测试元件

4 个桩间土土压力盒

4 个桩顶土压力盒

2 个单点沉降计

4 个桩间土柔性位移计

4 个桩柔性位移计

4 个混凝土应变计

1 个孔隙水压力计

CFG 桩正方形布置桩间距 2.0 m

测试元件

4 个桩间土土压力盒

2 个桩顶土压力盒

3 个单点沉降计

4 个桩间土柔性位移计

4 个桩柔性位移计

8 个混凝土应变计

1 个孔隙水压力计

图 8.53　武广高速铁路新长沙车站 CFG 桩加固试验区平面图

在试验段设置了以下测试元件用于测定桩顶和桩间土压力、沉降变形、土工格栅应变、地基桩间土孔隙水压力以及 CFG 桩身上部应变，它们分别为土压力盒、单点沉降计、柔性位移计、孔隙水压力计和混凝土应变计。

三个试验断面路堤高度和桩净间距的比值分别为 2.6、3.2 和 2.4，都大于 2.0，属于图 8.35 定义的一般性路堤，即不属于低路堤情况。

图 8.54 和图 8.55 分别给出了 1 号、3 号试验断面桩顶和桩间土压力随路堤填筑高度的实测结果，图中的红、棕实线分别为根据式(8.16)计算的土拱效应引起的桩顶和桩间土压力理论值，黑实线为路堤底部土压力平均值 $\gamma \cdot h$。对比结果表明，3 号试验断面桩顶和桩间土压力实测值与理论值吻合较好，而 1 号试验断面的实测值与理论值差距较大，即土拱效应产生的桩土荷载重分布不明显。

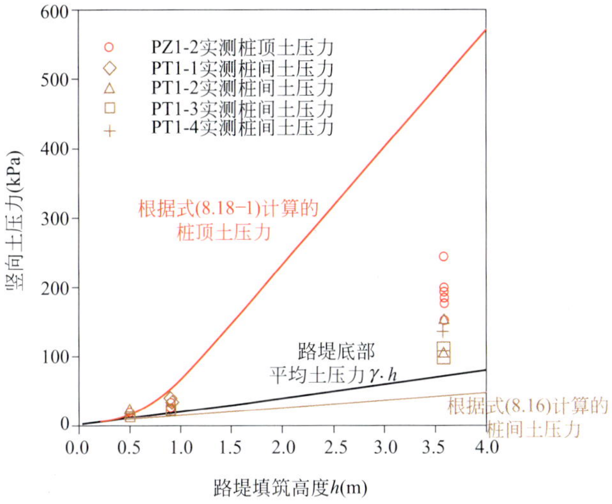

图 8.54 新长沙站 CFG 桩复合地基加固试验区
1 号断面实测土压力与路堤填筑高度的关系

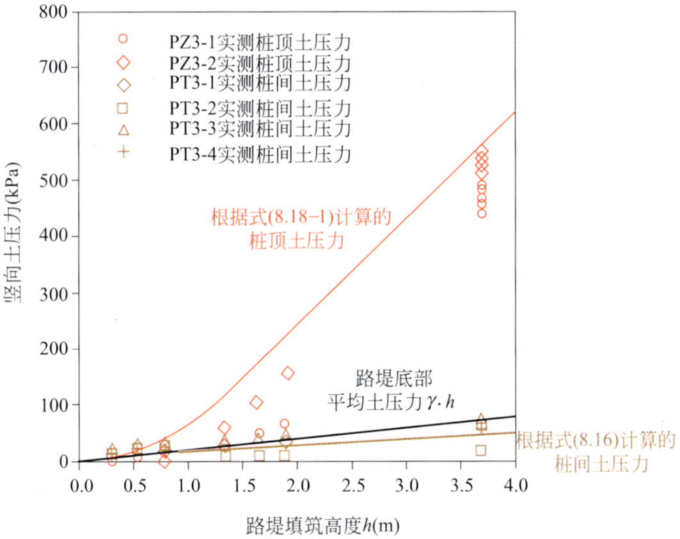

图 8.55 新长沙站 CFG 桩复合地基加固试验区
3 号断面实测土压力与路堤填筑高度的关系

图 8.56 和图 8.57 分别给出了 1 号、3 号试验断面荷载沉降时程曲线。可见，这两个断面的实测桩顶沉降都小于桩间土沉降。1 号试验断面与上述土压力实测结果相对应，由于土拱效应不明显，传递到桩顶的荷载比例较小，使桩间土没有得以卸载，路堤填筑开始 76 d 后实测桩间土沉降约为 72.0 mm，明显高于桩顶沉降 18.0 mm。这时，最大桩间土沉降差约为 54.0 mm。与此相比，3 号试验断面由于土拱效应十分明显，大部分路堤荷载传递给了 CFG 桩，使桩间土承受的荷载明显下降，导致路堤加载开始 68 d 后实测桩间土沉降有所减小，约为 51～62 mm，而 CFG 桩顶沉降则明显上升，约为 44.0 mm。这使 3 号试验断面最大桩间土沉降差下降为约 18.0 mm。所以，1 号和 3 号土压力荷载实测结果与桩土沉降实测结果定性上是一致的。利用上述结果和式(8.24)和(8.25)，可以计算得出 1 号和 3 号试验断面土工格栅的平均应变分别为 0.42%和 0.04%，远远小于 3%。

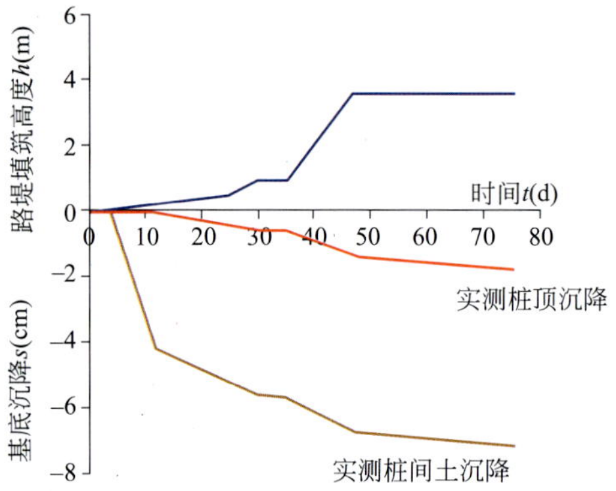

图 8.56　新长沙站 CFG 桩复合地基加固试验区 1 号断面实测沉降与路堤填筑高度和时间的关系

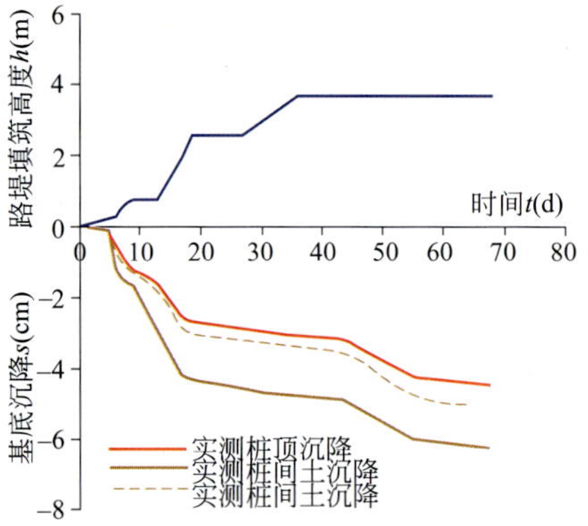

图 8.57　新长沙站 CFG 桩复合地基加固试验区 3 号断面实测沉降与路堤填筑高度和时间的关系

8.6 CFG 桩桩承式加筋路堤地基沉降变形分析概念模型

桩承式加筋路堤地基的沉降变形分析属于路基可使用性范畴，英国标准 BS 8006(1995)和德国行业标准 EBGEO(2004)将桩承式加筋路堤可使用性验算分为三个部分，见表 8.14。

表 8.14 英国和德国标准有关路堤桩网复合地基可使用性验算项目

验算项目 / 标准类别 / 序号	英国标准 BS 8006(1995)	德国行业标准 EBGEO(2004)
1	路堤底部桩沉降验算	路堤底部桩沉降验算
2	路堤本身的沉降变形验算，主要指基底桩间土/土工格栅局部沉降盆群及向路堤上部的延伸，用间接方式控制： (1)路堤最小高度应满足 $h \geqslant 0.7 \cdot (s-b)$ (2)一般要求土工格栅最大应变控制在 6%以内 (3)完成填筑后由于长期流变应变引起的附加应变控制值为 2%	路堤本身的沉降变形验算，主要指基底桩间土/土工格栅局部沉降盆群及向路堤上部的延伸 对长期可使用性有影响的是完成填筑后出现的沉降变形部分，间接地用加筋单元的附加流变应变 $\Delta\varepsilon_{cr} \leqslant 2\%$ 来控制
3	路堤—地基复合系统总沉降验算	路堤—地基复合系统总沉降验算

对路堤底部桩沉降验算，这两个标准都给出了原则性的要求和采用如现场试桩法、经验值、观测法和数值方法等一般性的建议，并没有给出具体的设计计算方法。

对路堤本身的沉降变形验算，主要指路堤底部桩间土/土工格栅局部沉降盆群及向路堤上部延伸对路堤长期可使用性的影响。根据研究结果和工程经验，这两个标准都提出了具体的验算要求和方法。这里，英国标准除了要求路堤最小高度 $h \geqslant 0.7 \cdot (s-b)$ 外，还要求土工格栅的最大总应变和填筑完成后流变引起的附加应变应分别小于等于 6% 和 2%；而德国行业标准只要求填筑完成后出现的附加应变小于等于 2%。以土工格栅应变间接控制路堤本身的变形是否合适，特别是对高速铁路无砟轨道路基，目前尚无普遍认可的经验。

可使用性验算的第三部分是在第一、二部分基础上对路堤-地基复合系统沉降变形的总体评价。对该验算项目，这两个标准都只给出了原则性的要求，具体的要求取决于路堤上工程结构物对路基系统沉降变形的要求。对设计验算方法，都笼统地建议采用例如观测法和数值方法等。

由 8.5.2 节～8.5.4 节的分析可见，桩承式加筋路堤沉降变形性状十分复杂，涉及系统内各部分的相互作用以及时间效应，要完全通过理论计算准确地确定系统沉降变形的大小以及与时间的关系是非常困难的。设计应能合理地估计沉降变形包括不均匀沉降的量级以及与时间的关系。无论采用的沉降计算方法如何复杂，工程上最终仍须通过现场实测结果的分析来确认系统是否满足相应的要求。所以，对设计单位来说，更需要既抓住主要因素、参数容易确定，又实用方便的计算方法。

根据这个理念，本节在前述研究的基础上，结合无砟轨道铁路路基的特殊要求，对路堤条件下 CFG 桩桩承式加筋路堤地基系统进行相应的简化，提出沉降变形分析概念模型作为地基可使用性分析的基础。

本节的讨论以图 8.58 所示的路堤条件下 CFG 桩桩网复合地基为蓝本。为了简化分析，计算时只考虑图 8.2 中的均匀区域，将路堤横断面有限排数的 CFG 桩理想化为无限，见图 8.59。这样的处理对沉降变形量级计算的结果是偏于安全的。

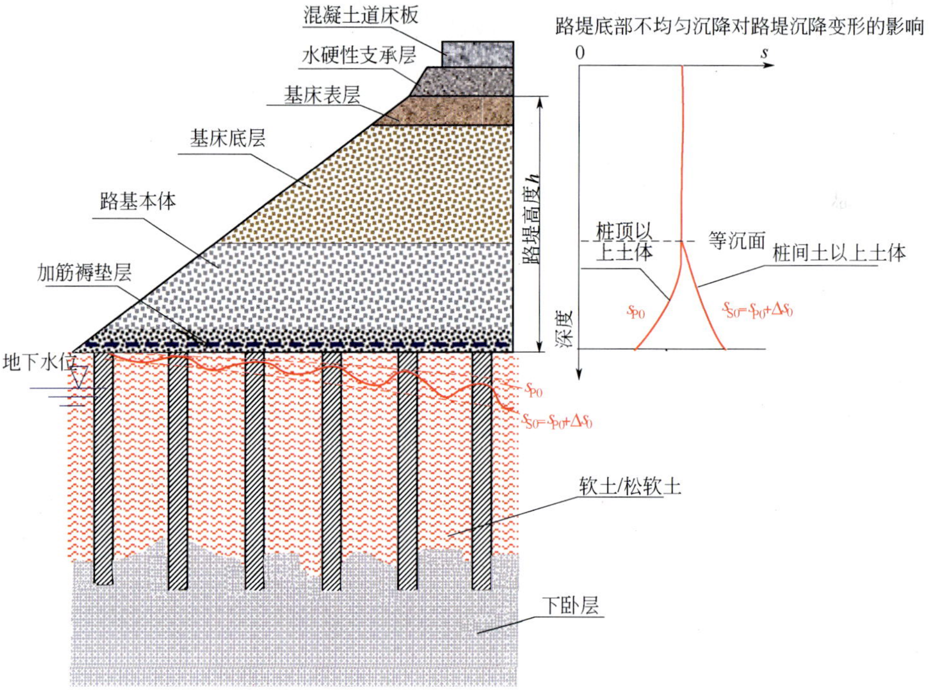

图 8.58　无砟轨道路堤条件下 CFG 桩桩网复合地基沉降变形示意图

如第 8.5.1 节所示，一般情况下，桩承式加筋铁路路堤的总沉降 $s_G=s_U+s_E+s_N$。

对高速铁路无砟轨道路基，在满足填料适用性和填筑质量相应要求的前提下，路堤本身的总压缩变形量 s_E 及其与时间的关系已有相应的经验，比较容易控制。同时，当路堤达一定高度时，运营交通荷载作用对地基的影响可以忽略，而路堤填料本身的附加沉降变形在可控范围(见第 5、6 章)。所以，对系统沉降变形起控制作用的往往是路堤下地基(U)总沉降 s_U。

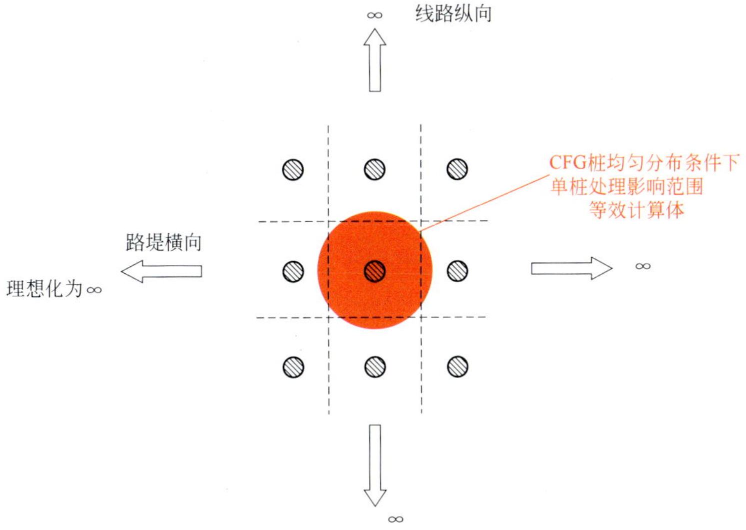

图 8.59 路堤条件下 CFG 桩网地基平面简化及单桩处理影响范围等效计算体

一般情况下，地基总沉降 s_U 由 CFG 桩加固区(UL)总压缩变形 s_{UL} 和下卧层(UU)总压缩变形 s_{UU} 组成，它们反应在路堤底部或者说 CFG 桩(帽)顶部高程时，为由桩顶总沉降 s_{P0} 和桩间土总沉降 s_{S0} 表征的沉降盆群，桩间土沉降差特征值 $\Delta s_0=(s_{S0}-s_{P0})$。图 8.60 为沉降计算概念模型，包括基底荷载分布、基底沉降变形分布、路堤底部不均匀沉降变形对路肩沉降的影响以及与时间关系示意图。地基沉降引起的路堤等沉面以上总沉降 s_U 的大小在桩顶总沉降 s_{P0} 和桩间土总沉降 s_{S0} 之间，它们与时间的关系决定了路基工后沉降变形满足无砟轨道系统长期耐久性要求的铺轨时间点 T_0。

图 8.61 为铁路路堤条件下 CFG 桩网地基沉降变形计算概念模型的实现方案和地基可使用性(适用性)评判准则。

概念模型的实现方案分两个部分：第一部分确定桩顶和桩间土荷载；第二部分确定桩顶和桩间土沉降大小以及其与时间的关系。

路堤总荷载($p_k+\gamma_k\cdot h$)在桩、土之间的分配，理论上由土拱效应和土工格栅拉力传递两部分决定。土拱效应引起的桩顶、桩间土压力为 σ_{zs} 和 σ_{z0}，由土工格栅拉力传递的部分为 $+\Delta\sigma_{zs}$ 和 $-\Delta\sigma_{z0}$，所以桩顶和桩间土总压力分别为($\sigma_{zs}+\Delta\sigma_{zs}$)和($\sigma_{z0}-\Delta\sigma_{z0}$)，见图 8.60 和图 8.61。从 8.5.2 节的分析可知，这两个荷载的大小与时间有关。这是因为，由土拱效应决定的桩土荷载分担比不仅与路堤高度 h、路堤填料强度、桩间距 s、桩径(帽)$d(b)$ 等参数有关，还取决于与时间相关的桩土沉降差 Δs_0。现场观测研究表明，在路基填筑和观测过程中，桩间土压力和桩顶土压力在不同阶段出现的局部卸载或者说软化现象，其量一般不超过总量的 15%。而且，当路堤较高时，例如 $h/(s-b)\geqslant 2.0$，土工格栅存在与否和其刚度大小对桩荷

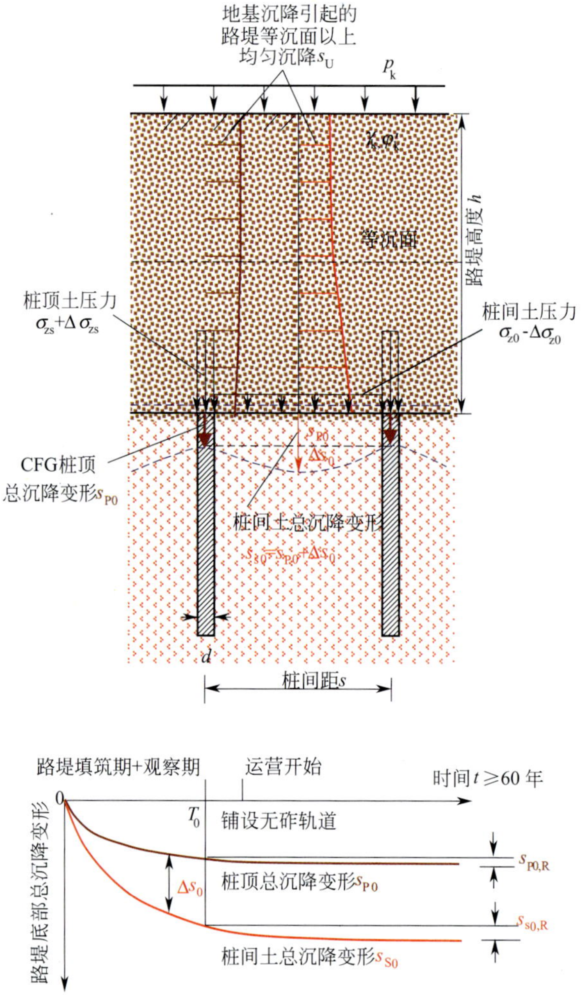

图 8.60 沉降计算概念模型示意图

载比参数 E 总和的影响不大。所以，设计时可以直接利用式(8.16)、式(8.17)和式(8.18-1)确定桩顶和桩间土压力。这样处理，虽然忽略了桩土沉降差和土工格栅对荷载分配的影响，但可能部分抵消由于理论模型没有考虑分层填筑对土拱作用的影响，见 8.4.2 节和 8.5.5 节实测结果的分析。由于我们关心的主要是地基沉降变形的量级，这样的处理大大简化了计算。

在确定了桩顶和桩间土荷载后，概念模型实现方案的第二部分为估计桩顶和桩间土沉降特征值 s_{P0}、s_{S0}。如有可能，计算上例如可以采用图 8.59 所示 CFG 单桩处理影响范围等效计算体简化模型，并利用有限元方法估计系统在相应边界条件下的沉降特征值 s_{P0}、s_{S0}，包括它们与时间的关系，或者进一步简化，将概念模型实现方案第一部分确定的桩间土压力荷载 σ_{z0} 作为路堤底部荷载，采用经典沉降计

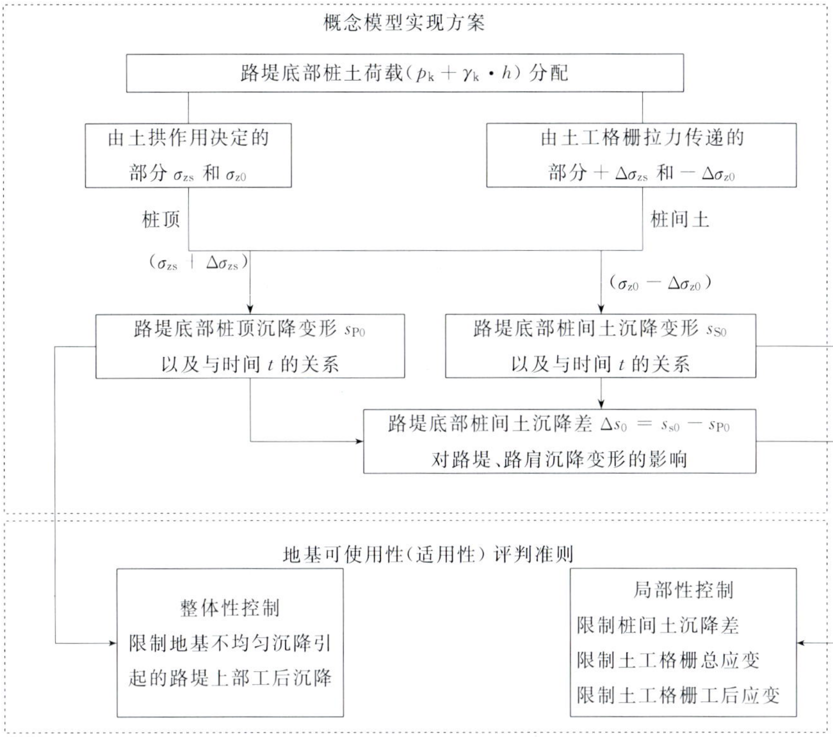

图 8.61 概念模型的实现方案和地基可使用性(适用性)评判准则

算方法(不考虑 CFG 桩的存在)估计桩间土沉降特征值 s_{S0}。利用路堤桩顶土压力荷载 σ_{zs} 估计 CFG 桩桩顶沉降特征值 s_P 时,需要单桩荷载试验确定的荷载-位移特征曲线并考虑群桩效应。在此基础上,估计桩间土最大沉降差 $\Delta s_0=s_{S0}-s_{P0}$。当路堤高度大于等沉面高度 h_d 时,地基不均匀沉降引起的路堤等沉面以上均匀沉降 s_U 处在 s_{P0} 和 s_{S0} 之间。由此,路肩沉降 s_U 的大小范围得以确定,见图 8.60 和 8.5.4 节。

设计时,土工格栅张拉力和应变的确定可根据文献[17]的研究结果进行简化,即双向加筋土工格栅中荷载的传递,主要发生在最邻近相对而立桩头之间的筋条上,最大的荷载和应变出现在桩头边缘,而该区域外与此平行的桩间筋条承受的荷载较小。由此,设计时只需考虑最邻近相对而立桩头之间的筋条,并假定土工格栅的变形为抛物线型,见图 8.62。抛物线函数由土工格栅绕度特征值 $\Delta s_0=(s_{S0}-s_{P0})$确定,即($x=0,y=0$);($x=\pm L_0/2,y=\Delta s_0$)。计算桩间土总沉降特征值 s_{S0} 和桩顶总沉降特征值 s_{P0} 时,不考虑土工格栅的影响,即假设格栅的变形与桩间土沉降变形一致。虽然这样的处理没有考虑土工格栅刚度对降低沉降差的作用,但使计算大为简化,而且计算的土工格栅张拉力和应变值偏于安全。根据 8.5.2 节的分析,对路堤相对较高的情况,例如满足 $h\geqslant 3$ m 和 $h/(s-b)\geqslant 2.0$ 时,这样的简化是合理的。

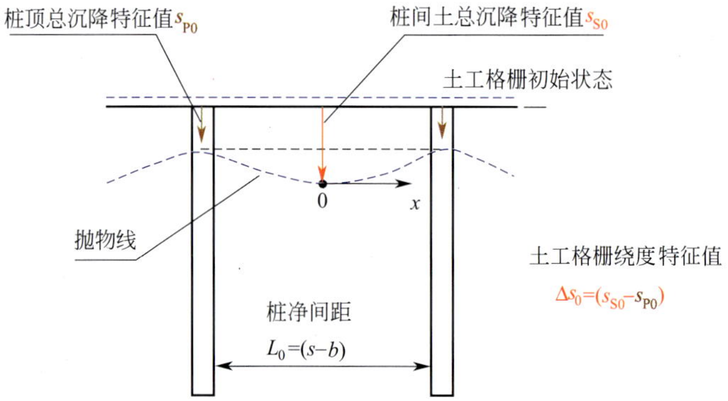

图 8.62　土工格栅张拉力和应变计算确定,假设为抛物线型

在此基础上可以估计土工格栅的应变沿桩间土的分布为

$$\varepsilon(x)=\sqrt{1+\left(8\cdot\frac{\Delta s_0}{L_0}\cdot\frac{x}{L_0}\right)^2}-1 \tag{8.23}$$

变形后桩间土区域格栅弧长为

$$L=2\cdot\Delta s_0\sqrt{1+\frac{1}{16}\cdot\left(\frac{L_0}{\Delta s_0}\right)^2}+\frac{1}{8}\cdot\frac{(L_0)^2}{\Delta s_0}\cdot\ln\left\{\frac{L_0}{2}\cdot\left[1+\sqrt{1+\frac{1}{16}\cdot\left(\frac{L_0}{\Delta s_0}\right)^2}\right]\right\}-\frac{1}{8}\cdot\frac{(L_0)^2}{\Delta s_0}\cdot\ln\left(\frac{1}{8}\cdot\frac{(L_0)^2}{\Delta s_0}\right) \tag{8.24}$$

由此得出其平均应变为

$$\bar{\varepsilon}(L_0)=(L-L_0)/L_0 \tag{8.25}$$

图 8.63 和图 8.64 为根据上式计算确定的土工格栅沿桩间土的应变分布及其

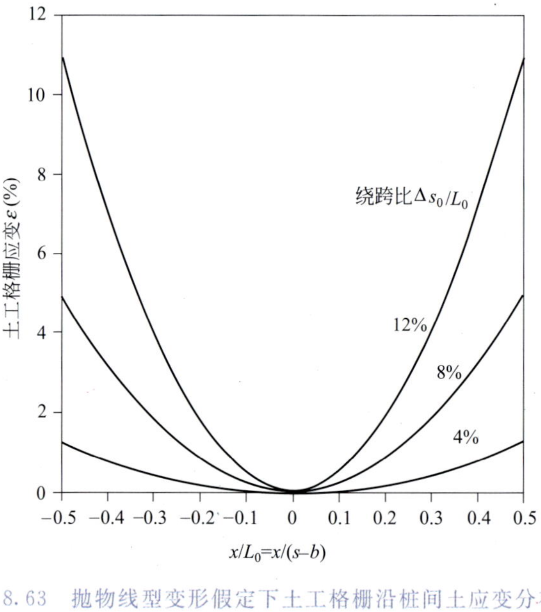

图 8.63　抛物线型变形假定下土工格栅沿桩间土应变分布

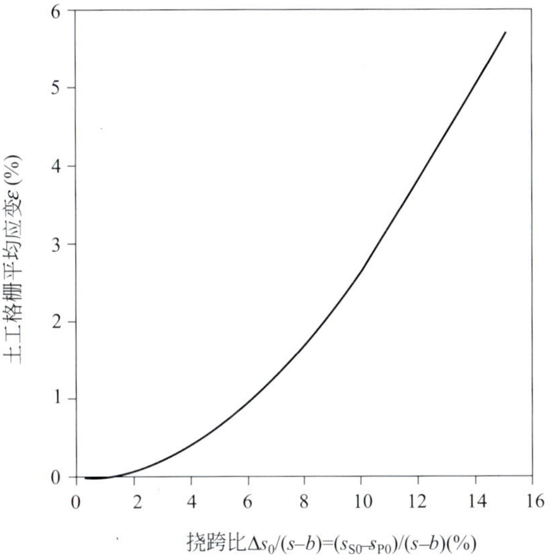

图 8.64 抛物线型变形假定下土工格栅平均应变与绕跨比的关系

平均应变与绕跨比的关系。

以第 8.5.3 节德国柏林—马格德堡线 Werder-Brandenburg 标段桩承式加筋低路堤改建工程实测数据为例，该工程第一、二检测区实测最大桩间土沉降差分别为 40 mm 和 70 mm，桩帽净间距为 850～1 000 mm。所以，挠跨比 $\Delta s_0/L_0$ 约为 4.0%～7.0%。由此，可从图 8.63 和图 8.64 读得土工格栅最大应变为 1.3%～3.85%，平均应变为 0.4%～1.3%。根据文献[24,25,26]，检测区土工格栅应变片分别布置在褥垫层第一、三层格栅的不同区域、不同方向上，见图 8.47 和图 8.48。在上述实测桩间土沉降差范围，土工格栅应变实测值为 0.3%～1.0%(第一检测区)以及 0.2%～1.0%(第二检测区)，与上述计算的平均应变值基本相同。

图 8.61 中地基可使用性(适用性)评判准则分整体性和局部性控制两部分。整体性控制主要以满足无砟轨道工后沉降要求为中心，限制地基不均匀沉降引起的路堤上部工后沉降。当路堤高度大于等沉面高度时，如果铺轨后($t\geqslant T_0$)路堤填料自重作用压缩变形可以忽略不计，那么 CFG 桩桩网复合地基不均匀沉降引起的路堤等沉面以上工后沉降 $s_{U,R}$ 起控制作用，应满足 $s_{U,R}=s_U(\infty)-s_U(T_0)\leqslant$ 15 mm。等沉面以上工后沉降 $s_{U,R}$ 的大小处在 $s_{P0,R}$ 和 $s_{S0,R}$ 之间，见图 8.60。

CFG 桩网复合地基可使用性的局部性控制主要有以下两个目的：限制路堤底部不均匀沉降大小以及向路肩延伸，保证土工格栅的长期可使用性。

尽管对无砟轨道上部结构有影响的是铺轨后的工后沉降，但对限制路堤底部不均匀沉降，设计阶段可通过桩土总沉降差 Δs_0 和桩净间距的比(挠跨比) $\Delta s_0/(s-b)=(s_{S0}-s_{P0})/(s-b)\leqslant 10\%$ 来控制。对土工格栅总应变 $\varepsilon(\infty)$ 的控制，一方面保证了其长期可使用性，另一方面间接地限制了路堤底部的不均匀沉降。如果设计参数采用长期应变最大值 $\varepsilon_M(\infty)$，其允许值可取为 6%，而采用长期应变平均值时 $\bar{\varepsilon}(\infty)$，其允许值可取为 3%。限制土工格栅工后应变建议采用工后应变平均值 $\bar{\varepsilon}_R=\bar{\varepsilon}(\infty)-\bar{\varepsilon}(T_0)\leqslant 0.5\%$。在此基础上，根据土工格栅材料的强度、变形和流变特征曲线（图 8.43）分别确定与 $\bar{\varepsilon}(T_0)$ 和 $\bar{\varepsilon}(\infty)$ 相对应的张拉力负载度。这里，负载度是以格栅材料短期强度为基准定义的，一般建议控制在 20% 以内。

对低路堤情况，例如满足 $h<3$ m 和 $h/(s-b)<2.0$ 时，土工格栅对桩、土荷载分配和路堤沉降变形起着不可忽视的作用，设计时必须考虑土工格栅刚度对降低桩间土沉降差和路堤沉降的作用。对此，应针对具体工程项目的边界条件和要求，参考有关文献[25,10,17,21]，采用不同的假设进行设计和计算。在评价其可使用性时，仍然可以采用上述有关土工格栅挠跨比、应变和负载度控制值。

参考文献

[1] 建筑地基处理技术规范(JGJ 79—2002)[S]. 北京: 中国建筑工业出版社，2003.

[2] 建筑地基基础设计规范(GB 50007—2002)[S]. 北京: 中国建筑工业出版社, 2002.

[3] 铁路工程土工试验规程(TB 10102—2004)[S]. 北京：中国铁道出版社，2004.

[4] 铁路工程地质原位测试规程(TB 10018—2003)[S]. 北京：中国铁道出版社，2003.

[5] 刘景政，杨素春，钟冬波。地基处理与实例分析 [M]. 北京：中国建筑工业出版社，1988.

[6] 王恩远，吴迈. 工程实用地基处理手册 [M]. 中国建材工业出版社，2005.

[7] 史佩栋. 实用桩基工程手册 [M]. 北京：中国建筑工业出版社，1999.

[8] 绕为国. 桩—网复合地基原理及实践 [M]. 中国水利水电出版社，2004.

[9] Alexiew D. Piled embankments in soft soils for railroads: methods and significant case studies [C]. Symposium Geotechnik-Verkehrswegebau und Tiefgründungen, Schriftenreihe Geotechnik Universität Gh Kassel, Heft 18, 2005.

[10] BS 8006. Code of Practice for Strengthened/Reinforced Soils and other Fills [S]. British Standard, 1995.

[11] Spangler M G, Handy R L. Soil Engineering [M]. Intext Educational Publisher, New York, 1973.

[12] John N W M. Geotextiles [M]. Blackie, Glasgow, 1987.

[13] Leonard J W. Tension Structures [M]. McGraw-Hill, New York, 1988.

[14] DGGT.EBGEO Kapitel 6.9(Entwurf 2004), Entwurf der Empfehlung "Bewehrte Erdkörper auf punkt- oder linienförmigen Traggliedern" [S]. Arbeitskreis AK 5.2 der Fachsektion "Kunststoffe in der Geotechnik" der Deutschen Gesellschaft für Geotechnik e.V., 2004.

[15] Kempfert H-G, Stadel M, Zaeske D. Berechnung von geokunststoffbewehrten Tragschichten über Pfahlelementen [J]. Bautechnik 74, Heft 12, 1997.

[16] Hewlett W J, Randolph M F, Aust M I E. Analysis of piled embankments [J]. Ground Engineering, 1988,Vol. 21.

[17] Zaeske D. Zur Wirkungsweise von unbewehrten und bewehrten mineralischen Tragschichten über pfahlartigen Gründungselementen [D].Schriftenreihe Geotechnik der Universität Kassel, Heft 10, 2001.

[18] 陈云敏,贾宁,陈仁朋. 桩承式路堤土拱效应分析 [J]. 中国公路学报,2004:17(4).

[19] 曹卫平,陈仁朋,陈云敏. 桩承式加筋路堤桩体荷载分担比计算 [J]. 中国公路学报,2006:19(6).

[20] 曹卫平,凌道盛,陈云敏. 刚性桩加固高速公路软基土拱效应现场试验研究及其与解析解的比较 [J]. 岩土工程学报,2007:29(10).

[21] Heitz C. Bodengewölbe unter ruhender und nichtruhender Belastung bei Berücksichtigung von Bewehrungseinlagen aus Geogittern [D]. Schriftenreihe Geotechnik der Universität Kassel, Heft 19, 2006.

[22] BUSSERT F, MEYER N, de LANGE A, de KANT M. Messtechnische Überwachung eines Bahndammes auf einer geokunststoffbewehrten Tragschicht über HSP-Pfählen [C]. Mitteilungen des Instituts für Grundbau und Bodenmechanik der TU Braunschweig, Heft 77, Messen in der Geotechnik 2004.

[23] Bussert F, Meyer N. Dauerhafte Messung der Geokunststoff-Pfahlkraft-Interaktion eines Bahndammes [C]. 8. FS-KGEO, München, 2005.

[24] Gartung E. Messberichte zum Streckenabschnitt Werder-Brandenburg der ABS Magdeburg-Berlin [R]. Grundbauinstitut der Landesgewerbeanstalt Bayern, 1994-1999.

[25] Gartung E, Verspohl J, Alexiew D. Geogrid reinforced railway embankment on piles-Monitoring [C]. Proc. 1th European Geosynthetics Conference, Maastricht, 1996.

[26] Hillig J, Vogel W, Verspohl J, Gartung E. Geogitterbewehrte Dammkonstruktion auf Päfhlen - Messungen zum Tragverhalten 1994-1998 [J]. Sonderheft K-Geo, 1999.

[27] Van Eekelen S, Alexiew D. Die Kyoto-Straβe: Ein Groβversuch, Messungen und Berechnungen [C]. Proc. of "Kunststoffe in der Geotechnik-FS-KGEO 2007", Geotechnik Sonderheft, 2007.

[28] 陈仁朋,许峰,陈云敏,贾宁. 软土地基上刚性桩—路堤共同作用分析 [J]. 中国公路学报,2005:18(3).

[29] 陈仁朋,贾宁,陈云敏. 桩承式加筋路堤受力机理及沉降分析 [J]. 岩石力学与工程学报,2005:24(23).

[30] 曹卫平,陈仁朋,陈云敏. 桩承式加筋路堤土拱效应试验研究 [J]. 岩土工程学报,2007:29(3).

[31] 陈仁朋,徐正中,陈云敏. 桩承式加筋路堤关键问题研究 [J]. 中国公路学报,2007:20(2).

[32] 曹卫平,陈云敏,陈仁朋. 考虑路堤填筑过程与地基土固结相耦合的桩承式路堤土拱效应分析 [J]. 岩石力学与工程学报,2008:27(8).

[33] 曾开华、俞建霖、龚晓南. 高速公路通道软基低强度混凝应土处理试验研究 [J]. 岩土工程学报,2003:25(6).

[34] 曾开华、俞建霖、龚晓南. 路堤荷载下低强度混凝土桩复合地基形状分析 [J]. 浙江大学学报(工学版),2004:38(2).

9 无砟轨道路基沉降变形综合集成分析、观测方案和工后沉降预测

9.1 引　言

路基沉降变形的控制是高速铁路无砟轨道建设成败的关键之一。进行施工阶段和调整期路基沉降变形实测数据的分析，一方面可以定量评估路基设计的合理性和施工质量，另一方面可以预测无砟轨道长期稳定性和耐久性有重要影响的路基工后沉降，为确认满足铺设无砟轨道条件提供重要的依据。但是，仅仅依靠这个阶段实测资料的分析和预测来评价路基的长期沉降变形稳定性是不够的，因为例如路基排水措施的长期有效性等因素都可能对建成后路基的长期稳定性，特别是沉降变形产生不可忽视的影响。所以，路基沉降变形实测数据的分析和工后沉降的预测，是评估无砟轨道路基长期稳定性十分重要的方面，但不是唯一的因素，应十分重视路基结构物系统包括地基设计的各个环节和施工质量，如路基填料的水稳定性和动力稳定性，以及路基表面排水、深排水措施的强度和长期有效性等因素。

路基工后沉降变形预测是以施工阶段和调整期沉降变形实测数据为基础进行的，目前的主要方法是用实测沉降变形拟合函数外推工后沉降变形值。这里应特别注意的是，保证路基工后沉降变形预测可靠性的基础是观测方案的合理性、观测元器件本身的质量和安装质量、测量基点的稳定性，以及测量工作的规范性和质量等。实测数据拟合分析时采用的数学方法作为辅助工具当然有其自身的适用性优劣之分，但它们并不是决定沉降变形预测质量的唯一因素。无砟轨道路基的变形观测、评估以及铺设条件评估等已有相应的指南和技术手册可供参考[2,3]。本章以国内外工程建设的经验为基础，介绍路基工后沉降预测评估的基本原理和背景，并对高速铁路路基建设中提出的一些实际问题进行讨论。

9.2 沉降变形综合集成分析

线路平、纵断面设计方案决定了无砟轨道线形结构物穿越不同的地形、地质条件时其下部结构的形式，如路堑、路堤、涵洞、桥梁和隧道等，见图 9.1。

一方面，由于不同工程结构物本身的变形、刚度性能相差较大，另一方面，它们的地基沉降变形性能沿线路不断变化且与时间有关，这两者使得无砟轨道下部结

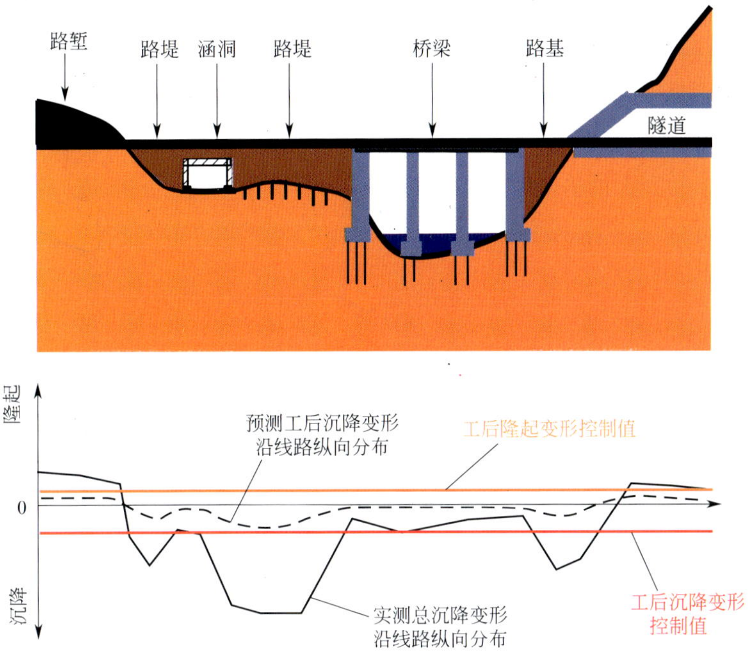

图 9.1　沿无砟轨道线路不同工程结构物沉降变形分布示意图

构的沉降变形和刚度沿线路变化，见图 9.1。下部结构的沉降变形和刚度沿线路的分布，对高速铁路无砟轨道的平顺性和舒适性有很大的影响（见第 7 章）。为了满足无砟轨道上部结构对下部结构沿线路沉降变形均匀性的要求，学术界、工程界提出了贯穿设计和施工过程的沉降变形综合集成分析概念。

在路基和工程结构物满足静、动荷载作用且强度稳定的前提下，设计阶段应根据相应的理论分析，估算下部结构物在控制时间点（如计划铺轨时间点、沉降变形完成时间点）沿线路的沉降变形绝对值和分布，并根据相应的标准初步估算、验算下部结构物的沉降变形是否满足工后沉降和平顺性要求。如果不满足要求则应调整设计，例如加强地基加固措施。在此基础上，应根据地基和工程结构物的类型和设计，以及估算的沉降变形绝对值，确定沉降变形观测方案。在施工阶段，通过对不同时段路基和工程结构物各单元内和过渡区观测断面的沉降变形进行实测和相应分析，以迭代方式逐步接近下部结构物真实的沉降变形与时间的关系，以及沿线路沉降变形，的分布。在此基础上，预测下部结构物的工后沉降变形和其沿线路的分布。对下部结构物的沉降变形是否满足铺设无砟轨道上部结构的要求，应根据工后沉降变形预测值、设计方案和施工实施质量等因素综合评判。评判结果不符合铺轨条件时，一般应继续观测、重复上述分析，直至满足要求。根据实测沉降变形预测的工后沉降变形，在施工组织计划的铺轨时间点无法满足要求时，可采用附加工程措施加速沉降变形收敛。沉降变形综合集成分析贯穿于设计、施工和观测全过程，其中，对实测沉降变形的系统分析包括其与时间的关系和沿线路的分布，是全过程的核心部分。图 9.2 为沉降变形综合集成分析基本过程示意图。本章有关沉降变形综合集成分析的讨论仅限于路基结构物以及与其他工程结构物的过渡区。

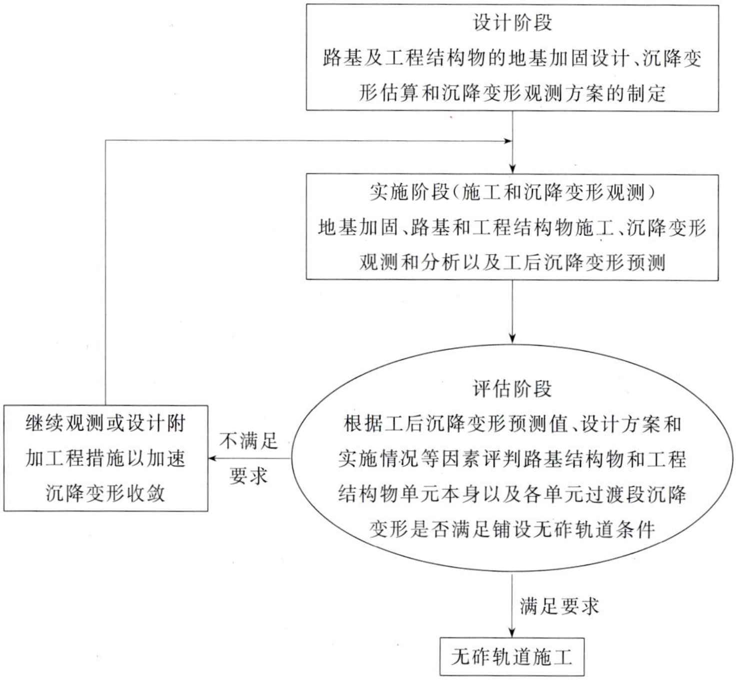

图 9.2　沉降变形综合集成分析基本过程示意图

路基单元本身及其与刚性结构物过渡段的沉降变形综合集成分析是以对各个控制横断面沉降变形的计算、观测和预测为基础的。根据第 2 章的讨论，无砟轨道对路基沉降变形的控制要求由两部分组成，即工后沉降变形及其沿线路的分布和路基/刚性结构物过渡段工后沉降变形(差)及分布，见表 9.1.

表 9.1　高速铁路无砟轨道路基沉降变形控制要求

项　目	中国《高速铁路设计规范》(试行) TB10621—2009		德国铁路路基规范 Ril 836—2008	
路基/地基允许工后沉降变形	一般情况	$s_R \leqslant 15$ mm	一般情况	$s_R \leqslant 15$ mm 和 $\Delta s_R/\Delta L \leqslant 1/500$
	特殊情况：沉降比较均匀且满足调整轨面高程后的竖曲线半径 $R_{sh} \geqslant 0.4 v_{sj}^2$	$s_R \leqslant 30$ mm	特殊情况：沿线路纵向长度大于 100m 范围地基相对均匀且该范围内工后沉降差 $\Delta s_R \leqslant 5$ mm	$s_R \leqslant 30$ mm
			例外情况：对个别路堤高度高于 10 m 且路堤到低路堤乃至平坦区域的过渡平缓有足够长度，且轨道高程调整后的竖曲线半径满足行车舒适性要求 $r_a \geqslant 0.4 \cdot v_e^2$	$s_R \leqslant 60$ mm

续上表

项　目	中国《高速铁路设计规范》(试行)TB10621—2009	德国铁路路基规范 Ril 836—2008
路基/刚性结构物过渡段允许工后沉降变形	交界处的工后沉降差不应大于 5 mm	桥路或隧路交界处差异工后沉降小于 5 mm 时无须设置例如搭板等附加工程措施
	交界处不均匀沉降造成的折角不应大于 1/1 000	交界处台后路基段工后沉降引起的折角 $\Delta s_R/\Delta L \leqslant 1/1\,000(L=0\sim30\text{ m})$
		交界处台后路基段 $\Delta s_R \leqslant 20\text{ mm}(L=0\sim30\text{ m})$

注：s_R 为路基工后沉降变形；Δs_R 为沿路基段 ΔL 的工后沉降变形差；L 为路基沉降变形分析段范围；ΔL 为分析工后沉降变形差时观测断面间距；v_{sj}、v_e 为列车设计最高时速(km/h)。

设计阶段应根据路基设计、地基处理方案和土力学参数等，对路基单元和过渡段各控制断面的沉降变形进行估算。一般来说，路基总沉降 $s_G(t)$ 由三个部分组成：地基沉降 $s_U(t)$、路基本身压缩变形 $s_E(t)$和运营阶段交通荷载产生的附加沉降变形沉降 s_N。

$$
\begin{aligned}
s_G(t) &= s_U(t)+s_E(t)+s_N \\
&= [s_U(t=T_0)+s_E(t=T_0)]+[(s_U(t>T_0)+s_E(t>T_0)]+s_N \\
&= s_G(t=T_0)+[s_R+s_N]
\end{aligned}
\tag{9.1}
$$

式中　T_0——预计铺设无砟轨道时间点；

$s_U(t=T_0)$——铺轨前($t\leqslant T_0$)地基发生的沉降变形；

$s_E(t=T_0)$——铺轨前($t\leqslant T_0$) 路堤本身在自重作用下发生的压缩变形；

$s_G(t=T_0)$——铺轨前($t\leqslant T_0$)路基发生的总沉降变形；

$s_U(t>T_0)$——铺轨后($T_0\sim\infty$)地基发生的残余沉降变形；

$s_E(t>T_0)$——铺轨后($T_0\sim\infty$)路堤本身在自重作用下发生的残余压缩变形；

s_R——铺轨后路基发生的总沉降变形，等于路基工后沉降变形。

在此基础上，验算和确认路基设计方案是否满足高速铁路无砟轨道路基沉降变形控制要求，并根据路基和过渡段设计方案、估算沉降变形的量级大小，制定施工和观测期沉降变形监控方案。

9.3　路基沉降变形观测方案

路基和过渡段沉降变形观测方案的制定，应以地基处理设计方案和理论估算的总沉降量级大小，特别是地基最终沉降量 $s_U(t=\infty)$ 为基础。一般情况下，路基沉降变形的观测内容为路基面、基底的沉降和路堤本身的压缩变形。无砟轨道路基一般选用优良的填料且填筑质量较高(见第 10 章)，所以路堤本身的压缩变形较小且大部分在填筑后已完成，对其测定可采用单点沉降计等。对无砟轨道路基总沉降和工后沉降起控制作用的大多是与时间相关的地基压缩沉降。基底沉降的观测一般采用沉降板和(或)剖面沉降管，它们在路堤开始填筑前就可以安装到位，所以能直接测定填筑开始后地基的沉降。在某些情况下，例如路堑地段膨胀性地基，对基底沉降变形的观测可采用单点沉降计。基底沉降变形观测结果对验证地基设计方案、估计地基总沉降变形量级的大小和完成时间是十分有效的手段，特别是地基沉降变形量较大的情况。但是，由于基底沉降观测仪的精度相对较低(例如剖面沉降管)，且不包含路基填筑完成后路堤本身的压缩变形残余部分，所以对工后沉降的分析预测一般是以路基面沉降观测桩的结果为基础进行的。路基面沉降观测桩是在路基填筑到基床底层顶部或基床表层中部后安装到位的，它只包含了这个时间点以后路基系统(路堤和地基)发生的沉降变形部分。由于路基面沉降观测桩的精度要求较高(一般为±1 mm)，所以通常以它为基础进行工后沉降变形预测，以满足工后沉降分析预测对精度的要求。图 9.3 和图 9.4 分别为武广高速铁路一般性地基条件下高填方路基和路堑地段沉降观测剖面元件布置示意图。图 9.5 为武广高速铁路堆载路基沉降监测剖面元件布置示意图。

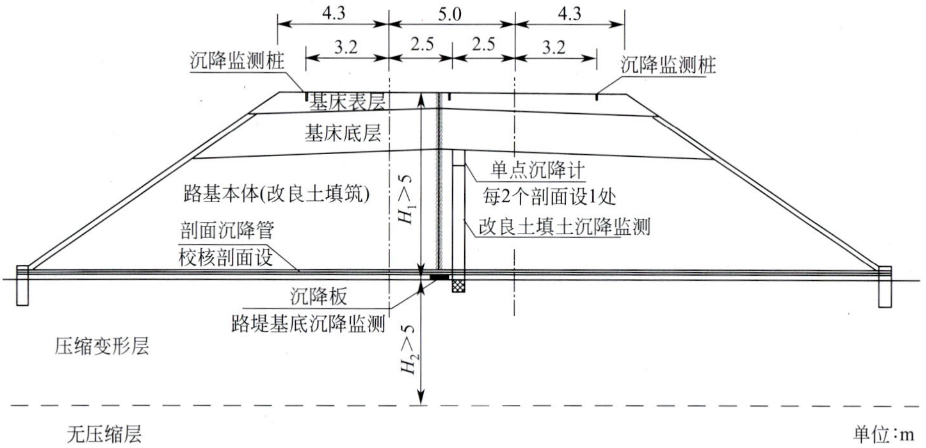

图 9.3 武广高速铁路一般性地基条件下高填方路基沉降变形观测剖面元件布置示意图

根据武广高速铁路路基建设的经验，一般情况下，路基观测断面间距和观测点的设置可按表 9.2 的方式来操作。无论何种情况，路基面沉降观测桩的设置是必不可少的，其观测断面间距通常以 50 m 为标准，对路堑、地势平坦且地基条件良好的地段或高度小于 5 m 路堤地段可将观测断面间距放大到 100 m。沉降板、剖面沉降管和单点沉降计的设置和数量应根据路基和地基类型等情况确定，具体见表 9.2。这里特别应指出的是，剖面沉降管的精度一般较低，而且铺设费时费工，所以只有在基底沉降较大时(例如＞50 mm)用于验证地基设计的合理性。

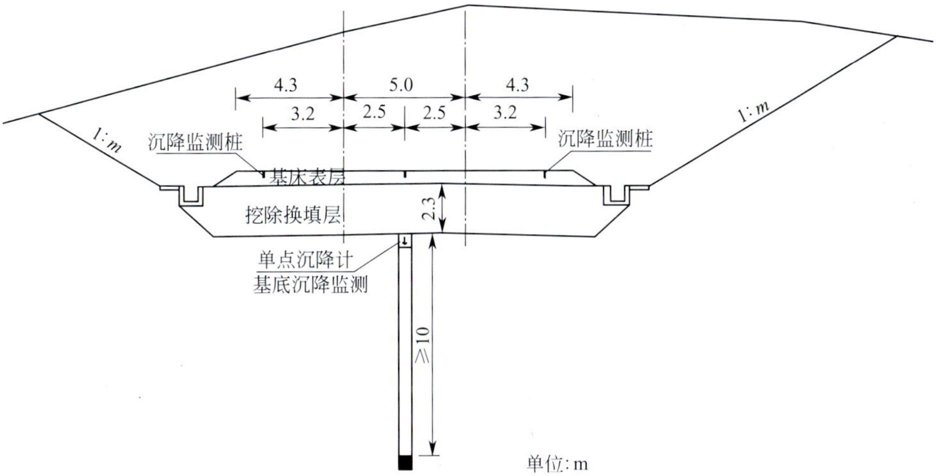

图 9.4 武广高速铁路路堑地段沉降变形观测剖面元件布置示意图

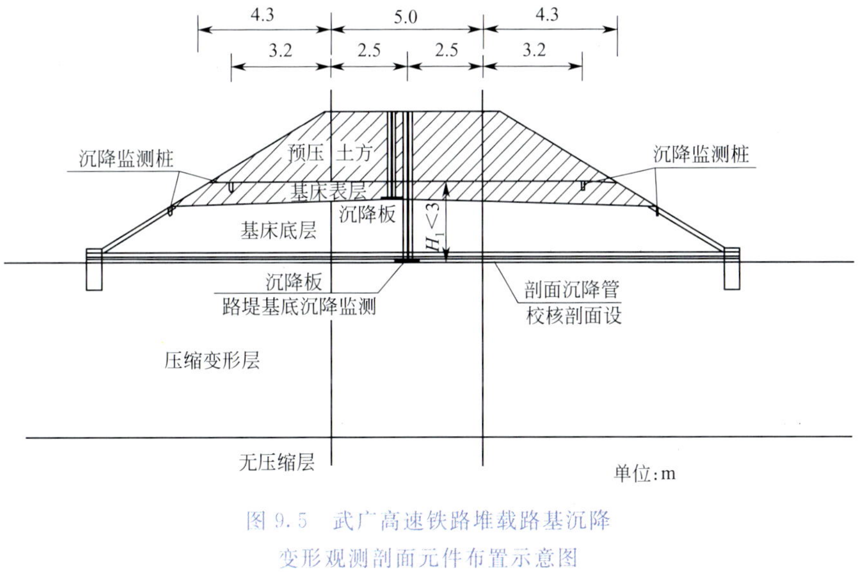

图 9.5 武广高速铁路堆载路基沉降变形观测剖面元件布置示意图

表 9.2 路基沉降变形观测元件、观测断面间距和观测点设置

路基和地基类型		路堤填高<3 m 且地基压缩层<5 m	路堤填高≥3 m 且地基压缩层<5 m;地基压缩层≥5 m	土质路堑地段
路基面	沉降观测桩	50～100 m 2～3 个/断面	50 m 2～3 个/断面	50～100 m 2～3 个/断面

续上表

路基和地基类型		路堤填高<3 m且地基压缩层<5 m	路堤填高≥3 m且地基压缩层<5 m；地基压缩层≥5 m	土质路堑地段
基　　底	沉 降 板	100～200 m 1个/断面	50～100m 1～2个/断面	—
	剖面沉降管	—	同类填高和相似地基条件地段[1]设置1个	—
	单点沉降计	—	—	相似地基条件地段设置1个[3]
路堤本身压缩变形	单点沉降计	—	200 m 1个/断面[2]	—

注：1 设计阶段估算的地基总沉降变形 $s_U(\infty)>50$ mm；
2 改良土作为路基填料；
3 地基土为红黏土、膨胀土。

路基上无砟轨道铺设完成后，一般需保留部分原设路基面沉降观测桩，以进一步监测路基工后沉降的发展。这时，可在原设路基沉降观测点断面的上、下行轨道外侧（路肩侧）水硬性支承层台面上距支承层边缘 200 mm 处各设一个新的沉降观测点，见图 9.6。

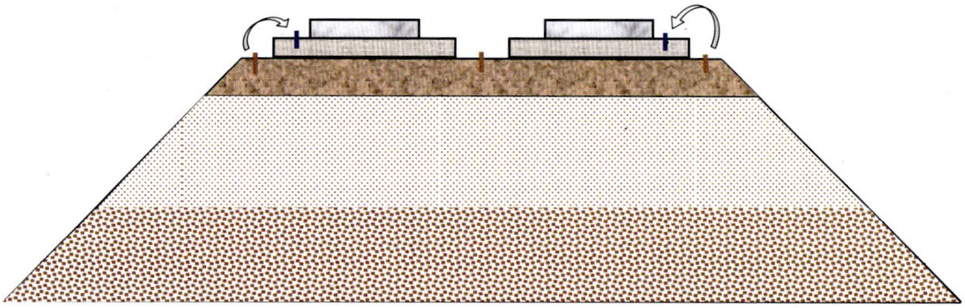

图 9.6　无砟轨道铺设后原路基面沉降观测桩移位方案

路桥、路隧、路涵以及路堤和路堑过渡段沉降变形观测一般以路基面沉降变形和不均匀沉降变形观测为主。如图 9.7 所示，分别在刚性结构物和掺 3%～5%水泥的梯形级配碎石加固体顶面设置沉降观测桩，随后以 5～10 m、15～25 m 和 50 m 为间距设置路基面沉降观测断面，每个观测断面一般设 3 个观测桩。

路基面观测桩和沉降板按二等变形测量（即国家一等精密水准测量）方法进行测量，观测精度应达到±1 mm。单点沉降计采用振频弦频率检测仪或自动采集系统进行测量时，精度可达到测量值的 1%，灵敏度不低于 0.02 mm。剖面沉降管的测量精度较低，一般为 8 mm/30 m，只适用于地基沉降变形较大的情况（例如大于 50mm）。

无砟轨道路基沉降变形观测的频率一般按路基填筑施工或堆载阶段、路基完

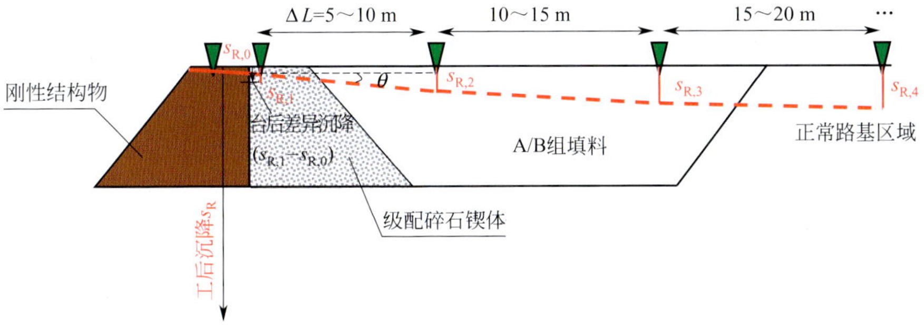

图 9.7　刚性结构物和路基结构物过渡段沿线路纵向
路基面沉降观测桩布置、工后沉降分布示意图

成填筑或堆载后的观测、调整期和无砟轨道铺设完成后三个阶段来划分。由于无砟轨道路基一般不再是地基稳定（安全）性起控制作用，所以路基填筑施工或堆载阶段的沉降变形监控频率与一般软黏土地基有所不同。一般情况，可以采用以下的方式来制定观测频率计划：

（1）路基填筑施工或堆载阶段：一般每天观测一次或每三层观测一次；因各种原因暂时停工期间，一般 2～3 天观测一次；在沉降量突变情况下，每天观测 2～3 次。

（2）路基观测、调整期：路基完成填筑或堆载后，第一个月观测频率为每周一次；第二、三个月为每十天一次；三个月以后，观测频率为每两周一次；六个月后，可降为每月一次。

（3）无砟轨道铺设完成后：第一个月观测频率为每两周一次；第二、三个月为每月一次；三个月以后，每三个月一次。

当环境条件发生变化或观测数据出现异常时应及时提高观测频率。在制定观测频率计划时，同时还应考虑下述关键时间点的沉降变形观测，即观测元件安装完成后初测、路堤填筑或堆载完成后、路堤填筑或堆载完成后六个月、计划铺轨和无砟轨道铺轨等时间点。

按照《高速铁路设计规范（试行）》（TB 10621—2009）的要求，路基填筑完成或施加预压荷载后应有不少于 6 个月的沉降变形观测和调整期。这一要求的背景来自国内外部分地基工程经验。应当指出，在规划设计高速铁路无砟轨道路基时，如果有较长的沉降变形观测和调整期，相应的地基处理措施可以采用常规地基加固方法，如排水固结等。如建设工期较短，地基处理可采用施工工期短、沉降变形小且收敛快的地基加固，如 CFG 桩等方法。武广高速铁路大量采用的 CFG 桩—加筋褥垫层复合地基沉降变形观测结果表明，除部分超载预压地段外，大部分基底实测总沉降量级在 20 mm 左右，而且沉降收敛较快。武广高速铁路前期评估的约 100 km 路基沉降变形观测数据统计和分析研究表明，路基主体填筑完成后 4～6

个月内沉降速率明显减小,且大部分沉降变形趋于稳定。可见,确定观测和调整期,应综合考虑以下因素:

(1)根据前期实测沉降预测的路基工后沉降变形是否满足铺设无砟轨道的要求;

(2)地基处理方案和强度;

(3)基底实测沉降量的大小和收敛情况;

(4)路堤填料的材质和填筑标准;

(5)施工质量等。

9.4 路基实测沉降变形分析

路基工后沉降变形预测是确认无砟轨道铺轨条件的重要基础,而实测沉降变形分析又是路基工后沉降变形预测的基础。路基实测沉降变形分析一般采用曲线回归法,并同时满足以下几个条件[1~3]:

(1)根据路基填筑完成或堆载预压后不少于 3 个月的实际观测数据作多种曲线的回归分析,确定沉降变形的趋势,曲线回归的相关系数不应低于 0.92。

(2)沉降预测的稳定性应经过验证,间隔不少于 3 个月的两次预测最终沉降的差值不应大于 8 mm。

(3)为达到准确可靠的预测,最终的沉降预测时间应满足:$s(t)/s(t=\infty)\geqslant 75\%$,其中,$s(t)$为预测时的实测沉降观测值;$s(t=\infty)$为以预测时实测沉降值推算的最终沉降值。

本节以国内外部分无砟轨道路基工程实测沉降变形分析为例,就回归曲线的选用、上述控制条件的背景和适用性进行讨论。

一般情况下,路基沉降变形预测应以实际观测数据的变化规律为基础,结合地基处理方式、荷载大小和同类地质条件下的工程经验选用合适的回归曲线法。目前学术界提出的有双曲线法、三点法、抛物线法、指数曲线法、沉降速率法、星野法、泊松曲线法、灰色模型法和人工神经网络法等[2]。应当指出,在整个路基沉降变形预测工作中,回归曲线是以数学的方式近似拟合实测数据变化规律的工具。实测沉降变形拟合分析质量的高低不仅取决于回归曲线的型式,更取决于实测沉降变形数据本身的质量和可靠性。例如,当实测沉降变形的量级较低时,观测元件本身的精度、安装和测量时的质量以及环境因素等对沉降变形拟合分析质量的影响有可能超过回归曲线类型选择的影响。路基工程这类实用学科的实践证明,在深入研究的基础上,从复杂的关系中提炼出能抓住关键因素而又简单实用的方法,在工程中才有生命力。

下面仅以无砟轨道路基工程应用较多的双曲线法和三点法为例,讨论利用沉降变形实测数据确定拟合关系,以推算最终沉降量、工后沉降量及沉降速率。

图 9.8 为路基填筑过程和调整期路堤填高 h(荷载 p)—沉降变形 s—时间 t 关系示意图。这里,基底沉降包含了从路基填筑过程开始地基的沉降变形,由安装在基底的沉降板测定,而路基面沉降由路基填筑完成后(图中时间点 $t_{0'}$)在路基面设置的沉降观测桩测定,它包含了时间点 $t_{0'}$(荷载恒定)以后地基的进一步沉降变形和路堤在自重作用下的残余压缩变形。

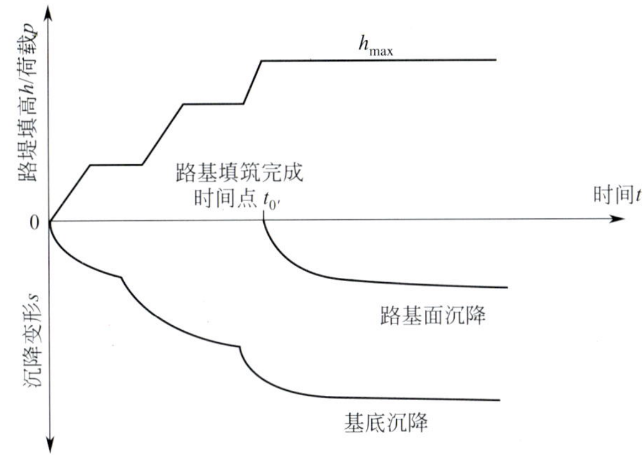

图 9.8　路基填筑过程和调整期路堤填高 h(荷载 p)—沉降变形 s—时间 t 关系示意图

一般情况下,无砟轨道路基沉降变形预测应以路基面沉降观测桩测定的数据($t>t_{0'}$)为基础进行。这是因为,一方面荷载恒定后($t>t_{0'}$),地基沉降变形影响因素减少,随时间变化的规律性比施工填筑期较为稳定;另一方面,路基面沉降变形的测定结果包含了时间点 $t_{0'}$ 以后地基的进一步沉降变形和路堤自身的残余压缩变形,而基底沉降板测定的结果不包括路堤自身的压缩变形。但是,这种处理方法只有当地基沉降变形量级较大,特别是路堤填筑完成后(路基面沉降观测桩安装完成),路基面沉降变形达到一定大小时才具有可操作性。下面的讨论称这类情况为中、大变形情况。

图 9.9 为德国科隆—莱茵/美茵无砟轨道铁路新线 B 标段断面里程 DK117+190 处路堤底部(基底)剖面沉降管和路基面沉降观测桩实测结果比较。该处路堤高度为 13 m,地基从上到下为第四纪黏土、第三纪黏土和风化岩石。地基除部分超载预压外,没有采用其他加固处理措施。路堤完成填筑时,剖面沉降管实测沉降约为 347 mm,路基面沉降观测桩安装后实测 6 个月沉降为 43 mm。在这种情况下,路基面观测桩安装后,实测沉降变形数据绝对值的大小和数量(恒载作用下的观测和调整期不小于 6 个月)用于沉降变形拟合分析和工后沉降变形的预测是合适的。图 9.10 为该断面根据路基面沉降观测桩分别从 1999 年 9 月 23 日到 2000 年 1 月 13 日以及 2000 年 3 月 9 日实测数据拟合、外推的结果。

在选择拟合方法和曲线时,德国科隆—莱茵/美茵无砟轨道铁路新线路基 B

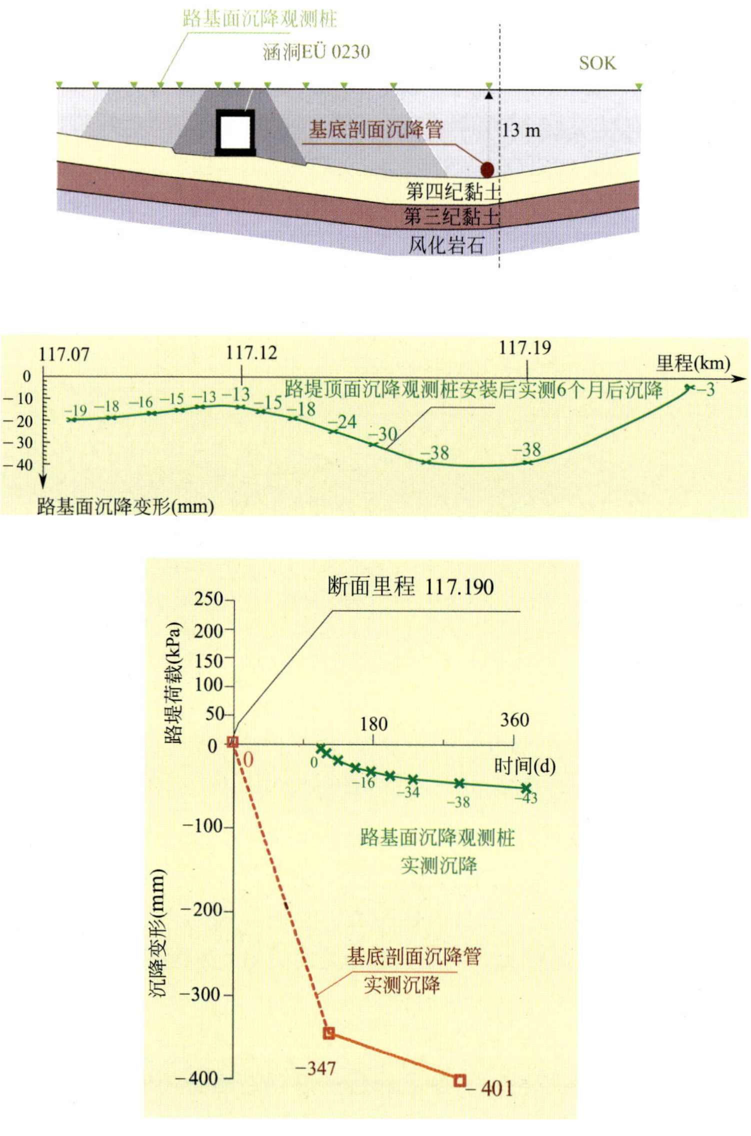

图 9.9　路堤底部(基底)剖面沉降管和路基面沉降观测桩实测结果比较[8,9]

标段曾利用路基面沉降观测桩实测结果对经典双曲线法、Asaoka 法和 Creed 法进行了比较研究[9],结果见图 9.11。这里,除了相关性指标外,拟合曲线外推最终沉降的大小 $s(\infty)$ 以及其随观测时间和数据量增加的收敛性是考虑的重要因素。根据图 9.11 的分析结果,在该标段路基条件下,采用经典双曲线法外推的最终沉降值最大且波动最小。

在中、大变形条件下,经典双曲线法假设路堤完成填筑后($t=0$),在恒载作用

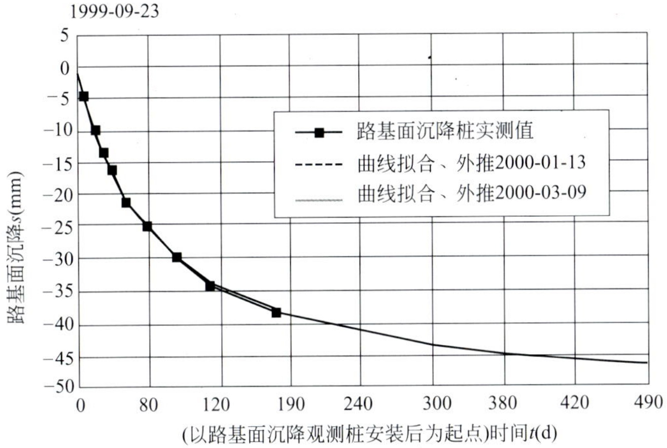

图 9.10 路基面沉降观测桩实测结果拟合、外推[8,9]

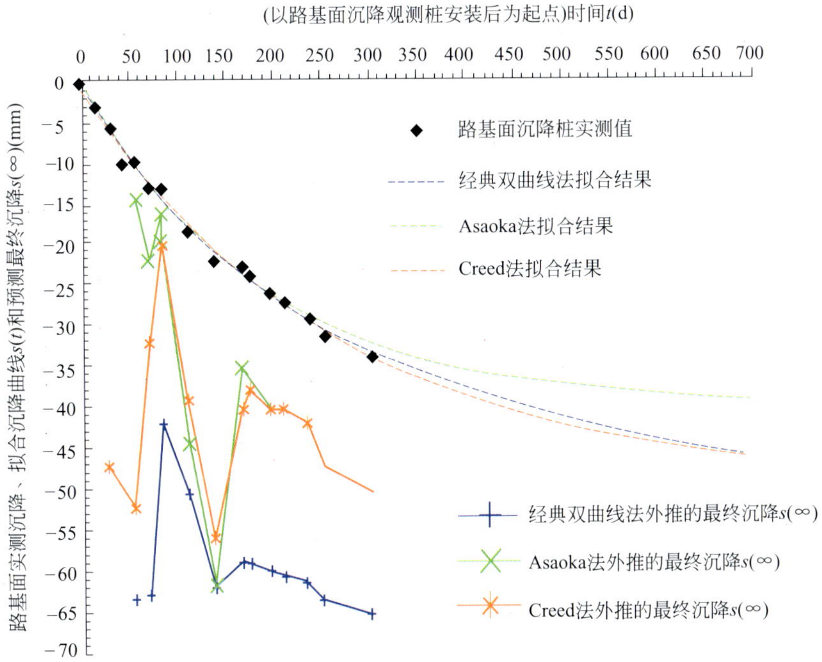

图 9.11 同一沉降观测断面实测结果采用不同拟合方法分析结果比较[9]

下路基面的沉降 $s(t)$ 和时间 t 的关系可近似地用下式表示(见图 9.12)。

$$s(t)=\frac{t}{a+b\cdot t} \tag{9.2}$$

式中 a,b——根据实测沉降变形数据拟合确定的参数。

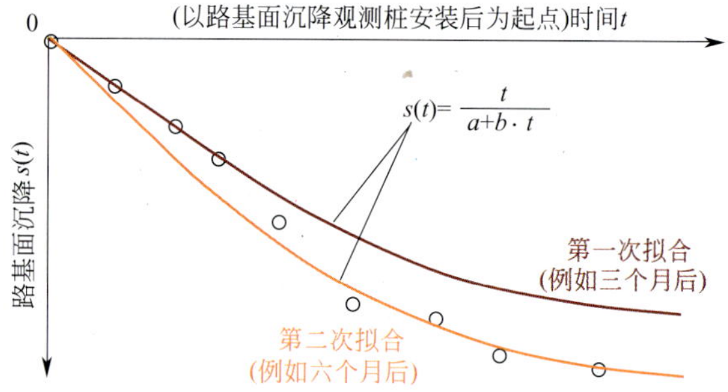

图 9.12　中、大变形条件下经典双曲线法拟合不同时段路基面沉降观测桩实测结果示意图

$1/b$ 为根据式(9.2)预测的路基面沉降观测桩安装后发生的沉降变形终值，$1/a$为路基面沉降观测桩安装后沉降变形的初始速率。

德国科隆—莱茵/美茵无砟轨道铁路新线路基 B 标段在对 109 个观测断面的路基面沉降变形实测结果拟合分析的基础上，进行了统计分析[9]，见图 9.13。拟合方法分别为经典双曲线法、Asaoka 法和 Creed 法。图 9.13 中的几个参数解释如下：

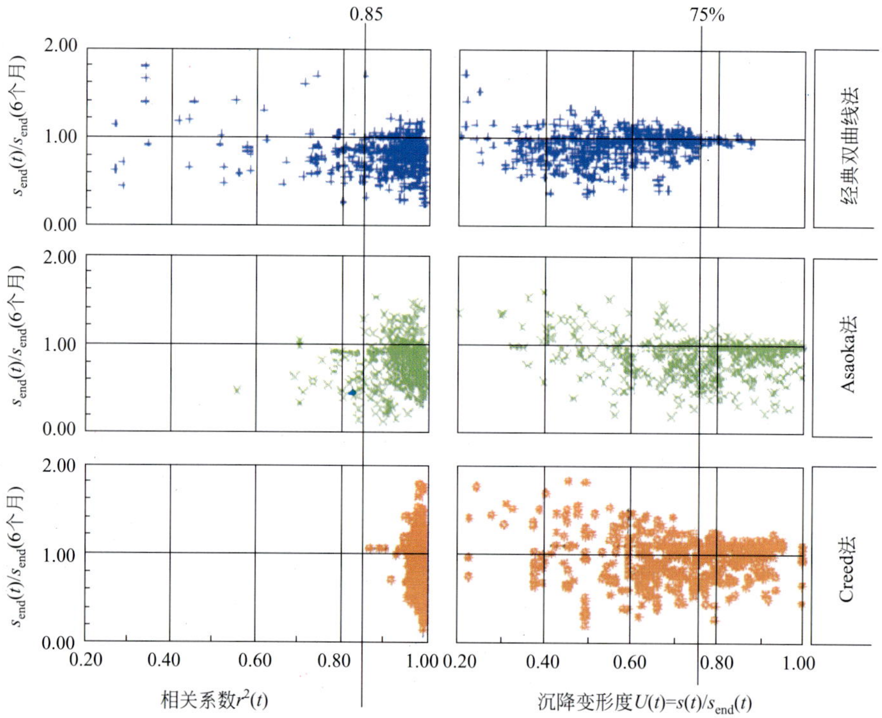

图 9.13　“相关系数 $r^2(t)$”和“沉降变形度 $U(t)=s(t)/s_{end}(t)$”控制指标确定的背景[9]

t：时间，以路基面沉降观测桩安装后为起点，即图 9.8 中的 $t_{0'}$；

$s(t)$：t 时路基面沉降变形实测值；

$s_{end}(t)$：根据 0～t 时段的路基面沉降变形实测值，利用拟合曲线预测的沉降变形终值；

s_{end}(6 个月)：根据路基面沉降观测桩安装后 6 个月的沉降变形实测值，利用拟合曲线预测的沉降变形终值；

$s_{end}(t)/s_{end}$(6 个月)：t 时和 $t=6$ 个月时，根据路基面实测数据预测的沉降变形终值比；

$U(t)=s(t)/s_{end}(t)$：t 时沉降变形度，以 t 时路基面沉降变形实测值预测的沉降变形终值为基值。

该统计分析的目的是，确定该地基条件下（这里为中、大变形条件）沉降变形拟合分析、预测的质量控制指标，即可靠性、精度和稳定性指标。这里，一般在路基面沉降观测桩安装后 3 个月进行第一次预测分析，6 个月进行第二次预测分析。从图 9.13 的左边部分可见，大部分数据位于相关系数 $r^2(t)=0.85$ 线的右面。这时，特别是采用经典双曲线法和 Asaoka 法拟合时，它们的波动相对较小并多集中于 $s_{end}(t)/s_{end}$(6 个月)$=1$ 的水平线上下。分析图 9.13 的右边部分可见，当沉降变形度 $U(t)=s(t)/s_{end}(t)\geqslant 75\%$时，沉降变形终值的预测值比 $s_{end}(t)/s_{end}$(6 个月)波动相对减小并多集中于比值为 1 的水平线上下。以此为基础，文献[8,9]提出和应用了该路基条件下沉降变形拟合预测质量控制的两个指标：

(1)相关系数 $r^2(t)\geqslant 0.85$(拟合、预测可靠性)

(2)沉降变形度 $U(t)=s(t)/s_{end}(t)\geqslant 75\%$(拟合、预测精度)

从以上的统计结果还可以看出，在科隆—莱茵/美茵无砟轨道铁路新线 B 标段地基条件下，根据完成填筑 6 个月的路基面沉降变形观测值预测推算的沉降变形终值已经较为可靠。这也是一般情况下将路基完成填筑或堆载后应有 6 个月以上沉降变形观测和调整期的原因之一。此外，文献[8]还提出了所谓控制沉降变形拟合、预测质量的第三个指标，即间隔不少于 3 个月的两次预测最终沉降的差值不应大于 8 mm，称为稳定性要求。

本节开头提到的有关路基工后沉降变形预测的三个基本条件就是以上述经验为基础提出的。从上述的讨论可见，这几个条件是在地基加固措施较弱、沉降变形较大的情况下，以填筑施工完成后路基面实测沉降变形拟合、预测统计分析为基础建立的，它们有相应的适用范围。武广高速铁路路基沉降变形分析表明，在地基沉降变形较小的情况下，上述稳定性指标要求一般不再对沉降变形拟合和工后沉降变形预测的质量起控制作用。

地基压缩性较小或地基加固处理强度较大的情况下，当路堤底部总沉降量级小于 20 mm 时，填筑施工完成后，安装在路基面的沉降观测桩实测沉降变形常常在 5 mm 以下，例如图 9.14 中的武广高速铁路 DK1262＋795 横断面实测结果。

下面的讨论称这种情况为小变形条件。

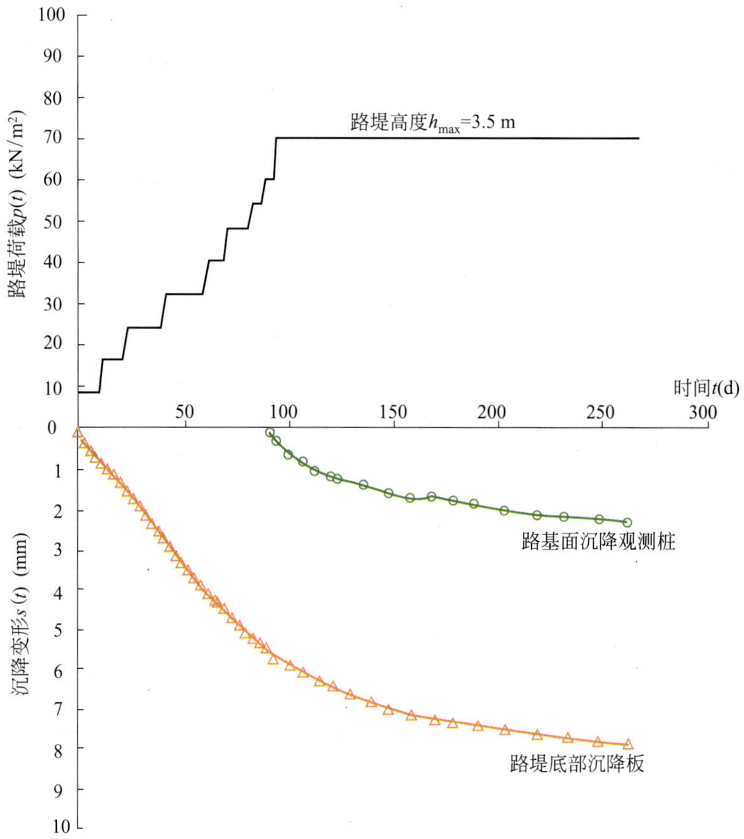

图 9.14　武广高速铁路 DK1262+795 横断面实测荷载沉降变形时程曲线(地基处理采用 CFG 桩加固)

在这种小变形条件下,以路基面沉降观测桩测定的数据($t>t_{0'}$,见图 9.8)为基础进行沉降变形拟合和工后沉降变形预测常常不再具有可操作性。根据武广高速铁路路基建设的经验,如果观测和调整期在 6 个月以上,沉降分析预测的结果一般都能满足表 9.1 中的高速铁路无砟轨道沉降变形控制要求以及上述三个质量指标的要求。某些特殊情况下,路基沉降变形和铺轨条件的评估过程甚至可以简化,即侧重于检查、审核,例如观测元件现场安装质量、测量基准点的稳定性和可靠性等因素。

在高速铁路建设速度较快,工期要求较高的情况下,一方面要求地基处理的设计采用新方法并提高加固强度,以明显降低地基沉降总量、加快其收敛速度,另一方面要求采用优良的路基填料和较高的填筑标准。在这个大的边界条件下,地基沉降量总体上处于小变形范围。这种情况下,能否根据实际情况适当放宽观测和调整期是很有意义的课题。所以,小变形条件下沉降变形拟合和工后沉降变形预测分析具有一定的实用价值。

小变形条件下，沉降变形拟合和工后沉降变形预测应利用安装在基底的沉降板测定的整个施工、调整过程基底沉降时程曲线，见图 9.8。基底剖面沉降管由于其测量精度较低，这种情况下，一般不用于工后沉降变形预测，但可用于对比、验证沉降板测定值的量级。由于基底沉降板测定的沉降变形不包括路堤自重作用下本身的压缩变形，所以采用基底沉降板实测变形数据进行路基沉降变形拟合分析和工后沉降变形预测的条件是：路堤本身的压缩变形量明显小于地基沉降量，且路堤完成填筑时其压缩变形大部分已经完成。这可从路基面沉降观测桩安装后实测沉降时程线是否与基底沉降板同时段实测沉降时程线基本平行来判断。分析武广高速铁路路基沉降变形实测数据，这个条件基本上是满足的。小变形条件下，沉降变形实测数据拟合分析应用较多的是拓展双曲线法和三点法（对数配合法），例如中国武广高速铁路路基和德国高速铁路无砟轨道纽伦堡—因戈尔施塔线部分区段。

当路基填筑阶段加荷速率变化不大时，可考虑采用拓展双曲线法拟合全过程沉降时程实测数据。拓展双曲线法是在经典双曲线式(9.2)的基础上加上荷载系数 ξ 来拟合整个施工、调整过程基底沉降时程曲线。

$$s(t)=\xi\cdot\frac{t}{a+b\cdot t} \tag{9.3}$$

式中 t——时间，以路堤填筑开始（基底沉降板安装完成）为起点，即图 9.8 中的 0 点；

$s(t)$——时间 t 时基底沉降变形实测值；

ξ——荷载系数，即与时间 t 时相应的基底荷载与最终荷载的比值，$\xi=p(t)/(\gamma\cdot h_{max}+p_{st})$；

$p(t)$——t 时与填土高度相应的荷载，见图 9.8；

h_{max}——路堤最大填高，见图 9.8；

p_{st}——路堤后续静荷载，包括基床表层级配碎石最后一层（运梁车通过后施工）、水硬性支承层和上部轨道系统荷载总和，其中上部轨道系统荷载一般取 15～20 kPa。

可见，拓展双曲线法的沉降变形拟合曲线由两部分相乘确定，第一部分为荷载系数 ξ，第二部分为沉降变形与时间的关系。在地基压缩性相对较小或加固措施较强的情况下，即地基的整体荷载反映基本呈线性范围时，假设沉降变形的增量与荷载增量成正比是合适的，武广高速铁路的工程实践证明了其合理性。在地基小变形条件下，将路堤填筑期观测数据纳入沉降变形分析使数据信息量增加，更重要的是，基底实测沉降变形量级使分析具有可操作性。

式(9.3)中的参数 a、b 可通过变换实测沉降变形数据在 $t\cdot\xi/s(t)$— t 坐标系回归分析求得，见图 9.15。拟合曲线计算推出的最终沉降为 ξ/b。

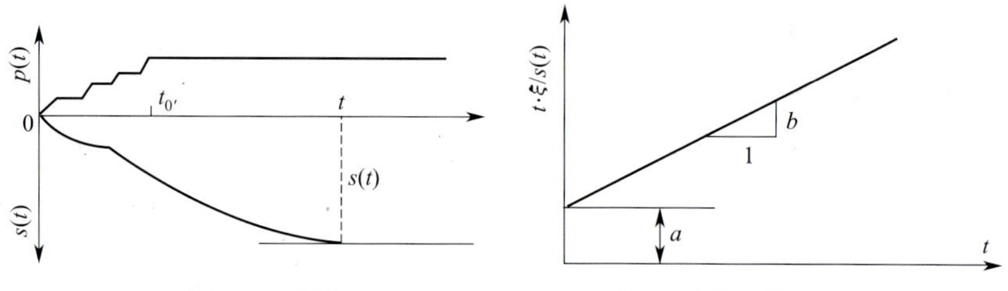

(a) $p-s-t$曲线　　　(b) $t\cdot\xi/s(t)-t$直线

图 9.15　拓展双曲线法 $p—s—t$ 曲线和参数 a、b 推求示意图

三点法(对数配合法)是著名学者曾国熙教授 1959 年为软黏土砂井地基处理预测最终沉降量提出的一种方法,由于其对各种地基条件有较好的适用性和实用性,在工程上得到了较为广泛的应用。该方法的出发点是以太沙基固结理论为基础的固结度计算普遍表达式。

$$U(t)=1-\alpha\cdot e^{-\beta\cdot t} \tag{9.4}$$

式中　α——参数,一般可采用理论值 $8/\pi^2$;

β——待定参数,利用实测数据回归求得。

在此基础上,地基沉降变形 $s(t)$ 随时间 t 的发展过程一般可用下式近似地表示。

$$s(t)=s(\infty)\cdot(1-\alpha\cdot e^{-\beta\cdot t})+s_0\cdot\alpha\cdot e^{-\beta\cdot t} \tag{9.5}$$

式中　s_0——地基瞬时沉降;

$s(\infty)$——地基最终沉降。

利用地基沉降变形实测数据进行曲线拟合时,一般从实测的 $s(t)—t$ 曲线上选择路堤填筑完成后的三个等时间间隔点 t_1、t_2 和 t_3,即 $t_2-t_1=t_3-t_2$,并且 t_2-t_1 和 t_3-t_2 尽可能大,同时 t_3 应尽可能取在 $s(t)—t$ 曲线的末端,见图 9.16。

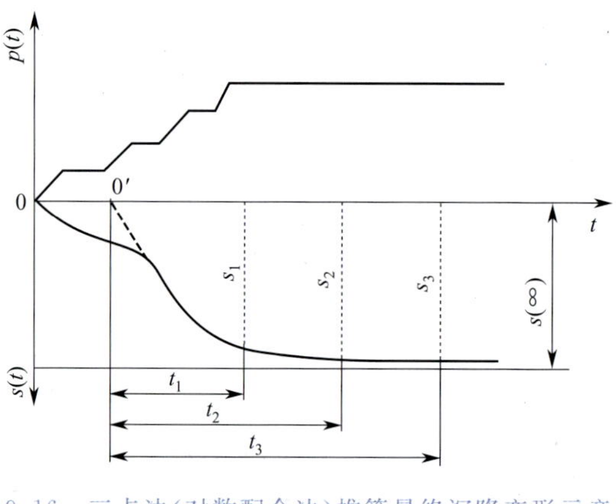

图 9.16　三点法(对数配合法)推算最终沉降变形示意图

由式(9.5)可得最终沉降量 $s(\infty)$、待定参数 β 和地基瞬时沉降 s_0 如下：

$$s(\infty)=\frac{s_3\cdot(s_2-s_1)-s_2\cdot(s_3-s_2)}{(s_2-s_1)-(s_3-s_2)} \tag{9.6}$$

$$\beta=\frac{1}{t_2-t_1}\ln\frac{s_2-s_1}{s_3-s_2} \tag{9.7}$$

$$s_0=\frac{s_1-s(\infty)\cdot(1-\alpha\cdot e^{-\beta\cdot t_1})}{\alpha\cdot e^{-\beta\cdot t_1}} \tag{9.8}$$

四个参数 $s(\infty)$、s_0、α 和 β 确定后，可以利用式(9.5)推算预测任意时刻的沉降变形值 $s(t)$。

武广高速铁路路基实测沉降变形结果表明，除部分超载预压段外，地基的总沉降一般小于 20 mm，属小变形情况。对这类情况，武广高速铁路采用了五种常用的拟合曲线对他们的适用性进行了对比分析[10]，包括规范双曲线、拓展双曲线、三点法、Asaoka 法和指数双曲线等。对比研究的结果表明，三点法能较好地反映沉降变形的发展趋势，且回归相关系数较高、预测误差较小，但对数据波动比较敏感；拓展双曲线法回归相关系数较高、适应性较强，但比三点法预测误差稍大；其他几种方法对小变形情况的适用性相对来说要差一些。所以，武广高速铁路路基主要采用三点法和拓展双曲线法来拟合实测沉降变形和预测工后沉降。

9.5 路基工后沉降预测方法

无砟轨道铺轨后，路基发生的总后续沉降变形由两部分组成，铺轨后路基发生的沉降变形即路基工后沉降变形 s_R 与运营交通荷载引起的附加沉降 s_N，见图 9.17。有关附加沉降 s_N 已在第 5、6 章讨论，本节讨论路基工后沉降变形 s_R 的预测方法。

一般情况下，路基工后沉降变形 s_R 由铺轨后地基残余沉降 $s_U(t>T_0)$ 和路堤残余自身压缩变形组成，$s_R=s_U(t>T_0)+s_E(t>T_0)$，其中，$T_0$ 为无砟轨道铺轨时间点。如前所述，由于无砟轨道路基一般选用材质优良的 A、B 组填料，特别是对填料的水稳定性、动力稳定性和细颗粒含量控制较严，而且填筑标准要求较高(见第 10 章)，所以路堤自身的压缩变形量级较小且在填筑施工后大部分已完成。在这种条件下，铺轨时路堤自身的压缩变形量一般已基本完成，路基工后沉降变形 s_R 主要由铺轨后地基残余沉降 $s_U(t>T_0)$ 控制。

无论地基沉降量级属中、大变形还是小变形条件，路基工后沉降预测的基础总是以路基填筑和观测期实测的沉降变形通过合适的拟合方法(曲线)确定的沉降变形时间函数 $s(t)$，见 9.4 节和图 9.17。这里，除了满足拟合函数质量指标(可靠性、精度和稳定性)要求外，一般情况下，工后沉降变形预测和评估的前提是路堤完成填筑后至少要有 6 个月的观测、调整期。

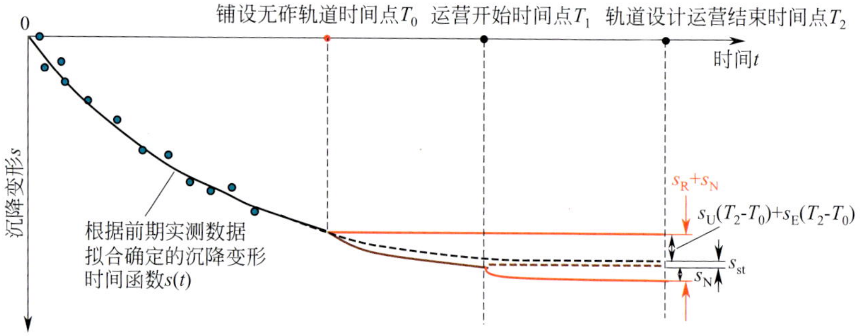

图 9.17　路基单元观测断面工后沉降变形预测示意图

如图 9.17 所示，路基工后沉降的计算式为

$$s_R=s_U(T_2-T_0)+s_E(T_2-T_0)+s_{st}=s(T_2-T_0)+s_{st} \tag{9.9}$$

式中　T_0——预计铺设无砟轨道时间点；

T_2——轨道设计运营结束时间点；

T_2-T_0——无砟轨道预定生命期；

$s_U(T_2-T_0)$——铺轨后地基发生的残余沉降变形；

$s_E(T_2-T_0)$——铺轨后路堤本身在自重作用下发生的残余压缩变形；

$s(T_2-T_0)$——由沉降变形实测数据拟合曲线预测的地基和路堤在铺轨后至运营完成所发生的沉降；

s_{st}——路堤铺轨时附加静荷载 p_{st} 包括水硬性支承层和上部轨道系统自重荷载引起的沉降变形部分。

地基和路堤在铺轨后至运营完成所发生的沉降，可直接根据前期实测数据拟合确定的沉降变形时间函数 $s(t)$确定，即 $s(T_2-T_0)$。铺轨时附加静荷载较小，引起的沉降变形部分 s_{st}一般不起控制作用，可近似地按其在总荷载中的比例用下式估计：

$$s_{st}\approx\frac{p_{st}}{\gamma\cdot h_{max}+p_{st}}\cdot s(\infty) \tag{9.10}$$

式中　γ——填土容重；

h_{max}——路堤填土总高度；

$s(\infty)$——铺轨前观测资料预测的最终总沉降量，从路堤填筑开始起算。

当沉降变形拟合分析采用前述的拓展双曲线法时，如果计算荷载系数 ξ 采用的基数为 $\gamma\cdot h_{max}+p_{st}$，那么计算过程实际上已考虑了附加静荷载(结构荷载)的影响。这时，用式(9.3) 取 $\xi=1$ 时预测的工后沉降变形 $s(T_2-T_0)$已包含了这部分荷载的影响。

按上述方法计算路基单元包括与刚性结构物过渡段各断面的工后沉降后，可进一步分析沿线路纵向路基工后沉降的分布，见 9.6 节。与刚性结构物过渡的台后路基段由工后沉降引起的弯折角(图 9.7)可由下式计算确定：

$$\theta = \Delta s_R / \Delta L \tag{9.11}$$

式中　θ——工后沉降引起的刚性结构物与路基过渡段弯折角，见图 9.7；

ΔL——刚性结构物边与台后第 2 个路基观测断面的距离，见图 9.7，台后第 1 个路基观测断面位于过渡段梯形级配碎石加固体上；

Δs_R——刚性结构物与台后第 2 个路基观测断面的工后沉降差($s_{R,2} - s_{R,0}$)，见图 9.7。

9.6　沿线路纵向沉降变形分布和线路合成竖曲线分析

在对无砟轨道线路区段内的路基单元、桥梁、隧道和涵洞各观测断面进行实测沉降变形拟合分析、工后沉降预测基础上，应进行区段沉降变形综合集成分析。具体的作法是，分别给各区段绘制沿线路纵向预测工后沉降变形分布。图 9.18 为武广高速铁路区段 DK1391＋141.97～DK1392＋641.97 实例。

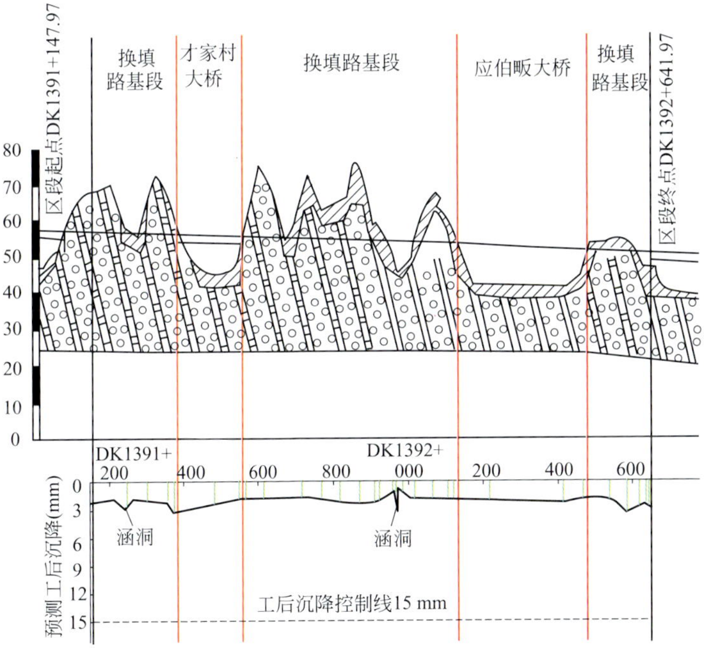

图 9.18　武广高速铁路区段 DK1391＋141.97～DK1392＋641.97 沿线路纵向预测工后沉降变形分布

该区段包含三段路基、两座桥梁和两座涵洞，全长共计 1 494 m。路基段以换填为主要处理方式，路基本体及基床底层填料均采用 A、B 组填料。两座桥梁的墩、台基础为扩大基础。本区段共设置了 41 个观测断面 138 个观测点。其中，路基段 36 个观测断面、124 个观测点；才家村大桥 1 个观测断面、2 个观测点；应伯畈大桥 2 个观测断面、4 个观测点；涵洞 2 个观测断面、8 个观测点。

本例路基和工程结构物主体工程施工完成至沉降变形评估的时间间隔超过 6 个月。评估时，区段内各路基段基底实测总沉降量为 5.77～10.01 mm，路基面实测沉降变形为 3.64～5.73 mm，后期沉降变形均已趋于稳定。根据评估时观测数据预测的路基最终沉降量为 4.64～12.98 mm、工后沉降量为 0.96～3.68 mm，预测工后沉降均小于容许工后沉降 15 mm。评估时，桥梁墩台实测沉降量为 2.26～2.94 mm，预测的最终沉降量为 4.36～5.53 mm、工后沉降为 1.86～2.56 mm，满足各项指标要求。评估区段内路基和刚性结构物过渡段的差异沉降量为 0.30～2.72 mm，小于给定的容许值 5 mm；工后沉降引起的刚性结构物与路基过渡段折角为约 1/170 000～1/4 800，小于容许值 1/1 000。可见，评估区段内三段路基单元和两座桥梁单元基础的沉降变形以及过渡段均满足《高速铁路设计规范(试行)》(TB 10621—2009)各项指标的要求。

从图 9.18 的工后沉降变形沿线路纵向分布可见，该区段预测的工后沉降远小于容许工后沉降(15 mm)，而且路基段纵向分布无明显的突变情况，即预测路基单元内不均匀工后沉降与对应长度的比值($\Delta s_R/\Delta L$)远远小于 Ril 836—2008 提出的小于等于 1/500 的要求，见表 9.1。可见，根据预测，该区段各路基单元内以及与刚性结构物的过渡段性能均满足无砟轨道长期变形协调性要求。

当部分路基断面的预测工后沉降和纵向分布不满足要求时，一般需对相应路基断面继续进行观测和再分析，或采取附加地基加固措施加速沉降收敛，直至符合给定指标要求，见图 9.2。在某些特殊情况下，例如由于工期安排紧张或无法实施附加地基加固措施，而同时工后沉降变形预测值不大于 60 mm 时，可以利用“行车舒适度”准则来确定允许的最大工后沉降变形。

根据德国铁路规范 DS 800 0110，满足行车舒适度要求的竖曲线半径标准值 $r_a \geqslant 0.4 \cdot v_e^2$($r_a$ 的单位为 m，行车速度 v_e 的单位为 km/h)，最小值为 $r_a \geqslant 0.25 \cdot v_e^2$，在上述特殊情况下，允许设计轨道高程/竖向曲线与工后沉降线叠加，调整后的竖曲线半径应满足给定的行车舒适性要求。

按运营时速 300 km 计算，满足行车舒适度要求的竖曲线修圆半径标准值和最小值分别为 36 000 m 和 22 500 m。由于线路边界条件的限制，科隆—莱茵/美茵无砟轨道铁路线 B 标段的大部分区段是以行车舒适度要求最小值规划设计的。B 标段路基观测断面实测结果的拟合、预测分析表明[6]，绝大部分路基区域工后沉降小于 15 mm，仅在一约 400 m 长的路基段预测工后沉降在 20 mm 左右。地基勘察和沉降分析都显示该路基段存在多个长度较短的沉降盆。图 9.19 给出了里程为 DK108.0 附近 2000 年 5 月预测的工后沉降分布[6]。可见，该处局部沉降盆长度约 70 m，预测最大工后沉降 23 mm，位于里程 DK108.012 处。为此，工程上采取了相应的措施以满足路基工后沉降小于 15mm 的要求。

下面仅利用图 9.19 来讨论这种情况对无砟轨道行车舒适性的影响。假设利用轨道扣件调节板调整轨道高程后，局部沉降盆向上平移了 15 mm，即局部沉降盆最深点的工后沉降减小到 8 mm（23 mm－15 mm）。调整轨道高程后剩下的局部沉降盆（图 9.19 中黄色部分）最大沉降差为 8 mm，其曲线修圆半径 $R_{s_R} \approx (\Delta L)^2/(4 \cdot \Delta s) = 14.1^2/4/0.008 \approx 6\ 250$ m。该路基段线路按行车舒适度要求的最小值 $r_a \geqslant 0.25 \cdot v_e^2$ 规划，即设计竖曲线半径 $R_0 = 22\ 500$ m（上凹）。这种情况下，设计竖曲线和剩余工后沉降差 Δs 引起的竖曲线曲率可由下式叠加为合成竖曲线曲率。

$$\frac{1}{R'} = \frac{1}{R_0} + \frac{1}{R_{s_R}} \tag{9.12}$$

式中　R'——合成竖曲线修圆半径。

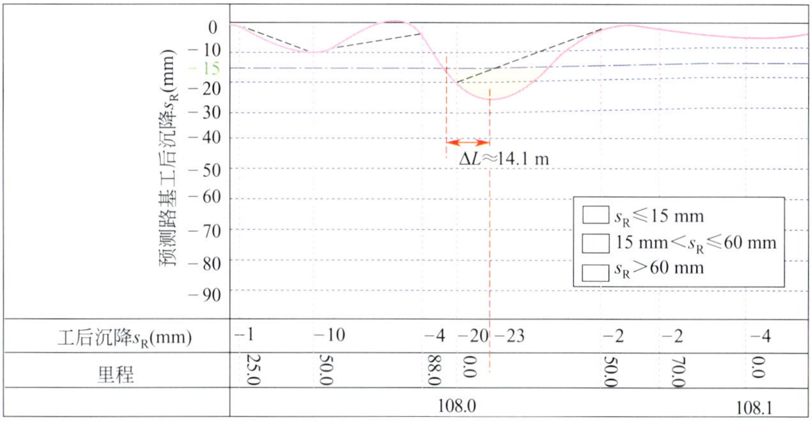

图 9.19　DK108.0 附近路基预测工后沉降分布[6]

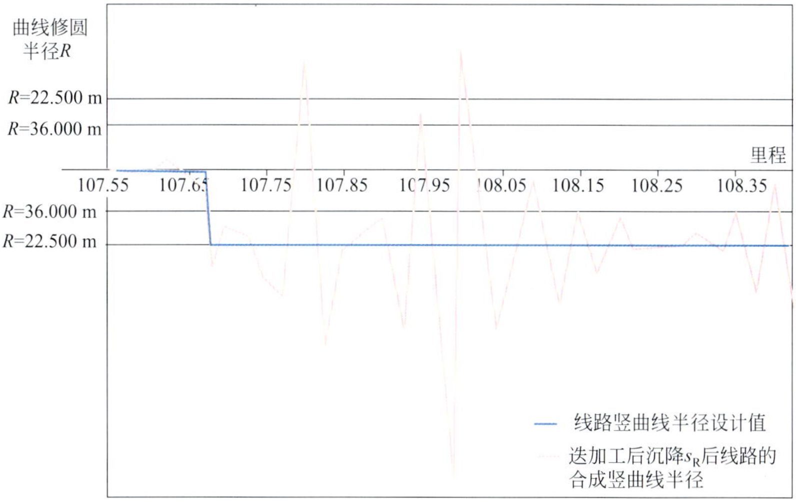

图 9.20　路基工后沉降对线路竖曲线参数的影响[6]

根据式(9.12)计算得出 $R'\approx 4\ 900\ m \ll 22\ 500\ m$。所以,该例条件下合成后的竖曲线修圆半径不能满足行车舒适度最小值要求。

可见,不仅是工后沉降的绝对值,还包括其沿纵向的分布,都可能对合成后的竖曲线修圆半径产生影响。尤其是对按行车舒适度最小值规划的线路,当路基沉降盆长度较短时,少量的工后沉降就有可能使合成后的曲线修圆半径不能满足行车舒适度的要求。图 9.20 为按上述方法得出的 DK107.55～DK108.35 区域路基工后沉降对线路竖曲线参数的影响[6]。

9.7 路基超载预压区卸载时间点的估计

当高速铁路地基加固采用超载预压方案时,根据规范和设计,一般要求有 6 ～ 18 个月的预压时间,称为观测、调整期。首先,这里有一个如何根据地基实测沉降数据预测工后沉降、评判满足无砟轨道铺设条件的问题。此外,实际工程中常常有一些路基堆载预压地段,由于运梁和全线铺设无砟轨道等工期条件的限制,无法及时实施堆载预压措施,而堆载推迟实施后,常常满足不了给定预压时间的要求。可见,在快速建设无砟轨道的施组条件下,路基堆载预压区卸载时间点的确定是一个有实际意义的工作。本节结合高速铁路路基建设的经验,探讨地基在中、大变形条件下,如何根据地基实测沉降数据确定满足无砟轨道工后沉降要求的卸载时间点。

高速铁路工程中,地基堆载预压区段施工过程一般有两种情况,见图 9.21。第一种情况,填筑和堆载总高度($H+\Delta H$)在同一施工阶段完成;第二种情况,路基在填筑至基床底层顶部后(路堤高度 H)经历了一段恒载期,其间承受运梁车引起的活荷载,运梁完成后再实施堆载预压(ΔH)。在估计满足路基工后沉降变形要求的堆载部分(ΔH)卸载时间点 t_X 时,可以基底实测沉降变形数据为基础进行,并假定路堤部分的压缩变形在堆载完成后基本完成。这里,控制条件为:

(1)堆载作用时间应使地基的工后沉降满足 $s_R \leqslant (s_{R,p})/\eta$,其中,$(s_{R,p})=15\ mm$,$\eta$ 为预压堆载区变形验算安全系数,一般可取 2～3;

(2)应满足沉降变形拟合、预测的精度要求,即估计卸载时间点时实际出现的沉降 $s(t)$ 和预测最终沉降 $s(\infty)$ 的比应大于等于 75%,见 9.4 节。这里,预测总沉降 $s(\infty)$ 是指包括堆载荷载在内的总荷载作用下出现的最终沉降。

根据 9.4 节的讨论,这种情况下拟合方法采用拓展双曲线法较为方便。结合图 9.21,讨论时采用的符号说明如下:

t——时间,以路基填筑开始为起点;

h——填筑、堆载高度,一般以褥垫层顶面为基准点(m);

H——路基填筑高度,一般到基床底层顶面(m);

ΔH——超载预压阶段的堆载高度(m);

t_D——堆载开始时间点;

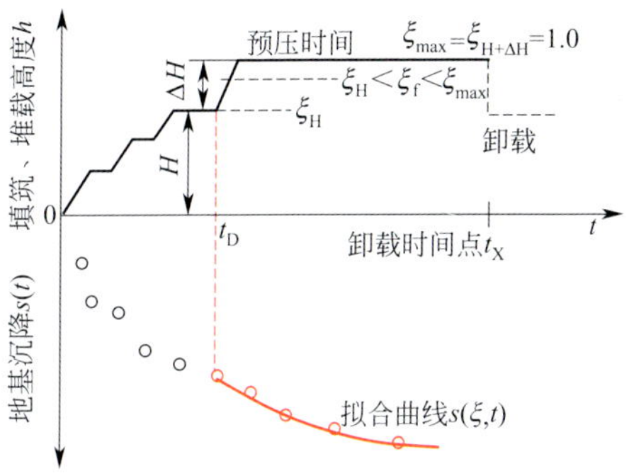

(a) 典型情况一　填筑和堆载在同一施工阶段完成

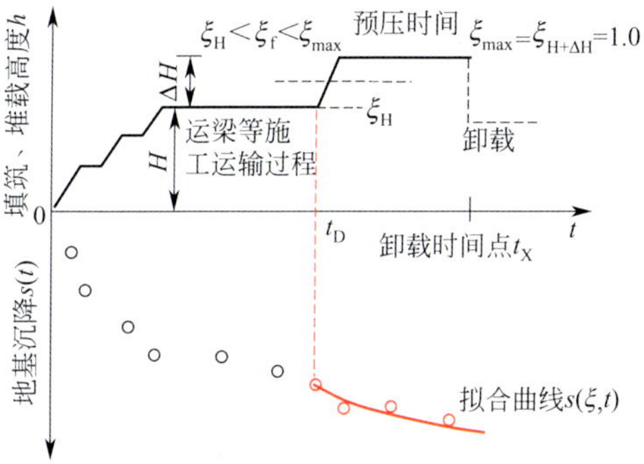

(b) 典型情况二　填筑和堆载在不同施工阶段完成

图 9.21　高速铁路地基堆载预压两种常见情况示意图

$s(t)$——t 时基底实测沉降(mm)；

t_X——估计允许卸载时间点 t_X；

ξ——荷载系数，即与时间 t 时相应的基底荷载与最终荷载比，$\xi=p(t)/(\gamma\cdot h_{max}+p_{st})$；

ξ_H——与路堤高度 H 相应的荷载系数，$\xi_H=H/(H+\Delta H)$；

ξ_{max}——地基最大荷载水平时的荷载系数，$\xi_{max}=\xi_{H+\Delta H}=1$；

ξ_f——铺轨完成后(使用荷载下)地基的静荷载水平，$\xi_f=(\gamma\cdot H+p_{st})/[\gamma\cdot(H+\Delta H)]$，$\xi_H<\xi_f<\xi_{max}$；

p_{st}——路堤铺轨时附加静荷载，包括基床表层、水硬性支承层和上部轨道系统自重荷载等；

$U(t)$——地基沉降变形度（以别于传统的饱和黏土固结度概念)，指包括堆载荷载在内的总荷载作用下时间 t 时的沉降变形 $s(t)$ 与预测总沉降 $s(\infty)$ 的比值。

由于填筑、堆载和运梁车等施工活动，实测基底沉降有时会有一定的波动。这时，要用一个单一的拟合函数很好地描述全过程沉降变形有一定的困难。在中、大变形条件下，从堆载开始时间点(图 9.21 中的 t_D)的实测基底沉降变形的发展常常较为稳定，可用式(9.3)得到较为理想的适合于 $t>t_D$ 的拟合曲线。

上述控制条件(1)和(2)的数学表达分别为

$$s_R=s(\xi_f,\infty)-s(\xi_{max},t_R)\leqslant(s_{R,p})/\eta \tag{9.13}$$

$$s(\xi_{max},t_{U=75\%})\geqslant 0.75\cdot s(\xi_{max},\infty) \tag{9.14}$$

式中　$t_R,t_{U=75\%}$——根据工后沉降和地基沉降变形度条件确定的允许卸载时间点。

将式(9.3)分别应用于式(9.13)和式(9.14)得出：

$$s_R=\frac{\xi_f}{b}-\frac{1\cdot t_R}{a+b\cdot t_R}\leqslant\frac{(s_{R,p})}{\eta} \tag{9.15}$$

$$\frac{1\cdot t_{U=75\%}}{a+b\cdot t_{U=75\%}}\geqslant\frac{0.75}{b} \tag{9.16}$$

卸载时间点的控制值为 $\max(t_s, t_{U=75\%})$。

武广高速铁路路基观测断面 DK1403+693 的地基处理采用 CFG 桩网加固和超载预压。该断面的填筑和堆载高度分别为 7.87 m 和 2.22 m，且在同一施工过程完成，见图 9.22。这里，堆载开始时间点 $t_D=201$ d，基底发生的总沉降量大小在 30 mm 左右。利用 $t\geqslant t_D$ 实测基底沉降变形数据拟合得出的拓展双曲线见图 9.22，其参数为 $a=1.973$ d/mm 和 $b=0.028\ 6$ mm^{-1}。根据路堤铺轨时附加静荷载 $p_{st}=25$ kN/m^2 计算得出铺轨后使用荷载下地基静荷载水平为 0.90。取变形验算安全系数 $\eta=3.0$ 并将这些参数代入式(9.15)和式(9.16)，分别得出 $t_s\geqslant215$ d和 $t_{U=75\%}\geqslant207$ d。所以，该路基断面堆载部分卸载时间点控制值可估计为 215 d，即完成堆载后两周就可以卸载，明显低于《高速铁路设计规范(试行)》(TB 10621—2009)中路基完成填筑、堆载后至少应有 6 个月沉降变形观测和调整期的要求。

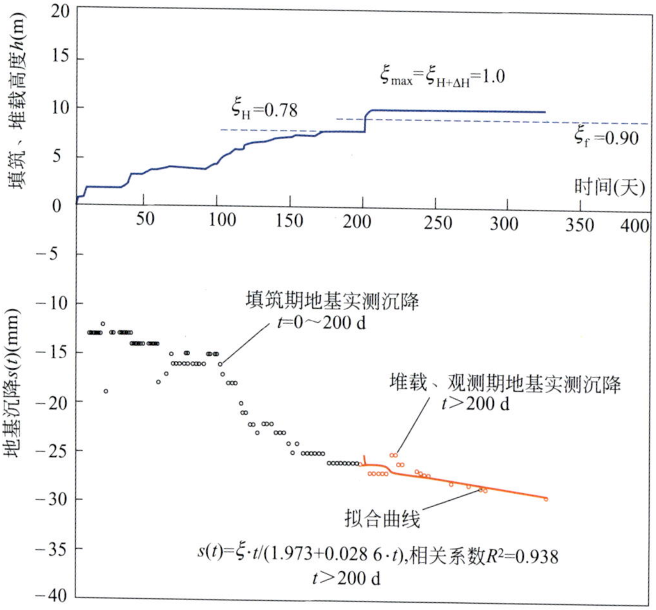

图 9.22　填筑、堆载和实测地基沉降变形时程曲线(武广高速铁路路基超载预压区段观测断面 DK1403+693)

该路基标段沉降变形评估时，实际的观测调整期大于规范和设计的要求(≥6 个月)，但是，从这个实例分析可以估计，根据沉降变形观测数据的分析，在满足一定条件的情况下，对部分路基堆载预压地段的预压方案做合理的调整是有可能的。在国外，如德国纽伦堡—因戈尔斯达特线，曾根据前期观测资料的分析，部分降低或完全取消了原设计的堆载方案，为工程节省了投资，争取了时间。

参 考 文 献

[1] 中华人民共和国铁道部.高速铁路设计规范(试行)(TB 10621—2009)[S].北京:中国铁道出版社,2005.

[2] 铁道部工程管理中心.客运专线铁路变形观测评估技术手册[S].北京:中国铁道出版社,2009.

[3] 中华人民共和国铁道部.客运专线铁路无砟轨道铺设条件评估技术指南[S].北京:中国铁道出版社,2006.

[4] German Railway Standard AKFF.Anforderungskatalog zum Bau der Festen Fahrbahn [S].3.und 4. überarbeitete Auflage.1995,2002.

[5] German Railway Standard Ril 836.Erdbauwerke planen,bauen und instand halten [S].1999,2008.

[6] Dörr P, Christgau E-M. Setzungsbedingte Verformungen des Fahrweges an Hoch-geschwindigkeitsstrecken nach Einbau der Festen Fahrbahn [J].EI-Der Eisenbahningenieur 52(2),2001.

[7] Christgau E-M,Bausch U.Planning of the slab track,Cologne-Rheine/Main railway line Contract Section B, Influence of deformation and settling [C].Colloquium on Railway Technology,TU Darmstadt,2000.

[8] Kliesch K,El-Mossallamy Y,Neidhardt T.Zur Setzungsprognose bei Erdbauwerken mit Fester Fahrbahn-Erfahrungen an 43 km Neubaustrecke [C].Baugrundtagung Mainz,2002.

[9] 舒尔茨·格赫德.高速铁路无砟轨道沉降变形观测与评估技术—德国铁路新干线中43公里路段的经验 [C].阿卡迪斯 ARCADIS 德国公司,铁道部工程管理中心路基沉降交流报告会,北京:2006.

[10] 中国科学院武汉岩土力学研究所,武广客运专线工程咨询项目经理部.铁路客运专线沉降变形评估方法及观测数据管理与分析预测集成系统 [R].武汉:2008.

[11] 李明领.客运专线无砟轨道铁路线下结构沉降变形观测与评估技术[J].中国工程科学,2009,11(1).

10 无砟轨道路基填料的适用性和填筑质量控制体系

10.1 概　　述

根据无砟轨道结构的基本原理,2.5 节定义了其对路基的功能性和适用性要求。功能性条件是指上部结构要求路基能长期提供足够的支持力或刚度,以保证道床板和支承层在交通动力荷载作用下的疲劳强度安全性;路基结构物的适用性要求是指对无砟轨道系统的稳定性、耐久性和舒适性起控制作用的路基长期动力稳定性、沉降变形性状和水稳定性。针对这两个方面的要求,无砟轨道路基设计对填料的材质和填筑质量提出了定性和定量的要求,这些要求具体体现在施工阶段对路基不同区域填料适用性的检验和填筑质量的控制上。对路基填筑质量的控制,工程实践表明,传统的点式检测法由于速度较慢,且无法对路基的均匀性进行合理评价,常常对路基的填筑进度有制约作用,所以,工程界对路基现场填筑质量的控制、检测方法提出了新的要求。

本章将从原理、背景和方法出发,对围绕无砟轨道路基填料适用性、填筑质量控制指标和检测方法等三个方面的问题进行详细的讨论,并介绍高速铁路路基工程部分最新科研成果和应用实例。

10.2 填料的适用性

10.2.1 路基填料适用性验证的基础

无砟轨道路基填料是满足特定要求的土类。为了保证路基结构物和无砟轨道系统的长期稳定性和耐久性,路基填料应满足在相应动、静荷载和环境作用下的适用性要求。检验路基填料适用性的基础是对土的工程性质有较为深刻的认识。本节首先对涉及无砟轨道路基结构物填料的一些重要物理、力学性质进行概述。

土或者说填料的工程性质,是由它的成分(内因)和环境(状态)变量决定的。其中,土的成分主要指颗粒的大小和分布、颗粒形状和强度、矿物成分和相对比例、吸附离子的类型,以及孔隙中流体的组成等;而环境(状态)变量则指含水量、密度、应力状态、温度、构造和颗粒排列以及吸、析水的可能性。一般来说,土的成分可以在室内通过对扰动土样进行相应试验确定,而土的环境(状态)变量只能通过原位或室内对未扰动土样进行试验确定。本节侧重于讨论土的成分对其工程性质的影响。

10.2.1.1 土的颗粒组成、几何形状和矿物成分

一般情况下，土定义为由粒径在 $1\times10^{-4}\sim2\times10^{2}$ mm 之间颗粒组成的混合物。土的粒径大小和级配、颗粒几何形状和强度以及矿物成分三者相互联系，对其工程性质起决定性的作用。

表 10.1 给出了土颗粒粒组划分系统，包括粒组名称和相应的粒径范围。土的粒组大的可分为巨粒、粗粒和细粒三大类，它们由不同的矿物组成。矿物又分为原生矿物、次生矿物和有机质，表 10.2 为砂粒、粉粒和黏粒的粒径大小与矿物成分和出现机率的关系。

表 10.1 土颗粒粒组划分系统

粒组统称	粒组名称		粒径范围(mm)
巨粒	漂石(块石)粒		>200
	卵石(碎石)粒		60～200
粗粒	砾粒	粗砾	20～60
		中砾	5～20
		细砾	2～5
	砂粒	粗砂	0.5～2
		中砂	0.25～0.5
		细砂	0.075～0.25
细粒	粉粒		0.005～0.075
	黏粒		<0.005

表 10.2 颗粒粒径大小与矿物成分的关系

粒组名称	粒径范围(mm)	最常见代表性矿物						
		原生矿物			次生矿物			有机质
		石英	长石	云母	高岭石	伊利石	蒙脱石	腐植质
粗砂	2～0.5	+++	+++	++				
中砂	0.5～0.25	+++	++	+++				
细砂	0.25～0.075	+++	+	++				
粉粒	0.075～0.005	+++	+	+	++	+		
黏粒	0.005～0.001	++	+	+	+++	+++	+	
	0.001～0.000 1				++	++	++	++
	<0.000 1				+	+	+++	++

注：+++表示主要矿物成分；++表示常见矿物成分；+表示少见矿物成分。

粗颗粒土的几何形状和表面粗糙度取决于母岩的种类、风化、沉积、破碎等过程和交通运输历史等因素，多呈鼓形状。图 10.1 为常见的粗颗粒几何形状和表面粗糙度形式。颗粒的几何形状和表面粗糙度分别对土的结构和力学参数的方向性以及对其应力—应变—强度性状有较大的影响。与粗颗粒土的几何形状相比，细颗粒土的几何形状由矿物晶体形状决定，一般具有层状结构，外形呈片状。

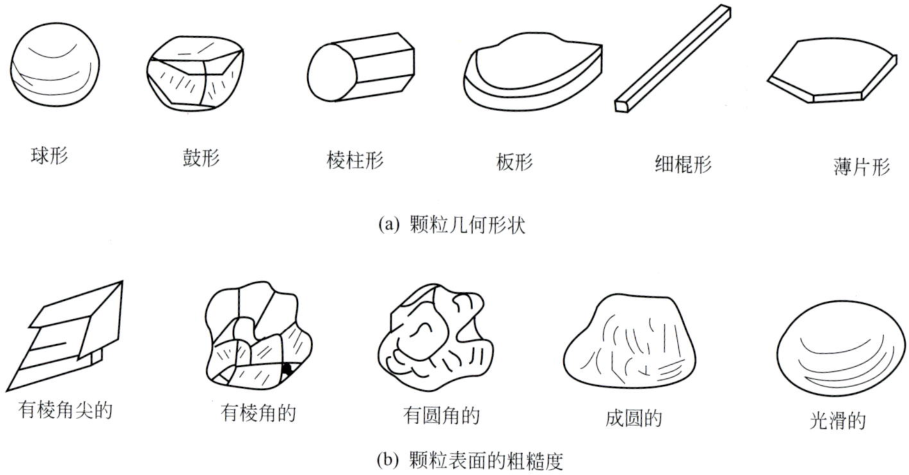

图 10.1　粗颗粒的几何形状和表面粗糙度

巨粒土和粗粒土主要由母岩碎屑构成的多矿物结构组成。砂粒与原生矿物颗粒的大小相近，多数由单矿物例如石英、长石、云母等组成，见表 10.2。与此相比，粉粒常常由原生单矿物石英加上次生矿物高岭石组成，黏粒基本上由次生矿物和有机质构成，常见的有高岭石、伊利石、蒙脱石、腐殖质等。

石英是一种稳定性较好的矿物。石英矿物具有硅氧四面体螺旋状结构，出现在粒径大于 0.001 mm 的所有粒组中。四面体结构本身的稳定性很高，螺旋状结构又使矿物不存在解理面。此外，石英矿物本身是一个氧化物，没有弱联结的离子，硬度较高。

长石和云母多集中在粒径大于 0.075 mm 的粒组中。长石矿物具有三维框架形结构，由于其部分硅原子被铝原子代替，导致过量的负电荷需由诸如钾、钙等正离子平衡，这使长石矿物呈开放式结构并存在解理面，其硬度属中等水平、易于击碎。

云母矿物由四面体和八面体单元层状结构组成，呈片状或鳞片状。层与层之间的联结主要通过钾离子(12 倍配位数)提供的中等强度静电联结力。与层状结构内部联结力相比，这个静电联结力较弱，使云母矿物具有明显的解理性。由于云母矿物呈片状结构,当土中含有少量云母时,可能呈现较高的压缩性及卸载后的膨胀(松驰)现象。图 10.2 为根据太沙基 1931 年数据整理的粗粒土卸载后膨胀系数 C_s 与土中云母含量的关系[12]。可见,随着云母含量的增加,膨胀系数 C_s 直线上升。

从表 10.2 可见,最常见的三种黏土矿物为高岭石、伊利石和蒙脱石,它们的颗粒粒度从 0.005 mm 开始按顺序逐渐变小。在这个颗粒粒径范围,黏土矿物的晶体都具有层状结构,外形呈片状。图 10.3 为纯蒙脱石、高岭石颗粒级配曲线[38]。可见,在半对数座标上,当粒径从 0.002 mm 下降到 0.000 2 mm 时,高岭石的质量百分比与粒径大小几乎成直线关系,且粒径小于 0.000 2 mm 的部分只占总质量的很小部分。相比而言,蒙脱石粒径小于 0.000 2 mm 部分占总质量约 80%以上。所以,蒙脱石的颗粒粒径明显小于高岭石。表 10.3 给出了这三种黏土(次生)矿物的晶体结构、基本特性和工程性质,包括结晶构架图、晶胞联结方式和强度、离子交换率和矿物几何形状。

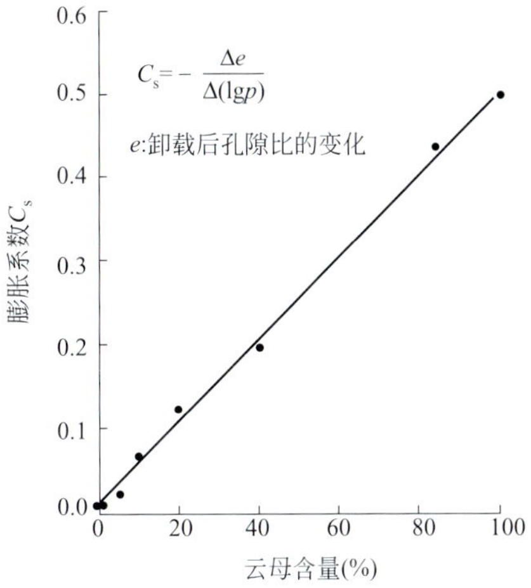

图 10.2 粗粒土卸载后膨胀系数 C_s 与云母含量的关系[12]

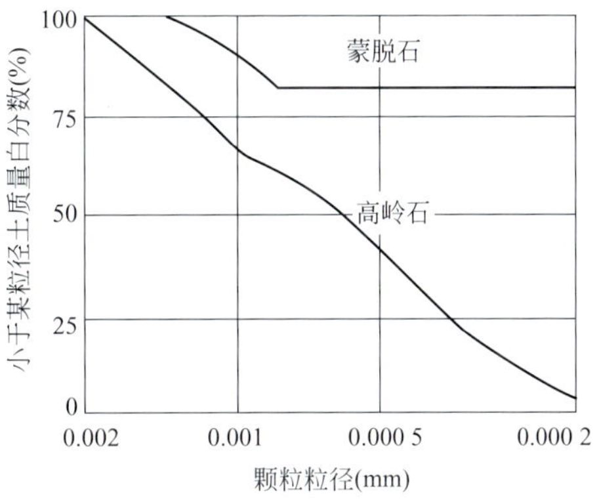

图 10.3 蒙脱石、高岭石颗粒级配曲线[38]

可见,取决于不同的结晶构架,三种黏土矿物呈现相当不同的基本特性。高岭石矿物的晶胞联结牢固、水分子不能自由进入,而且颗粒相对较大,所以表面能和亲水性相对较低。而蒙脱石由于其晶胞联结极弱有较强的活动性,晶胞之间能吸入不定量水分子,晶胞间距与吸入水量有关。此外,蒙脱石矿物颗粒的大小与细黏粒和胶粒相当,表面能巨大,亲水性特别强。与此相对应,高岭石矿物的可塑性、胀缩性和黏着性较低,而蒙脱石的可塑性、胀缩性和黏着性很高。这个差别对于含有这两种黏土矿物土的工程性质有很大的影响。伊利石矿物的基本特性和工程性质处于高岭石和蒙脱石之间。

表 10.3 常见代表性黏粒(次生)矿物结构、基本特性和工程性质

黏粒矿物	高岭石	伊利石	蒙脱石
结晶构架图	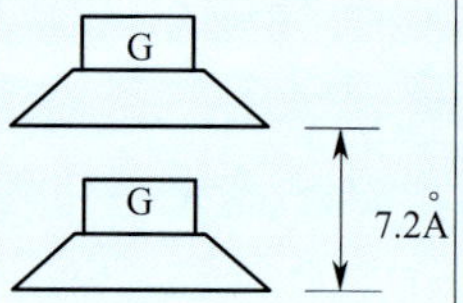 单个晶胞由一个硅氧四面体和一个铝氧八面体组成,相邻晶胞以氧离子与氢氧离子相对,为氢键所连接	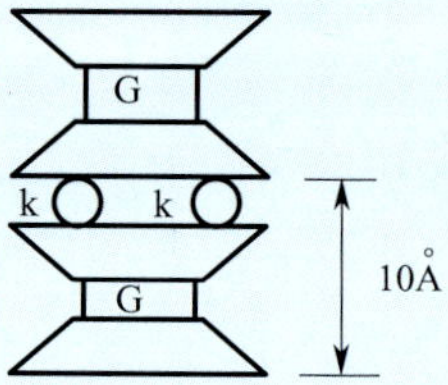 单个晶胞由顶、底硅氧四面体和中间的铝氧八面体组成,相邻晶胞以负电性的氧原子层相对。但硅氧四面体中的 Si^{+4} 可以被 Al^{+3}、Fe^{+3} 取代,使晶胞间出现一价阳离子 K^{+},使晶胞间的联结力处于高岭石和蒙脱石之间	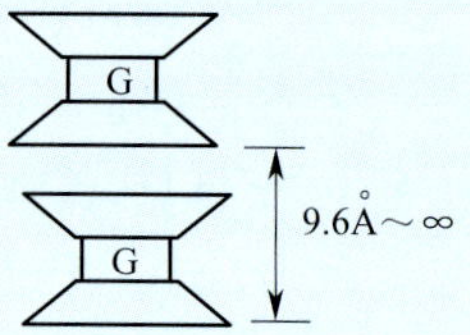 单个晶胞由顶、底硅氧四面体和中间的铝氧八面体组成,相邻晶胞以负电性的氧原子层相对
晶胞联结	O-OH,联结牢固	K,有一定联结力	O-O,联结极弱
离子交换率	3～15 meq/100 g	10～40 meq/100 g	80～150 meq/100 g
矿物形状	六角板片	板片	薄板片
基本特性	(1)晶胞联结牢固,水分子不能自由进入 (2)颗粒相对较大,属粗黏粒,表面积较小 (3)表面能和亲水性比蒙脱石弱	(1)晶胞联结力处于高岭石和蒙脱石之间 (2)颗粒大小处于高岭石和蒙脱石之间 (3)表面能和亲水性处于高岭石和蒙脱石之间	(1)晶胞联结极弱,有较强的活动性 (2)晶胞之间能吸入不定量水分子,晶胞间距与吸入水量有关 (3)颗粒大小与细黏粒和胶粒相当,表面能巨大,亲水性特别强
工程特性	可塑性、胀缩性和黏着性较低	可塑性、胀缩性和黏着性处于高岭石和蒙脱石之间	可塑性、胀缩性和黏着性很高

10.2.1.2 粗粒土的颗粒强度

一般来说,以含粗颗粒粒组为主的土具有良好的强度、变形和渗透特性,是无砟轨道路基较为理想的填料。在填料搬运、填筑和运营阶段,由于各种机械和动力作用,粗颗粒可能发生破碎,使填料的颗粒级配发生局部变化,甚至使细颗粒含量增加,这可能会对无砟轨道路基产生不利的影响,特别是基床的长期稳定性。所以,粗颗粒强度是无砟轨道路基填料一个很重要的控制参数。

为了研究粗颗粒强度和级配变化对填料渗透性的影响,德国曾对窄级配透水填料 8/16 和 16/32 进行了系统的室内、外试验研究[41,42]。该研究包括了 7 种不同母岩厂拌填料(玄武岩、花岗岩、辉绿岩、斑岩等),分别对它们在运输、填筑和载重车荷载反复作用下级配曲线的变化进行了对比分析。

图 10.4 为根据现场试验结果整理的一个典型情况。可见，砾石、玄武岩和花岗岩窄级配填料 16/32 筛下部分的质量（<16 mm）占总质量的百分比随载重车驶过次数明显增加，颗粒破碎主要发生在砂粒粒径范围。

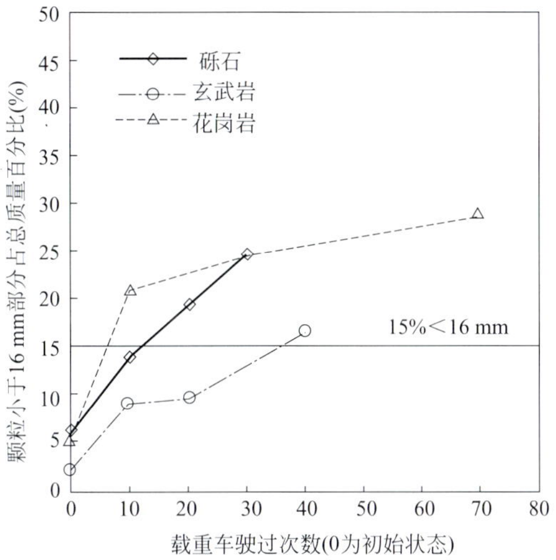

图 10.4 载重车驶过次数对窄级配填料 16/32 筛下部分比例的影响（根据文献[41]现场试验结果整理）

德铁曾对破碎旧道砟、破碎灰岩、旧混凝土轨枕破碎料和天然圆颗粒填料以及它们的混合配方料进行了系统的长期性状研究[43]，以检验它们作为铁路路基填料的适用性。其中，在铁路运营条件下的现场观察长达三年。在这项研究工作中，对填料进行了所谓的室内颗粒破碎试验，即利用轻型标准普氏击实仪对同批填料样品进行连续 5 次击实（总击实功为 $W=3.0$ MPa），然后对比击实前后级配曲线和细颗粒含量的变化。

图 10.5 为 4 号试验场地天然圆颗粒土在不同（长期）条件下的颗粒级配曲线[43]。其中，红线为该填料在料场（供货前）初始状态下的颗粒级配曲线，绿线为填筑完成后（1997 年 11 月）现场取样确定的颗粒级配曲线，紫线和橙线分别为运营期间（1998 年 3 月和 2000 年 9 月）现场取样确定的颗粒级配曲线（即包含了约三年内铁路交通动力荷载的作用），而蓝线为对料场填料进行室内颗粒破碎试验后确定的级配曲线。这项研究的基本结论可以归纳如下：

（1）颗粒破碎主要发生在填料的运输和填筑碾压过程，运营阶段动力荷载引起的颗粒破碎不明显，或者说居次要地位。

（2）颗粒破碎主要集中发生在粗砂和砾石粒径范围，而细颗粒部分（$d<0.063$ mm）和对抗冻性起控制的粒径部分（$d<0.02$ mm）增加不明显。

（3）现场不同作用条件、不同时期填料颗粒级配曲线的形状与料场填料进行室内颗粒破碎试验后的级配曲线形状相似，而且所有曲线都位于该级配曲线（图中蓝

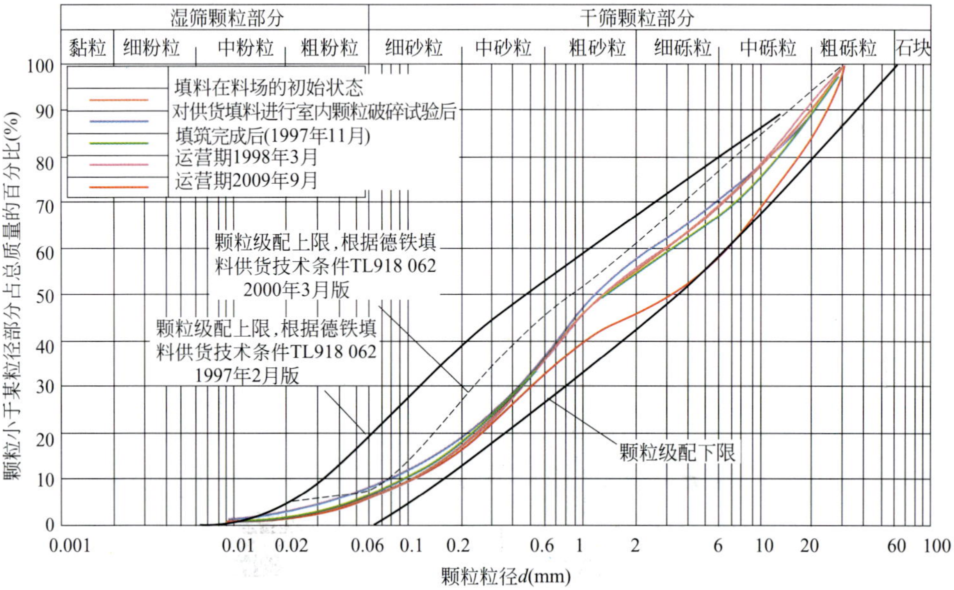

图 10.5　4 号试验场地天然圆颗粒土在不同条件下的颗粒级配曲线[13]

线)下方。可见，德国室内颗粒破碎试验击实功总和(对同批填料样品进行 5 次轻型普氏击实)涵盖了填料运输、填筑过程和运营交通动力荷载的作用。

10.2.1.3　黏土矿物对土的变形和强度的影响

与粗颗粒土或者说无黏性土相比，以黏粒为主的中、高塑性黏土呈现明显的塑性特征，表现为低强度和高压缩性等工程性质。在未经改良的情况下，这类土一般不能作为无砟轨道路基的填料。

在粒径小于 0.005 mm 的黏粒粒径范围，见表 10.1 和表 10.2，大部分情况次生矿物特别是高岭石、伊利石和蒙脱石成分占主要部分，它们往往对土的强度和变形性质起控制作用。黏土的液限 w_L 和塑性指数 I_P 与土中颗粒细度和矿物组成有直接的关系，它们与土的工程性质相关，所以土力学中利用这两个参数对黏性土进行分类。但是，由于次生矿物的含量和种类对土的塑性性质都有影响，所以一般情况下无法从黏性土的液限 w_L 和塑性指数 I_P 值直接推断土中矿物的种类，但可以利用黏性土的活动系数 A 来估计土中黏土矿物的种类。例如，Skempton 将黏性土的活动系数定义为 $A=I_P/C$，其中，C 为土中粒径小于 0.002 mm 部分与总质量的比。一般认为，$A<0.75$ 属低活动性矿物，$0.75<A<1.25$ 属中等活动性矿物，而 $A>1.25$ 属高活动性矿物。几种常见矿物的活动系数 A 分别为：石英粉(0)、高岭石(0.40)、伊利石(0.90)、钙蒙脱石(1.50)和钠蒙脱石(7.0)。

图 10.6 为 Skempton 等人给出的几种黏土的塑性指数 I_P、细黏粒含量 C 和活动系数 A 之间的关系。可见，黏性土塑性指数 I_P 随着土中细黏粒含量 C 的上升

而增加。黏粒矿物的活动系数 A 越大，塑性指数 I_P 随 C 值增加的速率越高。

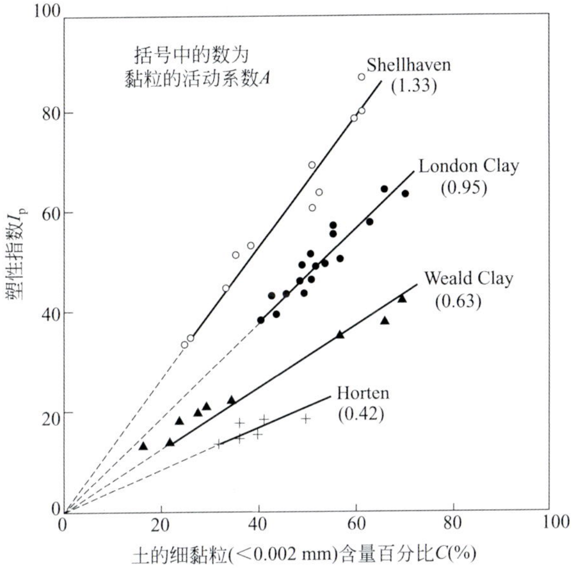

图 10.6　塑性指数 I_P、细黏粒含量 C 和活动系数 A 的关系[40]

矿物的种类和含量对黏性土抗剪强度的影响是十分明显的。Olson 曾对纯石英矿物和几种纯黏土矿物有效应力峰值抗剪强度破坏包线范围进行了比较[40]，其结果见图 10.7。可见，纯石英矿物抗剪强度破坏包线的斜率高于高岭石，纯蒙脱石的抗剪强度最低，伊利石处于它们之间。这说明土的抗剪强度随颗粒粒度的减小和矿物成分的变化而下降。每种纯矿物的破坏包线范围和变化区域反映了土的结构、吸附离子类型、pH 值和超固结比等参数的影响。

黏性土的抗剪强度与细黏粒矿物种类和含量有密切的关系，这可以从与矿物

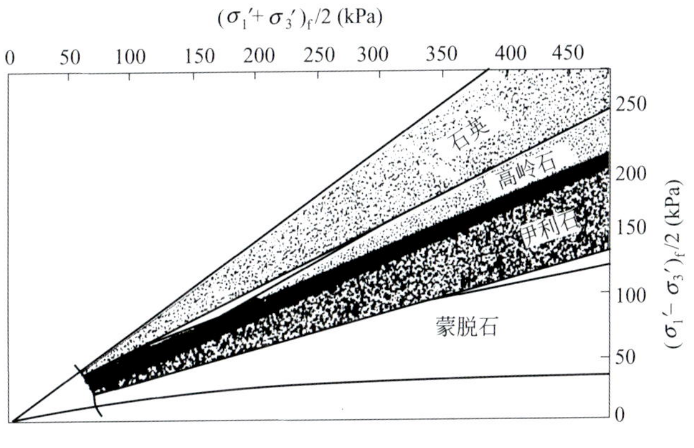

图 10.7　纯黏土矿物和石英矿物有效应力抗剪强度破坏包线范围[40]

种类和含量直接有关的塑性指数 I_P(见图 10.6)与黏性土的有效摩擦角 φ' 的关系中得以证实。图 10.8 为 Mitchell 整理的正常固结土的峰值摩擦角正弦值 $\sin\varphi'$ 和塑性指数 I_P 的关系[12]。可见,土的峰值摩擦角 φ' 随塑性指数 I_P 和活动系数的增加而下降。

在不排水条件下黏土矿物不仅呈现低强度,还呈现与黏塑性相关的随时间增加的流变和强度衰减现象。图 10.9 为 Mitchell 给出的由不同黏土矿物和砂组成

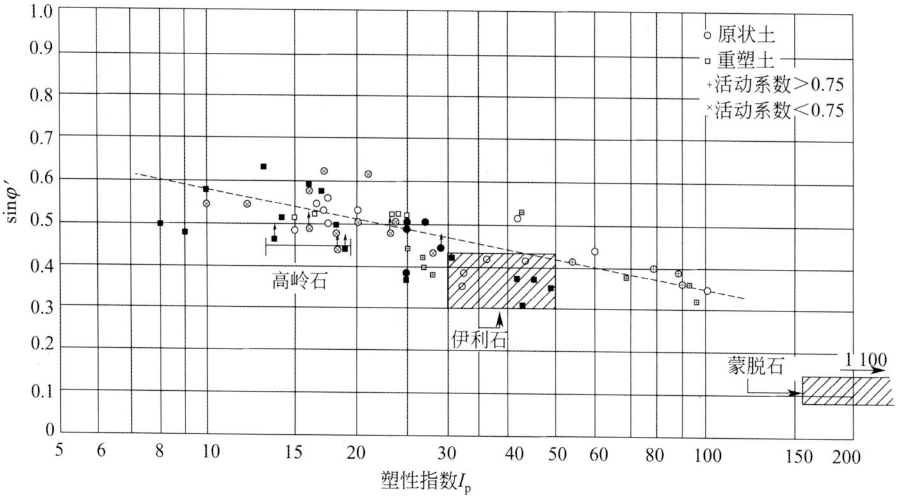

图 10.8 正常固结土的峰值摩擦角正弦值 $\sin\varphi'$ 和塑性指数 I_P 的关系[12]

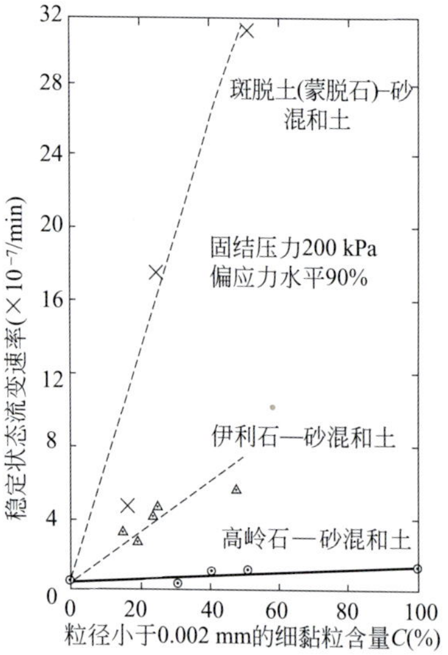

图 10.9 土中黏土矿物含量和种类对稳定状态条件流变速率的影响[12]

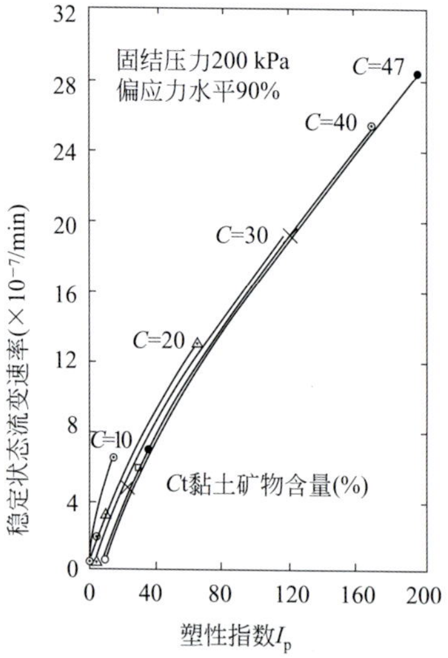

图 10.10 土中黏土矿物含量、塑性指数与流变速率的关系[12]

的混和土在恒定固结压力和偏应力水平条件下稳定状态流变速率的比较[12]，图10.10为流变速率与塑性指数及土中黏土矿物含量的关系。对土的流变速率和强度衰减影响最大的矿物为蒙脱石，其次为伊利石和高岭石。可见，塑性指数和活动性越高，黏土与时间相关的黏塑性特征就越明显。

10.2.1.4 土的冰冻敏感性

除了长年冰冻区外，一般情况下铁路路基基床处在大气温度变化影响范围，所以基床的冻融稳定性对保证路基的长期稳定性有十分重要的意义。

当气温下降到冰点以下时，随着时间的推移，冰冻现象逐渐向土的深部推进，孔隙中的水结冰后其体积增加约9%。如果土本身的冰冻敏感性较低，例如纯砂土和纯砾石土等，由于它们的孔隙彼此相连、且含水量一般较低，所以结冰引起的体积增加不明显，基本上不会出现冻胀压力和隆起现象。

如果土本身的冰冻敏感性和含水量较高，例如细粒土和颗粒粒径小于0.02 mm部分占总质量百分比大于3%的土，在孔隙水结晶过程中土颗粒与孔隙水之间发生一系列物理、矿物和化学相互作用。由于热势差和毛细作用使土体深部未结冰的水和蒸汽向上运动，导致上部土体含水量明显增加，出现大量尺寸在几毫米到几厘米的扁平状冰晶体。在这种情况下，土体发生体积增加、冻胀(隆起)，隆起的速度可达0.01～0.6 mm/h，最大的隆起压力与土中孔隙的平均尺寸成反比，可达约1 MPa。土体解冻时，这部分体积增加中的大部分不可恢复，导致土体松动。而且，解冻时的顺序由上而下，上部先融化的水无法快速排走，使土的含水量增加而导致其刚度和强度下降。

对冰冻最敏感的并不是高塑性黏土，而是弱～中等黏性土。这是因为，弱～中等黏性土的渗透性相对较大，这使土体中下部的水较容易传送到上部冰冻区，产生更多的偏平状冰晶体。而高塑性黏土，由于其渗透性很小、水的传输阻力较大，所以冰冻过程形成的偏平状冰晶体数量和体积增加比弱～中等黏性土情况要小。

除了细颗粒含量和渗透性外，土的冰冻敏感性还受其矿物成分和抗风化强度影响。一般来说，黏土矿物晶体对水分子的联结力越弱，那么其冻胀性越高。此外，土中溶液的成分对土的冰冻敏感性也有影响。土中孔隙水含盐分高时，由于盐水的冰点较纯水低，所以土的冰冻敏感性或者说冻胀(隆起)性相应要低一些。

工程上，土的冰冻敏感性主要是以细颗粒 $d\leqslant 0.02$ mm 和 $d\leqslant 0.063$ mm 相对应的质量百分比来评价的。填料的抗冻安全性除了其本身的冰冻敏感性外，还与颗粒级配(不均匀系数 C_U)、压实度、填筑含水量和细颗粒的矿物组成等因素有关。人们从工程经验和室内、外试验研究结果出发，提出了一些评价土冰冻敏感性的准则。图10.11所示的Casagrande准则是以颗粒粒径小于0.02 mm部分占总质量的百分比和颗粒级配不均匀系数 C_U 两个参数为基础的。根据Casagrande准则，冰冻敏感性土一般满足以下条件：

(1)颗粒级配均匀的土($C_U<5$)，且粒径小于0.02 mm部分占总质量的百分

比大于 10%；

(2)颗粒级配不均匀的土($C_U>15$)，且粒径小于 0.02 mm 部分占总质量的百分比大于 3%（中等粒度粉砂和细砂）；

(3)颗粒级配不均匀系数 $C_U=5\sim15$ 时，冰冻敏感性土和耐冻性土的分界线由上述两种情况的插值线界定。

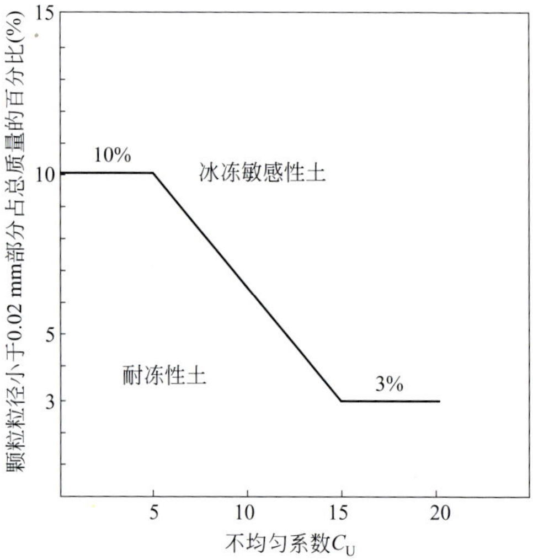

图 10.11　土的冰冻敏感性 Casagrande 评判准则

德国公路和铁路将土的冰冻敏感性分为非冰冻敏感性土(F1)、小到中等冰冻敏感性土(F2)和冰冻敏感性土(F3)三大类。分类主要根据颗粒粒径小于 0.063 mm 部分占总质量的百分比和颗粒级配不均匀系数 C_U 两个参数来表征，见图 10.12。

图 10.12 中的土类符号缩写根据德国工业规范 DIN 18196 分类，见表 10.7 的说明。其中，粗颗粒土 GW、GI、GE、SW、SI 和 SE(粒径小于等于 0.063 mm 部分占总质量百分比小于 5%)，不论其颗粒级配不均匀系数 C_U 的大小，均归类为非冰冻敏感性土 F1。粒径小于等于 0.063 mm 部分占总质量的百分比在 5%～15%的混合颗粒土 ST、GT、SU、GU，当其颗粒级配不均匀系数 $C_U\leqslant6$ 时，定义为非冰冻敏感性土 F1；当 $C_U\geqslant15$ 时，属小到中等冰冻敏感性土 F2；而当 $C_U=6\sim15$ 时，F1 和 F2 区的分界线按线性插值确定，见图 10.12。

10.2.1.5　细粒土的胀缩性和崩解性

铁路路基结构物长期受雨水、地表水和渗透水的作用。尽管设计上可以通过规划防排水设施尽可能使路基结构物与水分离，但路基基床和路堤不可能完全不与水接触。所以，填料(土)的水稳定性，包括胀缩性和崩解性，也是评价路基长期稳定性的重要指标之一。

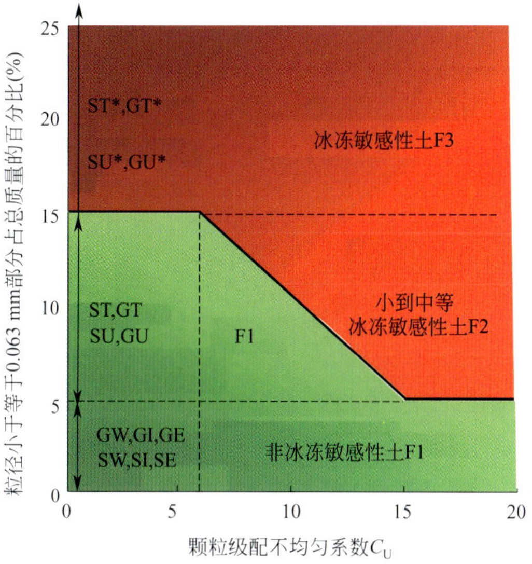

图 10.12 德国公路规程 ZTVE-StB94 土的冰冻敏感性分类准则

由外部环境变量如应力状态、地表水、地下水、气温、湿度等变化引起的细粒土含水量增加导致的土体体积增大称为土的膨胀性，而由于失去水分出现的体积缩小称为收缩性。细粒土发生体积膨胀的主要原因是，外部因素的变化使其颗粒表面结合水膜增厚特别是弱结合水的增加使土颗粒间距增加、粒间引力下降。相反，蒸发、排水等原因使其失去水分、结合水膜变薄、土粒间引力增强导致体积收缩。从细颗粒的矿物结构和层间联结力分析，蒙脱石和蛭石在湿化、干燥过程发生的体积变化大于高岭石和水合云母。

土浸水时出现的崩散解体现象称为土的崩解性。细粒土与水接触时，由于其渗水速度以及颗粒吸收水膜增厚速度不同造成土结构内部受力不平衡，在某些情况下会造成土结构坍陷、承载能力损失，并引起附加沉降。土的崩解性与其矿物组成、颗粒粒径、水溶液浓度等因素有关。对于细粒土，颗粒粒径对崩解速度和特征的影响尤为显著。

10.2.1.6 土的颗粒级配特征和可压实性

无砟轨道路基选用的填料除了满足在动、静荷载和环境作用下的长期稳定性外，还应具有较好的可压实性，以便在相应的施工条件下达到设计要求的密实度。

填料的可压实性首先与其颗粒大小和级配有密切的关系。自然界的土或人工配制的填料常常由不同粒组(径)颗粒组成。岩土工程对土进行分析的第一步是通过筛分试验确定其颗粒级配曲线。从土的颗粒级配曲线可以确定其特征粒径，它们分别为：

d_{10}——有效粒径，小于此粒径部分土质量占总质量的10%；

d_{30}——中值粒径，小于此粒径部分土质量占总质量的30%；

d_{60}——控制粒径，小于此粒径部分土质量占总质量的60%。

为了定量地描述土的颗粒级配特征，一般定义以下的特征系数：

不均匀系数 $C_U=\frac{d_{60}}{d_{10}}$

曲率系数 $C_C=\frac{d_{30}^2}{d_{60}\cdot d_{10}}$

不均匀系数 C_U 反映土的粒度分布范围大小，C_U 越大说明土的粗、细颗粒相差越悬殊。当级配曲线连续时，C_U 越大级配曲线越平缓，土中包含较多粗细不同的粒组，即粒组变化范围较宽。工程上将满足不均匀系数 $C_U\geqslant 5$ 的土称为级配不均匀土，而满足 $C_U<5$ 的土称为级配均匀土。当级配曲线连续时，级配不均匀土由于粗、细颗粒组比例合理，压实过程中细颗粒充填在粗颗粒形成的孔隙中，所以容易达到较高的密实度和良好的工程性质。

土的颗粒级配曲线不连续时，即局部出现水平段(台阶型)时，说明土中缺少这部分粒组，或者说缺少中间颗粒。如果这个水平段范围较大时，土的组成将呈现粗、细颗粒集中现象，这类土填筑时不容易压实。所以，进一步引入曲率系数 C_C 来判定级配曲线的连续性。当 $C_C=1\sim3$ 时，土的颗粒级配连续性较好。

当土的颗粒级配曲线特征系数同时满足 $C_U\geqslant5$ 和 $C_C=1\sim3$ 时，一般认为该土的级配良好，否则属级配不良土，见表10.4。级配良好的土或填料，填筑后的密实度较高，相应地具有较高的强度和较低的压缩性。图10.13为颗粒级配连续的三类土在给定颗粒级配界限范围(分别为a-a，b-b，c-c)内，最大击实干密度 ρ_{Pr} 与不均匀系数 C_U 的关系[37]。从该图可见，土的可压实性随不均匀系数 C_U 的上升而提高。

表10.4　用颗粒级配曲线特征系数划分粗粒土

不均匀系数 C_U^*	曲率系数 C_C	级配曲线特征	划　　分
<5 (6)	任意值	窄、连续级配	级配不良
≥5 (6)	1～3	宽、连续级配	级配良好
≥5 (6)	<1 或 >3	非连续级配	级配不良

注：* 括号中的数为德国规范界限值。

10.2.2　无砟轨道对路基填料适用性的基本要求

无砟轨道的结构特点及功能性、适用性条件对路基结构物在动、静荷载和气候环境作用下的长期稳定性提出了较高的要求。一般来说，评判填料的适用性应考虑土的颗粒大小和强度、对水和环境的敏感性、抗剪强度、压缩性以及可压实性等

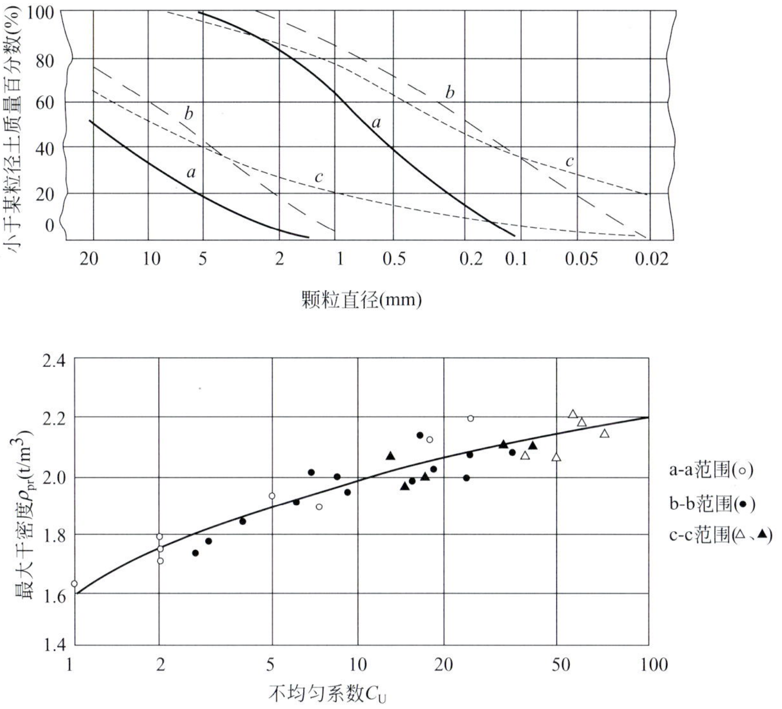

图 10.13 最大击实干密度 ρ_{Pr} 与不均匀系数 C_U 的关系[37]

方面。在对填料进行适用性评价时，例如，可从微观、单元和现场试验不同层次和方面对其矿物成分、物理化学性质、动力稳定性、水稳定性、冻融稳定性、土力学性质（包括强度、压缩性和流变）以及可压实性等进行分析、检测。此外，应根据路基不同部位荷载和环境作用大小来确定合适的填料种类，以达到无砟轨道路基建设技术性和经济性的统一。

图 10.14 和图 10.15 分别为《高速铁路设计规范（试行）》（TB 10621—2009）无砟轨道双线路堤标准横断面和德国铁路路基规范（Ril 836）无砟轨道 P300 等级路堤标准横断面示意图，图 10.16 和图 10.17 分别为《高速铁路设计规范（试行）》（TB 10621—2009）双线非硬质岩路堑横断面和德铁 Ril 836 路堑区标准横断面示

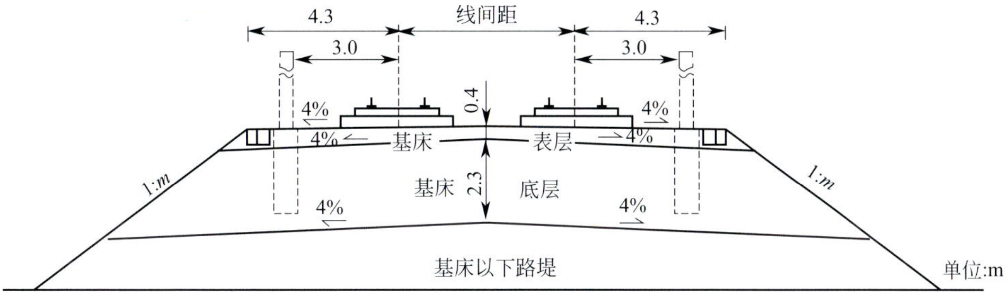

图 10.14 《高速铁路设计规范（试行）》无砟轨道双线路堤标准横断面示意图

意图。分析这些标准示意图可以发现，从地基面（路堑区为换填土底面）向上，随着动力荷载和气候、环境作用影响的增大，路基不同部位采用的填料材质和压实标准相应提高，表 10.5 以定性分类的方式给出了路基不同区域荷载、环境作用的特点和大小以及中德两国采用的路堤区域标准填料。

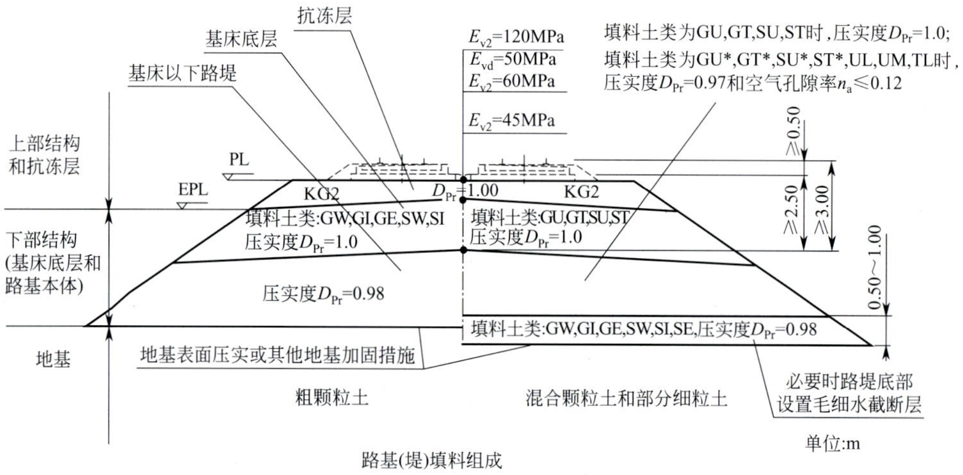

图 10.15　德国铁路路基规范（Ril 836）有砟轨道客运专线 P300 等级路堤标准横断面示意图

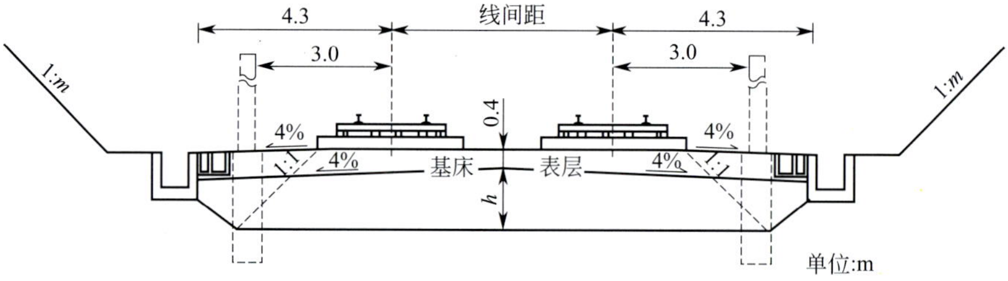

图 10.16　《高速铁路设计规范（试行）》双线非硬质岩路堑横断面示意图

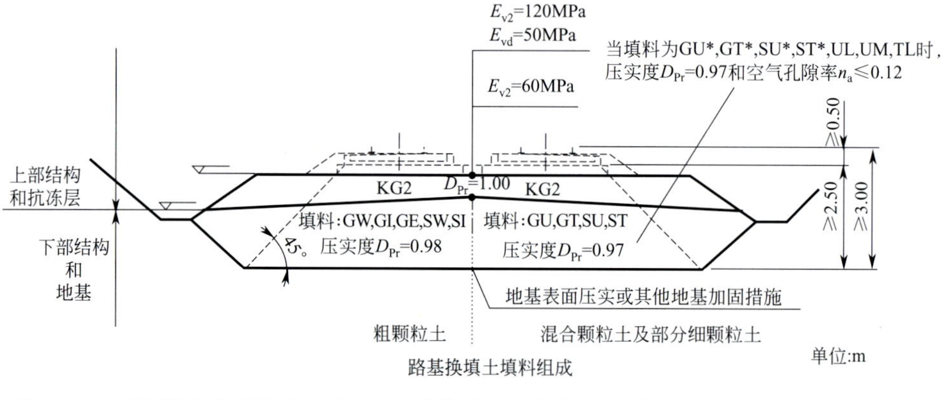

图 10.17　德国铁路路基规范（Ril 836）有砟轨道客运专线 P300 等级路堑区标准横断面示意图

表 10.5 无砟轨道路基的荷载、气候环境作用(一般情况)和路堤区域标准填料

路基结构单元术语		荷载、气候、环境作用				路堤区域标准填料	
中国	德国	静荷载	动荷载	冰冻作用	水作用	中国	德国
基床表层	抗冻层	自重	交通荷载++	++	++	级配碎石	级配粗粒土 KG2
基床底层	基床底层	自重	交通荷载 +	+	+	A、B 组填料或改良土	粗粒土 GW,GI,GE,SW,SI;部分混合颗粒土 GU,GT,SU,ST
基床以下路堤	路堤	自重	0	0	+	A、B 组填料和 C 组碎石类、砾石类填料	粗粒土 GW,GI,GE,SW,SI;混合颗粒土 GU,GT,SU,ST,GU*,GT*,SU*,ST*;部分细颗粒土 UL,UM,TL
地基	地基	路堤荷载	0	0	+	—	—

注:++:动荷载或环境作用较强;+:动荷载或环境作用中等;0:动荷载或环境作用影响可以忽略。

10.2.2.1 基床表层(抗冻层)

作为与无砟轨道上部结构直接接触的路基结构单元,基床表层承受的动荷载、气候和环境作用最大,见表 10.5,所以,规范对该层填料的材质和填筑质量提出的要求也是最高的。适用性验证时,检测项目应包括材质、颗粒级配、颗粒强度、渗透性、冻融稳定性和有机质含量等。表 10.6 给出了中国级配碎石[1]和德国无砟轨道抗冻层级配粗粒土填料 KG2[8]适用性验证的主要检测项目、要求和背景。

表 10.6 基床表层(抗冻层)填料适用性验证的主要检测项目、要求和背景

中国级配碎石			德国级配粗粒土 KG2		
检测项目	要　求	目的和背景	检测项目	要　求	目的和背景
材质	开山块石、天然卵石或砂砾石经破碎筛选而成	确保功能性要求,考虑可操作性、实用性和通用性	材质	(圆粒)天然砾、砂和破碎砾、砂或破碎硬质岩混合组成	确保动力稳定性、抗冻性、稳定性和可压实性等要求
颗粒级配范围	见图 10.18	规范化、标准化	颗粒级配范围	级配填料 0/45,图 10.19,最大粒径≥45 mm 超径粒径≤63 mm	规范化、标准化
不均匀系数	$C_U \geq 15$	保证良好的可压实性	不均匀系数	颗粒破碎试验前、后的 $C_U \geq 15$	保证良好的可压实性(图 10.13)
细颗粒含量	$d_{0.02\ mm} \leq 3\%$	自身抗冻性,根据 Casagrande 准则,见图 10.11	细颗粒含量	颗粒破碎试验前、后分别为 $d_{0.063\ mm} \leq 5\%$ 和 $d_{0.063\ mm} \leq 7\%$	限制细颗粒含量以保证自身的抗冻性(图 10.12);限制粗颗粒粉碎变细

续上表

中国级配碎石			德国级配粗粒土 KG2		
检测项目	要　求	目的和背景	检测项目	要　求	目的和背景
$d>22.4$ mm 的颗粒中带破碎面颗粒部分质量比	≥30%	提高颗粒间咬合力和摩擦力	密实度 $D_{Pr}=1.0$ 时的渗透系数 k_{10}（最大粒径 31.5 mm）	$k_{10}\geq 5\times10^{-5}$ m/s	配合路基防排水方案，使表面水、雨水尽快通过抗冻层向地基深处渗透
$d>1.7$ mm 颗粒的洛杉矶磨耗率	≤30%	粗颗粒抵抗冲击磨耗和边缘剪切等联合作用能力	颗粒抗冲击能力	根据对给定级配颗粒部分的冲击试验确定颗粒抗破碎能力[46]，其控制值取决于颗粒的矿物组成[45]	保证冲击荷载作用下颗粒的稳定性
$d>1.7$ mm 颗粒的硫酸钠溶液浸泡损失率	≤6%	利用硫酸钠在粗颗粒微裂及开口孔隙中的结晶膨胀作用检验粗颗粒抗风化和抗冰冻胀裂能力	颗粒冰冻稳定性（仅当破碎颗粒部分占总质量的 30% 以上时需考虑）	大气压力条件下颗粒吸水度 $W_{m,a}\leq 0.5\%$ 或者颗粒冰冻后的破碎量≤ 3.0%[45]	控制冰冻作用下颗粒的稳定性
$d<0.5$ mm 细颗粒部分塑性指标	$w_L\leq 25\%$ $I_P<6$	限制填料中、细颗粒部分的塑性指标，以降低对基床表层工程性质不利的塑性性状	颗粒体积安定性	颗粒体积安定性的要求与具体填料有关，相应的试验方法和控制值见文献[45]	控制颗粒中对体积安定性有害的膨胀性、崩解性、溶解性和化学反应成份
级配碎石 D_{15} 与下部填土 d_{85} 比	$D_{15}/d_{85}<4$	层间渗滤稳定性	$d\leq 10$ mm 颗粒部分质量百分比	颗粒破碎试验前、后均为 $d_{10\ mm}\leq 85\%$	保证层间渗滤、隔离稳定性
其他项目	不得含有黏土和其他杂质	排除、限制稳定性和土力学性质较差的黏土及有机质等杂质	其他项目	纯度和有害物质燃烧损失	排除、限制稳定性和力学性质较差的黏土及有机质等杂质

首先，中德两国的规范对基床表层（抗冻层）的材质提出了具体要求，见表 10.6，这就从源头上保证了路基长期稳定性的基础。为了使选料和施工规范化，中德两国根据各自的研究和工程经验分别给出了级配碎石和级配粗粒土填料 KG2 的级配曲线的上、下界限，见图 10.18 和图 10.19。其中，中国级配碎石的最大粒径为 45 mm（方孔筛边长），德国采用 0/45 级配填料，其最大粒径为 45 mm，超径粒级控制在 63 mm 以下。

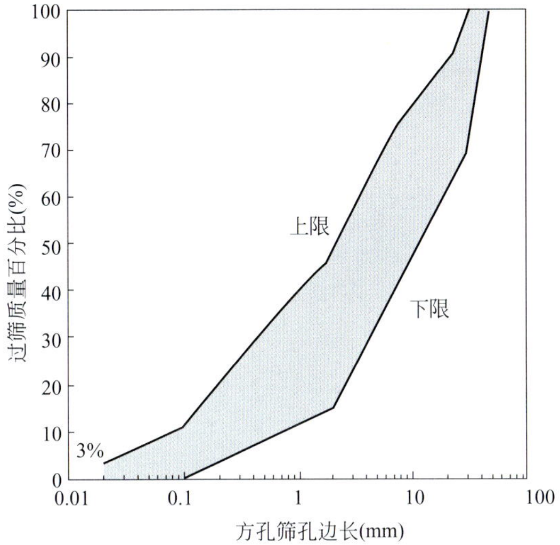

图 10.18 《高速铁路设计规范(试行)》中基床表层级配碎石粒径级配曲线

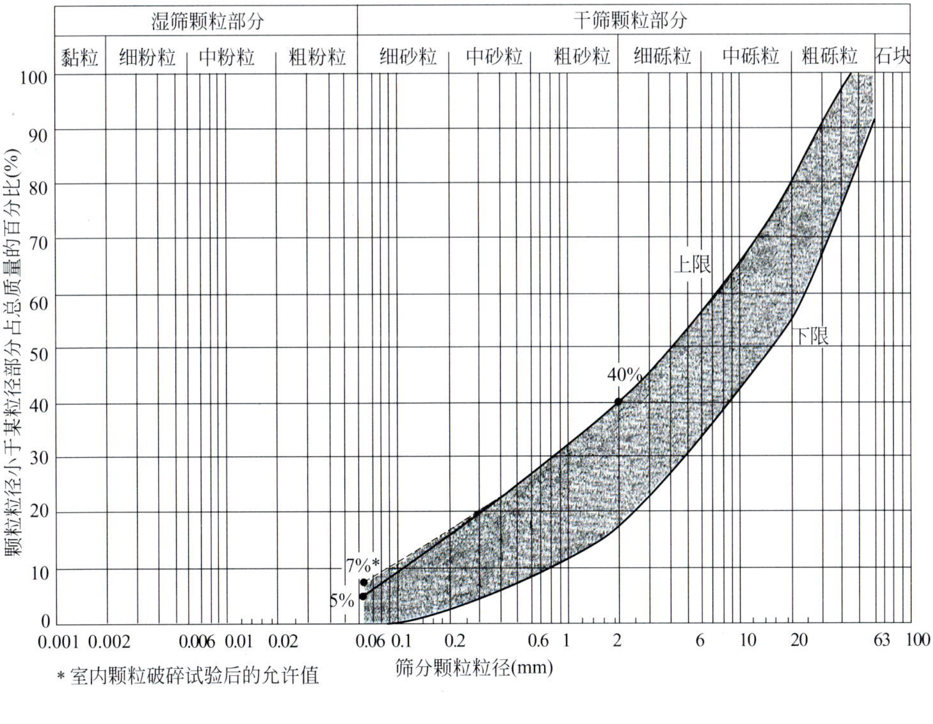

图 10.19 德铁路基规范 Ril 836 无砟轨道抗冻层级配粗粒土填料 KG2 颗粒级配要求

对颗粒级配曲线参数，中德两国规范都要求不均匀系数 $C_U \geqslant 15$，其目的是保证填料具有良好的可压实性，以限制路基在动、静荷载作用下的附加变形和工后沉降，保证其长期稳定性。对细颗粒含量的要求，《高速铁路设计规范（试行）》（TB 10621—2009）以满足填料防冻性为目的，采用 Casaqrande 准则（见图 10.11），要求颗粒粒径小于 0.02 mm 部分的质量不大于总质量的 3%。德国铁路路基规范以控制填料冰冻敏感性和动载作用下颗粒粉碎细化为目的，要求颗粒破碎试验前、后粒径小于 0.063 mm 部分占总质量的百分比分别不大于 5% 和 7%。这个要求是以图 10.5 的研究结果和图 10.12 的冰冻敏感性分类准则为基础提出的。

德国铁路路基规范还对级配粗粒土填料 KG2 的渗透性提出了要求，见表 10.6，这个要求与德铁的路基防排水方案有关。对表面水，德铁的方案采用以排为主。所以，要求抗冻层（基床表层）在达到相应压实度指标条件下，同时满足渗透系数 $k_{10} \geqslant 5\times10^{-5}$ m/s。其目的是，使表面水尽快透过基床表层向下传入地基深处或导向盲沟。

对粗颗粒本身抵抗冲击和冰冻的能力、填料细颗粒部分塑性指标以及体积安定性等，中德两国规范分别以不同的方式或参数提出了相应的要求，见表 10.6。

10.2.2.2　基床底层和基床以下路堤

与基床表层（抗冻层）相比，基床底层承受的动力荷载和环境作用有所减小，所以，规范对填料的要求也相应有所降低。

德铁以德国工业规范 DIN 18196 为基础，见表 10.7，对标准无砟轨道路基方案给出了填料的种类，它们分别为粗颗粒土 GW，GI，GE，SW，SI 和第一类混合颗粒土 GU，GT，SU，ST，见表 10.5 和图 10.15。可见，粗颗粒土 GW，GI，GE，SW，SI 的细粒含量小于等于 5%，最大粒径为 63 mm。定性上，德国工业规范 DIN 18196 将这些土定义为非常适宜或适宜作为公路、铁路路堤填料。第一类混合颗粒土 GU，GT，SU，ST 的细粒含量在 5%～15%，同样（很）适用于作为铁路路堤填料。这里，非常适宜、很适用或适宜的划分主要是以颗粒大小和级配曲线的特征来定义的，类似于中国铁路规范路基填料分类中 A、B 组的划分，即以颗粒级配良好或不良区分，见表 10.8。

表 10.7　德国工业规范 DIN 18196（部分）土分类说明

主类	颗粒粒度质量百分比		分组		缩写名	作为公路、铁路路堤填料的适用性（定性）
	$d\leqslant 0.063$ mm	$d\leqslant 2$ mm				
粗颗粒土	≤5%	≤60%	砾粒土	窄级配	GE	很适用
				宽、连续级配	GW	非常适用
				非连续（台阶式）级配	GI	非常适用
		>60%	砂粒土	窄级配	SE	适用
				宽、连续级配	SW	很适用
				非连续（台阶式）级配	SI	很适用

续上表

主类	颗粒粒度质量百分比		分组		缩写名	作为公路、铁路路堤填料的适用性(定性)
	$d\leqslant 0.063$ mm	$d\leqslant 2$ mm				
(第一类)混合颗粒土	5%～15%	≤60%	砾粒—粉粒混和土	宽或非连续级配细颗粒部分为粉粒	GU	很适用
			砾粒—黏粒混和土	宽或非连续级配细颗粒部分为黏粒	GT	很适用
		>60%	砂粒—粉粒混和土	宽或非连续级配细颗粒部分为粉粒	SU	适用
			砂粒—黏粒混和土	宽或非连续级配细颗粒部分为黏粒	ST	适用
(第二类)混合颗粒土	15%～40%	≤60%	砾粒—粉粒混和土	宽或非连续级配细颗粒部分为粉粒	GU*	局部可用
			砾粒—黏粒混和土	宽或非连续级配细颗粒部分为黏粒	GT*	适用
		>60%	砂粒-粉粒混和土	宽或非连续级配细颗粒部分为粉粒	SU*	局部可用
			砂粒—黏粒混和土	宽或非连续级配细颗粒部分为黏粒	ST*	可用
	颗粒粒度质量百分比$d\leqslant$0.063 mm	塑性图中相对于A线的位置				
细粒土	>40%	$I_P\leqslant 4\%$或位于A线以下	粉土	低塑性粉土，$w_L<35\%$	UL	局部可用
				中塑性粉土，$35\%\leqslant w_L\leqslant 50\%$	UM	局部可用
				高塑性粉土，$w_L>50\%$	UA	不适用
		$I_P\geqslant 7\%$同时位于A线以上	黏性土	低塑性黏土，$w_L<35\%$	TL	局部可用
				中塑性黏土，$35\%\leqslant w_L\leqslant 50\%$	TM	局部可用
				高塑性黏土，$w_L>50\%$	TA	不适用

在路堤本体区或路堑区换填区，德铁路基规范进一步将可以应用的填料范围扩大到第二类混合颗粒土和部分细粒土，分别见图10.15和10.17。这里，第二类混合颗粒土GU*，GT*，SU*，ST*细粒含量($d\leqslant 0.075$ mm)最高可达40%，而允许作为填料应用的部分细粒土分别为低塑性粉土UL、中塑性粉土UM和低塑性黏土TL，见表10.7。

《高速铁路设计规范(试行)》(见图10.14)对基床底层区域填料一般定为A、B组填料或改良土，见表10.5。中国铁路路基填料包括巨粒土、粗粒土和细粒土三大组。根据填料细颗粒含量、颗粒形状、颗粒级配曲线参数以及塑性指数和液限(细粒土)等参数将填料从优质到劣质定性上划分为A、B、C、D四组。这个分类系统涵盖较广的填料种类。所以，一般情况下还应在此基础上对具体填料的适用性进行分析。

目前中国高速铁路路基填筑中采用较多的是粗粒土。根据主控粒组的大小，粗粒土又分为砾石类和砂类土两组。以砾石类土为例，根据主控粒组的含量和颗粒形状，中国铁路路基填料分类系统又进一步将其分为粗圆砾土、粗角砾土、细圆砾土、细角砾土四组。在此基础上，再根据细粒含量（$d \leqslant 0.075$ mm）和颗粒级配曲线参数进一步将填料划分为 A、B、C 组，见表 10.8。

表 10.8　高速铁路路基填料分组中砾石类土 A、B、C 组划分

填料一级定名	主要粒组	细粒含量*	颗粒级配**	填料二级定名	填料分组
粗圆砾土	粒径大于 20 mm 颗粒的质量超过总质量的 50%（浑圆或圆棱状为主）	<5%	良好	级配好的粗圆砾	A
			不良	级配不好的粗圆砾	B
		5%～15%	良好	级配好的含土粗圆砾	A
			不良	级配不好的含土粗圆砾	B
		15%～30%	—	土质粗圆砾	B
		>30%	—	土质粗圆砾	C
粗角砾土	粒径大于 20 mm 颗粒的质量超过总质量的 50%（尖棱状为主）	<5%	良好	级配好的粗角砾	A
			不良	级配不好的粗角砾	B
		5%～15%	良好	级配好的含土粗角砾	A
			不良	级配不好的含土粗角砾	B
		15%～30%	—	土质粗角砾	B
		>30%	—	土质粗角砾	C
细圆砾土	粒径大于 2 mm 颗粒的质量超过总质量的 50%（浑圆或圆棱状为主）	<5%	良好	级配好的细圆砾	A
			不良	级配不好的细圆砾	B
		5%～15%	良好	级配好的含土细圆砾	A
			不良	级配不好的含土细圆砾	B
		15%～30%	—	土质细圆砾	B
		>30%	—	土质细圆砾	C
细角砾土	粒径大于 2 mm 颗粒的质量超过总质量的 50%（尖棱状为主）	<5%	良好	级配好的细角砾	A
			不良	级配不好的细角砾	B
		5%～15%	良好	级配好的含土细角砾	A
			不良	级配不好的含土细角砾	B
		15%～30%	—	土质细角砾	B
		>30%	—	土质细角砾	C

注：* 细粒含量指黏粒（$d \leqslant 0.075$ mm）的质量占总质量的百分数；

* * 颗粒级配分为良好（$C_U \geqslant 5$，且 $C_C = 1 \sim 3$）和不良（$C_U < 5$，且 $C_C \neq 1 \sim 3$）。

可见，砾石类土 A、B 组填料的细粒含量（$d \leqslant 0.075$ mm）最高可达 30%。A 组和 B 组填料的区别主要体现在级配曲线优劣上，A 组为颗粒级配良好的情况（$C_U \geqslant 5$，且 $C_C = 1 \sim 3$）而 B 组属颗粒级配不良情况（$C_U < 5$，且 $C_C \neq 1 \sim 3$）。

国内外无砟轨道路基建设对填料最大粒径的控制上曾有不少争议。从无砟轨道路基设计理论上讲，一方面，为了保证路基刚度的均匀性，特别是沿线路纵向路基刚度的均匀性，有必要限制基床部分填料的最大粒径；此外，填料最大粒径过大将使目前路基填筑质量控制的常规手段无法合理地应用，例如压实度、地基系数和变形模量检测方法等。一般情况下，路基力学参数 K_{30} 和 E_{V2} 试验技术要求填料的最大粒径不应超过承载板直径的 1/4(约 75 mm)。而且，如果填料最大粒径过大，为了达到相应的密实度，须采用大吨位碾压机，这有可能使填料颗粒破碎量上升、细颗粒含量增加，不利于路基的排水和长期稳定性。当然，最大粒径控制值对填料的加工费用有一定的影响，这里有一个路基建设经济性的问题。

为了达到技术和经济上的优化和统一，可以采用自上而下逐渐提高最大粒径允许值的方案。例如，基床表床的最大粒径按 45 mm 控制，而基床底层可放宽为 60 mm，同时限制超径部分含量，摊铺时控制超径颗粒分布；对基床以下路堤部分，由于最大粒径对路基动力刚度均匀性影响有所减小，可将最大粒径允许值进一步适当放宽。

10.2.3 天然填料适用性试验研究工程实例

武广高速铁路是中国首批建设的高速铁路无砟轨道工程项目之一。在路基设计、施工过程中，填料的选择始终是保证路基质量的一个重要环节。除了满足 10.2.2 节提出的路基填料适用性技术指标要求外，建设过程中还考虑了经济性等方面的因素。下面介绍为验证某天然填料作为路基填料适用性进行的研究工作和部分结果。

图 10.20 为武广高速铁路某标段采用的全风化砂砾岩天然填料取土场照片。为了检验该天然填料的适用性，施工单位首先对取土场获得的天然填料进行筛分处理，并进行了试验性填筑。现场初步检测结果表明，路基压实系数和力学参数满足规范和设计的要求。

图 10.20 全风化砂砾岩天然填料取土场

当路基面经历大雨，汽车驶过后在其表面观察到细颗粒聚集和车轮碾压痕迹等现象，见图 10.21。此外，矿物成分分析表明，该填料具有较高的云母含量。从

10.2.1 节的讨论可知，粗颗粒土卸载后的膨胀系数 C_s 与云母含量呈线性关系，见图 10.2。人们担心该天然填料在现场填筑碾压后是否会出现与时间有关的松弛现象，从而对路基填筑后达到的密实度和力学参数产生不利的影响。所以，初期人们对该填料的水稳定性和长期稳定性有不同的看法。

(a) 雨后车碾压　　(b) 浸水后填料

图 10.21　大雨和车轮碾压后的全风化砂砾岩天然填料路基面状态

为了排除不确定性因素，检验该天然填料作为基床底层和基床以下路堤填料的适用性，特别是其长期稳定性，施工单位和咨询单位合作进行了大量的室内、外试验研究。研究的目的是对该天然填料在动、静荷载和环境作用下的长期稳定性进行评价，具体为以下三点：

(1)该天然填料的水稳定性；

(2)该天然填料在施工碾压和运营交通荷载作用下的长期稳定性；

(3)该天然填料符合路基/路堤长期稳定性要求的条件。

为了回答上述问题，咨询单位和施工单位结合国内外高速铁路路基工程建设的经验，提出了试验方案，见表 10.9。

表 10.9　武广高速铁路某标段全风化砂砾岩适用性试验研究方案

试验类型	试　　验	试 验 目 的
室内微观试验	矿物成分和物理指标试验	确定粗颗粒中对填料水稳定性不利的矿物成份，如蒙脱土、伊利石等；粒径 <0.25 mm 部分土的物理指标，以确定其塑性特征
室内单元试验	颗粒破碎试验	通过对同批样品进行 5 次普氏击实试验，并确定试验前、后填料颗粒级配曲线和细颗粒含量的变化，检验填料的第二类动力稳定性和自身抗冻性
	循环崩解试验	分别对天然填料的砾岩团和砾石块进行 5 次干—湿循环崩解特性试验，以检验其水稳定性
	大试样侧限压缩试验	对天然填料粒径小于 40 mm 的部分按给定压实系数制样，并对其进行大试样侧限压缩试验，确定其在路堤自重作用下主变形完成后次变形的大小，即检验填料在使用荷载作用下的长期变形性状
	普氏击实试验	确定该填料与压实系数 $K=0.92/0.93/0.95/0.96$ 对应的孔隙率控制值

续上表

试验类型	试　验	试 验 目 的
现场试验	现场密实度和力学参数与时间的关系	通过对填筑碾压完成后路基面不同时段压实系数和力学参数的检测，检验该填料中的云母是否可能使碾压完成后的路基出现松弛现象

根据以上试验方案，施工单位对该全风化砂砾岩进行了全面的试验研究，其结果分析如下：

该填料粗颗粒部分矿物成分试验结果为：

石英：57.8％～59.3％；

长石：9.2％～13.1％；

云母：11.3％～12.4％；

绿泥石：12.1％～20.6％。

可见，粗颗粒中稳定矿物——石英的含量高于50％，且没有发现蒙脱土和伊利石等亲水矿物。粗颗粒的云母含量相对较高，为11.3％～12.4％。进一步的分析表明，粗颗粒的云母绝大部分嵌入石英内，并不是以自由片状的形式出现在填料中。

粒径小于0.25 mm部分土颗粒的物理指标试验得出以下结果：

自由膨胀率 $F_s=15\%<40\%$；

蒙脱土含量 $M=2.7\%<7\%$；

$CEC(NH^{4+})=70.6\ mmol/kg<170\ mmol/kg$；

液限 $w_L=23.3\%$，塑限 $w_P=15.5\%$，塑性指数 $I_P=7.8$。

所以，该天然填料的膨胀性很小，可以忽略不计，而且，填料中粒径小于0.25 mm部分属于低塑性土。

施工阶段运输、碾压过程和运营阶段动力荷载的作用可能会使填料细颗粒含量增加，而细颗粒含量过高对路基长期动力稳定性(第二类动力稳定性以及相应的附加沉降)以及自身抗冻性有不利影响。根据德铁的研究和工程经验，对此可以通过颗粒破碎试验来检验评价，即对同批试验样品进行5次轻型普氏击实后，比较其在试验前、后细颗粒含量的变化，见图10.5。全风化砂砾岩天然填料颗粒破碎试验前、后确定的颗粒级配曲线和细颗粒含量见图10.22。表10.10为这些试验结果与现场填筑碾压后(20 t压路机，7遍)填料细颗粒含量 (≤0.075 mm)的比较。

表10.10　全风化砂砾岩天然填料不同状态时细颗粒含量比较

取土场样本	现场填筑碾压完成后 (20t压路机，7遍)	室内颗粒破碎试验后
10.8％	12.2％	13.5％

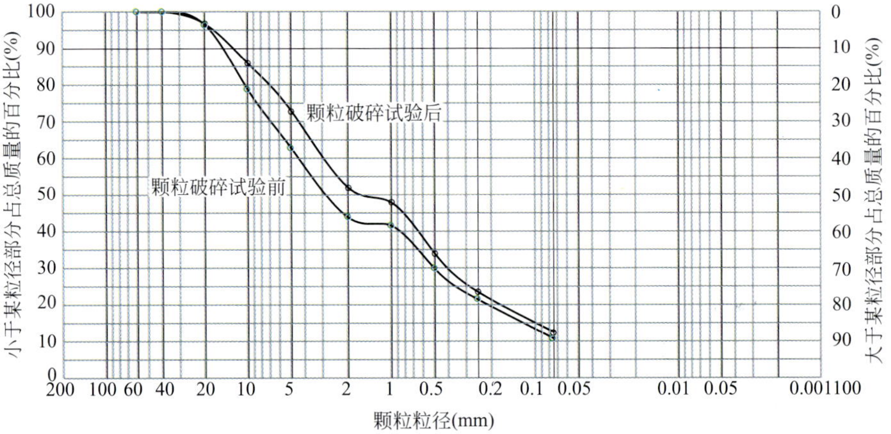

图 10.22　全风化砂砾岩天然填料颗粒破碎试验前、后颗粒分布曲线

可见，现场碾压完成后，该天然填料细颗粒含量比取土场样本土的细颗粒含量增加了约 1.4%。室内颗粒破碎试验后，填料的细颗粒含量高于现场完成碾压后的值，即 13.5% > 12.2%。可见，颗粒破碎试验后，填料的细颗粒含量达到 13.5%，比取土场样本土的细颗粒含量增加了约 2.7%。试验结果表明，即使在这种最不利的情况下，全风化砂砾岩天然填料的细颗粒含量仍小于 15%。根据图 10.5，颗粒破碎试验的总击实功涵盖了填料运输、填筑碾压过程和运营交通动力荷载的作用，属最不利情况。所以，该天然填料在施工碾压和运营阶段荷载作用下仍能满足长期动力稳定性要求。

对天然填料中的砾岩团和砾石块分别进行的 5 次干—湿循环崩解性试验结果表明，其质量损失分别为 0.95% 和 0.67%。可见，该天然填料具有较好的水稳定性。

为了确定该天然填料在使用荷载作用下的长期变形性状，进行了大直径侧限压缩试验。在路堤自重作用下主变形完成后，填料的次变形大小包括与时间的关系，主要受细颗粒种类和含量影响。所以，制样时仅考虑了粒径小于 40 mm 的质量部分。一共对 3 个试样进行了室内侧限压缩试验，其基本条件和参数为：

试样按压实系数 $K \approx 0.95$ 制备；

试样直径和高度 $d = 300$ mm、$h = 250$ mm；

压缩试验前对试样进行饱和；

试样分步加载到最大使用荷载 $\sigma = 0.25$ MPa（路堤高度≈10 m），最后一级荷载作用下持续时间约 3 d。

图 10.23 为竖向压应力 $\sigma = 0.20 \sim 0.25$ MPa 作用下（最后一级荷载），试样竖向应变 ε_z 与时间 t 的试验结果。可见，加载约 1 000 min 后，试样的主（压缩）变形已完成，其次（压缩）变形可以近似地用 $\varepsilon_z = C_\alpha \cdot \lg(t)$ 来估计，其中，次（压缩）系数

$C_\alpha \approx 0.000\ 058$。根据这个试验结果,假设路堤的高度为 10 m,路堤自重作用下的次压缩变形可以忽略不计。

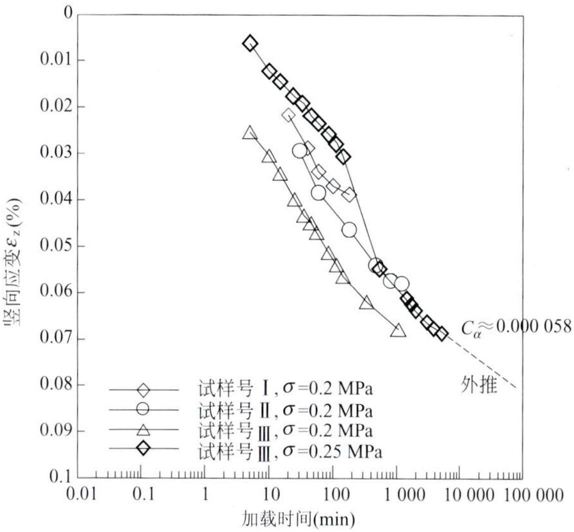

图 10.23 3 个试样侧限压缩试验结果(竖向压应力 σ= 0.20～0.25 MPa)

此外,对该天然填料还进行了五组室内重型普氏击实试验,以确定与压实系数 K 分别为 0.92、0.93、0.95、0.96 对应的孔隙率值。通过试验得出压实系数 K 和孔隙率 n 之间的相关关系见图 10.24。

$$n(\%) = 95.97 - 81.5 \cdot K$$

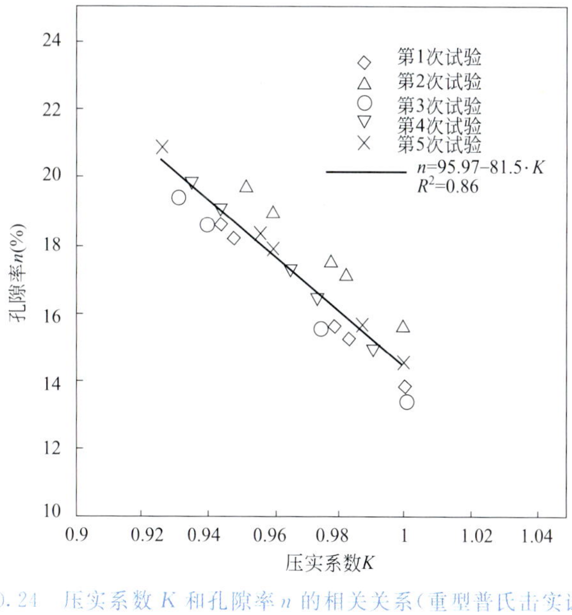

图 10.24 压实系数 K 和孔隙率 n 的相关关系(重型普氏击实试验,全风化砂砾岩天然填料,武广高速铁路某标段)

由此，可以得出压实系数 K 和孔隙率 n 的对应值，见表 10.11。

表 10.11　压实系数和孔隙率值

压实系数 K	0.92	0.93	0.95	0.96
孔隙率 n（%）	21.0	20.2	18.5	17.7

所以，该天然填料通过普氏击实试验确定的孔隙率控制值分别为：

$$\text{基床底层}\quad n_{K=0.95}=18.5\%$$
$$\text{路基本体}\quad n_{K=0.92}=21\%$$

在图 10.25 所示的试验场地上，进行天然填料填筑完成后路基密实度和力学参数与时间关系的检测。图 10.26～图 10.28 分别为第 2 填筑层不同时段的检测结果，包括压实系数 K、力学参数 K_{30} 和 E_{v2}。在碾压完成后进行现场检测的两周内曾下了两场雨。实测结果表明，在碾压完成后两周，该天然填料的路基现场密实度和力学参数总体上没有明显的变化。可见，对路基的密实度和力学参数，该填料颗粒所含的云母没有产生与时间相关的松弛影响。

根据试验方案进行的所有试验结果表明，该全风化砂砾岩天然填料的长期稳定性指标均满足要求，证实了其作为基床底层和基床以下路堤填料的适用性。这个结果为降低路基建设的费用提供了技术上的支持和保障。

图 10.25　全风化砂砾岩天然填料试验现场，武广高速铁路(DK1403+630～750)

10.2.4　无砟轨道路基化学改良土(软岩)填料工程应用实例

无砟轨道路基技术和经济性的要求不断推动了新路基方案的发展。德国铁路在无砟轨道建设过程中发展和应用了一些与标准化路基方案(图 10.15 和图

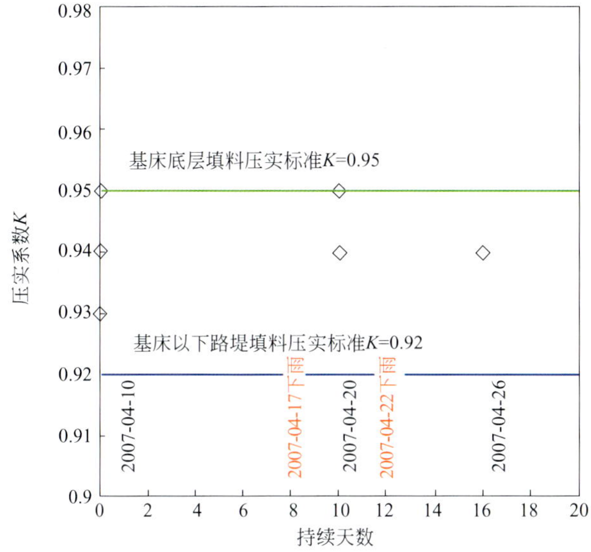

图 10.26 完成填筑碾压后两周现场压实系数 K 随时间的变化

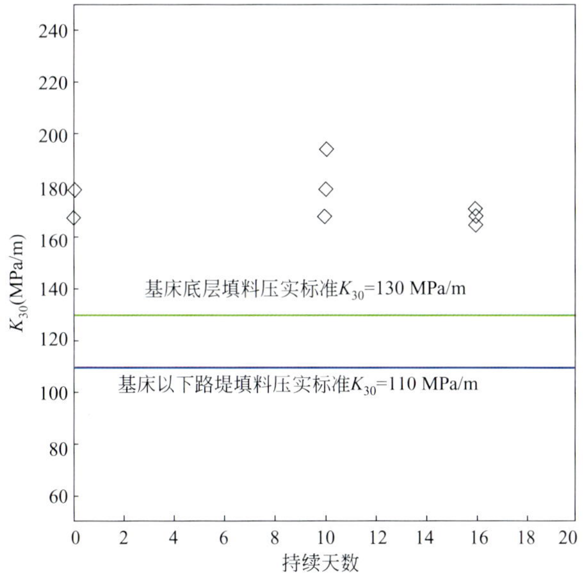

图 10.27 完成填筑碾压后两周地基系数 K_{30} 随时间的变化

10.17)不同的设计创新。本节介绍阿卡迪斯集团德国公司在埃尔富特—莱比锡铁路新线设计施工过程研发，并在科隆-莱茵/美茵无砟轨道铁路新线 B 标段大规模应用的路基新方案[19,20]（以下简称阿氏路基方案）。

阿氏路基方案的核心是通过对填料的化学改良（稳定）处理，提高路堤内部凝

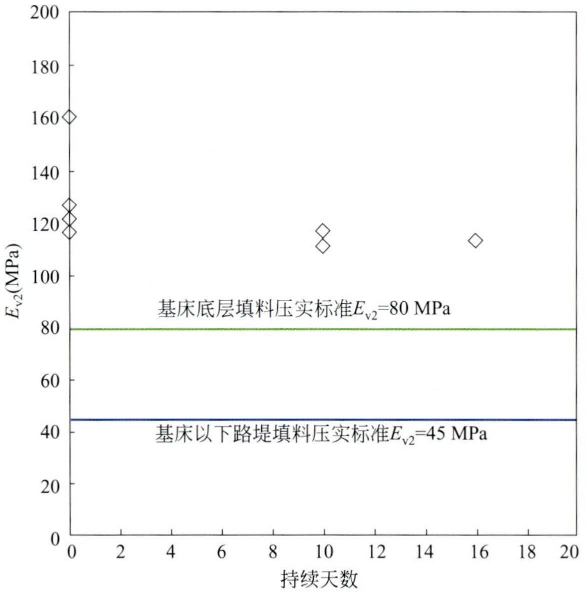

图 10.28　完成填筑碾压后两周二次变形模量 E_{v2} 随时间的变化

聚力、改善路基的变形稳定性和刚度均匀性，以满足无砟轨道的要求。在此基础上，扩大可选填料的范围。

阿氏路基方案的技术、经济出发点为：

(1)通过填料的化学改良(稳定)，提高路堤的凝聚力和稳定性，明显减低甚至基本消除路堤本身的压缩沉降变形 s_E；

(2)使路基沿线路以及与刚性结构物过渡区的沉降和刚度分布平稳均匀；

(3)将可应用填料的范围扩大到塑性黏土和部分软岩，提高路基建设的经济性。

德国公路上传统的化学改良方法分为两大类，可填筑性/可压实性改良和环境/荷载抵抗能力改良。图 10.29 为德国公路工程对不同土类和颗粒级配适用黏结材料(剂)的经验性划分。这里，常用的黏结材料分为水泥黏结剂、沥青和建筑石灰，而对具体土类(填料)和改良目的，应根据室内外适用性试验确定黏结剂的种类和数量。

阿氏路基方案是在对一些以中、高塑黏土和软岩为主体填料的高速公路路堤长期变形监测结果分析基础上，针对无砟轨道高速铁路路堤提出的[19,20]。分析表明，这些以传统方式填筑的高速公路路堤不但沉降变形总量大，而且几十年长期发展。这里，除了路堤以下地基的沉降变形部分外，路堤本身的压缩变形 s_E 不可忽视。除了公路路基工程压实标准和施工质量等因素外，地基毛细水向路堤内部软岩填料渗透侵入，使其不断发生软化、崩解是另外一个重要原因。而且，这个过程伴随着路堤

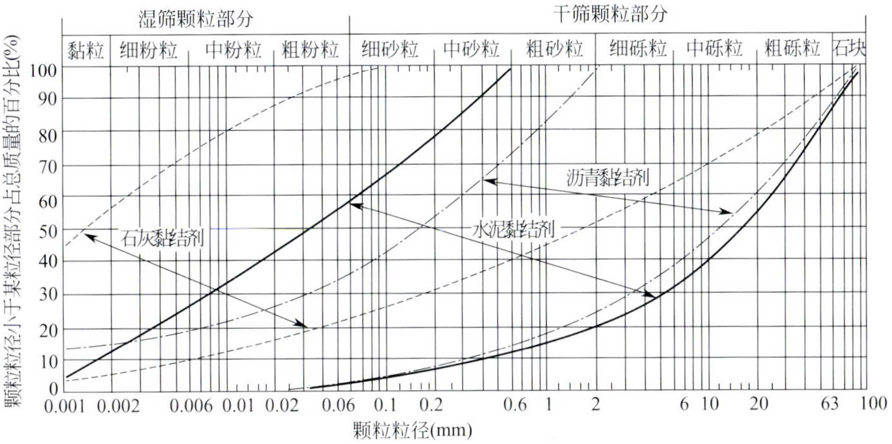

图10.29 填料化学改良不同黏结剂适用的颗粒级配范围

表面(雨)水的渗入而不断加剧。这是导致以塑性黏土和软岩为主体填料的传统路堤出现长期压缩变形、路堤老化直至病害的关键。在设计上,这类由路堤自身老化引起的压缩沉降变形及其与时间的关系很难通过理论计算确定。

可见,除了填筑压实质量外,软岩或塑性黏土在水和动力荷载作用下本身的稳定性,对这类填料是否可用于无砟轨道路基具有关键性意义。阿氏路基方案既不是传统意义上对填料可填筑性和可压实性的改良,也不完全是对环境和动力抵抗力的改良。应用阿氏路基方案时,应以满足无砟轨道路基长期稳定性为目的,根据原始填料本身的物理、力学性质,通过适用性试验确定合适的黏结剂种类和数量,使改良(处理)后填料能满足路基的要求。文献[20]将其称为对填料的“稳定(固化)”。这里,第一步的铣切松料过程将使原始填料的均匀化程度明显提高,而第二步添加黏结剂(石灰、水泥或它们的组合)使原始填料的物理力学性质和长期稳定性得以明显改善。此外,采用水硬性黏结剂还会使黏粒在分子水平出现一定的固化作用,软岩填料遇水软化和崩解现象将得到改善和控制。按阿氏路基方案施工的路基,由于黏结剂的固化作用,其刚度一般高于标准或传统路基方案达到的水平。这对降低、缓和路基与刚性结构物过渡段的差异、不均匀沉降和刚度差有较好的作用。

稳定(固化)填料要达到的具体目标为:

(1)改良填料填筑后呈现高凝聚力力学特性;

(2)路堤本身(长期)压缩沉降变形很小或接近零;

(3)路堤具有足够的(长期)动力稳定性;

(4)路堤刚度均匀性(铣切松料和黏粒固化作用)。

阿氏路基方案最明显的特点是,它原则上适用于许多土类,包括中、高塑性黏土和部分软岩。工程经验表明,尽管在施工过程增加了铣切松动、黏结剂混合等工序,在德国的技术、经济条件下(机械化作业),这个方案的综合经济性仍具有一定的优势。

阿氏路基方案首先在埃尔富特-莱比锡铁路新线路基现场进行研究和试验性填筑，其基本模式见图 10.30 的右半部分。该试验的原始填料为处于分解、软化状态的超固结上迭纪泥岩、粉岩，属典型的软岩（强风化泥岩、粉岩），见图 10.32 左图。对这类软岩填料，适用性试验表明，采用以下的方案能满足无砟轨道对路基的基本要求，即基床底层顶部采用质量百分比为 5%～6%的黏结剂，而其他（下部）区域则采用重量百分比为 2%～4%的黏结剂加固，见图 10.30 右半部分。

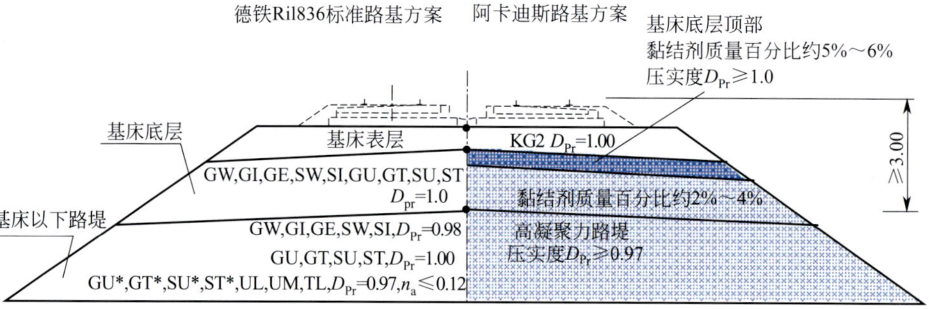

图 10.30　德铁无砟轨道 P300 等级路堤标准横断面与阿卡迪斯路基方案对比

在适用性验证过程中，对原始填料和改良后填料，分别进行了诸如颗粒级配、天然含水量、击实试验和冰冻加载后单轴抗压强度等室内试验。图 10.31 为一典型的击实试验结果。可见，相对于原始填料的击实曲线，如果采用石灰黏结剂，将使混合后填料最优含水量上升而最大干密度下降。同样的软岩填料，采用疏水性水泥将使混合后填料的最大干密度提高，而最优含水量下降。由于该软岩填料的天然含水量位于击实曲线最优点的左边（低于最优含水量），如果采用石灰为黏结剂，现场施工须添加水量，这可能会导致软岩的进一步分解和软化，所以最终决定采用以疏水性水泥为黏结剂的方案。

施工现场水泥和软岩的混合由两道铣切过程完成，见图 10.32，现场碾压采用重型压实碾和压实机（>30 t）。根据观察，填筑完成后，路堤本身的压缩变形约为 $(0.000\,25\sim0.000\,3)\cdot h^2$，基本上在半年内完成收敛。可见，经水硬性黏结剂改良后，埃尔富特—莱比锡铁路新线的强风化泥岩、粉岩填料能满足路基的沉降变形要求。

上述试验和研究结果为阿氏路基方案在科隆—莱茵/美茵无砟轨道客运专线 B 标段的大规模应用提供了经验和基础。科隆-法兰克福线路堑开挖后有大量冲积黏土和强风化泥盘纪泥板岩，如何将这些黏土和软岩经过化学改良稳定（固化）用于路堤填料具有重要的技术和经济意义。

在室内适用性验证基础上，科隆—莱茵/美茵线 B 标段采用了类似图 10.30 右侧的改良稳定方案。在阿氏路基方案适用性验证过程中，为了证明其与标准路基方案的等价性以及稳定（固化）改良后填料的长期动力稳定性，阿卡迪斯集团德国公司研发了图 10.33 所示的现场动力稳定试验设备。在施工阶段，阿卡迪斯

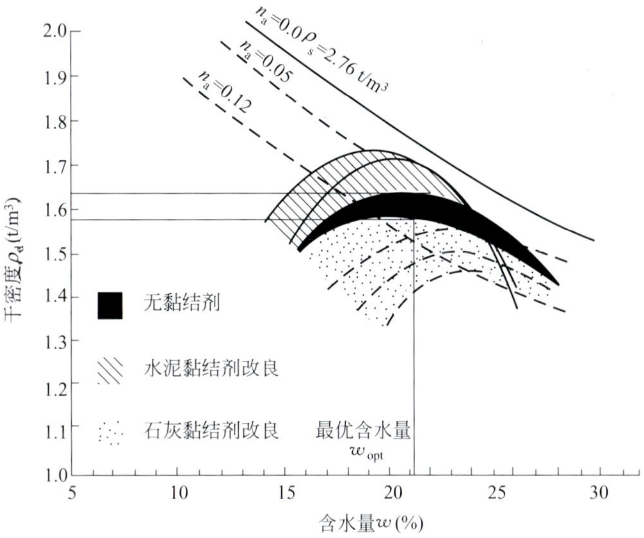

图 10.31 改良上迭纪泥岩、粉岩轻型普氏击实曲线[19]
（德国埃尔富特-莱比锡铁路新线）

(a) 运输、卸料后状态　(b) 铣切松料后状态　(c) 与黏结剂混合后状态

图 10.32 改良上迭纪泥岩、粉岩（软岩）填料不同阶段照片[15]
（德国埃尔富特-莱比锡铁路新线）

集团德国公司利用这套试验设备对 B 标段经化学改良的软岩路基进行了一系列现场试验，以模拟无砟轨道运营条件下路基的长期动力荷载。施加的路基面有效振动速度合成值大于 20 mm/s。现场试验结果表明，改良（稳定）后的软岩路基满足长期动力稳定性要求。施工和观测期实测路基沉降分析表明，按阿氏方案设计、施工的路基，其工后沉降以及与刚性结构物过渡段的差异沉降等技术指标均满足无砟轨道对路基的要求。而且，路堤本身的压缩变形很小。该线运营阶段的各种测试结果也初步验证了该路基方案的合理性[20]。

图 10.33 冲积黏土和强风化泥盆纪泥板岩化学改良填料现场动力稳定性试验设备[20]（科隆—莱茵/美茵高速铁路新线 B 标段）

10.3 无砟轨道路基压实标准

完成路基填料适用性验证后，填筑标准的选择和填筑质量的控制是保证无砟轨道路基结构物满足系统功能性和适用性要求的关键。

从功能性上讲，系统要求路基长期为轨道上部结构提供足够的支持力或刚度，以保证道床板和支承层在交通动力荷载作用下的疲劳强度安全性。在无砟轨道系统设计中，这体现在要求路基基床表层力学参数达到一定的要求，例如二次变形模量 E_{v2} 应大于等于 120 MPa，见 2.3.2 节和 2.3.3 节。在此基础上，考虑动力荷载沿深度的递减，对路基结构物各单元和地基的力学参数提出了相应的要求。

从无砟轨道上部结构对路基结构物的适用性要求（包括稳定性、耐久性和舒适性要求）来讲，填筑标准的选择主要体现在对路基填料密实度的控制上。只有路基填料的密实度达到一定的水平，才能保证路基在长期运营条件下（动载作用、环境影响等）其土骨架基本保持不变（动力稳定性，土密度只发生微量变化），长期处于低后续变形状态。这样，在设计生命周期内，路基结构物发生的微量后续变形可以通过调节轨道扣件垫块来平衡，使无砟轨道始终保持在设计高程。

所以，路基压实标准的控制基本上由密实度和力学（变形）参数两部分组成。

以 300 km/h 等级高速铁路无砟轨道为例，表 10.12～表 10.14 分别给出了《高速铁路设计规范（试行）》（TB10621—2009）和德国铁路路基规范 Ril 836 对基床表层、基床底层和基床以下路堤填料压实标准的具体要求。可见，对路基填料密实度的控制，《高速铁路设计规范（试行）》根据路基结构物单元和填料的种类采用以重型普氏击实最大干密度为基准的压实系数 K，德国铁路路基规范 Ril 836 采用以轻型普氏击实最大干密度为基准的压实度 D_{Pr}。这两个参数反映的都是路基填料达到的密实度，只是参照值不同而已。同类土的对比试验表明，中国规范的标准与德国铁路路基压实控制值基本相同，见 10.4.3 节。对力学参数的控制，中国规范采用地基系数 K_{30}（或二次变形模量 E_{v2}）和动态变形模量 E_{Vd}，德国规范采用二次变形模量 E_{V2} 和动态变形模量 E_{Vd}。

表 10.12 无砟轨道路基基床表层填料压实标准

项目	高速铁路设计规范(试行)*	德国铁路路基规范(Ril 836)
	级配碎石	级配粗颗粒填料 KG2
K	≥0.97	—
D_{Pr}	—	≥1.0
K_{30}(MPa/m)	≥190	—
E_{v2}(MPa)	≥120	≥120
E_{vd}(MPa)	≥55	≥50

注：* K_{30} 和 E_{v2} 可两者选一，当采用 E_{v2} 时，应同时满足 $E_{v2}/E_{v1} \leqslant 2.3$。

表 10.13 无砟轨道路基基床底层填料压实标准

项目	高速铁路设计规范(试行)[1]			德国铁路路基规范(Ril 836)	
	化学改良土	砂类土及细砾土	碎石类及粗砾土	砾石类土、砂类土 GW, GI, GE, SW, SI（细颗粒含量<5%）	砾石类、砂类土 GU, GT, SU, ST（细颗粒含量 5～15%）
K	≥0.95	≥0.95	≥0.95	—	—
D_{Pr}	—	—	—	≥1.0	≥1.0
K_{30}(MPa/m)	—	≥130	≥150	—	—
E_{v2}(MPa)	—	≥80	≥80	≥60	≥60
E_{vd}(MPa)	—	≥40	≥40	≥35	≥35
q_{7d}[2](kPa)	≥350(550)	—	—	—	—

注：1 K_{30} 和 E_{v2} 可两者选一，当采用 E_{v2} 时，应同时满足 $E_{v2}/E_{v1} \leqslant 2.5$；

2 q_{7d} 为 7d 饱和无侧限抗压强度，括号内数字为寒冷地区化学改良土考虑冻融循环作用所需强度值。

表 10.14 无砟轨道路基基床以下填料压实标准

项目	高速铁路设计规范(试行)[1]			德国铁路路基规范(Ril 836)		
	改良细粒土	砂类土及细砾土	碎石类及粗砾土	砾石类土、砂类土 GW, GI, GE, SW, SI（细颗粒含量<5%）	砾石类、砂类土 GU, GT, SU, ST（细颗粒含量 5～15%）	混合颗粒土 GU^+, GT^+, SU^+, ST^+, 细颗粒（$d \leqslant 0.063$ mm）含量 15～40%；以及部分细粒土[2] UL, UM, TL
K	≥0.92	≥0.92	≥0.92	—	—	—
D_{Pr}	—	—	—	≥0.98	≥1.0	≥0.97[4]

续上表

项　目	高速铁路设计规范(试行)[1]			德国铁路路基规范 Ril 836		
	改良细粒土	砂类土及细砾土	碎石类及粗砾土	砾石类土、砂类土 GW,GI,GE,SW,SI(细颗粒含量＜5%)	砾石类、砂类土 GU,GT,SU,ST(细颗粒含量 5～15%)	混合颗粒土 GU^+,GT^+,SU^+,ST^+,细颗粒($d\leqslant 0.063$ mm)含量 15～40%;以及部分细粒土[2] UL,UM,TL
K_{30}(MPa/m)	—	≥110	≥130	—	—	—
E_{v2}(MPa)	—	≥45	≥45	≥45	≥45	≥45
q_{7d}[3](kPa)	≥250	—	—	—	—	

注:1 K_{30}和E_{v2}可两者选一,当采用E_{v2}时,应同时满足$E_{v2}/E_{v1}\leqslant 2.6$;

2 不包括中、高塑性黏土;

3 q_{7d}为 7d 饱和无侧限抗压强度;

4 附加满足空气孔隙率 $n_a\leqslant 12\%$。

填料的密实度是保证高速铁路路基长期稳定性最重要的填筑质量控制指标,所以中国和德国的规范都将压实系数 K 或压实度 D_{Pr} 列为第一控制指标。这个要求是在对国内、外高速铁路建设工程经验总结的基础上提出的。例如,自 20 世纪 70 年代以来,德铁在不同条件下进行了一些路基上小规模无砟轨道试验。根据德铁的经验,如按表 10.12～表 10.14 中的压实度标准进行设计,路基和路堤在自重作用下本身的压缩变形可以得到有效控制,而且运营交通荷载引起的基床和路基附加沉降变形一般不会超过 5 mm。这也是 Ril 836 给定路基工后沉降一般不应超过 15 mm 的基础之一。因为,扣除无砟轨道铺设安装误差(+6,−4 mm),扣件剩余可调高度一般为 20 mm。只有当交通荷载引起的附加沉降不超过 5 mm 时,才能得出路基工后沉降允许值为 15 mm 的条件。所以,压实系数 K(或压实度 D_{Pr})是保证路基长期稳定和耐久性的最关键控制指标之一。

《高速铁路设计规范(试行)》对无砟轨道路基基床表层和底层力学参数控制采用 K_{30}(或 E_{v2})和 E_{vd},对基床以下填料采用 K_{30}(或 E_{v2})。从表 10.12～表 10.14 可见,规范给定的基床表层和基床以下填料 E_{v2} 与德铁规范 Ril 836 控制值一致,而对基床底层的要求略高于德铁规范。

K_{30} 和 E_{v2} 理论上都是通过现场静态平板载荷试验获得的路基力学参数,它们反映了荷载作用下土体抵抗变形的能力。但是,二者在定义、加载方式、等级和分析方法上是不同的,见图 10.34。例如,K_{30} 是取第一次加载时 σ—s 曲线上 s 为 1.25 mm所对应的应力 σ 值除以 1.25 mm 获得的,它包含了路基相当一部分塑性变形。E_{v2} 则是根据卸载后第二次加载 σ—s 曲线上 $0.3\sigma_{max}$ 和 $0.7\sigma_{max}$ 之间的位移割线斜率确定的变形参数,因此更多地反映了土体的弹性变形性能。

在铁路运营条件下,路基基床表层和基床底层承受反复循环动载作用,二次变

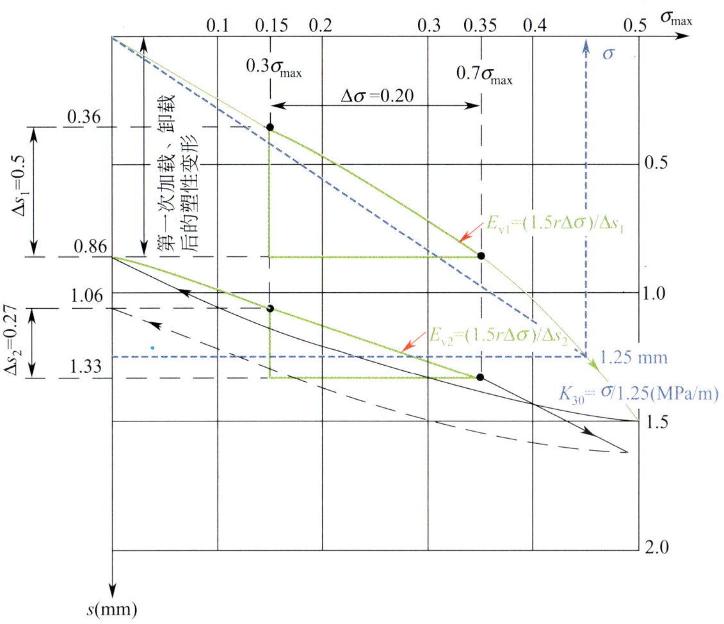

图 10.34 静态平板载荷试验曲线示意图

形力学参数 E_{v2} 似乎更接近这种加载形式。此外，从 2.3.2 节和 2.3.3 节可知，基床表层的 E_{v2}(E_3) 作为路基力学参数直接用于无砟轨道的设计，疲劳强度计算时要求路基面综合变形模量参数为 $E_{v2} \geq 120$ MPa，而路基结构基床底层和本体的变形参数(E_4)$E_{v2} \geq 60$ MPa/$E_{v2} \geq 45$ MPa 则隐含在内。可见，路基结构物力学参数 E_{v2} 的压实标准是以无砟轨道上部结构设计要求提出的。

在应用二次变形模量参数 E_{v2} 检验路基填料达到的力学指标时，还可利用 E_{v2}/E_{v1} 这个比值来间接验证填料达到的密实度。理论上讲，E_{v2}/E_{v1} 比值过高，表明填料的密实度较低。这是因为，这种情况下，填料相当一部分的孔隙是在静态平板载荷试验第一次加载时得以压密。这时，一次加载模量 E_{v1} 较低，而二次加载模量 E_{v2} 仍可能满足要求，所以 E_{v2}/E_{v1} 比值较高。因此，压实系数 K(或压实度 D_{Pr})与 E_{v2}/E_{v1} 比值之间存在一定的相关性。《高速铁路设计规范(试行)》对采用 E_{v2} 时 E_{v2}/E_{v1} 比值的上限给出了明确界定，见表 10.12～表 10.14。

德国铁路路基规范 Ril 836 引用德国公路规范 ZTVE-StB94 的条文，要求直接测定的路基压实度 D_{Pr} 间接地通过 E_{v2}/E_{v1} 比值来验证。表 10.15 给出了德国公路工程砾粒土和砂粒土的压实度 D_{Pr}、二次变形模量 E_{v2} 和 E_{v2}/E_{v1} 比值相关性参考值。可见，随着验标要求 D_{Pr} 的提高，相应的 E_{v2}/E_{v1} 允许比值降低。此外，根据 ZTVE-StB94，如果一次变形模量 E_{v1} 超过验标要求 E_{v2} 的 60%，则 E_{v2}/E_{v1} 控制比值可适当放宽。根据国内、外高速铁路无砟轨道路基建设的经验，这种情况下，E_{v2}/E_{v1} 控制比值可放宽到 3.5。

表 10.15 砾粒类土、砂粒类土密实度 D_{Pr}、二次变形模量 E_{v2} 和 E_{v2}/E_{v1} 比值相关性参考值[9]

土　类	压实度 D_{Pr}	二次变形模量 E_{v2}(MPa)	E_{v2}/E_{v1} 控制比值*
级配良好的砾粒类土 GW，GI	≥1.0 ≥0.98 ≥0.97	≥100 ≥80 ≥70	≤2.3 ≤2.5 ≤2.6
级配一般的砾粒类土和级配良好的砂粒类土 GE，SE，SW，SI	≥1.0 ≥0.98 ≥0.97	≥80 ≥70 ≥60	≤2.3 ≤2.5 ≤2.6

注：* 如果一次变形模量 E_{v1} 超过验标要求 E_{v2} 的 60%，E_{v2}/E_{v1} 控制比值可适当放宽。

增加附加的检测指标 E_{v2}/E_{v1} 比值，并不增加检测工作量，但对间接控制路基的密实度，保证路基的长期稳定性是有益的。根据武广高速铁路路基工程建设的经验，简化的控制条件可以表述为：

一般情况：$E_{v2}/E_{v1} \leqslant 2.6$；

当 $2.6 < E_{v2}/E_{v1} \leqslant 3.5$，但 E_{v1} 达到验标要求 E_{v2} 的 60% 时，仍可认为合格；

如果 $E_{v2}/E_{v1} > 3.5$，应分析原因，改进填筑工艺。

10.4 无砟轨道路基典型填料质量控制指标对比试验研究

10.4.1 概　　述

路基填筑质量是高速铁路无砟轨道建设成败的关键之一。在武广高速铁路路基建设过程中，开展了路基压实标准对比试验研究，并进行了大量的室内和现场试验研究、检测工作。这些研究结果和工程经验，一方面为保证武广高速铁路路基填筑质量提供了技术保障，另一方面为路基技术标准的完善，从理论到实践的检验提供了一个基础。

在武广高速铁路建设过程中，首先对图 10.35 所示的四种典型填料进行了无砟轨道路基压实控制指标室内、外对比试验研究。试验研究的主要目的为：

(1)对填料进行室内轻、重型普氏击实试验，确定压实系数 K、压实度 D_{Pr} 和孔隙率 n 的对应关系；

(2)以室内试验确定的最大干密度值 $\rho_{Pr,轻型}$ 和 $\rho_{Pr,重型}$ 为基础，通过现场试验进一步验证这些对应关系；

(3)通过现场试验，研究 E_{v2}/E_{v1} 比值和 K、D_{Pr} 和 n 三个参数之间的相关关系。

在此基础上，利用武广高速铁路路基填筑、检测过程大量的现场实测数据，进行比较全面的控制指标对比分析。这些检测数据分别来自 14 个工程局，涵盖了两大类填料(砂类土及细砾土和碎石类及粗砾土)，一共 11 类填料(二级定名)，来源

(a) 灰岩改良填料

(b) 碎石改良填料

(c) 全风化砂砾岩填料

(d) 天然级配含土细圆砾填料

图 10.35 武广高速铁路路基压实控制指标对比试验采用的四种典型填料

分别为工厂化加工填料和天然填料(包括纯天然填料以及天然填料经物理改良)，具有比较广泛的代表性。

本节介绍这些试验研究的主要结果并进行相应的分析。

10.4.2 填料和室内、外试验

10.4.2.1 填料和击实试验

对比试验研究用的四种填料分别为灰岩改良填料、碎石改良填料、全风化砂砾岩填料以及天然级配含土细圆砾填料，见图 10.35 和表 10.16。

表 10.17 和表 10.18 分别给出了德国轻型普氏击实试验标准技术参数和中国重型普氏击实试验标准技术参数。重型和轻型普氏击实试验的单位体积击实功 W 分别为 2.7 MJ/m^3 和 0.6 MJ/m^3。德国轻型普氏击实试验筒径最大为 250 mm，相应的最大允许颗粒粒径为 63 mm，最大允许超径颗粒部分占总质量的百分比为 35%。因此，德国的压实度 D_{Pr} 可用于粗颗粒土包括碎石类土。中国重型普氏击实试验筒径最大为 152 mm，相应的最大允许颗粒粒径为 40 mm，最大允许超径颗粒部分占总质量的百分比为 30%。

表 10.16 武广高速铁路路基对比试验用的四种典型填料来源和基本参数

填料名称	灰岩改良填料	碎石改良填料	全风化砂砾岩填料	细圆砾土天然填料
填料来源	乌龙泉采石场加工成品	鹰嘴山块石破碎填料砂质板岩，加工成品	岳阳市西塘镇金家村天然填料，加工成品	衡山渲洲取土场天然填料
填料分组	含土细角砾（B组填料）	含土细角砾（B组填料）	含土细角砾（B组填料）	细圆砾土（B组填料）
填料颗粒级配参数	$C_U\approx14\sim243$ $C_c\approx1\sim22$	$C_U\approx204\sim381$ $C_c\approx8\sim28$	$C_U\approx67\sim133$ $C_c\approx1\sim5$	$C_U\approx116\sim464$ $C_c\approx0.23\sim0.97$
最大粒径	60 mm	60 mm	60 mm	40 mm
$d\leqslant0.075$ mm	9.5%	10.4%	9.6%	19.2%
$d\leqslant2$mm	20.8%	21.1%	36.3%	46.6%

表 10.17 德国轻型普氏击实试验标准技术参数

（单位体积击实功 $W=0.6$ MJ/m^3，德国工业标准 DIN 18127）

击实筒内径 d_1(mm)	击实筒高度 h_1(mm)	击锤锤底直径 d_2(mm)	落距 h_2(mm)	层数 n_1	每层击数 n_2	击锤质量 m_1(kg)	试样质量 m_2(kg)	限制条件：最大粒径 D_M(mm)	限制条件：超径颗粒部分质量占总质量百分比 P	限制条件：超径校正
100	120	50	300	3	25	2.5	≥3	20.0	不允许	—
150	125	75	450	3	22	4.5	≥6	31.5	允许，但≤P35%	需要
250	200	125	600	3	22	15.0	≥30	63.0	允许，但≤P35%	需要

表 10.18 中国重型普氏击实试验标准技术参数

（单位体积击实功 $W=2.7$ MJ/m^3，《铁路工程土工试验规程》）

击实筒内径 d_1(mm)	击实筒高度 h_1(mm)	击锤锤底直径 d_2(mm)	落距 h_2(mm)	层数 n_1	每层击数 n_2	击锤质量 m_1(kg)	试样质量 m^2(kg)	限制条件：最大粒径 D_M(mm)	限制条件：超径颗粒部分质量占总质量百分比 P	限制条件：超径校正
102	116	51	457	5	25	4.5	2.5	5	允许，5%≤P≤30%	需要
152	116	51	457	5	56	4.5	6.5	20	允许，5%≤P≤30%	需要
152	116	51	457	3	94	4.5	6.5	40	允许，5%≤P≤30%	需要

根据德国工业标准 DIN 18127，超径颗粒部分的影响需根据以下关系修正：

$$w'=w\cdot(1-P)+w_P\cdot P$$

$$\rho'_d=\rho_d\cdot(1-P)+0.9\cdot P\cdot\rho_{sP}$$

式中 w'——修正后试样含水量；

w——修正前试样含水量；

w_P——超径部分含水量，根据经验一般 取 0.01～0.02；

P——超径部分质量占总质量的百分比；

ρ'_d——修正后试样干密度；

ρ_d——修正前试样干密度；

ρ_{sP}——超径部分颗粒密度。

图 10.36 为武广高速铁路按德国轻型普氏击实标准制作的击实仪，中国重型普氏击实试验采用施工单位常规击实仪进行。

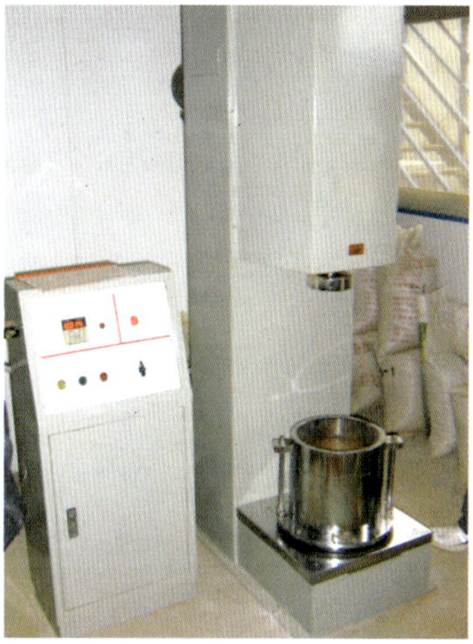

图 10.36 击实仪

10.4.2.2 *灰岩改良填料现场试验*

灰岩改良填料现场试验段长 150 m，位于武广高速铁路武汉工程试验段，见图 10.37。本段工程地质条件为谷地，地形平缓，表层黏土，软塑～流塑，厚 3～7.1 m，下部为黏土，硬塑，厚度 3～6.6 m，以下为强风化层；该段谷地地下水较发育，主要为第四系孔潜水，一般无侵蚀性。地基采用 CFG 桩加固处理，桩长 4～10.3 m，桩径为 0.5 m，桩间距 1.5～1.6 m，呈正方形布置。桩顶设 0.9 m×0.9 m×0.3 m C15 混凝土桩帽，桩帽上铺设碎石垫层厚 0.5 m，内铺一层强度为 110 kN/m 的土工格栅。在该垫层上部填筑 5 层 B 组填料（灰岩改良填料，含土细角砾），属基床以下路堤（本体）部分。

填筑碾压工艺参数：虚铺厚度 40 cm、碾压机吨位 25 t、碾压速度 2～4 km/h。碾压方式如下：

（1）第 1 层施工：摊铺后碾压 6 遍：静压、弱振、弱振、强振、强振、静压，碾压完成 2 h 后进行检测；

（2）第 2 层施工：首先碾压 4 遍：静压、弱振、强振、静压，碾压完成 2 h 后进行检测；然后再附加碾压 2 遍（累计 6 遍）：强振、静压，碾压完成 2 h 后进行检测；检

图 10.37　武广高速铁路武汉工程试验段，灰岩改良填料试验现场

测完成后，再碾压 2 遍(累计 8 遍)：弱振、静压，2 h 后再进行检测；

(3)第 3 层施工：同第 2 层施工方案；

(4)第 4 层施工：同第 1 层施工方案；

(5)第 5 层施工：同第 2 层施工方案。

10.4.2.3　碎石改良填料现场试验

碎石改良填料试验现场地形地貌为丘陵区，表层为粉质黏土，褐红色、褐黄色，局部夹碎石，硬塑～坚硬，厚度 0.5～2 m，下伏砂质板岩，褐黄色、褐红色，薄～中厚层，裂隙、节理发育，全风化，局部强风化，全风化层 1～3 m，呈土夹碎石状，含量为 5%～20%。强风化层厚 2～4 m，其下为弱风化砂质板岩。基底换填 1.8 m 采用碎石改良填料(B 组填料)，换填底部铺设复合土工膜，复合土工膜上下铺设 5 cm 砂。进行现场试验的 6 个填筑层属基床底层，填筑高度为 1.8～2.3 m，图 10.38 为第一填筑层表面。

现场六项指标的检测选在第 3、4、5 层进行，分别在每层碾压 4、6、8 遍后进行。一般情况下，检测在碾压完成后 2 h 开始进行。碾压工艺参数为：

(1)虚铺厚度 30 cm；

(2)碾压机吨位 25 t (第 3、5 层)，16 t (第 4 层)；

(3)碾压工艺为 8 遍(静压－弱振－强振－静压－弱振－静压－弱振－静压)；

(4)碾压速度 2.8 km/h(强振)、3.4 km/h(弱振)和 4.5 km/h(静压)。

10.4.2.4　全风化砂砾岩填料现场试验

全风化砂砾岩填料试验现场主要地质情况：表层换填0.5～2.7 m碎石土；表层以下为 0～3.5 m 粉质黏土，黄褐色、硬塑、局部加少量碎石；粉质黏土以下 0.5～2.0 m 为泥质板岩，浅黄色～青灰色，全风化；全风化泥质板岩以下为黄褐色～灰黄色泥质板岩，强风化。地基处理采用 CFG 桩加固，桩长为 3.5～6 m；桩间距为 2 m，正

图 10.38 武广高速铁路碎石改良填料试验现场

三角形布置;CFG 桩单桩复合地基承载力均大于设计值 255 kPa。褥垫层施工为 25 cm 级配碎石+5 cm 砂垫层+1 层双向土工格栅+5 cm 砂垫层 + 25 cm 级配碎石。在该垫层上部填筑全风化砂砾岩,填筑高度为 4.2 m。进行现场试验的 2 个填筑层位于褥垫层上部,属路基本体,分别位于褥垫层上部约 3.9 m 和 4.2 m。

每层填筑虚铺厚度为 30 cm,碾压机吨位 22 t。碾压工艺为 8 遍碾压,顺序为静压—弱振—强振—静压—弱振—静压—弱振—静压,碾压速度分别为 2.8 km/h (强振),3.4 km/h (弱振) 和 4.5 km/h (静压)。在碾压 4、6、8 遍后进行现场检测。一般情况下,检测在碾压完成后 2 h 开始进行。

10.4.2.5 细圆砾土天然填料现场试验

细圆砾土天然填料试验现场地形地貌:丘坡表层为 Q4dl+el 粉质黏土,黄褐色,硬塑,厚 0～2 m。下伏 E1 粉砂质泥岩,紫红色,全～弱风化。全风化层厚 1～3 m,强风化层厚约 3.5～12 m,下为弱风化层。丘坡地下水不发育,仅少量基岩含裂隙水。施工开挖到基床底层底面标高后,经推土机初平、平地机精平后,用压路机进行静压 1 遍、振动压实 3 遍、光面静压 1 遍,经检测各项指标满足路基填筑要求。基底为粉砂质泥岩、泥质粉砂岩、泥岩,弱风化,Ⅳ级。

试验段路基填筑为基床底层,填筑高度约为 2.1 m,填筑分 7 层进行,每层松铺厚度为 35 cm。碾压施工采用吨位为 16 t 的振动压路机,强振时的击振力 35 t,振动频率 27 Hz。碾压组合采用静压—弱振—强振—静压—强振—静压—强振—静压。碾压机最大碾压行驶速度,分别为静压时 3 km/h,弱振时 3 km/h,强振时 2.5 km/h。

每层碾压 4、6、8 遍后,进行现场六项指标的检测。一般情况下,检测在碾压完成后 2 h 开始进行。图 10.39 为试验现场的照片。

10.4.3 路基密实度控制指标试验结果对比分析

压实系数 K 和压实度 D_{Pr} 反映的都是土的密实度,只是基准值不同而已。中

图 10.39　武广高速铁路细圆砾土天然填料试验现场

国铁路路基工程普遍采用重型普氏击实试验确定的最大干密度 $\rho_{\mathrm{Pr},重型}$ 为压实系数 K 的基准值，而德国铁路、公路路基工程一般以轻型普氏击实试验确定的最大干密度 $\rho_{\mathrm{Pr},轻型}$ 为压实度 D_{Pr} 的基准值，见图 10.40。它们的单位体积击实功 W 分别为 0.6 MJ/m³ 和 2.7 MJ/m³。这四个参数的关系为：$K/D_{\mathrm{Pr}}=\rho_{\mathrm{Pr},轻型}/\rho_{\mathrm{Pr},重型}$。

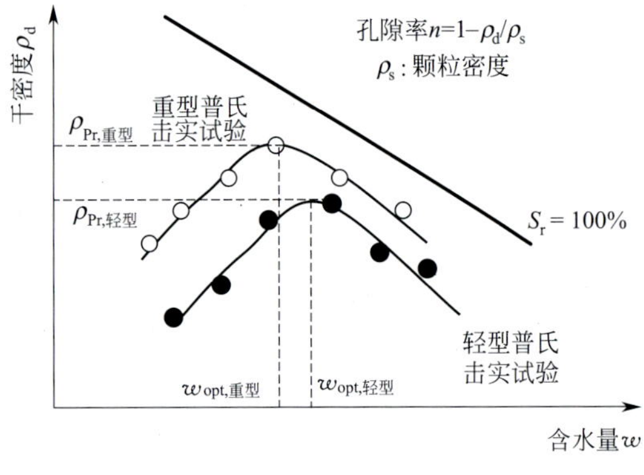

图 10.40　轻型、重型普氏击实试验曲线对比示意图

根据德国《地基基础手册》[15]，轻型普氏击实试验确定的最大干密度 $\rho_{\mathrm{Pr},轻型}$ 与重型普氏击实试验确定的最大干密度 $\rho_{\mathrm{Pr},重型}$ 比值一般为 0.87～0.96，即

$$\rho_{\mathrm{Pr},轻型}/\rho_{\mathrm{Pr},重型}=K/D_{\mathrm{Pr}}=0.87\sim0.96$$

德国公路工程经验进一步给出了各类土轻型和重型击实试验最大干密度的经验参考值[10]，见表 10.19。

根据文献[10,15]的经验参考值，将以上关系绘制成图 10.41。可见，轻、重型击实最大干密度比值(或者说压实系数 K 与压实度 D_{Pr} 的比值)随填料或土的颗粒由粗变细逐渐从 0.96 下降到 0.87。对常用的铁路路基填料，例如砂类土、细砾土和粗砾土，其比值变化不大，约为 0.94～0.95。

表 10.19　德国公路工程轻型和重型击实试验最大干密度经验参考值[10]

土　类	轻型普氏击实试验		重型普氏击实试验	
	最优含水量 $w_{opt,轻型}$(%)	最大干密度 $\rho_{Pr,轻型}$(t/m³)	最优含水量 $w_{opt,重型}$(%)	最大干密度 $\rho_{Pr,重型}$(t/m³)
砾砂混合土(C_U=35)	7	2.12	5	2.23
含砾砂土(C_U=7)	10	1.98	8	2.08
中-粗砂(C_U=5)	13	1.87	10	1.98
细砂(C_U=2)	—	1.70	—	1.78
含砂粉土	16	1.79	13	1.90
含砂黏土	17	1.75	13	1.88
低塑性黏土	22	1.62	16	1.79
高塑性黏土	30	1.44	23	1.60

表 10.20 和表 10.21 给出了德国其他三种填料的轻、重型击实对比试验的研究结果[26,27]。其中，白云岩填料 0/32 和砾—砂混和填料 0/32 的比值 $\rho_{Pr,轻型}/\rho_{Pr,重型}=K/D_{Pr}$ 为 0.94～0.95。第三种填料为砾—砂—粉砂—黏土混合填料，其细颗粒含量相对较高，所以轻、重型击实试验最大干密度比值相对较小(0.93)，这与图 10.41 的趋势是一致的。

表 10.20　试验填料的基本参数

填料种类	颗粒密度 ρ_S	C_U	C_C	$d\leqslant 0.063$ mm	d≤2 mm(%)
白云岩填料 0/32	2.76	16	3.0	约 2.2%～6.7%	约 20.0%
砾—砂混和填料 0/32	2.71	20	1.0	约 1.2%	约 33.0%
砾—砂—粉砂—黏土混合填料	—	—	—	—	—

表 10.21　轻型、重型普氏击实试验结果

填料种类	轻型普氏击实试验		重型普氏击实试验		$\rho_{轻型}/\rho_{重型}$
	干密度平均值(t/m³)	含水量平均值(%)	干密度平均值(t/m³)	含水量平均值(%)	
白云岩填料 0/32	2.176	6.38	2.310	6.25	0.94
砾—砂混和填料 0/32	2.181	5.0	2.302	4.7	0.95
砾—砂—粉砂—黏土混和填料	1.950	11.9	2.100	8.5	0.93

理论上，填料的密实度也可以通过孔隙率参数 n 来控制，但与验标要求压实系数 K 或压实度 D_{Pr} 相应的验标孔隙率 n 应针对具体填料经过室内普氏击实试验确定。这时因为，填料(土)的种类对相同压实系数条件下对应孔隙率值影响很大。图 10.42 为各种类型填料(土)的轻型普氏击实试验经验曲线。可见，随着填料颗

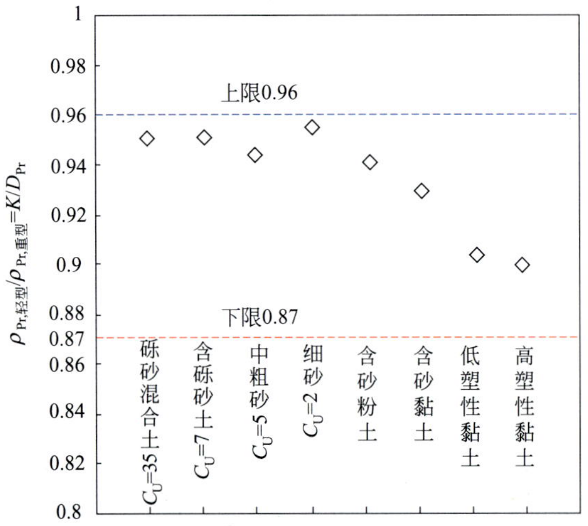

图 10.41　各类土轻、重型普氏击实最大干密度比值

粒粒径的提高，击实试验最大干密度逐渐增加，同时最优含水量下降。

例如，黏土的最大干密度只有 1.5 t/m³ 左右，而其最优含水量 25%左右。与此相比，砾砂混合土(粗颗粒土)的最大干密度可超过 2.2 t/m³，而最优含水量只有约 6%左右。这就是说，粗、细颗粒土在最大干密度时，其最优含水量的差别可达约 20%左右，这部分水的体积和质量在粗颗粒土中被颗粒实体代替，使得最大

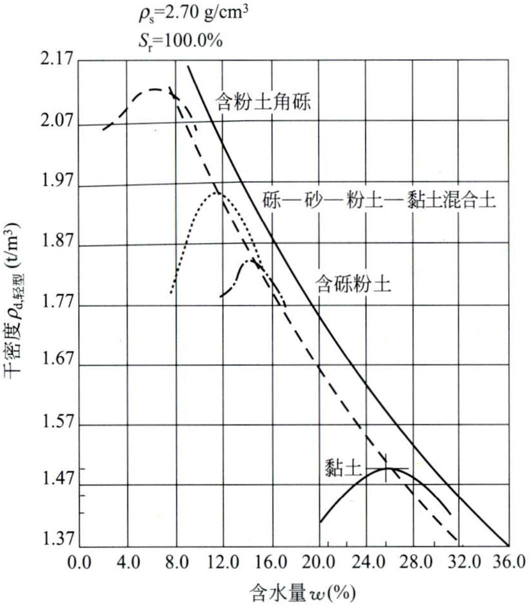

图 10.42　各种类型填料(土)的轻型普氏击实试验曲线经验参考值[10]

干密度相应增加，而细颗粒土（黏土）在最大干密度时的高含水量使土中的孔隙率明显上升。

图 10.43 和 10.44 给出了根据文献资料总结的压实度 D_{Pr} 为 100% 和 97% 时不同土类对应的孔隙率 n 值。可见，压实度 $D_{Pr}=100\%$ 时，粗颗粒土的对应孔隙率值量级在 14%～20%，而细粒土则在 30%～38%。所以，相同压实度条件下粗颗粒土的孔隙率远小于细颗粒土对应值。此外，同类填料（土）孔隙率对应值的变化幅度约为5%～10%，这反映了颗粒级配对填料可压实性影响的幅度。

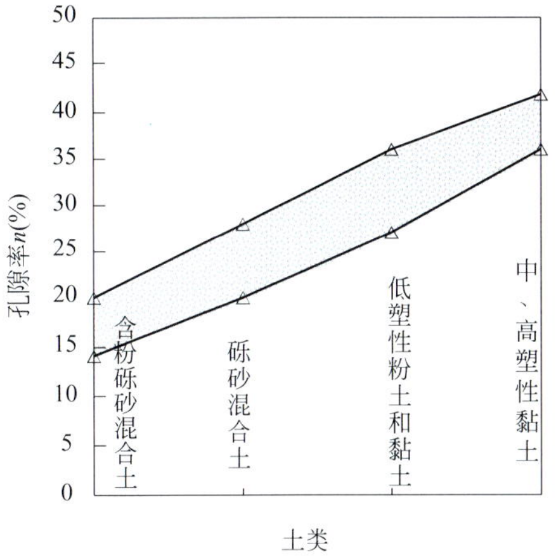

图 10.43 压实度 $D_{Pr}=100\%$时不同土类对应的孔隙率 n 值

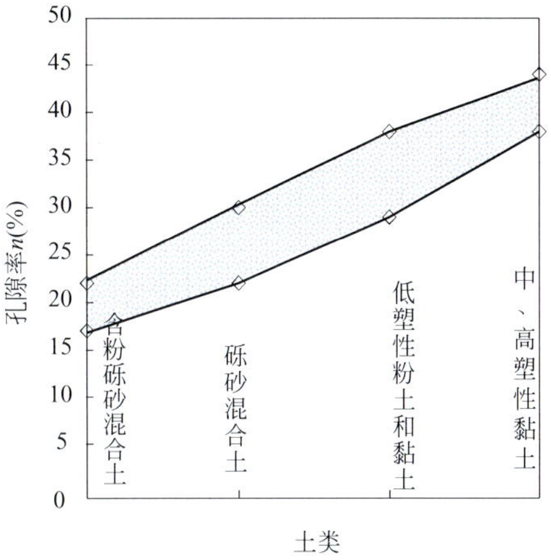

图 10.44 压实度 $D_{pr}=97\%$时不同土类对应的孔隙率 n 值

以上述文献结果为出发点，下面首先对武广高速铁路四种典型填料的室内和现场试验代表性结果进行分析。在此基础上，对武广高速铁路全线路基的检测结果进行归纳总结。

10.4.3.1 最大干密度和最优含水量

图 10.45 为全风化砂砾岩填料 12 组轻型普氏击实试验结果，其相应的重型普氏击实试验结果如图 10.46 所示，其中 $\rho_{Pr,重型}$ 和 $w_{Pr,重型}$ 已按《铁路工程土工试验规程》进行了修正。图 10.47 和 10.48 为最大干密度 $\rho_{Pr,轻型}$ 和 $\rho_{Pr,重型}$ 以及最优含水量 $w_{Pr,轻型}$ 和 $w_{Pr,重型}$ 统计平均值，它们分别为

$$\overline{\rho}_{Pr,轻型}=2.19\ t/m^3 \quad \overline{\rho}_{Pr,重型}=2.31\ t/m^3$$

$$\overline{w}_{Pr,轻型}=7.4\% \quad \overline{w}_{Pr,重型}=6.5\%$$

可见，对同样的填料，重型普氏击实试验所达到的最大干密度高于轻型普氏击实试验。随着单位体积击实功的增加，最大干密度增加，而最优含水量平均值则有所下降。

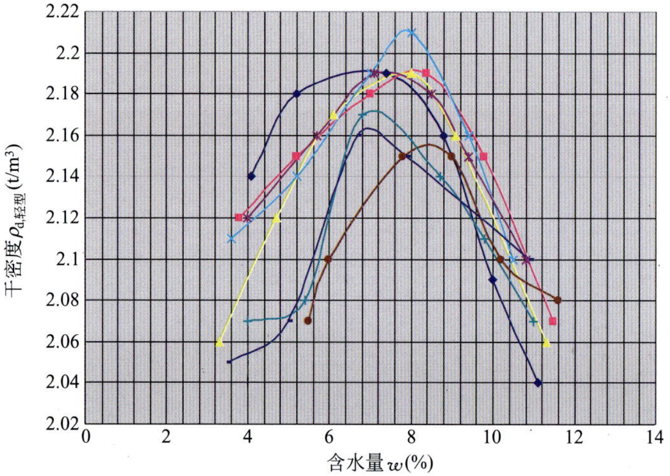

图 10.45　全风化砂砾岩填料击实试验曲线(按轻型普氏击实标准)

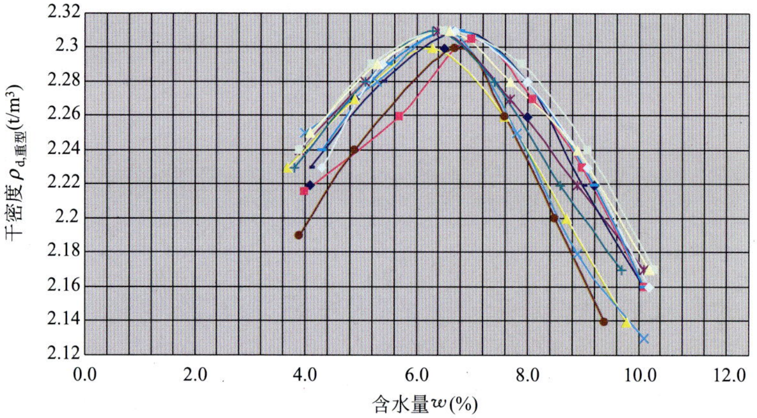

图 10.46　全风化砂砾岩填料击实试验曲线(按重型普氏击实标准)

根据最大干密度平均值计算的全风化砂砾岩填料压实指标对应关系平均值为

$$\frac{\overline{K}}{D_{Pr}}=\frac{\overline{\rho}_{Pr,轻型}}{\rho_{Pr,重型}}=\frac{2.19}{2.31}\approx 0.95$$

所以,对同类土而言,它与图 10.41 中德国轻、重型普氏击实最大干密度经验参考比值基本一致。

10.4.3.2　D_{Pr}—K—n 对应关系

对图 10.45 和图 10.46 中每一条击实曲线上的点分别进行以下换算,可以确定压实系数 K、压实度 D_{Pr} 和孔隙率 n 三者的对应关系:

$$K=\rho_d/\rho_{Pr,重型}\quad n=1-\rho_d/\rho_s\qquad(K-n\ 对应关系)$$

$$D_{Pr}=\rho_d/\rho_{Pr,轻型}\quad n=1-\rho_d/\rho_s\qquad(D_{Pr}-n\ 对应关系)$$

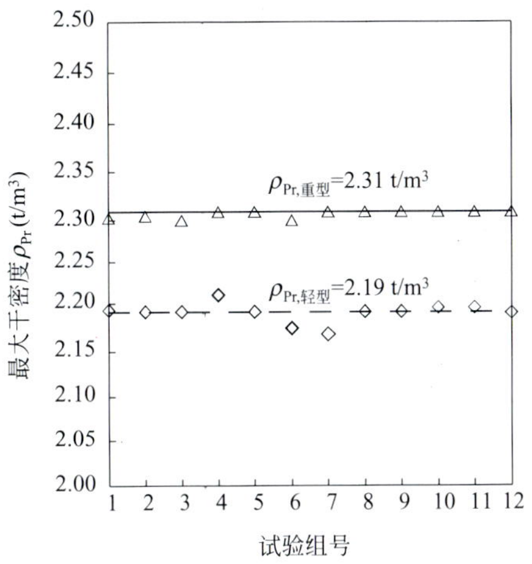

图 10.47 全风化砂砾岩填料击实试验最大干密度平均值

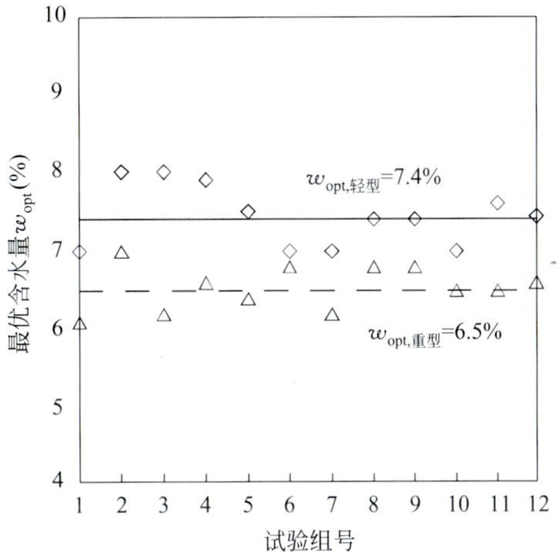

图 10.48 全风化砂砾岩填料击实试验最优含水量平均值

其中，ρ_d 为击实试验曲线上干密度值试验值，ρ_{Pr} 为相应击实曲线上的最大干密度。

图 10.49 和图 10.50 分别为 12 组轻型普氏击实试验和 12 组重型普氏击实试验的换算结果，它们的拟合直线分别为

$$\overline{n}=100.5-82.5\cdot\overline{D}_{Pr}\quad(R^2=0.89)$$

$$\overline{n}=103.2-89.7\cdot\overline{K}\quad(R^2=0.98)$$

由此得出

$$\overline{K}=\frac{2.7+82.5\cdot\overline{D}_{Pr}}{89.7}$$

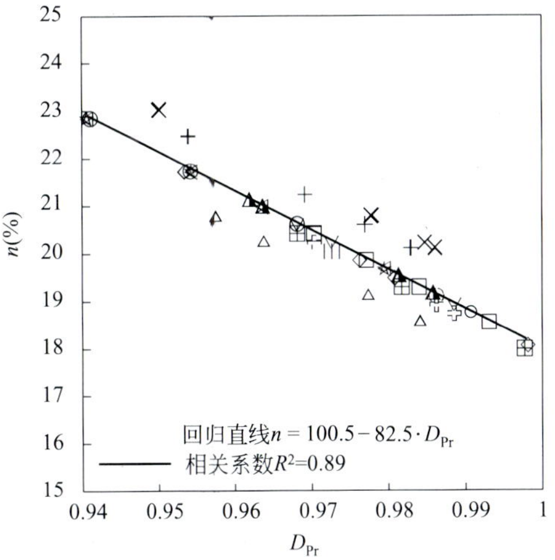

图 10.49 全风化砂砾岩填料 $D_{Pr}-n$ 关系(轻型普氏击实试验)

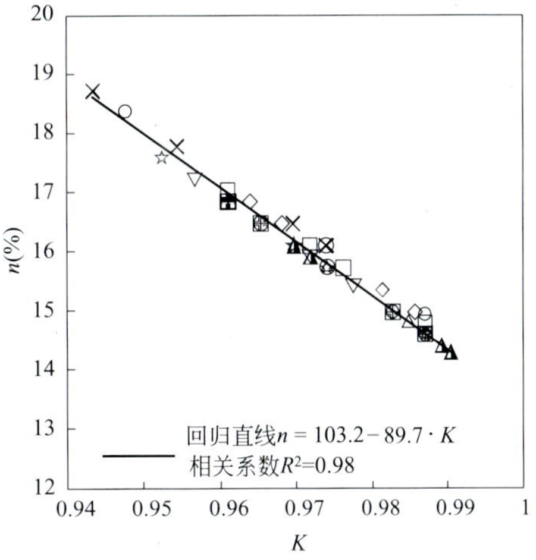

图 10.50 全风化砂砾岩填料 $K-n$ 关系(重型普氏击实试验)

利用以上三个关系，可以得出所试验的全风化砂砾岩填料 $K-D_{Pr}-n$ 的对应值见表 10.22。

表 10.22　全风化砂砾岩填料 $K-D_{Pr}-n$ 对应值

压实系数 $\overline{K}$	压实度 $\overline{D}_{Pr}$	比值 $\overline{K}/\overline{D}_{Pr}$	孔隙率 $\overline{n}$
0.95	1.0	0.95	18.0%
0.93	0.98	0.95	19.7%
0.92	0.97	0.95	20.5%

可见，所试验的全风化砂砾岩填料，在达到相同密实度时，不同击实标准(不同基准值)引起的压实系数 K 和压实度 D_{Pr} 控制值相差约 5%。它们平均值的比 $\overline{K}/\overline{D}_{Pr}$ 都为 0.95，这与图 10.41 所示的经验值一致。

10.4.3.3　现场检测指标 D_{Pr}—K—n 对应关系

全风化砂砾岩填料在对第一填筑层分别碾压 4、6、8 遍后进行了现场试验，以检测路基所达到的干密度 ρ_d。在此基础上，利用室内击实试验结果($\overline{\rho}_{Pr,轻型}=2.19$ t/m^3、$\overline{\rho}_{Pr,重型}=2.31$ t/m^3 和 $\overline{\rho}_s=2.67$g/cm^3)，计算相应的 K、D_{Pr} 和 n，并检验它们之间的对应关系。

图 10.51(a)给出了全风化砂砾岩填料第一填筑层压实系数 K 和压实度 D_{Pr} 之间的关系，它们呈现良好的线性关系。图 10.51(b)为相应的压实度 D_{Pr} 和孔隙率 n 对应关系。

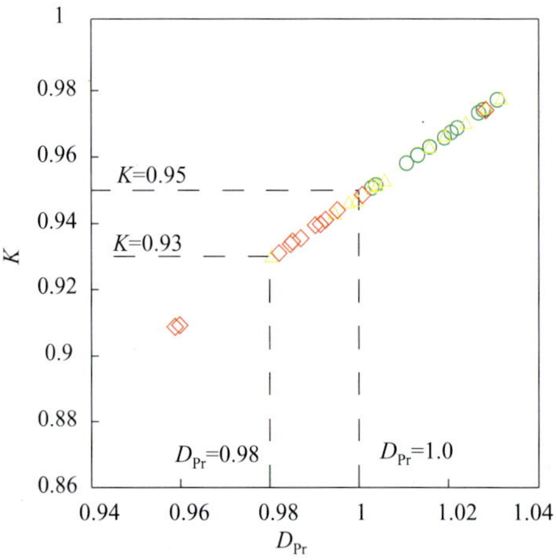

(a) D_{Pr}—K对应关系

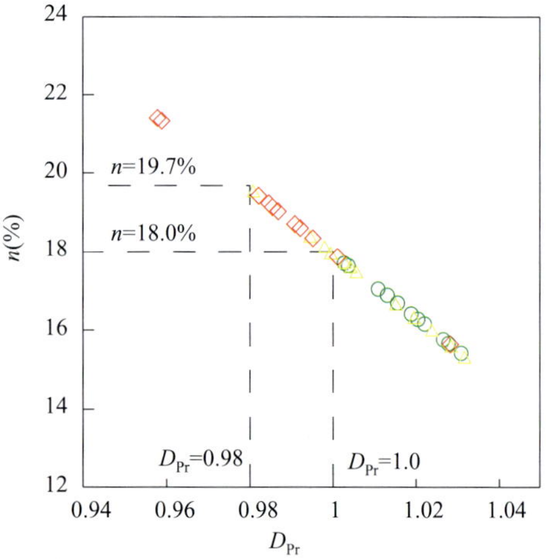

(b) D_{Pr}—n对应关系

图 10.51　全风化砂砾岩填料现场控制指标 D_{PR}—K 和 D_{PR}—n 对应关系

根据上述现场检测结果，全风化砂砾岩填料压实系数 K、压实度 D_{Pr} 和孔隙率 n 三个控制指标之间的等价对应值见表 10.23。

表 10.23 全风化砂砾岩填料控制指标等价对应值

项 目	压实系数 K	压实度 D_{Pr}	孔隙率 n(%)
基床底层	≥0.95	≥1.0	≤18.0
基床以下填料	≥0.93	≥0.98	≤19.7

综合分析武广高速铁路对图 10.35 所示四种典型填料的研究结果(见表 10.24),可以发现,三种含土细角砾(B 组填料),与 D_{Pr}= 1.0 对应的压实系数为 0.94~0.95(基床底层),与 D_{Pr}=0.98 对应的压实系数为 0.92~0.93(基床以下填料)。土质细圆砾填料与 D_{Pr}=1.0 对应的压实系数为 0.91(基床底层),与 D_{Pr}=0.98 对应的压实系数为 0.89(路基本体),见表 10.24。此外,对这四种不同的路基填料,与 D_{Pr}=1.0 对应的孔隙率 n=18.0%~21.3%(基床底层),与 D_{Pr}=0.98 对应的孔隙率 n=19.7%~22.9%(路基本体)。

表 10.24 武广高速铁路四种不同填料路基压实度控制指标对应关系

填料名称		灰岩改良填料	碎石改良填料	全风化砂砾岩填料	细圆砾土填料
填料分组		含土细角砾 (B 组填料)	含土细角砾 (B 组填料)	含土细角砾 (B 组填料)	土质细圆砾 (B 组填料)
填料颗粒级配参数		C_U≈14~243 Cc≈1~22	C_U≈204~381 Cc≈8~28	C_U≈67~133 Cc≈1~5	C_U≈116~464 Cc≈0.23~0.97
d≤0.075 mm		9.5%	10.4%	9.6%	19.2%
d≤2 mm		20.8%	21.1%	36.3%	46.6%
D_{Pr}=1.0 基床底层	K	0.95	0.94	0.95	0.91
	K/D_{Pr}	0.95	0.94	0.95	0.91
	孔隙率 n	18.9%	20.0%	18.0%	21.3%
D_{Pr}=0.98 路基本体	K	0.93	0.92	0.93	0.89
	K/D_{Pr}	0.95	0.94	0.95	0.91
	孔隙率 n	20.6%	21.5%	19.7%	22.9%

根据武广线路基室内外试验研究结果和工程实践的经验,可以得出这样的结论:对砂类土、细砾土和粗砾土,室内轻、重型普氏击实最大干密度比值的试验结果与德国经验基本一致,约为 0.94~0.95。采用压实系数 K=0.95 和 K=0.92 控制基床底层和基床以下路堤填料的压实质量是合理的。

下面利用武广高速铁路全线路基检测资料,对各种填料在不同地基处理条件、不同施工碾压工艺下,其控制指标随各种参数的变化,进行较为全面的验证和进一步的分析。

对施工单位提供的资料,可按照《高速铁路设计规范(试行)》的分类对检测数据分组，见表 10.25，包括类别和数量情况。可见，分析所用资料主要集中在“砂类土及细砾土”和“碎石类及粗砾土”两大类。根据二级定名法，共有 11 类土，其中细角砾、含土细角砾、细圆砾和含土细圆砾在武广高速铁路路基填筑中应用最多。

对每组填料，以室内、外试验结果为基础，分析压实系数 K 和孔隙率 n 的对应关系，并确定了 K 为 0.95 和 0.92 时孔隙率对应值。在此基础上，分别对四类主要填料（二级定名，见表 10.25 中的黑体字）进行了数据综合，分析孔隙率对应值与颗粒级配参数 C_U、C_c，以及与填料细颗粒含量（$d \leqslant 0.075$ mm）和颗粒 $d \leqslant 2$ mm 含量的关系。

表 10.25 武广高速铁路用于综合分析的部分路基填料分类和数量情况

改良细粒土	砂类土及细砾土		碎石类及粗砾土
—	**细角砾**（19） **含土细角砾**（16） 土质细角砾（1） 含土砾砂（1） 土质砾砂（1）	**细圆砾**（13） **含土细圆砾**（13） 土质细圆砾（1）	粗角砾（2） 含土粗角砾（3） 含土粗圆砾（1）

注：表中二级定名后圆括号中的数为该类土用于分析的总组数。

对 19 组细角砾填料，图 10.52 代表性地给出了孔隙率对应值 $n(K=0.95)$ 随填料颗粒级配不均匀系数 C_U 和曲率系数 C_c 的变化。图中的绿色虚线为其平均值 18.2%。可见，在所试验的颗粒级配范围，各组的对应值在平均线上下波动，颗粒级配系数 C_U、C_c 对与压实系数 $K=0.95$ 对应的孔隙率 $n(K=0.95)$ 没有明显的趋势性影响。

此外，细角砾填料的细颗粒含量在 0～5% 以及细、中颗粒含量（$d \leqslant 2$ mm）在

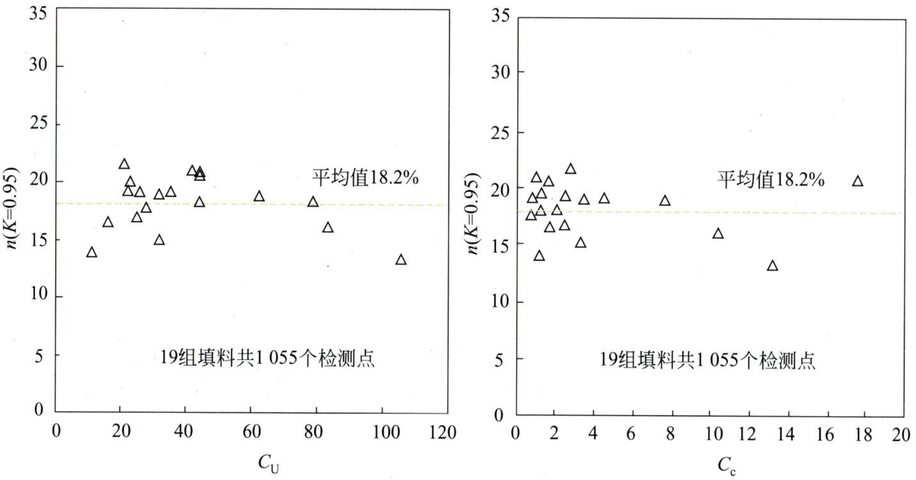

图 10.52 孔隙率对应值 $n(K=0.95)$ 与细角砾填料颗粒级配不均匀系数 C_U 以及曲率系数 C_c 的关系

0～50%之间波动时，对孔隙率对应值 $n(K=0.95)$ 同样没有明显的趋势性影响，见图 10.53。

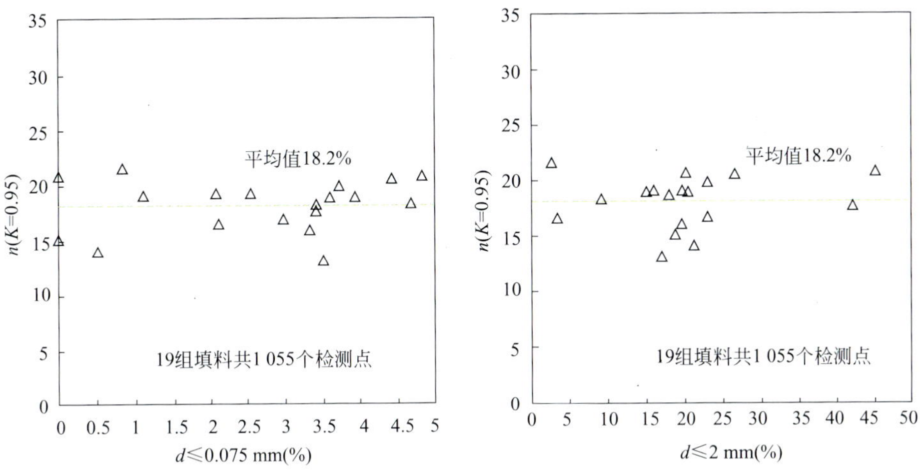

图 10.53 孔隙率对应值 $n(K=0.95)$ 与细角砾填料细颗粒含量以及颗粒 $d\leq 2$ mm 含量的关系

对武广高速铁路路基填筑应用较多的四类填料(细角砾、细圆砾、含土细角砾和含土细圆砾)，表 10.26 和表 10.27 给出了综合分析的结果。它们分别是与压实系数为 0.95、0.92 对应的孔隙率 $n(K=0.95)$、$n(K=0.92)$ 的最大值、最小值和平均值。

表 10.26 与压实系数 K=0.95 对应的孔隙率值

填　　料	对应孔隙率最大值 $n(K=0.95)_{max}$(%)	对应孔隙率最小值 $n(K=0.95)_{min}$(%)	对应孔隙率平均值 $\bar{n}(K=0.95)$(%)
细角砾(19 组,1 055 检测点)	21.7	14.1	18.2
细圆砾(13 组,794 检测点)	23.9	14.3	20.7
含土细角砾(16 组,1 132 检测点)	24.3	14.1	18.4
含土细圆砾(13 组,612 检测点)	21.4	16.4	18.8

表 10.27 与压实系数 K=0.92 对应的孔隙率值

填　　料	对应孔隙率最大值 $n(K=0.92)_{max}$(%)	对应孔隙率最小值 $n(K=0.92)_{min}$(%)	对应孔隙率平均值 $\bar{n}(K=0.92)$(%)
细角砾(19 组,1 055 检测点)	24.2	16.0	20.8
细圆砾(13 组,794 检测点)	26.5	17.0	23.1
含土细角砾(16 组,1 132 检测点)	26.7	16.8	20.9
含土细圆砾(13 组,612 检测点)	23.9	19.1	21.3

10.4.4 E_{v2}/E_{v1}和 D_{Pr},K 以及 n 的相关性

本节针对10.3节介绍的有关 E_{v2}/E_{v1} 比值和 D_{Pr} 以及 n 的相关关系,利用武广高速铁路路基四种典型填料现场检测结果分析检验这些指标的相关性。

图10.54为根据碎石改良填料试验现场第一层检测结果整理的 E_{v2}/E_{v1} 与压实度 D_{Pr} 的关系,图10.55为相同试验结果 E_{v2}/E_{v1} 与压实系数 K 的关系。因为压实系数 K 和压实度 D_{Pr} 只是基准值不同,所以 E_{v2}/E_{v1} 与 K 或 D_{Pr} 的相关性是相似的。现场检测结果总的趋势可以归纳如下:随着碾压遍数的增加,即压实系数 K(或压实度 D_{Pr})的提高,E_{v2}/E_{v1} 实测比值逐渐减小,且离散性降低,最后稳定在 $E_{v2}/E_{v1}\approx1.8$ 左右(图10.54和图10.55的○)。可见,第一层的现场检测结果比较典型。该试验现场其它检测结果的分析表明,当 $D_{Pr}\geqslant1.0$ 时,E_{v2}/E_{v1} 的平均值为1.8~2.3,与表10.14中的参考值一致。

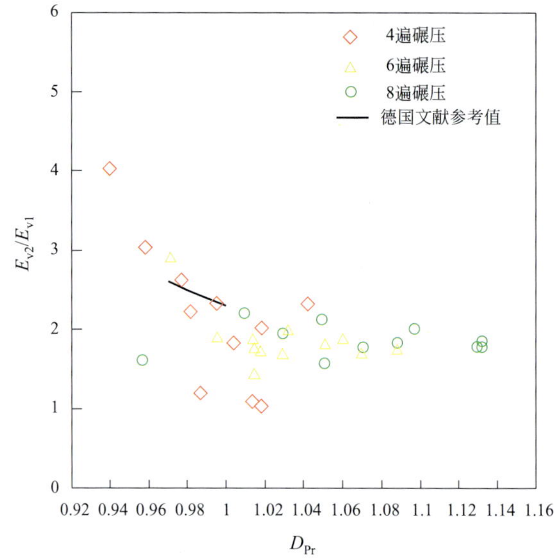

图10.54 E_{v2}/E_{v1} 和 D_{Pr} 的相关性(第一层)(碎石改良填料现场检测结果)

图10.56为碎石改良填料试验现场第一层检测值 E_{v2}/E_{v1} 和孔隙率 n 的关系,图中的实线为砾粒类土和砂粒类土的德国经验关系。可以发现,随着碾压遍数的增加,填料的孔隙率减小(即密实度提高),相应的 E_{v2}/E_{v1} 呈减小的趋势。当 n= 20%~24%时,现场实测的 E_{v2}/E_{v1} 高于德国砾粒类土和砂粒类土经验值。

根据全风化砂砾岩填料第一层现场检测结果,图10.57和图10.58分别给出了实测 E_{v2}/E_{v1} 比值与压实度 D_{Pr} 和压实系数 K。分析这些试验结果,可以得出以下的结论:随着碾压遍数的增加,即压实度 D_{Pr}(或 K)的增加,E_{v2}/E_{v1} 实测比值逐

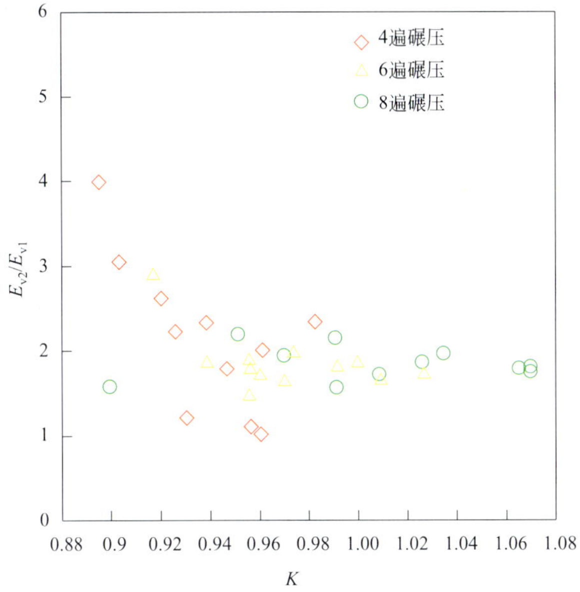

图 10.55 E_{v2}/E_{v1} 和 K 的相关性(第一层)(碎石改良填料现场检测结果)

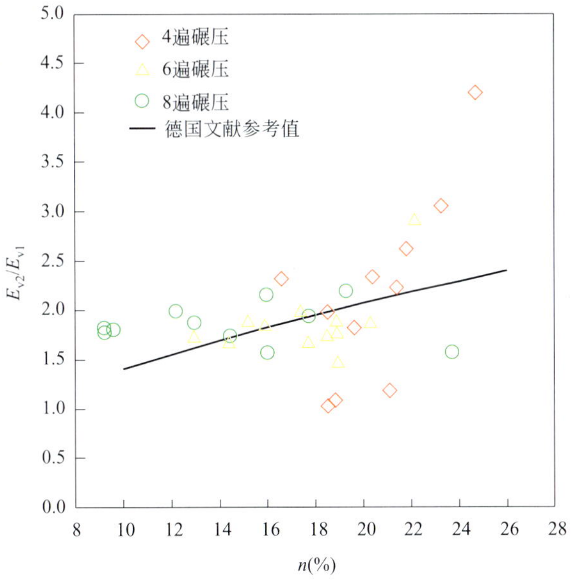

图 10.56 E_{v2}/E_{v1} 和 n 的相关性(第一层)(碎石改良填料现场检测结果)

渐减小；当碾压遍数 $N \geqslant 6$ 时，E_{v2}/E_{v1} 实测比值小于 2.5；当 $K \geqslant 0.95$(或 $D_{Pr} \geqslant 1.0$)时，E_{v2}/E_{v1} 实测比值的平均值在 2.0 左右。

对现场试验结果进一步的分析可以发现，路基变形参数 K_{30}、E_{v1}、E_{v2} 和 E_{vd} 趋势上随着 E_{v2}/E_{v1} 比值的减小而增加，其中 E_{v1}—E_{v2}/E_{v1} 和 K_{30}—E_{v2}/E_{v1} 关系的规律性比较明显。图 10.59 和图 10.60 为灰岩改良填料现场检测代表性试验结果。

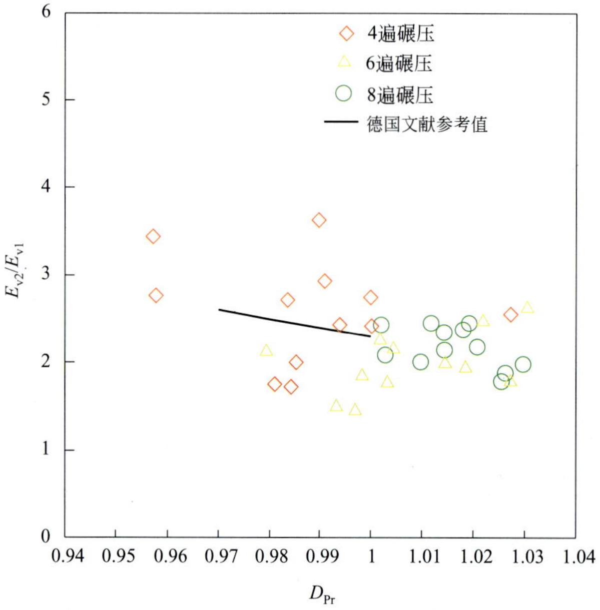

图 10.57　E_{v2}/E_{v1} 和 D_{Pr} 的相关性(第一层)(全风化砂砾岩现场检测结果)

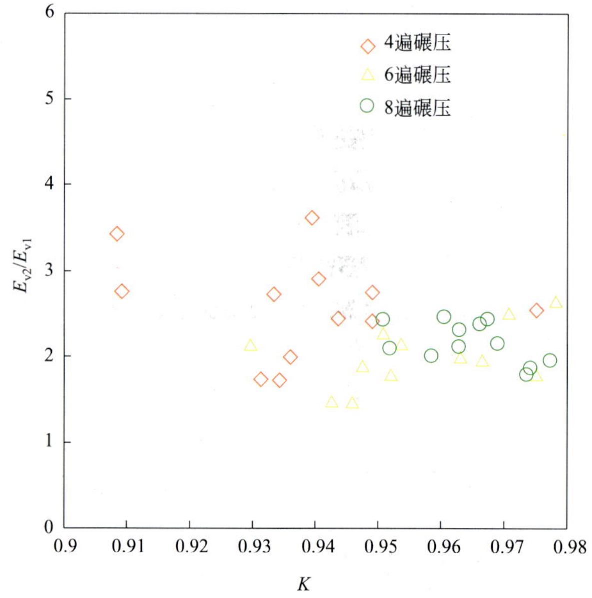

图 10.58　E_{v2}/E_{v1} 和 K 的相关性(第一层)(全风化砂砾岩现场检测结果)

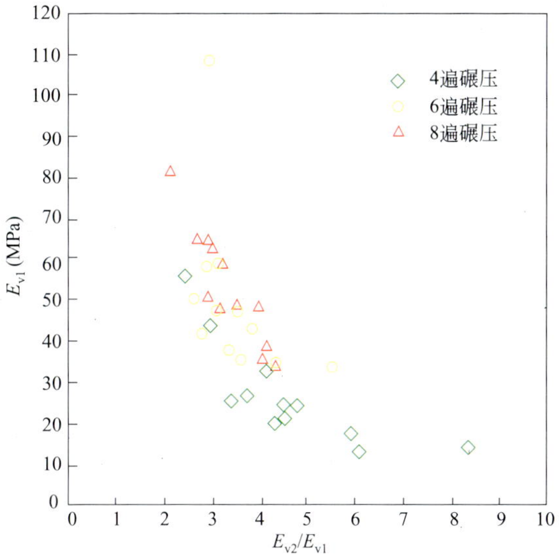

图 10.59　E_{v2}/E_{v1} 和 E_{v1} 的相关性（第三层）（灰岩改良填料现场检测结果）

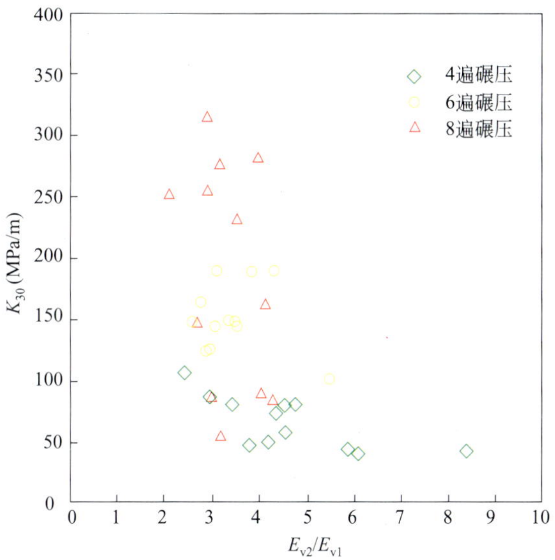

图 10.60　E_{v2}/E_{v1} 和 K_{30} 的相关性（第三层）（灰岩改良填料现场检测结果）

10.5　动力连续同步检测技术

10.5.1　概　　述

高速铁路的建设对路基施工工期提出了越来越高的要求。土方工程施工设备技术的发展和现代化，使路基填筑工效大幅度提高。而现场控制填筑质量的点式检测方法，一般情况只有在每层完成碾压后才能进行，而且占用设备、速度较慢，常常是用于路基填筑质量检测的时间与摊铺、碾压时间不相上下，使高效率的施工设备无法有效地发挥作用。

另一方面，为了满足无砟轨道平顺性的要求，系统对路基在运营时沿线路纵向的刚度均匀性提出了较高的要求。传统点式检测试验结果往往只能反映路基面局部的质量特性，无法反映其整体特征。

所以，传统点式检测方法在检测速度、设备优化使用(经济性)和填筑质量均匀性控制方面有明显的弱点。从技术和经济角度出发，发展和应用与路基填筑碾压同步进行的动力连续检测技术具有十分重要的意义。

鉴于铁路路基基床承载力和刚度均匀性对无砟轨道系统的重要意义，德铁路基规范 Ril 836 要求尽可能优先采用动力连续同步检测技术 (FDVK) 来控制路基压实的均匀性。同时，对大标段无砟轨道路基，在参数标定符合要求的前提下，可以应用动力连续同步检测技术来控制基床和路基的填筑质量。所以，这项技术在德国高速铁路无砟轨道路基压实质量控制和验收中得到了广泛的应用。

动力连续同步检测技术的发展始于 20 世纪 70 年代。从 1978 年开始，工业界开始在振动压路机上安装附加测试系统。借助于动力检测方法，使碾压设备在用于击实的同时测定填土达到的密实度和刚度，这就使得与路基碾压同步进行的动力连续检测成为可能。

除了测试设备等硬件条件外，应用动力连续同步检测技术的核心和基础是：在给定填料和振动压路机等条件下，事先须在试验场地确定实测动力参数和常规检测参数如压实度/力学参数的相关关系，即参数标定工作。在此基础上，根据基床和路基不同部位压实度和力学参数验标要求，确定相应的动力参数控制值，并确定采用动力连续同步检测技术进行路基验收的方法和条件。

本节根据德国动力连续同步检测技术标准和无砟轨道路基建设的经验，在对该方法原理进行简述的基础上，重点介绍与岩土工程密切相关的参数标定以及路基验收方法和条件，包括标定函数、质量要求和适用范围。最后，以某检测标段基床表层为例，介绍动力连续同步检测技术在高速铁路无砟轨道路基工程中的实际应用。

10.5.2 动力连续同步检测技术的基本原理

动力连续同步检测技术测试原理见图 10.61。振动碾压机内的旋转偏心质量块使滚筒在碾压行驶过程产生激振，安装在滚筒轴上的加速度拾振器测定其时程曲线及变化。以此为基础，应用动力学理论定义、计算代表性动力参数，并利用常规点式检测技术测定路基代表性点的密实度和力学参数，建立它们之间的相关关系。

工程上常常采用的有三种振动碾压机，(竖向)振动式、(水平向)摇摆式和混合振动式。摇摆式碾压机由于其击实功率较低，在大体积土方工程中应用相对较少。用于动力连续同步检测技术的振动碾压机一般为竖向振动式。这种振动方式下，实测动力参数与路基密实度和力学参数的相关性比较稳定、可重复性高。

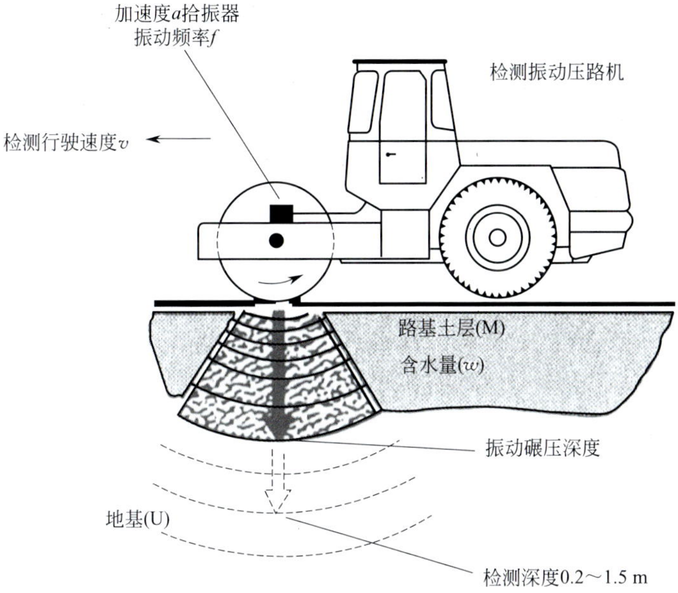

图 10.61　动力连续同步检测技术测试原理示意图[31]

在质量块偏心旋转作用下，由偏心质量块和土层（半空间）形成的系统发生振动，其共振特性受系统阻尼的影响。系统的阻尼特性取决于使土骨架发生颗粒重分布消耗的能量大小、土的内摩擦角 φ' 以及体波、面波传递的能量大小。在振动碾压行驶过程中，碾压（滚筒）体和土/质量块振动系统不断发生能量交换，由振动系统阻尼消耗的能量不断地通过传动装置补充提供。理论上，滚筒质量块/土体系统的动刚度和阻尼特性随土体密实度提高而变化。借助于不同的假设和理论，通过对系统振动特性的分析可以推导出与土体压实状态相关的代表性动力参数，常用的有能量法和表面波法。近年来，FAYAT 集团 BOMAG 公司推出了所谓动刚度 E_{VIB} 法[47,48]。

能量法原理可以简单表述如下：振动碾压机单位时间消耗的能量（功率 W）可以通过滚筒体与路基面的接触力 F 和滚筒体的运动（变形）量（s）来确定，见图 10.62。功率 W 可采用以下积分式计算：

$$W = \int F \cdot \mathrm{d}s \tag{10.1}$$

这里，应分别考虑接触力 F 和位移量 s 的竖向和水平分量，这两个物理量一般通过滚筒轴实测的加速度信号时程曲线确定。

由碾压滚筒传递给土体（半空间）的有效能量取决于滚筒下路基面土体的刚

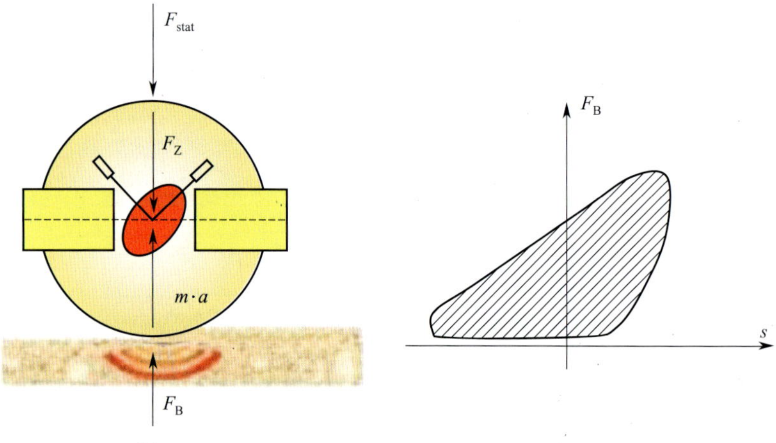

图 10.62　能量法原理示意图

F_B—路基接触反力；m—滚筒质量；a—加速度；
F_Z—离心力；F_{stat}—静轴力；s—振动位移

度。随着碾压次数的增加，路基面土体（层）密实度和刚度不断提高，使得单位时间由弹性体波和面波传入土体半空间的能量相应提高，同时，用于路基面土体（层）压密的能量部分相应减小。根据实测加速度（两个与竖轴成 45°角的加速度传感器，见图 10.62）和已知参数（静轴力 F_{stat}，频率 f，离心力 F_Z 和滚筒质量 m 等）可确定地基的接触反力 F_B，并得出每个振动循环地基接触反力 F_B 与振动位移 s 的关系，见图 10.62(b)。图中的阴影部分为振动击实有效功率。由此，可以计算确定反映路基面动力刚度的无量纲参数 ω。FAYAT 集团德国 BOMAG 公司 Compactometer 和 Terrameter 技术是以此原理为基础开发研制的。

表面波法的原理是基于以下思路建立的：在振动压实的初始阶段，路基土层呈松铺状态，其密实度和刚度很低。这时，系统的振动时程曲线基本不受该土层刚度的影响，即呈现理想的正弦曲线形式，见图 10.63 中松铺状态振动波（基波）。随着路基面土层密实度和刚度的增加，滚筒和路基面的接触力呈现更多冲击作用方式，即出现了路基面土层的振动。整个振动波形发生明显的变形，不再是理想的正弦曲线。这个波形可以分解为初始振动（基波振幅 A_0）和第一个面波（振幅 A_1）。路基填料的压实度与第一个面波有密切关系。一般将振幅 A_1 与初始基波振幅 A_0 的比值 A_1/A_0 视为评价路基面压实质量的动力参数。瑞典 Geodynamik 公司以这个原理为基础，利用压路机滚筒轴竖向加速度实测值的变换计算路基代表性动力参数 CMV。

近年来，FAYAT 集团德国 BOMAG 公司根据工程和市场的需要，特别是铁路、公路对路基动刚度的检测要求，研发了动刚度 E_{VIB} 法。其目的是建立由振动

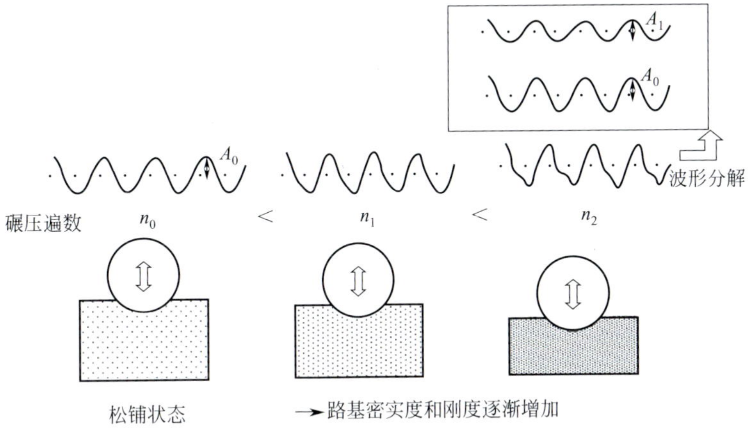

图 10.63 表面波法原理示意图

碾压机接触反力 F_B 与振动位移 s 关系确定的动刚度 E_{VIB} 与验标力学参数 E_{V2} 的相关关系，见图 10.64。

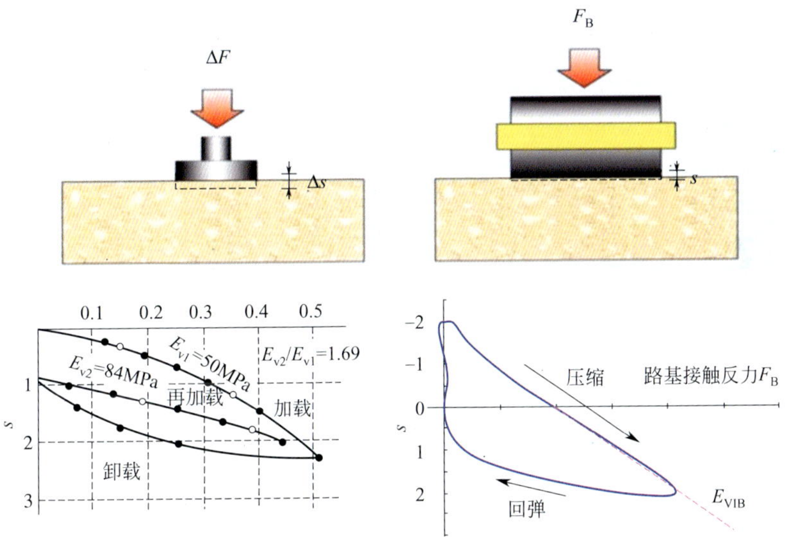

(a) 静态平板载荷试验曲线

(b) 竖向振动碾压机工作图（偏心转动一个循环）

图 10.64 静态平板载荷试验试验曲线和竖向振动碾压机接触反力 F_B 与振动位移 s 关系图比较[47,48]

动刚度 E_{VIB} 法的原理可以简述如下：首先，根据实测碾压滚筒加速度信号和竖向力平衡条件，计算确定偏心转动循环过程地基接触反力 F_B 和振动位移 s 关系图，见图 10.65。然后，根据压缩阶段接触反力 F_B 和振动位移 s 关系计算动刚度 $\Delta F/\Delta s$。随着碾压过程路基密实度的逐渐提高，压缩段曲线斜率增加，其动刚度

E_{VIB}也相应上升。

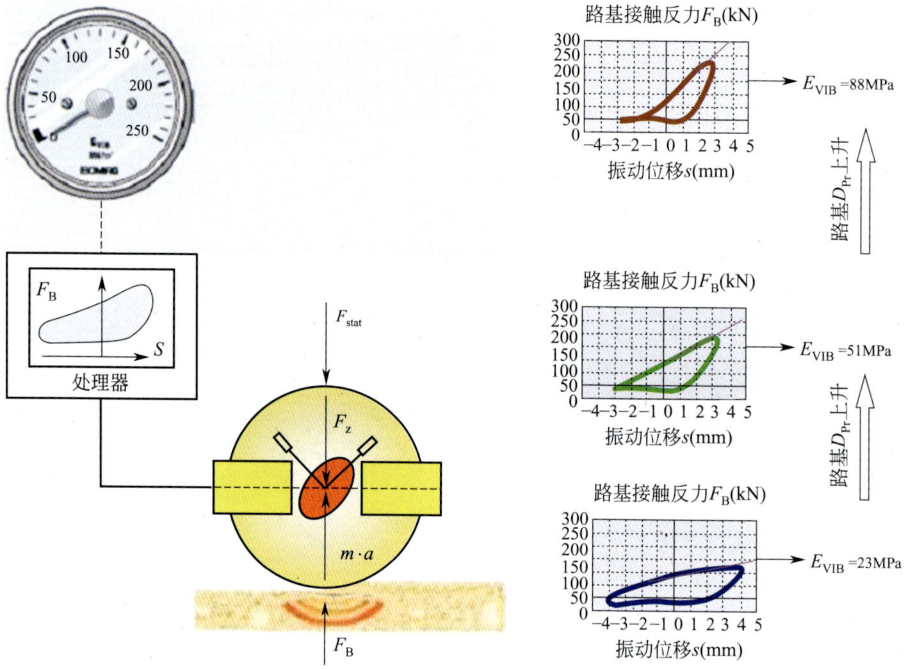

图 10.65 动刚度法原理示意图[47,48]

与常用的无量纲动力参数相比，例如 ω 和 CMV，动刚度 E_{VIB}与静态平板载荷试验确定的二次变形模量 E_{v2}量纲相同，更适合用于评价路基达到的压实度和刚度。然而，由于静态平板载荷试验和振动碾压分别属于静、动两种加载方式，而且它们对路基的影响范围也不同，所以这两个参数的数值并不相同。对具体的填料，应通过现场试验确定动刚度 E_{VIB}和二次变形模量 E_{v2}之间的相关性，以作为评价路基填筑压实质量的基础。

10.5.3 动力连续同步检测技术应用的土力学基础

10.5.3.1 填料种类和含水量对动力参数的影响

动力连续同步检测获得的动力参数大小与填土的强度和变形特征有密切的关系。不同条件下，各种参数会以不同方式对动力参数大小产生影响，例如填土种类、密实度、刚度、含水量、松铺厚度和下卧地基(土)状态等。在某些情况下，这些因素的相互作用，可能会使确定填土的动力参数和密实度/刚度相关性变得困难。作为粗略的判定规则，一般来说，如果填料能用给定的振动碾压机有效压实，而且路基面在振动碾压行驶时不出现传动轮失控和轨向变化等异常现象，那么，对这种填料和相应的振动碾压机，可以采用动力连续同步检测技术来控制路基的填筑质量。

大量的研究和工程实践表明，填料的土类和含水量大小基本上决定了是否可以采用动力连续同步检测技术控制路基的填筑质量。根据德国公路交通研究协会制定的规程[28,30]和文献[10]，表 10.28 给出了各类填土和含水量条件下动力参数与密实度/刚度相关性的质量，包括动力连续同步检测技术可应用性的判断准则。

表 10.28 填土种类和含水量对动力参数和密实度/刚度相关性的影响以及动力连续同步检测技术的可应用性

土　类	粗颗粒土（砾石类土、砂类土）GW，GI，GE，SW，SI	第一类混合颗粒土（砾石类土、砂类土）GU，GT，SU，ST	第二类混合颗粒土 GU*，GT*，SU*，ST*	细颗粒土（粉类土、黏土）
细颗粒含量（$d\leqslant 0.063$ mm）	＜5％	5％～15％	15％～40％	＞40％
动力参数与填土刚度、密度的相关性	两者相关性密切	当含水量满足 $w\leqslant w_{opt}$ 条件时，两者存在较好的相关性	当含水量明显小于 w_{opt} 时，动力参数实测值具有可重复性，其与填土变形模量存在一定的相关性	当含水量明显小于 w_{opt} 时，动力参数实测值具有可重复性，其与填土变形模量存在一定的相关性
含水量 w 对相关性的影响	大多数情况可以忽略不计	当 $w > w_{opt}$ 时，含水量对动力参数的影响较大，动力参数与填土刚度、密度的对应关系可能不再唯一	当含水量接近或大于最优含水量 w_{opt} 时，其对动力参数的影响很大，无法建立动力参数与填土刚度、密度的一一对应关系	当含水量接近或大于最优含水量 w_{opt} 时，其对动力参数的影响很大，无法建立动力参数与填土刚度、密度的一一对应关系
相关性函数的唯一性	唯一，取决于填料的颗粒形状和颗粒级配等	当 $w\leqslant w_{opt}$ 时，相关性函数唯一； 当 $w>w_{opt}$ 时，相关性函数可能不再唯一	当含水量接近或大于 w_{opt} 时，相关性函数不再唯一	当含水量接近或大于 w_{opt} 时，相关性函数不再唯一
动力连续同步检测技术用于路基质量检测、验收可能性	适用	有条件适用	一般情况不适用	一般情况不适用

从表中可见，细颗粒含量低于 5％ 的粗颗粒土（砾石类土、砂类土）最适合应用动力连续同步检测技术控制路基的填筑质量。这是因为，一般情况下，这类土的动力参数与填土密实度和刚度指标存在良好、唯一的相关性。而且，这个关系基本上只与填料的颗粒形状、大小和颗粒级配有关，含水量的影响可以忽略不计。

对第一类混合颗粒土，即细颗粒含量在 5％～15％ 之间（见表 10.28），当含水量小于等于击实试验确定的最优含水量 w_{opt} 时，动力参数与密实度和刚度指标之间仍然存在唯一的相关性。而当含水量大于等于 w_{opt} 时，其对动力参数的影响逐渐增大，较难建立实测动力参数与填土密实度和刚度之间一一对应的关系。所以，对这类填土，当含水量小于等于最优含水量时，一般可应用动力连续同步检测方法控制路基的填筑质量。

高速铁路路基建设大量采用的填料为细角砾、细圆砾、含土细角砾和含土细圆砾等，它们的细颗粒含量一般小于等于 15%（$d \leqslant 0.075$ mm），部分可达 20%。表 10.28 中细颗粒分界粒径是以德国标准 0.063 mm 为基准值，略低于中国规范的分界点 0.075 mm。所以，按中国标准，细颗粒含量为 20%的填土仍满足表 10.28 中混合颗粒土（第一类）的要求。所以，高速铁路采用的大部分路基填料，当然还包括基床表层级配碎石，原则上（定性上）都可以应用动力连续同步检测方法控制填筑质量并进行验收。

表 10.28 中的第二类混合颗粒土（细颗粒含量 15%～40%）和细颗粒土类，当含水量接近或大于最优含水量时，振动检测过程将在土中引起超静孔隙水压力，使实测动力参数明显下降。这时，实测动力参数主要受含水量参数控制，而填土达到的密实度对其影响则下降。所以，这种情况下，无法确定实测动力参数与刚度或密实度之间的一一对应关系。只有当含水量明显小于最优含水量时，其动力参数实测值才具有可重复性，它与填土变形参数之间存在一定的趋势性关系。所以，一般情况下，动力连续同步检测方法不适用于对第二类混合颗粒土进行填筑质量控制。

对非黏性土（近似于粗颗粒土和第一类混合颗粒土），文献[32]给出了动力参数 *CMV* 和填土密度（分干、湿密度）以及由静态平板荷载试验确定的一、二次变形模量（E_{v1} 和 E_{v2}）相关关系变化范围，见图 10.66。可见，总体上，路基填料的密度和变形模量随实测动力参数的增加而上升，可近似视为直线关系，其中动力参数 *CMV* 与二次变形模量 E_{v2} 的相关系数可达 0.9 以上。

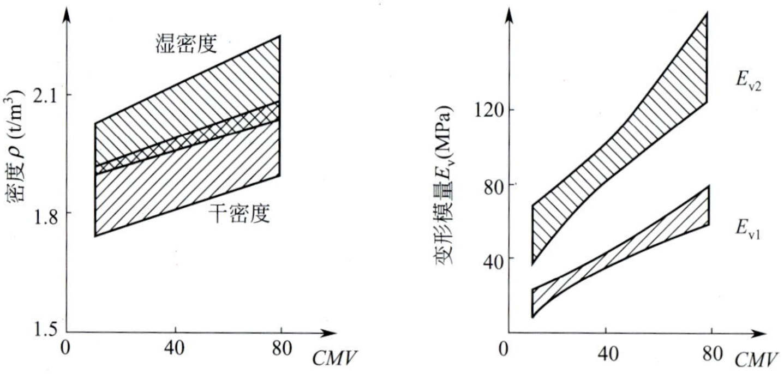

图 10.66 实测动力参数 *CMV* 与路基检测参数（密度和变形模量）相关性变化范围（非黏性土）[32]

10.5.3.2 动力参数（ω 或 *CMV*）与路基面变形模量和密实度的相关性

动力连续同步检测的动力参数间接地反映了路基面达到的刚度和密实度，即反映了振动滚轴下受激振影响深度范围土体的刚度和密实度代表性（平均）值。实测动力参数的影响深度取决于滚筒的宽度、质量、激振方式和土质。一般情况，重型振动式压路机实测动力参数的影响深度可达 1.5 m，约为其经济压实深度的 3 倍。可见，动力参数反映了较大范围土体力学参数的平均值。与此相比，传统的现场点式检测方法，特别是现场填土密实度试验，仅仅反映了检测路基面(层)很小范围土体的压实状态。表 10.29 对这两种检测方法影响范围进行了比较。可见，从检测参数反映的土体范围大小分析，实测动力参数更适合于与静态平板荷载试验确定的力学参数建立相关关系。相比而言，土密度现场点式检测试验时包含的土体范围远远小于动力连续同步检测方法，所以理论上实测动力参数与密实度的相关性质量会稍差一些。

表 10.29　动力连续同步检测技术和路基传统检测技术参数影响范围比较

项　　目		检测参数影响、包含的土体面积(m^2)	检测参数影响、包含的土体体积(m^3)
路基传统检测技术	压实度	最大约 0.07	最大约 0.009
	变形模量	≈0.4	≈0.2
动力连续同步检测技术	实测动力参数	≈1.0	>0.5

注：假定滚筒宽度为 2 m。

所以，在建立动力参数与密实度/刚度参数之间相关关系时，应十分注意这两套参数确定的背景。某些情况下，可通过提高传统检测方法的检测数量来改善相关性函数质量。例如，在采用核子射线法检测路基面压实度时，可通过绕孔旋转多次测定的方法，确定较大土体体积范围密实度的平均值。

10.5.3.3　碾压层厚度和地基(下卧层)刚度对动力参数的影响

碾压填土层厚度和地基下卧层刚度对实测动力参数的影响可以用重型碾压机条件下的试验结果来说明，见图 10.67。这里，横坐标为碾压填土层厚度 h，纵坐标为双层系统填土表面可达到的整体动力参数(ω 值)。图中的曲线分别为地基下卧层不同刚度(ω_U 值)条件下试验结果和理想化曲线。可见，当下卧层刚度较低时，双层系统的整体实测动力参数 ω 受地基下卧层刚度影响较大，而且其值随填土层厚度的提高增加较为缓慢，且低于填土层本身可达到的刚度。只有当填筑高度达到约 1.5 m 以上时，下卧软层的刚度影响才不再显现。这时，实测动力参数可达到的值只与填土层材料本身有关，与下卧层刚度无关。相反，当下卧地基为坚硬条件时，双层系统的整体刚度受下卧层影响较大，其动力参数 ω 高于填土层本身可达到的值。当填筑高度增加时，由振动碾压机传入的动能基本上为填土层土体本身吸收，下卧层的影响逐渐减弱直至完全消失(≥1.5 m)。

10.5.3.4　同步检测时技术参数、边界条件对动力参数的影响

在建立动力参数与路基填土层刚度和密实度的相关关系时，应注意，不仅填土种类和含水量对实测动力参数有决定性的影响，同步检测时的技术参数和边界条

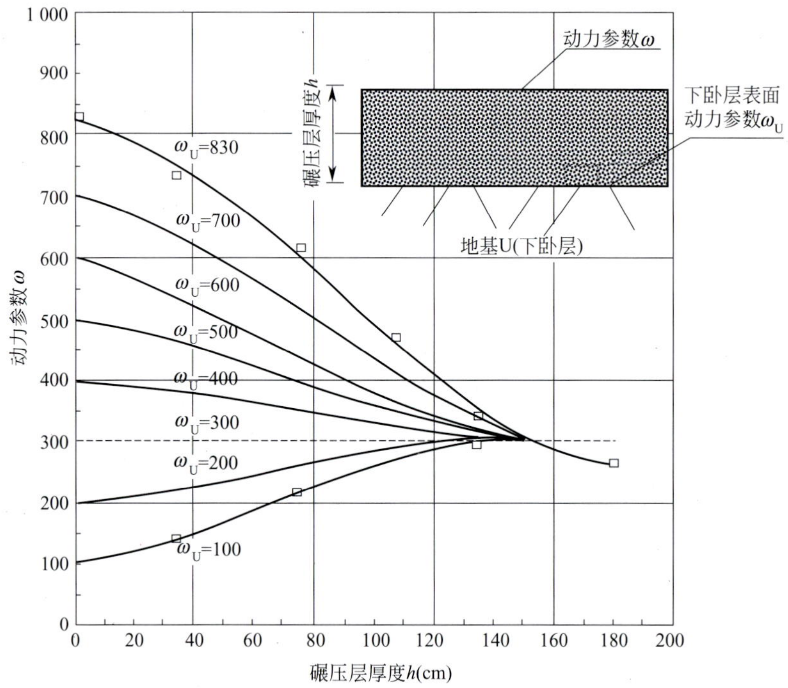

图 10.67　动力参数目标值 ω 与地基(下卧层)刚度(动力参数 ω_U)和碾压层厚度 h 的关系(重型振动碾压机)[30]

件对结果也有不可忽视的影响。

工程上,一般将振动碾压类型分为弱振和强振。弱振指振幅为 0.8～1.0 mm 的情况,而强振的振幅为 1.5～2.0 mm。经验表明,低幅振动(弱振)时出现跳跃情况的可能性比高振幅(强振)时要低。检测行驶时,如果出现压路机跳跃的情况,采集的动力参数一般不能用于分析。所以,在参数标定时,应尽量选择不易出现跳跃现象的低幅振动模式。

在选定试验场地进行参数标定并给定用于控制填筑质量和验收的动力参数最小值时,一般应明确界定相应的技术参数和边界条件,例如碾压机型号、吨位、检测行驶速度、滚筒振幅值和激振频率等。在同步检测时,应严格按这些参数的要求进行实施。这里,代表性地列出了这些参数的变化对实测动力参数可能产生的影响。

(1)当碾压行驶速度高于标定行驶速度时,实测动力参数将下降,这是因为,快速行驶可使单位时间传入相应填土体积范围的动能减少。

(2)滚筒振动频率高于标定值时,将使滚筒与路基面接触时间减小,从而使实测动力参数下降。

(3)当路基面平整性较差时,可能导致滚筒与路基面发生脱空而使实测动力参数下降。一般情况,路基面平整度应满足小于等于±5 cm/4 m(测杆长度)的要求。

(4)路基面局部软化可使滚筒发生水平向滑动(鳞状表面),而使实测动力参数下降。

(5)碾压机反向行驶时,其偏心轮(轴)转动方向的变化可导致传入土体的振动能量减少,从而使实测动力参数下降,所以,同步检测时碾压机应总是保持正向行驶。

10.5.4 动力连续同步检测技术应用的条件和基本要求

一般来说,动力连续同步检测技术的应用范围主要为以下两个方面:

(1)在路基面/地基面通过检测行驶,确定土质变化边界、地基非均匀性、局部软弱区以及含水量变化区段;

(2)对非黏性土填料,可在进行动力参数和常规检测参数标定基础上,与路基碾压同步进行填筑质量的控制和验收。

对无砟轨道路基,目前主要应用该方法对路基填筑质量进行控制和验收。这时,应根据设计或施工合同给定的压实标准,通过参数标定确定动力参数的最小控制值。这样,可在碾压行驶过程同步检测填土层达到的密实度和刚度范围,以达到安全、快速和经济的目的。

本节的讨论限于应用动力连续同步检测技术对非黏性土填料压实质量的控制和验收。

10.5.4.1 设备和人员条件

用于动力连续同步检测的振动碾压机应具有良好的技术参数和工作稳定性,并配备有锁定设备,以保证检测行驶时,三个基本技术参数(行驶速度、激振频率和振幅)按标定时给定值工作。加速度拾振器应根据生产厂家的要求固定在碾压机轮箍相应位置。在振动检测行驶过程中,驾驶员应能方便地从控制记录设备实时了解实测动力参数、行驶速度和振动频率等信息,见图10.68。

图10.68 动力连续同步检测技术控制设备

其他设备，如信号放大器、数据处理器(计算机)、显示仪、记录仪，以及贮存和打印机，应在检测行驶前检查是否正常工作。检测资料，包括实测动力参数、行驶速度、激振频率和振幅，须对应里程和检测路道号进行标志记录，以便事后能方便地确定相应位置的检测结果。此外，对同步检测的操作员、施工管理人员和监理，应进行动力连续同步检测技术原理和操作方法的培训，取得合格证方能上岗。

10.5.4.2　填料和地基土的适用性检验

无砟轨道路基不同区域对填料的材质和压实标准要求是不同的。应事先通过相应的室内、外试验对选用的路基填料检验其适用性。最基本的土工试验，像土的分类、颗粒级配曲线和击实试验，是必不可少的。利用填料适用性检验的试验结果，可以初步判断是否可以应用动力连续同步检测技术控制其压实质量，见表10.28。

如果要对地基面应用动力连续同步检测技术，包括路堤底部和路堑区换填底部，应结合土工勘察和室内、外试验确定现场地基土的非均匀性，以及颗粒分布曲线、含水量、最大击实干密度和最优含水量变化范围，以便为参数标定分析提供基础。

10.5.4.3　现场参数标定和验收方法要求

现场参数标定是动力连续同步检测技术应用的基础和核心。对具体检测标段，在地基边界条件和填料(土类，含水量，均匀性)基本不变的情况下，一般可选用一段长约40～50 m的代表性场地进行动力参数和常规检测参数相关性标定。在此基础上，确定满足路基相应区域密实度和力学参数要求的最小动力参数值，见10.5.5节。

如果参数标定的结果符合相关性质量要求，建设、设计院、施工和监理单位共同决定采用动力连续同步检测技术控制路基的压实质量，并对路基验收的方法和条件达成一致，见10.5.6节。

10.5.4.4　路基检测面

从可操作性和经济角度出发，待检路基面沿线路纵向长度一般大于100 m(面积大于800 m^2)。检测标段路基面应进行纵、横向的划分、标志，每个标志点应与线路里程数对应。为使碾压机轮箍保持水平，待检路基表面的平整度应满足一定的要求(如≤±5 cm/4 m)。此外，待检路基面不应有表面局部积水现象。为了避免碾压机启动时的非稳态激振对实测动力参数的影响，碾压机应在离待检标段起始线5 m远处开始启动。当碾压机通过起始线时，应按键启动数据记录，当越过终线时按键关闭记录装置。

10.5.4.5　检测行驶条件

(1)检测总是在碾压机正向行驶时进行。

(2)检测行驶时振动碾压技术参数应与参数标定时选定值保持一致，一般允许的偏差范围为：频率 $\Delta f\leqslant 1$ Hz，振幅 $\Delta a\leqslant 0.1$ mm，行驶速度 $\Delta v\leqslant 0.2$ m/s。

(3)天气情况较差特别是下大雨时,不应进行动力检测工作。这是因为路基面浸湿后其动力参数可能发生变化,尤其是混合类土。

(4)对路堤两侧进行检测时,应相应选择检测行驶方向,使固定在轮箍的加速度拾振器总是处在靠近线路中心线一边。

(5)检测行驶时,如果出现压路机跳跃情况,采集的动力参数一般不能用于分析。

10.5.4.6 检测结果记录

对每一个检测标段的试验结果,应以完整文档的形式(包括相应的电子版)提供,包括以下信息:

(1)检测文件名和编号;

(2)检测目的、背景;

(3)检测网坐标(里程、路面宽度等);

(4)检测日期、时间;

(5)检测时天气条件;

(6)检测行驶路道的位置和行驶方向;

(7)松铺厚度、碾压层厚度和绝对高程;

(8)现场情况(例如边坡、测量点等);

(9)碾压机技术参数(型号、吨位、振幅、频率、行驶速度);

(10)异常情况(跳跃、速度变化、频率变化、路基面不平整、局部积水等)。

10.5.5 参数标定的方法和要求

参数标定的目的是在给定填料土和地基边界条件下,选择具有典型意义的场地进行动力检测行驶和常规现场试验,确定实测动力参数与密实度和力学参数的相关关系。标定时的边界条件取决于动力连续同步检测的范围和任务。选择标定场地时,要考虑其对待检标段(区)具有典型性(包括地基加固形式、地基土和刚度以及均匀性)。此外,标定场地地基面应具有足够的承载力,其刚度应与待检标段地基刚度平均值相当。

每个标定场应至少划分、选择三个区(长度分别约为 20 m),这三个分区应具有不同的压实度,使填土的压实度和力学参数实测值分布在较宽的变化范围。

在给定检测行驶参数条件下(碾压机型号、吨位、出厂年月和状态以及振幅、频率),记录的动力参数间接地反映了约 1 m^2 范围填土的密度和刚度平均值。实测动力参数对应的位置、面积范围应予准确标定。选择的检测面积单位,其实测动力参数与邻近区值的差别应小于 10%。在一个检测面积单位 $i(i=1\sim n)$ 至少应进行一组常规试验(静态平板载荷试验和密度试验)。一般情况,每个区至少应有三组试验对,总共三个区一共应有 9 对以上数据可用于相关性分析。

用常规方法测定填土密度时，应将表面 10 cm 厚土层去除。应注意碾压层厚度方向土密度的差别，某些情况下可分层确定填土密度并取其平均值供相关性分析用。用静态平板载荷试验确定二次变形模量时，如果加载区表面存在松动迹象，应去除表层扰动部分的填土，并铺上细砂，使平板和加载面处于良好的接触状态。

动力参数和变形模量/压实度相关性标定函数一般为以下直线关系，见图 10.69。

$$y=a+b\cdot x \tag{10.2}$$

式中 x——二次变形模量 E_{v2} 或压实度 D_{Pr}；

y——实测动力参数，根据采用的技术可为 ω、CMV 或 E_{VIB}；

a,b——回归直线的截距和斜率。

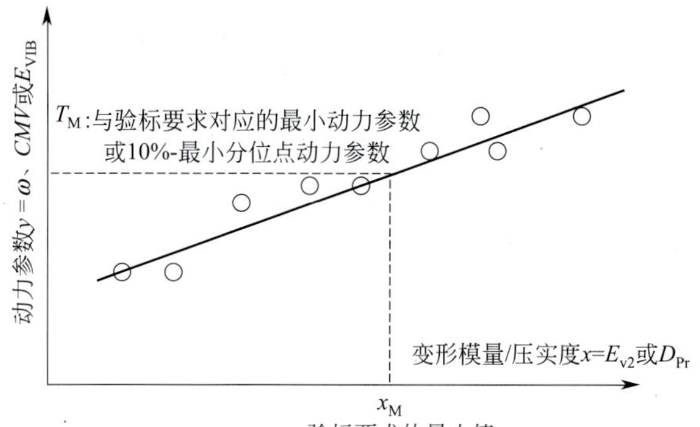

图 10.69 动力参数和变形模量/压实度标定曲线示意图

回归分析得出的相关系数 r 是评价验标参数 E_{v2} 或压实度 D_{Pr} 与动力参数相关性质量的控制指标，应满足以下条件：

$$r\geqslant 0.7 \tag{10.3}$$

如果回归分析结果不满足上述条件，直线关系式(10.2)不能用于确定与压实标准对应的动力参数最小值或 10%-最小分位点控制值 T_M。这时，可在标定现场增加常规试验的数量，以增加数据量、改善回归直线的质量，直至满足要求。如果回归直线的质量仍不能满足要求，动力连续同步检测方法可能不适合所选的填料土类和边界条件。

当回归直线满足条件(10.3)时，可利用式(10.2)，分别根据规范对检测层二次变形模量 E_{v2} 和压实度 D_{Pr} 要求，确定相应的动力参数控制值 $T_M(E_{v2})$ 和 $T_M(D_{Pr})$，取二者中的高值为动力参数控制值。

$$T_M=\max[T_M(E_{v2}),T_M(D_{Pr})] \tag{10.4}$$

上述针对二次变形模量 E_{v2} 和压实度 D_{Pr} 讨论的标定函数形式和相关性质量要求，原则上同样适用于地基系数 K_{30} 和压实系数 K。

严格地说，上述方法确定的相关性函数和动力参数控制值只适用于相同的边界条件，如地基和填土种类、相同的检测碾压机和测定系统，以及填筑完成后的停留时间。下述条件应保持不变：

(1)下卧层(地基)刚度(动力参数)；

(2)填土种类、颗粒级配曲线、击实曲线(最优含水量和最大干密度)；

(3)填筑含水量；

(4)碾压完成后层厚(一般偏差应≤15%)；

(5)碾压机型号和参数，包括振动频率、振幅和检测行驶速度、方向；

(6)动力参数测定系统；

(7)碾压完成到检测时停留时间间隔。

此外，如果拾振器或测试系统发生故障或替换元件，应通过补充试验确认标定函数和参数是否仍然适用。由于气候等因素，路基面放置几天后可能会对其检测结果产生影响。所以，常规(点式)检测应在动力检测完成后马上进行。

如前所述，在标定现场一般应选三个分区，每个分区至少应有 3 对以上实测数据可供分析用，分别为二次变形模量或压实度 x_i 以及对应区域实测动力参数 y_i(ω、CMV 或 E_{VIB})，$i=1,2,3,\cdots,n\geqslant 9$。

当采用式(10.2)进行回归直线分析时，可应用以下关系确定相应的参数：

二次变形模量或压实度算术平均值 $$\bar{x}=\frac{1}{n}\cdot\sum_{i=1}^{n}x_i \qquad (10.5\text{-}1)$$

实测动力参数算术平均值 $$\bar{y}=\frac{1}{n}\cdot\sum_{i=1}^{n}y_i \qquad (10.5\text{-}2)$$

回归直线截距和斜率 $$a=\bar{y}-b\cdot\bar{x};\quad b=S_{xy}/S_{xx} \qquad (10.6)$$

$$S_{xx}=\sum_{i=1}^{n}(x_i-\bar{x})^2$$

$$S_{yy}=\sum_{i=1}^{n}(y_i-\bar{y})^2;$$

$$S_{xy}=\sum_{i=1}^{n}[(x_i-\bar{x})\cdot(y_i-\bar{y})]$$

相关系数 $$r=\frac{S_{xy}}{\sqrt{S_{xx}\cdot S_{yy}}} \qquad (10.7)$$

标准误差 $$S_{y,x}^2=\frac{1}{n-2}\cdot(S_{yy}-S_{xy}^2/S_{xx}) \qquad (10.8)$$

标准误差参数 $S_{y,x}$ 用于估计由给定 x 通过式(10.2)计算动力参数 y 产生的误差。

10.5.6 动力连续同步检测技术路基验收的方法和条件

当用10.5.5节确定的动力参数控制值 T_M 对路基进行自检、第三方检测和验收时，需要定义压实质量合格的标准，即合格的定义是否指检测标段全域所有的实测动力参数都必须大于或等于控制值 T_M，还是允许少量实测动力参数低于该值。如果允许，定量上又如何确定。

本章结合规范和一些理论上的发展，特别是高速铁路无砟轨道路基的建设经验，对这个问题进行讨论。在此基础上，对应用动力连续同步检测技术进行路基填筑质量验收的方法和条件提出方案。

如10.5.3节所述，动力连续同步检测的一个检测单位(影响面积)约为1 m^2。可以假设在一个检测单位内填土的性质均匀，所测的动力参数具有代表性。而对检测标段全域，即使填土种类、松铺厚度、压实工艺等参数保持不变，每个检测单位的实测动力参数是不同的，可以视为是随机变量。德国曾以传统点式检测方法和随机抽样统计原理为基础，对大量、不同的检测标段测试结果进行分析对比后，发现在检测标段全域满足规范压实度和变形模量控制值条件下，其实测参数的概率分布从统计意义近似为正态分布，而且实测压实度和变形模量值不满足控制值条件的数量不超过检测总数的10%[34]。

以此为基础，德国公路规范(ZTVE-StB94)94/97版对以传统点式检测技术和抽样统计为基础的检测方法(M1法)用10%-最小分位点方法代替最小值方法来评判路基的填筑质量。这意味着，规范中有关压实度和变形模量的控制值不再是最小值要求，而是10%-最小分位点要求，即对检测标段全域而言，其实测压实度和变形模量值小于规范给定的10%-最小分位点要求值的数量最多不能超过10%。ZTVE-StB94还给出了不同检测标段大小条件下，随机抽样的数量和相应全域质量验收定量标准。

检测标段全域质量数
$$Q=\frac{\overline{x}-T_M}{S}\geqslant k \tag{10.9}$$

式中 k——质量数验收值，$k=0.88$；

S——随机抽样标准偏差，其值为

$$S=\sqrt{\left[\sum_{i=1}^{n}(x_i-\overline{x})^2\right]/(n-1)}$$

对以动力连续同步检测技术为基础的检测方法(德国称M2法)，德国公路规范(ZTVE-StB94)94/97版仍以“最小动力参数值”传统方案来控制填筑质量，即检测标段实测动力参数都应大于等于控制值 T_M，而没有给出对实测动力参数全域性质量验收的标准。

根据文献[35]，在即将发布的新版ZTVE-StB规范中，将采取类似前述M1法的方式，T_M 值不再定义为“最小动力参数控制值”，而视为全域性 10%-最小分位点值，并将给出相应的全域性定量判断准则。

实际上，德国高速铁路无砟轨道路基填筑质量控制在应用动力连续同步检测技术时，早已采用 10%-最小分位点概念对检测标段进行全域评估，例如汉诺威—柏林以及纽伦堡—英格尔斯达特线等。这时，假设检测标段全域内实测动力参数的变化为正态分布，见图 10.70。其检测标段全域质量验收值也采用了前述 M1 法中的值，即 $k=0.88$。

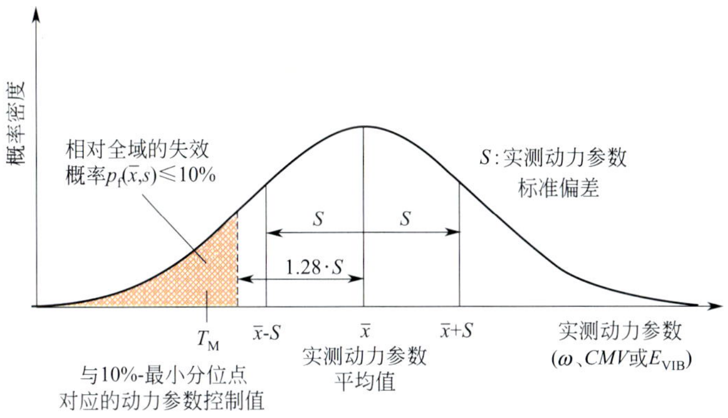

图 10.70　路基实测动力参数全域性(概率)分布和失效概率

表 10.30 为德国纽伦堡—因格尔斯达特线部分区段实测动力参数平均值 $\bar{x}$、标准偏差 S 和区段全域质量数 Q 等分析结果。可见，对以动力连续同步检测技术为基础的检测方法，采用与全域失效概率 $p_f\leqslant 10\%$ 对应的实测动力参数控制理论值是可行的，见表 10.30 和图 10.70。

$$T_M\leqslant \bar{x}-1.28\cdot S$$

由此得出标段全域质量数为

$$Q=\frac{\bar{x}-T_M}{S}\geqslant 1.28=k \tag{10.10}$$

表 10.30　实测动力参数平均值 $\bar{x}$、标准偏差 S 和区段全域质量数 Q 等结果

（德国纽伦堡—因格尔斯达特线路基部分区段）

检测路基面位置(高度)	检测区段长度(m)	检测区段面积(m^2)	10%-最小分位点 T_M	实测动力参数平均值 $\bar{x}$	标准偏差 S	区段全域质量数 Q	附加点式直接检测*	
							E_{v2} (MPa)	D_{Pr} (%)
基床表层顶	260.0	2 200.0	305	429.0	26.7	4.64>1.28>0.88	176(1)	104.7 (1)
基床表层顶	160.0	1 500.0	305	397.0	45.1	2.04>1.28>0.88	157 (1)	103.0 (1)
基床表层顶	450.0	3 800.0	305	419.0	33.2	3.43>1.28>0.88	208 (1)	104.9 (1)
基床表层顶	200.0	1 700.0	305	405.0	34.5	2.90>1.28>0.88	191 (1)	103.2 (1)

续上表

检测路基面位置(高度)	检测区段长度(m)	检测区段面积(m^2)	10%-最小分位点 T_M	实测动力参数平均值 $\overline{x}$	标准偏差 S	区段全域质量数 Q	附加点式直接检测*	
							E_{v2} (MPa)	D_{Pr} (%)
基床表层顶	350.0	3 000.0	305	398.0	38.7	2.40>1.28>0.88	183 (1)	103.0 (1)
基床表层顶	370.0	3 100.0	305	367.0	34.3	1.80>1.28>0.88	178 (1)	103.7 (1)
基床表层顶	270.0	2 270.0	305	391.0	44.4	1.94>1.28>0.88	200(1)	106.5 (1)
基床表层中	260.0	2 200.0	280	400.0	36.2	3.31>1.28>0.88	179 (1)	101.2 (1)
基床表层中	160.0	1 500.0	280	387.0	48.1	2.22>1.28>0.88	168 (1)	103.6 (1)
基床表层中	220.0	2 000.0	280	370.0	37.9	2.37>1.28>0.88	133 (1)	102.1 (1)
基床表层中	230.0	2 000.0	280	386.0	40.3	2.63>1.28>0.88	206 (1)	103.7 (1)
基床表层中	200.0	1 700.0	280	388.4	54.5	1.99>1.28>0.88	246(1)	101.7(1)
基床表层中	350.0	3 000.0	280	364.2	53.5	1.57>1.28>0.88	140(1)	100.6(1)
基床表层中	150.0	1 260.0	280	337.9	60.7	1.28>0.95>0.88	151(1)	—
基床表层中	240.0	2 000.0	280	322.0	42.5	1.28>0.99>0.88	199(1)	102.4(1)
基床表层中	100.0	1 000.0	280	349.0	49.9	1.38>1.28>0.88	160(1)	103.0(1)
基床表层中	180.0	1 800.0	280	354.1	45.2	1.64>1.28>0.88	179(1)	103.9(1)
基床底层	350.0	—	200	369.9	88.4	1.92>1.28>0.88	—	—
基床底层	350.0	—	200	316.2	48.8	2.38>1.28>0.88	—	—
基床底层	230.0	3 000.0	160	408.1	65.4	3.79>1.28>0.88	80(1)	100.6(1)
基床底层	200.0	3 000.0	160	431.8	103.9	2.62>1.28>0.88	74(1)	103.1(1)
基床底层	350.0	4 500.0	200	325.1	60.7	2.06>1.28>0.88	85(1)	104.6(1)
基床底层	150.0	4 500.0	200	324.2	91.6	1.36>1.28>0.88	89(1)	104.7(1)
底层过渡段	260.0	—	160	209.0	46.7	1.28>1.04>0.88	—	—
底层过渡段	155.0	—	160	235.6	53.3	1.42>1.28>0.88	—	—
过渡段底层	35.0	—	160	218.6	27.1	2.16>1.28>0.88	—	—
过渡段底层	25.0	—	160	249.8	47.3	1.90>1.28>0.88	—	—
基床底层	200.0	—	160	248.4	39.9	2.21>1.28>0.88	—	—
基床底层	200.0	3 000.0	160	248.4	39.9	2.22>1.28>0.88	67(1)	103.1(1)
过渡段底层	25.0	300.0	160	249.8	47.3	1.90>1.28>0.88	60(1)	103.8(1)
过渡段底层	35.0	—	160	218.6	27.1	2.16>1.28>0.88	80(1)	102.8(1)
底层过渡段	160.0	—	160	235.6	53.3	1.42>1.28>0.88	73(1)	106.1(1)
基床底层	175.0	2 500.0	120	250.4	54.3	2.40>1.28>0.88	—	—
基床底层	260.0	3 500.0	160	209.0	46.7	1.28>1.05>0.88	63(1)	100.7(1)
基床底层	75.0	—	120	161.9	19.7	2.13>1.28>0.88	65(1)	105.3(1)
基床底层	385.0	—	120	160.1	28.7	1.40>1.28>0.88	—	—
基床底层	430.0	—	120	172.7	40.2	1.31>1.28>0.88	—	—
基床底层	200.0	—	120	178.9	29.6	1.99>1.28>0.88	—	—
基床底层	230.0	—	120	175.6	28.0	1.99>1.28>0.88	—	—

注：* 括号内数为检测数量。

从表 10.30 可见，在应用动力连续同步检测技术时，采用高于德国传统点式检测技术和抽样统计 M1 法时的全域质量数 $k=0.88$ 是可行的，即 $k=1.28$。

采用全域定量判断准则还有一个优点，即可以通过这个参数描述检测标段全域的动力刚度均匀性(间接指压实度和力学参数的均匀性)。例如，如果全域动力参数离散性较大时，其标准偏差 S 将会相应上升，从而使全域质量数 Q 下降。

在德国纽伦堡—因格尔斯达特线路基填筑质量控制时，除了采用动力连续同步检测技术，还同时进行了少量传统点式检测控制，其数量约为表 10.31 中给定值的 20%。这样做的背景是：其一，动力连续同步检测得到的动力参数是对填土密实度和刚度的间接控制，由于参数标定条件和检测时的条件不可能完全相同(尽管如此要求)，加上路基工程本质上的多变特性，有必要用少量的直接点式检测试验对间接测定的动力参数进行验证；其二，当检测标段局部区域质量数不能满足要求时，可利用这些直接(点式)检测的结果进一步检查标定函数的有效性。在某些情况下，可根据点式检测结果直接确认其填筑质量。

表 10.31 采用以控制施工方法为主的检测方法(M3 法)时附加点式检测数量

项　　目	有砟轨道	无砟轨道
基床顶层和中间层	每 4 000 m^2 3 个检测点； 同时满足每 100 m 轨长至少 1 个检测点	每 4 000 m^2 6 个检测点； 同时满足每 100 m 轨长至少 1 个检测点
基床底层顶面	每 5 000 m^2 3 个检测点； 同时满足每 150 m 轨长至少 1 个检测点	每 5 000 m^2 6 个检测点； 同时满足每 150 m 轨长至少 1 个检测点
路堤中间层	每 5 000 m^2 3 个检测点	每 5 000 m^2 6 个检测点
地基面	每 5 000 m^2 3 个检测点	每 5 000 m^2 6 个检测点
刚性结构物后回填区	每 500 m^3 3 个检测点	每 500 m^3 6 个检测点
管槽区	沿深度每米、沿长度每 150 m 3 个检测点	沿深度每米、沿长度每 150 m 3 个检测点

注：表中数量为自检时要求的数量，第三方独立检测时其数量为表中数量的 1/3。

根据前面的描述和德国高速铁路建设的经验，可采用表 10.32 所示的检测、验收方案，它的控制参数分别为动力参数 10%-最小分位点 T_M、全域质量数 Q 和附加少量直接检测的二次变形模量 E_{v2} 和压实系数 K。表 10.32 的第三列给出了相应的验收条件。这里，T_M 为根据标定现场试验确定的与验标参数(E_{v2}、K 等)相关的动力参数控制值，见 10.5.5 节。全域质量数控制标准建议采用 $k=1.28$，德国纽伦堡—因格尔斯达特线的分析结果证明了 $k=1.28$ 的可操作性，见表 10.30。附加少量点式直接检测试验一般应限制在验标规定数量的 3%～5%范围，而且应在振动检测完成后马上进行。

表 10.32　采用动力连续同步检测技术为主进行路基填筑质量检测、验收的方法和条件

序号	控制参数	验收条件
1	动力参数（ω 或 CMV）10%-最小分位点 T_M	实测动力参数（ω 或 CMV）低于 T_M 部分占实测总数的比例应小于等于 10%，而且这部分不集中在一个区域
2	检测标段全域质量数 $Q=(\bar{x}-T_M)/S$	检测标段全域质量数 $Q\geqslant k=1.28$
3	附加少量点式检测试验直接确定二次变形模量 E_{v2} 和压实系数 K^*	平板静态载荷试验和现场密度试验直接确定的二次变形模量 E_{v2} 和压实系数 K 满足相应要求

注：* 检测数量可分别约为规定数量的 3%～5%左右，例如，沿线路纵向每 300～500 m，基床顶层和底层部位每压实层抽样检验 E_{v2} 和 K 各 1 点，路基本体每压实层抽样检验 1 点的压实系数 K。

对一个检测标段，如果表 10.32 中的三个条件同时满足，则可以确定其填筑质量满足验收要求。

如果检测标段内的局部区域出现质量数 $Q<1.28$ 的情况，应有针对性地对该区域再次进行振动压实。这时，附加少量点式直接检测应安排在这部分区域进行，检测数量可适当增加。如果上述区域范围有限，直接检测的试验结果可用于决定该区域是否满足验收要求。重复碾压后质量数满足 $Q\geqslant 1.28$ 要求时，可确认验收。

第三种情况，如果检测标段全域质量数不满足要求，在重复碾压后仍达不到要求，而且标段中并没有明显的弱区集中现象，那么有可能标定函数及由它确定的动力参数控制值对该检测标段不适用。这时，首先应核实各种边界条件，如填料土类、含水量、下卧层状态以及碾压层厚度等。如果其中部分条件与标定时的情况有出入，应重新进行标定试验。重新进行标定试验不现实或条件不具备时，则应对该检测标段放弃采用动力连续同步检测技术，而采用传统的检测方法评价路基的填筑质量。

10.5.7　无砟轨道路基压实质量控制应用实例

10.5.7.1　工程和检测标段概况

德国高速铁路无砟轨道纽伦堡—因戈尔斯达特线在路基工程填筑质量控制和验收过程中，广泛采用了以动力连续同步检测技术为主的方法。本节以某一检测标段基床表层为例，介绍具体的实施过程和结果。

选择的检测标段为路堤区段，总长度为 1 050 m，路堤高度由北向南从约 8 m 下降为约 2 m。路堤边坡坡度一般为 1∶1.8。路堤底部以下的地基土，主要是第四纪沉积砂土及砂岩风化后形成的低黏性砂土，个别区段出现少量含沼泽土的渗透性沟槽。这些有机质土被挖出后形成的凹槽，一般利用邻近区域非黏性土体回填，最后形成平整的路堤地基面。检测段路堤的地基沿线路纵向总体相对均匀。路堤本体和基床底层的填料来自纽伦堡砂土采料场。

10.5.7.2 标定场地、方案和技术参数

为了给本检测标段基床表层选择有代表性的标定场地，首先对基床底层顶部验收时的实测动力参数进行分析，见图 10.71。可见，该场地实测动力参数 ω_U 平均值约为 235，最大和最小值分别为 376 和 113。

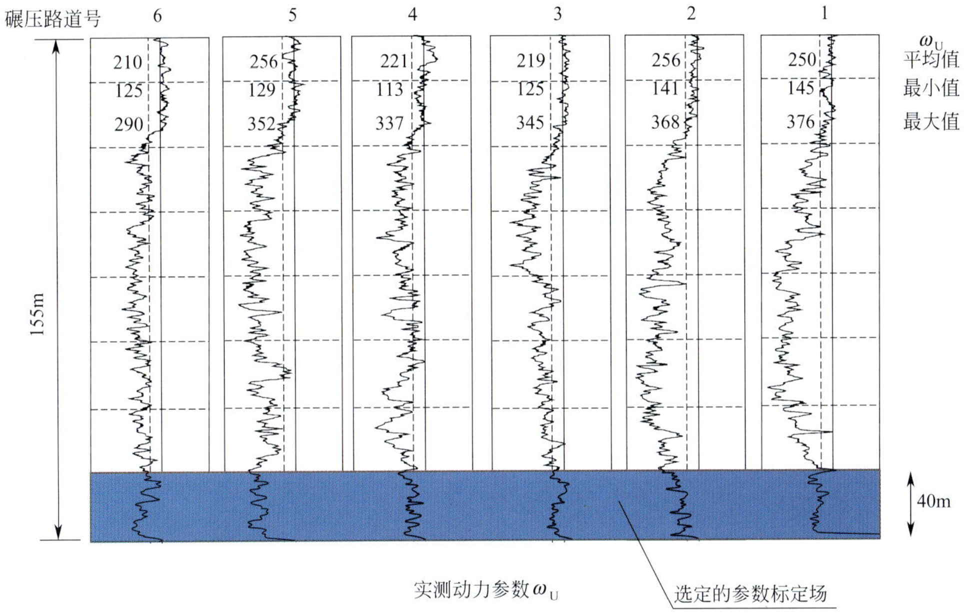

检测标段长度：155 m	检测面(基床底层顶)位置：离轨顶 1.5 m
基床底层填土：土质中、粗砂	细颗粒含量 6.5%($d \leqslant 0.063$ mm)
$C_U=4.5$	轻型击实最大干密度 $\rho_{Pr}=1.78\ t/m^3$
碾压机型号：BW213 DH-3 BVC	碾压机吨位：14.33 t
滚筒宽度：2.13 m	检测行驶速度：1.8～2.2 km/h
检测振幅：0.9 mm	检测频率：21～24 Hz

图 10.71 基床底层顶面动力参数 ω_U 检测结果

兼顾现场施工车辆的可入性，选择本检测标段起始线向南 40 m 范围的场地为标定现场，其基面的动力参数约为该检测标段全域的平均值。标定现场沿横向共划分 6 条碾压路道，其总宽度约为 12 m(6×2.0 m)，见图 10.72。

基床表层采用的填料为级配碎石(抗冻层)，其各项指标满足德铁规范 DBAG-TL 918062 的要求。颗粒级配曲线的不均匀系数为 $C_U=29.4$，轻型击实试验确定的最大干密度 $\rho_{Pr}=2.15\ t/m^3$。填料层完成碾压后的厚度约为 35 cm。

标定场地在完成填料松铺后，先用履带车对其表面做了平整，然后再用安装在履带车上的松土装置对填土层做了松动处理，以消除履带车在填土表面行驶可能产生的初始压实作用。

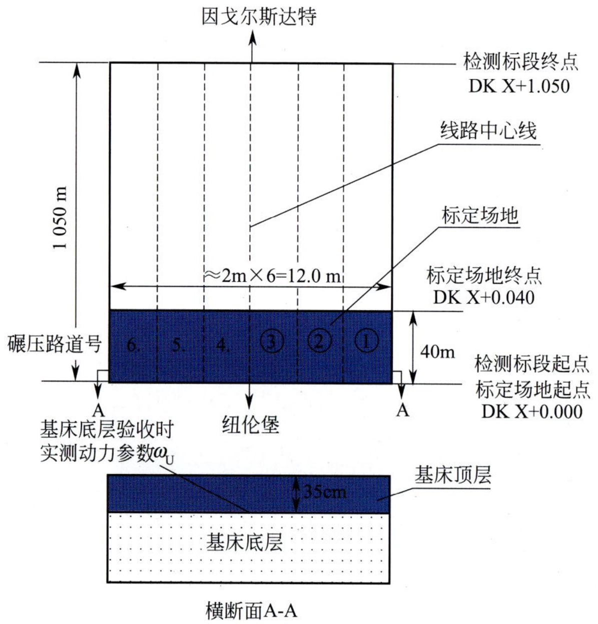

图 10.72　检测标段和所选标定场地的平面及横断面示意图

标定行驶时选定的技术参数为：

碾压机型号、吨位：BW213DH-3BVC，14.33 t；

滚筒宽度：2.13 m；

标定行驶速度：1.8 km/h；

标定时振幅：0.9 mm（弱振）；

标定时振动频率：23 Hz。

在标定参数时，选择了三个分区，分别为碾压路道号 1、2 和 3，见图 10.72。为了使实测动力参数和压实度/二次变形模量涵盖较宽的范围，对这三个碾压路道分别采用了以下的碾压和检测行驶方案：

碾压路道号 3：1 遍振动碾压（弱振）；

碾压路道号 2：3 遍振动碾压（弱振）；

碾压路道号 1：5 遍振动碾压（弱振）。

碾压检测行驶时，对所有碾压路道每一遍振动碾压的实测动力参数与行驶距离（或者说里程数）的关系进行记录。图 10.73 给出了 3 号碾压路道第 1 遍振动、2 号碾压路道第 3 遍振动和 1 号碾压路道第 5 遍振动时的实测结果。由于动力参数 ω 沿每一碾压路道是变化的，所以分别在所选的三个碾压路道各取三个点进行对应的常规点式检测试验，具体位置见图 10.73。相应的静态平板载荷试验和核子射线法试验（二次变形模量 E_{v2} 和压实度 D_{Pr}）在完成标定行驶后 12h 内完成（平均约 5h）。

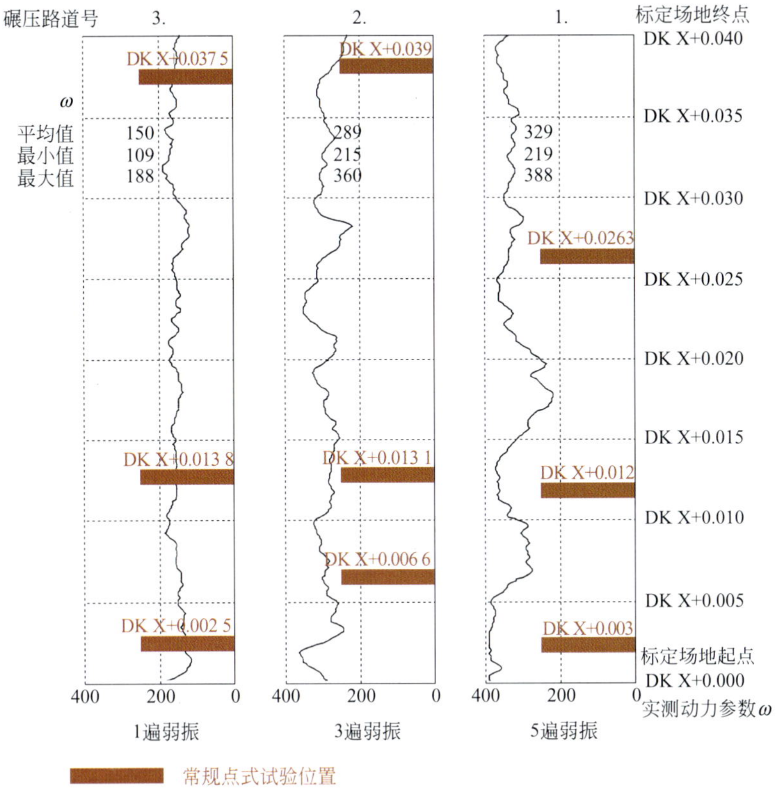

图 10.73 标定场行驶动力参数实测结果

10.5.7.3 标定结果分析和动力参数控制值的确定

图 10.73 为标定行驶实测动力参数结果，与其对应的传统点式检测试验结果列于表 10.33。

表 10.33 标定场实测动力参数 ω 和对应位置传统点式检测结果汇总

碾压路道号	碾压遍数（弱振）	与标定场起点的距离(m)	实测动力参数 ω	二次变形模量 E_{v2}(MPa)	压实度 D_{Pr}（%）
1	5	3.0	388	135.4	104.7
1	5	12.0	364	157.6	105.2
1	5	26.3	337	136.2	106.2
2	3	6.6	290	116.4	100.8
2	3	13.1	274	144.0	102.8
2	3	39.0	239	127.9	99.9
3	1	2.5	121	117.8	92.5
3	1	13.8	152	115.2	98.6
3	1	37.5	152	86.3	95.2

图 10.74 和图 10.75 分别为用式(10.2)拟合 $E_{v2}-\omega$ 以及 $D_{Pr}-\omega$ 的结果，回

归方程和相关系数分别为

$$\omega = 3.5 \cdot E_{v2} - 184.9 \quad (r = 0.73 > 0.70)$$

$$\omega = 19.7 \cdot D_{Pr} - 1\,722.8 \quad (r = 0.93 > 0.70)$$

在确定动力参数控制值时，将德国铁路路基规范（Ril 836）中 P300 等级无砟轨道路基基床表层压实标准 $E_{v2} \geqslant 120$ MPa 和 $D_{Pr} \geqslant 100\%$ 视为 10%-最小分位点要求。由此，分别得出动力参数 ω 的 10%-最小分位点控制值为

$$T_M(E_{v2} \geqslant 120\ \text{MPa}) \geqslant 235$$

$$T_M(D_{Pr} \geqslant 100\%) \geqslant 247$$

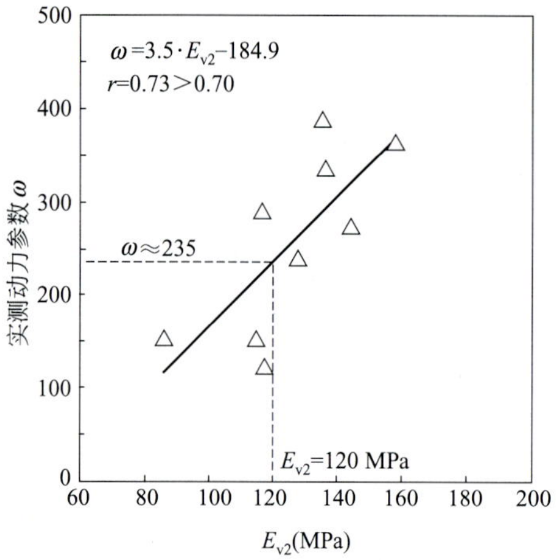

图 10.74 标定场地实测动力参数 ω 和对应二次变形模量 E_{v2} 的相关性

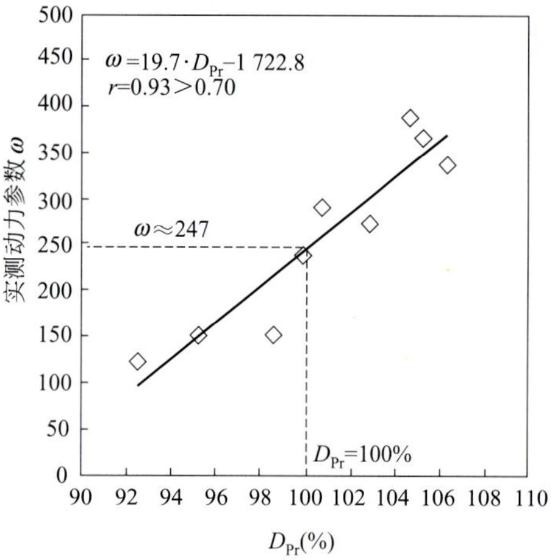

图 10.75 标定场地实测动力参数 ω 和对应压实度 D_{Pr} 的相关性

由此，得出 $\max[T_M(E_{v2}), T_M(D_{Pr})] = 247$，考虑到 $E_{v2} - \omega$ 回归直线的离散性相对较大、相关系数接近 0.7，如图 10.74 所示，最后确定动力参数 10%-最小分位点控制值 $T_M = 280$。

10.5.7.4 验收方法和条件

以上述动力参数 ω 10%-最小分位点控制值 $T_M = 280$ 为基准，采用质量数验收值为标准，即

检测标段全域质量数 $$Q = \frac{\overline{x} - T_M}{S} \geqslant 0.88$$

在以动力连续同步检测技术为主控制路基填筑质量的同时，还采用了少量的直接检测手段（约为表 10.31 给出数量的 20%），分别为一个静态平板载荷试验和一个核子射线密度试验（两个方向），其压实标准为 $E_{v2} \geqslant 120$ MPa 和 $D_{Pr} \geqslant 100\%$。

10.5.7.5 验收实例

以上述动力参数控制值、验收条件为基准，对本检测标段基床表层约 220 m

长的分标段进行检测和验收。该检测、验收分标段一共分四个碾压路道，检测行驶时的技术参数、条件等与标定时的条件基本符合。图 10.76 分别给出了实测动力参数沿线路纵向的变化。

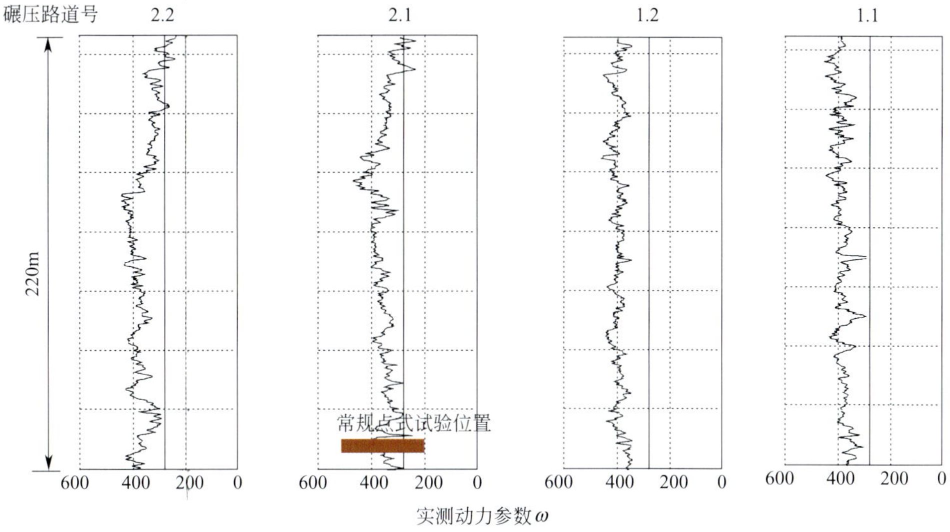

2.2 碾压道	2.1 碾压道	1.2 碾压道	1.1 碾压道	ω
360	351	391	376	平均值
235	227	337	258	最小值
443	482	450	443	最大值
6%	3%	0.0%	1.0%	$<T_M=280$

检测分标段长度：220 m

填土参数：级配碎石

$C_U=29.4$

轻型击实最大干密度 $\rho_{Pr}=2.15\ t/m^3$

填土层厚度 35 cm

检测面位置：离轨顶 1.15 m

细颗粒含量：3.3%($d\leqslant0.063$ mm)

碾压机型号：BW213 DH-3 BVC

滚筒宽度：2.13 m

检测振幅：0.9 mm

碾压机吨位：14.33 t

检测行驶速度：1.8 km/h

检测频率：22～23 Hz

图 10.76 基床表层某标段动力参数检测结果

表 10.34 给出了部分实测动力参数 ω 的数据结果，该检测标段(220 m)一共有 8 800(2 200×4)个动力参数实测数据供分析用，其相应的统计分析结果为：

动力参数平均值 $\bar{x}=370.1$

标准偏差 $S=37.9$

根据 10%-最小分位点 $T_M=280$ 得出检测标段全域质量数为

$$Q=\frac{\overline{x}-T_{\mathrm{M}}}{S}=\frac{370.1-280}{37.9}=2.38\geqslant 0.88$$

可见，该标段(220 m)全域质量数满足提出的要求。

事实上，这个结果同样满足按全域失效概率 $p_f\leqslant 10\%$ 对应的理论值的要求($\geqslant 1.28$)，见式(10.10)。

表 10.34 基床表层(220 m)实测动力参数 ω 代表性检测结果

实测动力参数 ω 数据编号	碾压路道号			
	2.2	2.1	1.2	1.1
1	403	341	360	372
2	403	341	360	372
3	403	341	360	368
4	400	337	356	364
5	400	325	356	364
⋮	⋮	⋮	⋮	⋮
2196	235	286	388	372
2197	235	286	388	372
2198	235	286	392	376
2199	235	286	396	376
2200	235	290	400	376
平均值	360.2	352.0	391.7	376.5

由图 10.76 可见，实测动力参数 ω 小于 10%-最小分位点 $T_{\mathrm{M}}=280$ 的比例均小于 10%，最大为 6%(2.2 号碾压条)。

在碾压路道 2.1 号离检测起始点 10 m 处进行的静态平板荷载试验(×1)和核子射线密度检测(×1，两个方向平均值)检测结果为

$$E_{v2}=134>120\text{ MPa}$$

$$D_{\mathrm{Pr}}=102.1\%>100\%$$

可见，该基床表层检测标段按动力同步检测技术和少量点式检测技术得出的结果，均满足填筑质量要求和验收条件。

参 考 文 献

[1] 中华人民共和国铁道部．高速铁路设计规范(试行)(TB 10621—2009)[S]．北京：中国铁道出版社，2010.

[2] 铁道部经济规划研究院．客运专线铁路路基工程施工技术指南[S]．北京：中国铁道出版社，2005.

[3] 中华人民共和国铁道部．铁路路基设计规范[S]．北京：中国铁道出版社，2005.

[4] 中华人民共和国铁道部．铁路工程岩土分类标准[S]．北京：中国铁道出版社，2001.

[5] 中华人民共和国铁道部．客运专线基床表层级配碎石暂行技术条件[S]．北京：中国铁道出版社，2005.

[6] German Railway Standard AKFF. Anforderungskatalog zum Bau der Festen Fahrbahn[S].3. und 4. überarbeitete Auflage. 1995, 2002.

[7] German Railway Standard Ril 836. Erdbauwerke planen, bauen und instand halten[S].1999, 2008.

[8] German Railway Standard Bahn-Norm BN 918 062. Technische Lieferbedingungen-Korngemische für Trag-und Schutzschichten zur Herstellung von Eisenbahnfahrwegen [S]. Deutsche Bahn AG, 2000.

[9] ZTVE-StB 94. Zusätzliche Technische Vertragsbedingungen und Richtlinien für Erdarbeiten im Straßenbau[S]. 1997.

[10] Floss R. Handbuch ZTVE, Kommentar mit Kompendium Erd-und Felsbau, 3. Auflage[M]. Verlag KIRSCHBAUM, 2006.

[11] Göbel C, Lieberenz K. Handbuch Erdbauwerke der Bahnen[M]. Eurailpress, 2004.

[12] Mitchell J K, Soga K. Fundamentals of Soil Behavior, Third Edition[M]. John Wiley & Sons, Inc., 2005.

[13] Gartung E. Überblick über die geotechnische Problemstellung, Tonmineralogie für die geotechnische Praxis [R]. Veröffentlichungen des LGA-Grundbauinstituts, Heft 64, Eigen-Verlag LGA Nürnberg, 1993.

[14] Bowles J E. Physical and geotechnical properties of soils, 2nd Edition [M]. McGraw-Hill, Inc., 1984.

[15] Smoltczyk U(Herausgeber und Schriftleiter). Grundbau-Taschenbuch, 3. Auflage Teil 1[M].Verlag von Wilhelm Ernst & Sohn Berlin München Düsseldorf, 1980.

[16] 李智毅，杨裕云．工程地质概论[M]．湖北：中国地质大学出版社，1994.

[17] Tang X G, Hu Y. Erdbautechnische Untersuchungen zur Qualitätssicherung der 1 000 km langen Hochgeschwindigkeitsstrecke Wuhan-Guangzhou[J]. Bautechnik 86, Heft 2, 2009.

[18] 许国平，周全能，胡一峰．砾石土作为客运专线路基填料的适用性分析[J]．铁道工程学报，2008, 3.

[19] Schulz G. Großversuch im Erdbau hinsichtlich Auswirkungen im Keuper[C]. Vortrag auf der 12. nationalen Tagung für Ingenieurgeologie, Halle, 1999.

[20] Dürrwang R, Hotz C, Schulz G. Erfahrungen mit dem Erdbaukonzept ARCADIS-Messungen unter Verkehr[J]. EI-der Eisenbahningenieur 56(1), 2005.

[21] Steiger H, Schmidt S, Gartung E, Hu Y. Prüfung der geotechnischen Nachweise für die Erdbauwerke auf Streckenabschnitten im Feuerletten und im Amaltheenton des Loses Nord der NBS Nürnberg-Ingolstadt[C]. 11. Darmstädter Kolloquium, 2004.

[22] 李怒放，胡一峰．中德高速铁路无砟轨道路基压实标准对比[J]．铁道标准设计，2007, 12.

[23] 汤晓光，李明领，胡一峰，宋德国，聂志红．客运专线路基压实标准研究[J]．铁道标准设计，2009，特刊．

[24] 许国平，周全能，胡一峰．高速铁路无砟轨道路基质量控制指标研究[J]．铁道工程学报，2007,11.

[25] 杨新安，李怒放，李志华．路基检测新技术[M]．北京:中国铁道出版社，2006.

[26] Krass K, Kellermann Chr, Gauer P K, Schmalz M. Verfahren zum Nachweis der erreichten Verdichtung bei Tragschichten ohne Bindemittel[M]. Wirtschaftsverlag NW Verlag, 1999.

[27] Quenzler H, Prühs H. Bestimmung des Verdichtungsgrades im Feld – Teil 1, Quantifizierung des Verdichtungsgrades D_{Pr} mittels der leichten Rammsonde nach DIN 4094[J]. LGA-Rundschau 1998, 1.

[28] TP BF-StB Teil E2. Technische Prüfvorschriften für Boden und Fels im Straβenbau, Flächendeckende dynamische Prüfung der Verdichtung[S]. Forschungsgesellschaft für Straβen-und Verkehrswesen, Arbeitsgruppe Erd-und Grundbau, Ausgabe 1994.

[29] Kröber W, Floss R, Wallrath W. Dynamic soil stiffness as quality criterion for soil compaction. In: Geotechnics for roads, rail racks and earth structures, Outcome of ETC 11[M]. A. Gomes Correia and Heinz Brandl(editors), 2001.

[30] Merkblatt über flächendeckende dynamische Verfahren zur Prüfung der Verdichtung im Erdbau [S]. Forschungsgesellschaft für Straβen-und Verkehrswesen, Arbeitsgruppe Erd-und Grundbau, Ausgabe 1993.

[31] Forssblad L. Roller-mounted compaction meters, principles, field tests and practical experineces [C]. Ohio River Valley Soils Seminar, Lexington, Kentucky, 1988.

[32] German Railway Standard DB DS 804. Vorschrift für Erdbauwerke[S]. 1983.

[33] Hillmann R. Anwendungsmöglichkeiten und Varianten der Prüfmethoden M2 und M3 zur Verdichtungsprüfung im Erdbau[J]. Straβe + Autobahn 1999, 7.

[34] Kudla W, Floss R. Bewertung der Verdichtungsprüfungen im Erdbau auf statistischer Grundlage im Hinblick auf die Gütesicherung[R]. Forschungsbericht(FE 05. 084 G 85 C des BMV), 1989.

[35] Kudla W. Neue Prüfmethoden in den ZTVE-StB 07[C]. VSVI-Seminar, Friedberg, Hessen, 2006.

[36] 胡一峰，李怒放．动力连续同步检测技术在无砟轨道路基填筑质量控制验收中的应用[J]．铁道标准设计，2009, 4.

[37] Kezdi A. Fragen der Bodenphysik[M]. VDI-Verlag GmbH, Verlag des Vereins Deutscher Ingenieure Düsseldorf, 1976.

[38] Kezdi A. Bodenmechanik, Band 1[M]. Gemeinschaftsauflage VEB Verlag für Bauwesen Berlin Verlag der Ungarischen Akademie der Wissenschaften Budapest, 1964.

[39] Skempton A W, Henkel D J. The post-glacial clays of the Thames Estuary at Tilburg and Shellhaven[C]. Proceedings of the Third International Conference on Soil Mechanics and Foundation Engineering, 1953,1.

[40] Olson R E. Shear strength of Kaolinite, Illite and Montmorillonite[J]. Journal of the Geotechnical Division, ASCE, 1974,100(11).

[41] Gartung E, Quenzler H, Prühs H. Abschlussbericht zum Vorhaben E 17, Kornfestigkeit mineralischer Stoffe für Entwässerungsschichten im Deponiebau[R]. LGA-Grundbauinstitut, 1995.

[42] Quenzler H, Prühs H, Gartung E. Kornfestigkeit enggestufter Entwässerungsmaterialien[J].

Geotechnik, 1997, 1.

[43] Arth P, Fischer R, Göbel C, Dittmann W, Groβmann S. Langzeituntersuchungen an Brechkorn-und Recycling-Gemischen als Tragschichtmaterial im Eisenbahnunterbau[J].EI-Der Eisenbahningenieur 2001,52(6).

[44] Deutsche Norm DIN 18196. Erd-und Grundbau-Bodenklassifikation für bautechnische Zwecke [S].Ausgabe 2006.

[45] TL Min-StB 2000. Technische Lieferbedingungen für Mineralstoffe im Straβenbau (Gesteinskörnungen und Werksteine im Straβenbau) [S]. Arbeitsgruppe Mineralstoffe im Straβenbau der Forschungsgesellschaft für Straβen-und Verkehrswesen, FGSV Verlage GmbH Köln, 2000.

[46] TP Gestein-StB. Technische Prüfvorschriften für Gesteinskörnungen im Straβenbau[S].Forschungsgesellschaft für Straβen-und Verkehrswesen, FGSV Verlage GmbH Köln, 2008.

[47] Kloubert H -J. Roller integrated compaction measurement and documentation systems [C]. Presentation in Nairobi, 2009, BOMAG FAYAT GROUP.

[48] Kloubert H-J, Thiele R, Dietl F. Prüfung des ungebundenen Oberbaus der Start-und Landebahn Süd sowie der Rollwege durch FDVK[R]. Job Report Flughafen Leipzig/Halle, BOMAG FAYAT GROUP, 2007,6.